21世纪高等院校公共课精品教材

U0648706

管理学 Management
Principles and Practice

原理与实践

林新奇　著

东北财经大学出版社
Dongbei University of Finance & Economics Press

大连

图书在版编目（CIP）数据

管理学：原理与实践 / 林新奇著．—大连：东北财经大学出版社，
2017.2

（21世纪高等院校公共课精品教材）

ISBN 978-7-5654-2671-1

Ⅰ．管…　Ⅱ．林…　Ⅲ．管理学-高等学校-教材　Ⅳ．C93

中国版本图书馆CIP数据核字（2017）第014504号

东北财经大学出版社出版

（大连市黑石礁尖山街217号　邮政编码　116025）

网　　址：http：//www.dufep.cn

读者信箱：dufep@dufe.edu.cn

大连美跃彩色印刷有限公司印刷　东北财经大学出版社发行

幅面尺寸：185mm×260mm　字数：490千字　印张：24　插页：1

2017年2月第1版　　　　　　2017年2月第1次印刷

责任编辑：石真珍　宋雪凌　　责任校对：吴　奂　徐　群

封面设计：冀贵收　　　　　　版式设计：钟福建

定价：45.00元

教学支持　售后服务　联系电话：（0411）84710309

版权所有　侵权必究　举报电话：（0411）84710523

如有印装质量问题，请联系营销部：（0411）84710711

前言

本书的编写，首先源于教学的需要。十几年来，我面向本科生、研究生或社会与企业人士开设过"管理学原理""管理学入门""管理理论与实践""管理技能开发"等课程。在上课的时候，要给学生或学员推荐相应的教材，就不免有些犯难，总感到现有的教材不那么合适。要么是纯粹的外著译本，要么就是本土化不够，或章节体例与内容体系不够合理，或理论联系实际有些欠缺，或各方面内容过于杂乱。为此我的课程总是用自己的体例和内容讲授，但是讲义总是处于不断修订补充状态，无法及时印发给大家。有同学曾给我写信说："就这一门课来讲，林老师从一个完全不同的视角和内容体系切入，为我们展示了管理学的天空：（1）管理与管理学，管理学 100 年；（2）组织论与战略论，企业家与人力资源；（3）知识管理与国际管理；（4）管理的职能与技术，等等。一下子就让我们了解了管理的历史，抓住了管理学的两翼，看到了理论的前沿。与传统的计划、组织、领导、控制相比，的确有耳目一新之感。唯一的不足就是没有与之相适应的教科书，希望林老师及早出书一本，以飨读者"（2004 级本科生）。所以现在出版这本书算是给同学们的一个回应，虽然迟了点，但也是认真和慎重决定的结果。

构成本书基础的，是我这些年从事教学科研的心血结晶。书中的主要内容来自我平时授课的讲义、已经发表的学术论文或尚未发表的文稿、调研和咨询报告等。这些教学和科研成果，也是我从事管理学教学与研究工作 30 年的见证。所以本书的许多内容与观点，都带有一定的原创性和探索性。

出版这本书，也是顺应时代的需要、实践的要求。改革开放近 40 年来，中国经济社会各方面发展迅猛，尤其是伴随着市场化、规范化（法制化）、信息化、民主化、国际化（全球化）的时代浪潮，中国管理特别是企业管理快速地转型升级，从单纯引进、消化西方管理理论阶段逐步过渡到"两张皮"阶段、融合提升与创新发展阶段。但是遗憾的是，理论似乎总是落后于实践，实践总是在"摸着石头过河"。更遗憾的是，我们的管理理论研究还总是跟在西方学术界的后边亦步亦趋，忽视了中国管理的时代呼声和中国企业所处的历史阶段，为此，从基础上梳理管理学的原理与实践，回归管理的常识，便成为编写本书的出发点和贯彻始终的主线。

本书内容分为四篇共 16 章：第一篇，管理与管理学，包括：第 1 章，什么是管理；第 2 章，什么是管理学；第 3 章，管理学的研究方法。第二篇，管理的基本职能，包括：第 4 章，经营理念与管理目标；第 5 章，战略决策与规划计划；第 6 章，领导指挥与组织协调；第 7 章，激励辅导与监督控制；第 8 章，复盘反馈与管理创新。第三篇，管理实践与理论发展，包括：第 9 章，西方早期管理实践与理论；第 10 章，现代管理实践与理论发展（包括 3 篇作者的研究成果）。第四篇，管理技术开发，包括：第11章，目标管理技术；第12章，管理沟通技术；第13章，现场管理技术；第14章，时间管理技术；第15章，信息管理技术；第16章，全面质量管理。此外，各章之后附有"复习思考题""相关案例""阅读参考"，还有相关的教学资源供下载，为教学提供便利。

本书具有创新性研究框架和基本体系，内容完备又简明扼要，理论紧密联系实际，突出本土化、原创性、前瞻性和操作性。具体而言，本书的内容主要有以下三个特点：第一，体例新颖，研究框架和表达方式具有创新性，逻辑结构严谨、自成体系，与国内外其他教科书有很大区别，突出原创性和逻辑性；第二，理论知识完备，内容比较合理，概括提炼了管理学原理应该关注的主要方面，纵向与横向相结合，全面介绍了管理学的基本知识和主要技术，突出前瞻性和操作性；第三，理论联系实践，特别注重对管理实践发展规律和国内外经验教训的介绍与分析，突出本土化和问题导向。

"何故龙旗折孤岛，威海卫上举目哀。可怜将士玉碎处，浪卷沉舰锈未改。"这是我2016年9月初登刘公岛后有感而发的一首小诗，也是对甲午战争120周年的一个反思。据说当年日本考察团访问号称亚洲最强大的北洋水师，他们登舰后只做了一个小小的动作，就判断北洋水师不堪一击，于是回国后就决定开战。哪个小小的动作呢？就是把戴着白手套的手伸进炮舰的炮筒里摸了摸，结果看到一手的灰尘，甚至生锈的痕迹。这成为日本当局敢于开战的重要依据。

"前事不忘，后事之师"，细节决定成败。当然从大处着眼，制度因素与战略格局更是决定成败的根本，但是管理的责任不可推卸。30多年来，我见证和亲历了中国改革开放的时代大潮，有幸一直从事管理理论与实践这一富有魅力的学科领域的教学研究与培训咨询工作，并在国内外追随最前沿的热点问题进行东西方管理的比较研究，深感机遇之宝贵和责任之重大，也有很多的感悟和思考。我想，管理学应该是一个最需要科学也最需要人性的学科领域，管理的本质应该是责任，好的管理应该是一项使命，卓越的管理应该是一种信仰。为此，需要深入探索和研究的问题很多，而这也正是管理学者的机遇。

管理或管理学的宗旨究竟是什么？记得那是20年前东京的秋天，一个雨过天晴的午后，我按约定第一次到我的博士导师冈本康雄教授的办公室去拜访他。冈本先生是一位和蔼友善的老人，也是日本经营（管理）学界的泰斗，20世纪80年代曾与袁宝华先生共同主持中日联合企业管理指导委员会的工作。他请我坐下后，聊了聊相关的一些情况，突然问我："你认为一个星期从礼拜几开始？"我当时有些诧异，老师为何问我这个问题？因为出国前夕留美的博士朋友曾经问过我同样的问题，所以我的回答也还从容，只是简单地介绍了中国人普遍的认知及与欧美之间的差异。冈本先生很满意，但我从此对这个问题不断地思考和研究。结论是，认为一个星期从礼拜天开始和从礼拜一开始之间具有重大的文化差异，代表了不同的价值取向和管理取向，也可以说这是管理学的一个本质问题。如果你秉持"一个星期从礼拜一开始，经过礼拜天的休息，再到礼拜一"的循环观念的话，那么就意味着人的一生或所有的相关周期是"工作—生活—工作"的循环模式，生活或休息只是为了更好地工作；相反，如果你认为一个星期是从礼拜天开始的，则是"生活—工作—生活"的循环模式，我们一切行为的起点是生活，终点或目标也是生活，而工作只不过是为了更好地生活的一种必要手段而已。这应该就是数千年来东西方社会发展与人类行为出现重大差别的主要原因之一，也是东西方管理之使命与责任的重大区别之一。

冈本先生曾指出：在日本，"management"最早也是译为管理学的，但是后来改译成了经营学，"管理这个词，是以人为对象的行为，同时潜在着把人作为物看待的态度"[①]。从这个意义上讲，"管理学"改为"经营学"的确更合适一些，更符合现代市场经济和人本主义的潮流与宗旨。

在东京涩谷青山大道步履匆匆的时光中，有一次课后集体去喝酒聊天的情景让我记忆犹新。闹哄哄的地下居酒屋中，读在职DBA的同学问我："听说中国也有经营学（管理学）课程，林先生来东京一个月了，不知是否可以介绍一下日中经营学（管理学）之间的区别？"我听后笑了笑说："我来后听了这么久的课，感觉收获很大。不过好像日本的管理学（经营学）主要是研究"how"和"how to"的，而中国的管理学（经营学）不仅要研究"how"和"how to"，而且还要研究"why"，也就是把管理学和经济学结合在一起。"大家听后欢笑不已，一起为我这个初来乍到的新生鼓掌，同时也给我取了个外号叫"why-how先生"。这是一段趣话了，但是经过这么多年的理论研究与咨询实践，我想，中国管理学也许真的应该具有这样一个特质：不仅要认真研究做什么、怎么做，而且要深入地研究为什么做、为什么这么做。这，可能正是管理或管理学的使命与主题！

林新奇
2017年元月于北京

---

① 冈本康雄. 现代经营学辞典［M］. 東京：同文舘，1996:7.

目录

第二篇 管理的基本职能

第四篇 管理技术开发

第一篇 管理与管理学

什么是管理

学习目标

✓ 全面理解并掌握管理的定义和内涵
✓ 熟练掌握经营概念与管理概念的关系
✓ 熟练掌握管理的目的和本质
✓ 掌握管理者的内涵
✓ 了解管理的对象及其与环境变化之间的关系

管理是人类活动的一个基本形式，只要有人存在的地方就会有管理，不管是群体的管理还是自我的管理，或是对人以外的一切事物的管理。管理活动不断地推动着人类文明的发展与进步。无论对个人、家庭，还是企业、国家，甚至整个世界，管理都具有重要的价值和意义，充满缤纷的色彩。

古往今来，在人类生存与发展的不同阶段，由于人们所处的环境和面临的问题各有不同，对管理含义的理解也多种多样。随着管理实践的日益丰富，人们不断积累从实践中获得的管理经验，对管理的思考与探索也不断深入，于是管理逐渐地形成一门学问。但管理究竟是什么？或者说什么是管理？迄今为止，仍是众说纷纭，莫衷一是，人们并没有达成统一的认识，国内外也没有一个标准的定义。

为此，本章将从管理的定义、管理概念的内涵和外延、经营概念与管理概念的联系和区别、管理的目的、管理者、管理的对象及其环境变化，以及管理的本质等多个角度展开介绍和剖析，系统阐述并确立应有的管理概念。

|1.1| 管理的定义

管理是一个古老而又普遍的社会现象，它伴随人类社会活动的产生而形成，存在于人类社会活动的各个领域、各个层次，凡是有人类活动的地方就会有管理。管理对象可以大到单位、团体以至整个国家和社会，也可以小到一个家庭甚至个人。管理的目的和形式多种多样，可以是政治的、军事的、经济的，也可以是社会的、文化的、心理的，等等①。

管理是一个简单而又复杂的概念。说它简单，是因为几乎人人都知道什么是管理，或者说，管理这个概念早已为人们所熟知；说它复杂，则是因为几乎人人所说的管理内涵都是不同的，或者说，管理从来没有一个统一的概念。也许有不少教科书在教导人们某个管理的概念，但每本教科书也都不同②。

一般的管理定义是：管理（management）是指同别人一起，或通过别人使活动完成得更有效的过程。这里，过程的含义是管理者发挥的职能或从事的活动。这些职能可以概括地称为计划、组织、领导和控制③。

但是，管理不仅仅是个体行为，同经济学一样，管理有几个层面，包括微观管理、中观管理、宏观管理。管理有时候等同于"经营"，有时候又等同于"服务"。在中国，管理更多的时候等同于"行政"。

在英文里边，管理概念有很多解释，比如：management，管理，经营（注重功能性）；business administration，工商管理（注重商务性）。单就 management 而言，其英文的意思包括④：

● The act, manner, or practice of managing, handling, supervision, or control：管理、处理、监督或控制的行为、方式或实践。

● management of a crisis；management of factory workers：对危机的处理；对工厂工人的管理。

● The person or persons who control or direct a business or other enterprise：管理人员控制或掌握某商业或其他企业的人员或人们。

● Skill in managing；executive ability：经营才能、管理技巧；处事的能力。

在中国，我们一般把 management 译成管理或管理学，其译义为"管人理事的学问"，其艺术性明显大于科学性。而在日本，最早也把 management 译为管理学，但是后来改译成了经营学，其译义是"经世营利的学问"，科学性要大于艺术性。日本学者认为，"管理这个词，是以人为对象的行为，同时潜在着把人作为物看待的态度"⑤。

本书将管理定义为：管理是对组织内外相关的资源加以开发、运用和整合，通过相应的制度、技术、流程与方法，使之与组织文化和战略相联系，从而促进组织及其所有成员竞争力的提升与全面的共同发展。从本质上看，管理就是责任，它不仅承担提高效率、创造绩效、促进组织可持续发展的责任，还承担促进组织成员与相关利益方共同发展的责任。管理的有效性可以从管理的过程和产出两个方面来体

① 中国管理科学学会. 管理大辞典 [M]. 北京：中央文献出版社，2008：1.
② 林新奇. 国际人力资源管理实务 [M]. 大连：东北财经大学出版社，2012：2.
③ 罗宾斯. 管理学 [M]. 黄卫伟，等，译. 4版. 北京：中国人民大学出版社，1997：6.
④ 林新奇. 国际人力资源管理实务 [M]. 大连：东北财经大学出版社，2012：2.
⑤ 冈本康雄. 现代经营学辞典 [M]. 東京：同文舘，1996：7.

现，管理产出（或结果）意味着做正确的事，管理过程（或行为）意味着正确地做事，只有两者统一协调，才可以称得上管理。

|1.2| 管理概念的内涵和外延

1.2.1 管理概念的内涵

关于管理概念有许多经典的解释，概括起来主要有三个方面的内涵：管理是一种文化；管理是一个过程；管理是一套机制。这些在著名的管理学大师那里都有相应的论述。

1.管理作为一种文化

- "管理不只是一门学问，还应是一种文化，它有自己的价值观、信仰、工具和语言。"（德鲁克）
- "管理不能脱离文化传统，也就是说，它是世界本质的一部分。管理是一种社会职能，因此它既是社会发展的结果，又是文化发展的结果。"（德鲁克）
- "管理是一种客观职能，它取决于任务，也取决于文化条件，从属于一定社会的价值观念和生活习惯。"（德鲁克）
- "管理学对于一种社会的传统文化、价值信念和信仰的运用愈是充分，它的作用发挥就愈大。"（德鲁克）

2.管理作为一个过程

- "管理是一个过程，通过它，大量互无关系的资源得以结合成为一个实现预定目标的总体。"（卡斯特）
- "管理是一个社会过程，组织是一个社会系统。企业内权威必须存在，不可忽视来自侧面的协调力量。重视组织内人员的整体组合，重视对动态的管理过程中的调节作用。"（卡斯特）
- "管理的含义随着时间的推移而有所变化，将来也将继续变化。"（唐纳利等）

3.管理作为一套机制

- "管理，就是实行计划、组织、指挥、协调和控制。计划，就是探索未来，制订行动计划；组织，就是建立企业的物质和社会的双重结构；指挥，就是使人员发挥作用；协调，就是连接、联合、调和所有的活动及力量；控制，就是注意是否一切都按已制定的规章和下达的命令进行。"（法约尔）
- "管理是指同别人一起，或通过别人使活动完成得更有效的过程。这里，过程的含义是管理者发挥的职能或从事的主要活动。这些职能可以概括地称为计划、组织、领导和控制。"（罗宾斯）
- 管理有5个职能，计划、组织、人事、领导和控制。"对于管理的所有职能来说，平衡原则是普遍适用的。"（哈罗德·孔茨，西里尔·奥唐奈）

1.2.2　管理概念的外延

为了更充分地理解管理的概念，还应对管理概念的外延有深入了解。逻辑学中"概念的外延"主要是指概念的适用范围，概念所反映的对象有哪些。从此角度出发，管理概念的外延可从两个方面理解：

第一，管理的适用范围。只要有人类存在的地方就存在着管理，从管理所面对的对象来看，管理包括对人的管理、对事的管理、对物的管理、对知识信息的管理，等等。

第二，管理的分类。

管理按对象范围的大小，可分为宏观管理、中观管理、微观管理。

管理按内容的不同，可分为公共管理、人力资源管理、财务管理、技术管理、知识管理、项目管理等。

管理按财务目的，可分为：非营利性管理，比如政府管理；营利性管理，比如工商企业管理。

管理按沟通方向，可分为：单向管理，主要是指上传下达；双向管理，不仅指上级对下级的管理，还需要下级对上级的管理进行反馈、监督；循环管理，指将管理的上下级主体与外界利益相关者联系起来，形成一个信息流动圈，比如企业内部的上下级管理效果最终会传递到客户，客户会将企业的经营业绩通过购买行为作用于企业市值，从而影响高层管理者的决策，进而影响企业内部决策和管理的实施，具体如图1-1所示。

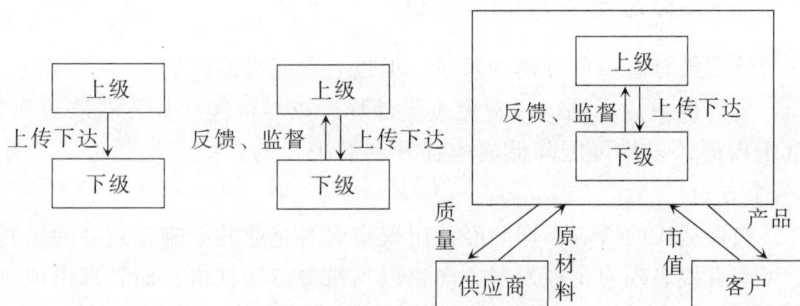

图1-1　管理的沟通方向划分

注：左边为单向管理，中间为双向管理，右边为循环管理。

1.3　经营概念与管理概念的联系和区别

1.3.1　经营概念与管理概念的联系

经营是指企业根据所在的市场环境和所拥有的人、财、物等资源状况对企业长期发展进行战略性规划和部署；制定企业的愿景、目标和方针的战略层次活动，是从全局性和长远性的角度，来解决企业的发展战略问题。经营侧重于如何从外界获取盈利，管理侧重于如何进行内部安排和调配，形成稳定高效的管理体系、机制。经营与管理之间有着相辅相成的关系，有着密不可分的联系，主要表现在三个方面：

第一，经营为管理提供充分的物质基础和条件。没有经营的管理是不可持续的。管理是在一定环境下的管理，这个环境不仅指企业所处的经济、政治、文化等大环境，也包括企业花费成本所构建的办公环境和职工素质环境，而且管理的主体是管理者，管理目标的实现需要管理者通过各种管理手段来完成，在管理过程中也需要花费大量的管理成本。因此，经营的收入或利润为管理实践提供了充分的物质基础和条件，为管理成本提供了资金来源。

第二，管理是经营的组成部分和前提。一方面，法约尔指出企业主要包括六大经营活动：技术、商业、会计、安全、财务和管理。显然，他认为管理是经营的组成部分。另一方面，没有管理的经营是不可实现的。经营战略、规划和计划，需要优秀的经营者来实施，而要有效激励经营者实现经营目标则需要通过管理手段来实现。通过管理能够在企业内部形成稳定高效的工作规范和流程，也能为企业创建优秀的文化氛围和行为准则，从而为经营实践提供扎实的基础。

第三，经营和管理的根本目的是一致的。无论是经营还是管理，都是为了满足利益相关者的需求，实现经营或管理主体及企业成员的利益最大化。

总之，经营离不开管理，管理也离不开经营，两者相辅相成，共同实现企业及其成员的利益最大化目标。

1.3.2　经营概念与管理概念的区别

经营与管理虽有着不可分割的联系，但也有着明显的区别。

第一，内外侧重点不同。经营侧重于外界，以尽可能从外界获取盈利为目的；管理侧重于内部，以尽可能降低成本提升利润为目的。此区别类似于"开源"和"节流"两个方面。

第二，失误造成的影响不同。经营出现错误对企业的影响是致命的，其影响范围较大，可能直接表现为企业发展方向错误，错失市场良机；而管理出现错误对整个企业的影响有限，不至于对企业造成致命的伤害。

第三，产生的根源不同。经营是市场经济的产物，在市场经济环境下，企业通过市场运作，把握市场规律来实现企业目的；管理是计划经济的产物，在计划经济环境下，不需要经营。

第四，基本内容不同。经营主要是指商品、资本、资产等的经营，比如，商品经营是解决生产什么商品、生产多少、为谁生产等问题；管理主要是对人、物、事等的管理，比如对人的管理，主要考虑设计什么制度规范人的行为，如何激发人的积极性、主动性和创造性等。

第五，做好两者的关键和重点不同。经营以市场为纲，管理以人为本。

|1.4| 管理的目的

"目的"一般是指"结果",管理的目的是指通过管理过程所要获得的结果。管理的目的包括终极目的和过程目的。终极目的就是凭借各种管理手段,通过构建优秀的组织文化,形成简洁高效的管理流程,搭建完善的制度体系、机制,最终实现管理的绩效目标。也就是说,管理的终极目的就是最大可能地创造绩效。组织中的绩效指标不仅包括财务指标,还包括非财务指标,比如员工成长、社会责任等。过程目的是指在实现最终目的的过程中,形成具有市场洞察力和环境适应性的战略规划,能够落地且实际可行的计划方案,规范、灵活、高效的组织结构,选好用好中层领导者的制度,能够全面控制组织运作风险的控制体系,能够充分激发员工积极性、主动性和创造性的人力资源管理制度,等等。

不同的组织在管理目的上有着很大的差别,同一组织在不同的发展阶段也有着不同的管理目的。例如,政府部门的管理目的是为公众提供高效、快捷、方便、令公众满意的公共服务,不以营利为目的;而企业的管理目的从本质上包括财务绩效和非财务绩效。

格雷纳在其著作《在演进与巨变中成长》中提出了企业成长五阶段模型——创造、指令、授权、协调、协作,以及在每一成长阶段行之有效的管理方法(见表1-1)。从表1-1中可看出,同一企业在不同的发展阶段的管理重点和管理方法均有着显著的不同,从而表明其管理目的也存在着显著差异。

表1-1 企业成长五阶段的管理方法

类别	第1阶段	第2阶段	第3阶段	第4阶段	第5阶段
管理重点	创造与销售	运营效率	市场扩张	组织整合	解决问题和实施创新
组织结构	非正式	集权型、职能型	分权型、地域型	直线-参谋制、按产品划分部门	团队矩阵
管理层的风格	个人主义、创业精神	指令型	授权型	监督型	参与型
控制体系	市场表现	标准与成本中心	控制与利润中心	计划与投资中心	设置共同目标
管理层报酬的重点	所有权	增加薪资与福利	个人奖金	利润分红和股票期权	团队奖金

资料来源 林新奇,张可人. 聚焦硬件制造及科技服务差异的目标管理——联想公司与惠普公司的案例比较[J]. 中国人力资源开发,2015(24).

|1.5| 管理者

1.5.1 管理者的概念

什么是管理者呢?从表面特征来看,管理者可以是各种身份、各种模样和各个年龄段的人。那么在组织中具备哪些特点的人或者从事哪些工作的人才被称为管理者呢？

20世纪60年代末期，亨利·明茨伯格对5位总经理的工作进行了一项仔细的研究。他发现，这些经理每天忙于大量变化的、无一定模式的和短期的活动中，他们几乎没有时间静下来思考，因为他们的工作经常被打断。在大量观察的基础上，他提出了一个"管理者究竟在做什么"的分类提纲，他认为管理者扮演着10种不同的但高度相关的角色。这10种角色可以进一步组合成3个方面：人际关系、信息传播和决策制定。人际关系角色指所有的管理者都要履行礼仪性和象征性的义务，负责采用言语和行动来激励和动员下属，维护组织发展起来的各种社会网络关系和向人们提供信息和帮助等。信息角色是指所有的管理者在某种程度上，都从外部的组织或机构接收和收集信息，再经过处理把信息的主要内容传播给组织成员。充当决策角色的管理者又有四种具体的角色：①作为企业家，管理者发起和监督那些将改进组织绩效的新项目；②作为混乱驾驭者，管理者采取纠正行动应付那些未预料到的问题；③作为资源分配者，管理者负有分配人力、物质和金融资源的责任；④作为谈判者，管理者为了自己组织的利益与其他团体讨价还价，商定成交条件。

为了进一步界定管理者的概念，罗宾斯把在组织中工作的人分为两种类型：操作者和管理者。操作者是直接从事某项工作或任务，不具有监督他人工作的职责的组织成员，比如生产线上的工人、汽车司机等；与之相对，管理者就是那些指挥别人活动的人。根据组织层级可以把管理者划分为高层管理者、中层管理者和基层管理者。处于不同管理层级的管理者，他们的主要职责和任务也不相同。例如，基层管理者通常被称为监工，他们直接与操作者接触，监督他们在生产和提供销售服务等方面的工作，而中层管理者可能是部门或办事处主任、项目经理、地区经理等，更高一级的处于组织最高领导位置的管理者，像总裁、副总裁、总监、首席执行官等就是高层管理者。处于组织中不同层级的管理者管理活动的侧重点不同，如上面所说的传播者、谈判者、联络者和发言人角色，对于高层管理者而言，其角色要比基层管理者更重要。

有效的管理者（以晋升速度为依据）也是成功的管理者（以工作成绩为依据）吗？弗雷德·卢森斯和他的副手从不同的角度考察了管理者究竟在做什么的问题。他们提出这样的问题：在组织中提升得最快的管理者，与在组织中成绩最佳的管理者从事的是同样的活动吗？他们对管理者工作的强调重点一样吗？你也许趋向于认为，在工作上最有成绩的管理者，也会是在组织中提升最快的人，但是事情似乎并非如此。卢森斯和他的副手研究了450多位管理者，他们发现，这些管理者都从事以下4种活动：传统管理（决策、计划和控制）、沟通（交流例行信息和处理文书工作）、人力资源管理（激励、惩戒、调解冲突、人员配备和培训）、网络联系（社交活动、政治活动和外界交往）。研究表明，不同的管理者花在这4项活动上的时间和精力有显著的差异，主要表现在：维护网络关系对管理者的成功贡献最大，而从事人力资源管理活动的相对贡献最小；对有效的管理者来说，沟通的相对贡献最大，维护网络关系的贡献最小。

现在有一种非常有趣的对管理者分流的说法，它将管理者分为八流：①不入流的管理者。他们知道该做什么，不该做什么，但是总做与目标相反的事情。②第六流的管理者。他们不知道该做什么，也不知道该怎么做。③第五流的管理者。他们自己干活，而下属不干活。④第四流的管理者。他们自己干活，下属也干活。⑤第三流的管理者。他们自己不干活，主要是下属干活。⑥第二流的管理者。他们自己不干活，下属却拼命地干活。⑦一流的管理者。他们只要活着就足以激励下属拼命地干活。⑧超一流的管理者。不管他们是否尚在人世，他们的精神永远留在人们心中，这种强大的感召力主要体现在领袖式的管理者身上。

1.5.2 企业家

企业家是具有创新精神并能带领企业走在时代前沿的人。成为"家"特别是成为"企业家"是很不容易的，是有条件的。这个条件就是必须具有开拓的精神，能够引领企业去开辟新的天地。一个成功的企业家要有创新的观念、创新的心态、创新的机制、创新的方法。

1.创新的观念

大量的事实表明，同一事物，同一经济活动，同样的环境，结果却不同。有的人成功了，有的人失败了；有的人赚了钱，有的人亏了本……原因固然是多种多样的，但是观念的不同却是主要的原因。只有具备符合实际要求、适应潮流发展的新观念，才能保证事业有成；用计划经济的理论对待市场经济的活动，没有不失败的。在市场经济条件下，如果你的观念新，对事物的认识就会比别人快一点，那么，你就会赢得市场，你就会获得更多的利益。当前，一名成功的企业家要做到三个重要观念的转变：在管理观念上要从面向上级，真正转变为面向"上帝"——消费者和市场，从被动的"叫我管"转变为主动的"我要管"；在管理类型上要从生产经营型转变为经营生产型，从工厂制管理转变为公司制管理；在管理重心上要从重效率转变为重效益，树立效率服从效益的观念。

2.创新的心态

创新的心态是一种永不满足、永不停止的心态，将事业或人生视为一场对自己永不止息的挑战。在这种心态下，设定的目标达到了就放手，毫不恋战，然后继续向另一个新的目标挑战。企业家创新心态的形成是综合要素的反映。他有事业心，他有责任心，他有紧迫感，他有危机感，他有勇往直前的胆量和勇气，等等。所有这些中，最重要的是永远地学习，只有不断学习，才能提供新的、充足的营养，才能保证自己的心态永远是新的，有活力的。当前有一种错误的心态影响着企业家潜能的发挥。这种心态认为发展中国家永远赶不上发达国家。这种看法是不对的。发展经济学告诉我们，发展中国家有自己的比较优势，充分发挥比较优势就会有竞争力，就能在竞争中多获利。比如，发展中国家有资源优势，特别是人力资源成本低；有本土优势，熟悉本国的方针、政策和风土人情；有后发优势，很多先进技术可以直接采用，大大降低了成本，从而增强了竞争力。

3.创新的机制

创新的机制能正确处理目标、考核、报酬三者之间的关系，调动一切积极因素，从而推动生产力的发展。为此，必须采用新观念、新思维、新方法来处理问题。目标的确定要科学，要用模拟市场管理法来确定目标，如邯钢人创造的倒推法，他们倒推出的目标是科学的、有保证的。目标确定之后，要进行量化考核、严格考核，凭数据说话。量化考核之后，根据每个人的贡献大小兑现相应的报酬。

4.创新的方法

凡是有人群活动的地方都需要管理，企业的生产活动和经济活动更需要管理，所谓向管理要效益就说明了管理的重要性。但是，管理有不同的方法，随着市场经济的发展，管理方法要不断创新。企业家既要学好领导科学，更要提高领导艺术。例如，从家长式的"一人化"管理进化成为机构式的"组织化"管理以及尊重和激励下属等，都是企业家常常采取的管理创新。计划经济体制下管理的最大弊端就是不能充分发挥人的创造力和开拓精神，在众多场合下，不是把人们的创造、创新精神看成最宝贵的东西加以鼓励和提倡，而是把它看成"好大喜功""好表现自己""骄傲自满"等加以限制和压制，久而久之，人们的创新意识不见了，创新精神没有了，整天怕这怕那，碌碌无为。企业家必须改变这种错误的思维和做法，要提倡、鼓励和激励创新，创新素质是人的素质中最核心的素质，只有不断创新，企业才能立于不败之地。

一个成功的企业家要有创新的观念、创新的心态、创新的机制、创新的方法。所谓创新，是指在前人或他人已经发明或发现的基础上，进一步做出新的发明、新的发现，提出新的见解，创造新的事物，开辟新的领域，解决新的问题等产生新事物的活动。创新最本质的特征是追求"新"和追求"第一"，只要是第一个出现，都属于创新的范畴。

1.5.3　企业家的素质

在激烈的市场竞争中，企业的兴衰成败与企业家素质有着极大的联系。从某种意义上说，企业之间的竞争实质上就是企业家之间素质的竞争，而企业家的素质可以从企业家的心理模式和能力结构两方面去考察。

1.企业家的心理模式

任何人都有自己的心理模式，心理模式一旦形成，人们将自觉或不自觉地从某个固定的角度去认识、思考问题，并用习惯的方式予以解决。作为企业最高层的经营管理者，企业家应该有其特殊的心理模式，这种独特的心理模式一般由以下几个要素组成：

（1）科学的思维方式

这是企业家心理模式中的核心组成部分。对于某些问题，企业家之所以能产生不同于常人的认识和看法，是由于企业家有着与众不同的思维方式。一是战略性思维方式。企业家在企业中的统帅地位要求他具有战略头脑、广阔视野和远见卓识。从空间上看，他必须顾及各个方面，有整体观念；从时间上看，他要考虑整个过程及各个发展阶段，并能敏锐地预见未来的发展趋势。二是系统性思维方式。系统思维建立在系统论基础上，是一种从系统的具体构造到系统的综合、从局部到全局、从现象到本质的思维方式。同时，它也是一种发散式的思维，思考者对思考对象的任何相关方面都去认真地想一想。三是创造性思维方式。创造性思维方式是对已有知识、经验的突破，它以丰富的想象力为基础，不受传统观念的束缚，不受逻辑推理的先入之见的影响，能够打破常规，取得出奇制胜的效果。

（2）良好的心理品质

心理品质是人的心理活动过程和个性方面所表现出的持久而稳定的基本特征。作为心理模式的一个组成部分，企业家的心理品质也是影响其经营管理绩效的重要因素。首先，良好的心理品质包括自知和自信。一个优秀的企业家应该既有自知之明，更有十足的自信。自知使企业家能够准确了解自身的长处和短处，充分发挥自身特长，自信则使企业家毫无畏惧地迎接任何困难和挑战，实为企业家所必备。其次，企业家要有超人的胆识。决策的风险性和不确定性意味着企业家的事业是一个充满了风险的事业，这就要求企业家在做决策时，必须具有过人的胆略、气魄和不畏艰险的大无畏精神。害怕承担风险的人是不会有所作为的。再次，要具有坚强的意志。坚强的意志是企业家必备的心理品质之一。它往往表现为坚定、顽强、执着和不屈不挠的精神。最后，企业家要有稳定而积极的情绪。20世纪90年代以来，情绪和管理的关系成为西方企业界的一个热门话题。现代企业管理的核心是对人的管理，而"人非草木，孰能无情"，企业家要想管理好人（员工）的情绪，在企业中形成良性的情绪氛围，首先应对自己进行有效的情绪管理，即及时控制或消解自己任何不良的或过分激烈的情绪，时时将自己的情绪保持在稳定而积极的状态，从而显现出一种特殊的情绪魅力，并以此来感染、打动员工。

（3）健全的知识结构

一般说来，企业家的能力和其他素养同他的知识水平成正比关系，知识面越宽，思路越宽，眼光越远，思维能力越强。企业家应具备的知识有：一是企业管理知识。这是企业家知识结构中的核心内容，是每一个企业家必须深入掌握和精通的，它包括企业管理的基本理论、原则、方法等原理性知识和营销、计划、生产、财务、人事等业务性知识。二是经济学知识。通过学习经济学，企业家能够洞察企业赖以生存、发展的经济环境，并根据经济情况的变化来相机抉择。三是文学知识。文学知识是一项基本修养，它对企业家丰富思想、体验人生、准确地表达管理意图均大有裨益。四是心理学、社会学、行为科学知识。企业家之所以要学习这三门学科，是为了更好地了解人，了解消费者和员工需求，从而制定相应的经营管理策略、采取恰当的激励措施等。此外，企业家还应对法律、美学、教育学、伦理学、预测学、史学、系统论、信息论、控制论等诸多学科知识有所涉猎。

（4）优秀的思想品德

品行不端则行为不轨，在企业家良好的心理模式中，优秀的品行不可缺少。日本知名的企业非常注意这一点，曾提出一个优秀的企业家应具有十项品质，即使命感、信赖感、责任感、积极性、进取性、诚实、忍耐、热情、公平、勇气。除此之外，一个优秀的企业家还应具有宽容精神和公德意识。长期以来，"从严治企"指的是严格管理企业，并不意味着"从严待人"。就企业家个人的品质作风而言，还要学会宽容。宽容有两层意思：一是对有失误的人或反对过自己的人要宽容；二是对能力比自己强的人不嫉妒，让贤者、能者充分施展才智。企业家的公德意识主要表现为社会责任感和历史使命感。传统儒家伦理主张的"先义后利""见利思义""以义谋利"的思想给企业家们这样的警示：在赚取利润之时，切不可忘记自己所肩负的社会责任和历史使命。

2.企业家的能力结构

企业家所具备的能力应该是各种能力的综合体，这种综合体表现为一种能力结构，其状况如何，直接决定企业管理绩效的优劣。

（1）决策能力

决策能力的强弱和决策水平的高低是评价企业家能力结构的一个主要标志。企业家的决策有两个特点，一是"大"，二是"新"，即企业家的决策既关系到企业和企业家本人未来的命运，又大都是非程序化的决策，这就决定了企业家必须具备高超的决策能力。现代企业管理史表明，一个企业的兴衰与该企业领导人的决策能力有直接关系，有些企业或保持长期不败，或能够起死回生，究其原因无不与企业家的正确决策有关；相反，有些企业却由于领导人的决策失误而蒙受巨大损失。

（2）组织能力

组织能力对企业家的要求是能够建立满足生产经营需要的组织结构，合理配置人力资源，做到"知人善任"，并能运用各种激励手段激发员工的工作热情和创造性，正确处理企业内部各种关系，增强员工的凝聚力，发扬团队精神，使所有员工能为企业目标而齐心协力、共同奋斗。事必躬亲、鞠躬尽瘁的人算是一个好人，但决不会是一个优秀的企业家。优秀的企业家应该懂得"人本管理乃管理之本"，应该懂得如何借员工的脑和手去实现企业目标。

（3）应变能力

现代企业在复杂多变的环境中运作，要求企业家必须具备快速反应能力，及时调整企业的既定目标、计划、战略与策略，以适应外部环境和内部条件的变化，比如，在有地区差别之时因地而变，在有季节差别之时因时而变，在有经营差别之时因竞争对手的变化而变，在有需求差别之时因顾客消费心理的变化而变，等等。

（4）创新能力

1983年壳牌石油公司的研究人员做了一项调查，其结果十分惊人：1970年位列《财富》杂志"全球五百家大企业'排行榜的公司，在1983年时已有三分之一销声匿迹。这些过去曾经辉煌一时的商贾巨子为何如今风光不再？除了环境多变、竞争加剧、决策失误等诸多因素之外，一个原因就是故步自封、少有创新。

|1.6| 管理的对象及其环境变化

管理对象是指实施管理所针对的客体，主要包括人、事物、方法和环境等。

对人的管理主要涉及对组织内外相关人员的各种管理与开发，即人力资源开发与管理。所谓人力资源开发与管理，就是把组织内外有关人的因素作为一种重要的资源加以开发、运用和管理，通过相应的制度、技术、流程与方法，使之与组织文化和战略相联系，从而有利于促进组织及其所有成员竞争力的提升与全面的共同发展。

这里的人力资源也分为狭义和广义两种。狭义的人力资源，是指组织中所拥有的或能够使用的各种具有劳动能力的人员；广义的人力资源，是指一定范围内的人口总体所具有的劳动力的总和，不仅包括其体力、智力、数量、质量、结构，而且包括各种组织因素和文化因素等。

对事物的管理，包括各项具体的业务、财产、工作任务、分工合作、相关组织与制度、流程、战略等。比如对财产的管理，就要研究如何利用现有的财产资源创造更大的价值；对信息的管理，主要涉及内外部信息获取、筛选、加工、利用，利用有价值的精确的信息进行各种经营与管理，并开展趋势预测等。

对方法的管理，主要是指在管理活动中所涉及的做事方法、矛盾处理方法、流程、制度设计方法、项目管理方法、时间管理方法等，也包括对新的方法的开发和创新。

对环境的管理，主要包括对组织所在的物理环境、经济环境、文化环境、市场环境、社会环境、政治环境、制度环境、技术环境、生态环境、社区环境等进行互动与协调。

管理的重点对象会随着企业所处的环境变化而有所不同。例如，在计划经济时代，我国企业的管理主要是以人和物为主，但在现今快速发展的知识经济时代和中国特色社会主义市场经济时期，信息、时间、信用和知识等的管理不断受到重视。管理的重点对象也会随企业发展阶段的不同而有所区别。例如，初创期的企业管理的对象更偏重于如何管理人，激发创业团队成员的最大潜能，实现团队目标；成熟期的企业更重视企业制度的制定，在市场上获得良好的信誉等。从格雷纳提出的企业成长五阶段模型中也可看出，管理的重点对象会随企业发展阶段的不同而有所区别。

管理与问题有着密切的关系，管理的目标就是解决问题。那什么是"问题"呢？一般意义上的问题是指矛盾、冲突、不和谐、困惑等，根据笔者的研究，本书将问题定义为现有状态与应有状态之间的差距。管理的目标就是缩短或消除这种差距。如果将应有状态表示为"Y"，现有状态表示为"X"，问题表示为"P"，则用公式可表示为：

P = f(Y − X)

问题是应有状态与现有状态之间差距的函数。如果给"Y"和"X"赋予时间方面的意义，即为 Y（t_1）、X（t_2），上面的公式可表示为：

P = f[Y(t_1)−X(t_2)]，$t_1 > t_2$

t_1 与 t_2 之间的距离表示管理目标的不同层次，比如短期目标、中期目标、长期目标、战略目标、愿景和使命等[①]。

|1.7| 管理的本质

本质是指事物固有的内在属性。具有不同表现形式的事物可能存在着共同的本质，因为事物组成要素内部之间的不同连接方式决定着事物的不同表现形式。同质异构原理就充分地表现了这一点。

管理作为重要的人类实践活动，其对象各种各样，内容千变万化，但其本质是固定不变的，始终作为管理活动的根基，指引着管理的方式、过程、创新和变革。从现代管理意义来看，我们认为，管理的本质就是"责任"。"责任"包含于管理的各个方面，既指管理者对组织的责任、对组织成员的责任，也指组织成员对组织的责任、对管理者的责任；既包括个体和组织对社会的责任，也包括个体或组织对消费者、供应商和社区的责任，等等。

管理活动的实施要以管理责任为根本导向。从组织战略管理的角度来看，它包括组织所处的内外部宏观、中观、微观环境如何，制定什么战略，采用什么方式实施战略，如何将组织战略落地，如何做好战略管理的控制等。在战略管理的每一个阶段或环节，决策者都要充分考虑他们对组织的责任是什么、对组织成员的责任是什么，对社会的责任是什么。可能不同的组织在战略管理的各个阶段和环节的表现形式不同，但管理的本质是一样的，决策者均应首先考虑对各方利益相关者承担什么样的责任，以此作为决策的指导或原则。同时，在战略的实施过程中，组织成员、供应商等相关者，也应考虑为组织战略的顺利实现，应承担什么样的责任，以"责任意识"为指导，来判断应该做什么和不应该做什么。

从西方管理的发展史角度来看，在古典管理阶段，管理的主要目的是提高工作效率、监督组织成员工作，单纯地实现组织的最大化利润，其仅承担组织利润最大化的责任。在人际关系行为科学管理阶段，组织的管理倾向于关心组织成员，在成员完成工作任务的同时，组织也承担着满足成员需要的责任。随着管理的不断进步和发展，现代管理将管理的责任拓展到对社会的责任、对顾客的责任、对供应商的责任等。因此，伴随着管理的发展，管理责任不断地增多，但其管理本质一直未变，即管理就是"责任"。

为此我们认为，管理的本质应该是责任，好的管理应该是一项使命，卓越的管理应该是一种信仰。责任可能是被动的，使命则一定是积极主动的，而信仰则一定

---

① 引自作者2002—2016年的培训演讲稿《问题与管理》。

是一种持续的积极主动。

复习思考题

1.管理的定义是什么？

2.如何理解管理概念的内涵和外延？

3.经营概念与管理概念有哪些联系和区别？

4.管理的目的是什么？

5.如何理解管理者？如何理解企业家和企业家精神？

6.管理的对象指哪些，其与环境有怎样的关系？

7.如何理解管理的本质？

相关案例

勤奋出英才
——福建巨岸建设公司董事长陈文豹
（一）

我的老家埭头镇石城村在莆田沿海的最东边，埭头至石城北码头 15 公里。1973 年春至 1975 年夏，我在埭头中学（现莆田十一中）读高中（当时冬季招生又改回夏季招生，因而我高中读了两年半），每周回家一次，周六中午回家，周日下午返校，挑着番薯或番薯干外加一罐咸菜与学友结伴而行。这段路上的风景和记忆，任凭几十年岁月风雨的冲刷也难以消逝泯灭，只要闭一下眼睛，那情形仿佛就在眼前……

埭头至石城公路沿大蚶山麓向东延伸，左侧的大山巨石滚滚，少有林木，纵使是在"绿化祖国"的年代，也是只见岩石上的大字标语，少见石缝里可怜的杂树。20 世纪 80 年代改革开放大建设，这里最大的收入来自上山采石，也就是出石匠和手扶拖拉机手，放眼望去，大蚶山伤痕累累，惨不忍睹——穷山恶水。

埭头是莆田最贫穷的乡镇，镇政府周围土地平坦，稍好一些，东去石城、后郑、东林、淇沪几个靠海的村庄也比较好，以渔业村石城最好，历来如此，如今石城更以文明富裕著称；而中间几个村庄，是贫穷乡镇中的贫困村，其贫困程度可想而知……

很难说是不幸还是有幸，陈文豹就生在这贫穷地区贫穷乡镇最贫穷的村庄，而且是父母无任何手艺的纯农民家庭……石塔溪尾村，我的二姑就嫁在这里，还有几家亲戚是这个村的，但我始终没有弄清溪尾村的方位，因而一见面，便问他："具体在哪里？"他说："8 公里碑，往右拐过去半里吧，就是溪尾。"

我比陈文豹董事长大一旬，贫穷的记忆是共同的，因而不需多言，他便迅速地进入了童年和少年的时光。如今的他已足够强大，因而对往昔的极度贫困、悲惨和艰难没有任何的隐讳和顾忌……

他出生于 1967 年 4 月 1 日（农历是二月）。身份证上的年龄大了 5 岁，那是结婚那年岁数不够，尚差数天，"官方人士"为成人之美改成这样的——陈文豹笑着说。

陈家五个兄妹，他是老三，上面有一个哥哥，一个姐姐。记忆中最为刻骨铭心的是贫穷，贫穷最深刻的记忆是饥饿。最困难的时候，哥哥在埭头念高中，吃的是薯干和麦糊（大麦磨的粉），他在樟林念初中，中午在学校炊饭，只有一个番薯，连汤都喝下去了，也没有一点饱的感觉；晚上回到家，就是炒豌豆吃，也不能放开吃。莆田沿海根深蒂固的重男轻女思想，在每个家庭，无论贫穷或者富贵都一样，他的父母自然也不例外。母亲用茶杯（不像现在雅致小巧的茶具，而是直径和高度有1.5寸的那种，俗称"竹箍杯"）分豌豆，他和哥哥的杯口凸出来，姐姐和妹妹的杯口是刮平的……从小聪明和细心的陈文豹注意到：分到最后，父母甚至连一口豌豆也没吃，只是各喝一碗水，便躺到床上去睡了……

说话之时，他父亲已病危在床，80岁的老人已20多天水米不进，是肺癌晚期，纵是请来神医也回天无力。他有瞬间的走神，侧脸朝东愣了一下，就迅速回到眼前的话题中……

临近初中毕业，陈文豹心底的夙愿，是想考个中专，但他不敢跟家里说。哥哥已去做工，家里没钱，连自己最后一学期欠学校的17.5元学费都没交呢！哪来的钱去读中专啊！

欠着学费，他也没脸参加毕业考试，只好悄悄地退了学，跟着姑丈陈仙耀去闽北山区政和修公路。

1982年8月顶着山中明晃晃的太阳，15岁的少年奋力举起岩镐对准坚硬的岩土狠狠刨去……他不能有丝毫的懈怠，临出家门的前一夜，父母把他叫在眼前，再三嘱咐他到了工地要听话，不偷懒，老实做事，本分做人……一天下来，他躲在无人的地方，摊开手掌，一一数下来，双手上共有20多个水泡，手掌都握不拢。他不敢声张，生怕工头知道了，把他赶回家去，不让他继续做下去。

他如此拼命，是好强的性格所致。其实工友们都喜爱他，还尽量照顾他。大人们其实都是心中有数的，这么幼嫩的初中生，初来乍到又如此地卖力，肯定会把双手磨破的，因而第二天起，就给他调了较轻的工种。

为了照顾他，安排他挑饭。这工作同样不容易。山区昼夜温差大，中午又热到30℃以上，他要提前一小时回工棚挑饭，一头米饭，一头空心菜汤，不紧不慢地挑到工地去，快了桶里的汤会洒出来，慢了饭菜就全凉了。新修的公路经太阳一晒，尘土飞扬，挑到工地，他满脸尘土，却见工人们全坐在砖瓦窑里等着他。放下饭菜，还得让别人先吃，自己在边上看，初时往往不凑巧，他们把菜汤喝光了，自己只好把米饭干巴巴地往嘴里硬塞。久了大家都同情他，每人省一口，他就有了足够的饭和菜汤了。晚上铁器回炉整理拉风箱也是一难，右手臂一拉两到三小时，完了那右臂酸啊，但他没有吭一声。

板车装土时那车墙板都很高，阿豹用簸箕往里倒够不着，他的个头还不够高，有个瘸腿的理发匠帮他。理发匠一手挂着岩镐，一手拎着装土的簸箕往车里甩……

阿豹站在旁边敬佩地看着他，哪想到他趔趄了一下，大腿撞到了岩镐上，划了一个很大的口子，瞬间便鲜血淋漓……酷烈的场面记忆犹新，可惜一时记不起那个理发匠的名字。

有一次在政和县东平镇的一个村边砌水沟，沟里是不知积了多少岁月的水牛粪便，表面黄澄澄的一层泛着亮光……阿豹要下去砌石头，毫无顾忌地踩了下去，尽管感觉那脏水冷得刺骨，但他只管干活，不以为意……当天收工就不行了，两只脚肿得油光发亮，外加感冒就躺倒了。第二天别人上工都走了，他独自一人在床上躺着，夏季西斜的阳光照在他的脸上，有种中暑的迷幻感觉。但他没想去看医生，一看医生就要花钱。房东走进来看了大吃一惊，力劝他去看医生，说是再不看要出大事的。阿豹想想也是："留得青山在，不怕没柴烧"，不能因为痛惜钱把命搭上。遂强撑着从床上爬起来，喝了一碗水，走走停停五公里去村里找医生。这山村的赤脚医生还真有本事，花了3元多的钱看了几回这病就好了。阿豹把这次中毒看成是人生的第一回磨难。

工程队驻扎在政和县东平，承包的是从东平到外屯十几公里的路段，每天修好200米，工地现场离驻地就越来越远了。这年的冬天似乎来得早了些，严霜降临了。早上出工，老工人们每人抓一架板车，斜拉着去工地，显得轻松自在；阿豹他技巧不行，只好拿铁锹、锄头和岩镐，把它们扛在脖子上，一夜沐霜的铁器，冰冷刺骨，几公里下来，他两只耳朵都冻麻了……

政和县城的溪床浅滩上各种颜色的鹅卵石，是如今游客眼中最美丽的风景，却是少年阿豹沉重的记忆。鹅卵石是修路最经济的材料，工程队从岸边挖起，逐渐向溪中间延伸，一块窄窄的跳板搁着，每人挑着满满一担鹅卵石颤悠悠地走向岸上……别人都比他老练，阿豹毕竟年轻没经验，但他不愿服输也不能服输，壮着胆咬咬牙踏上了跳板，只觉着两头的鹅卵石死沉死沉的……捱到岸上，各人装各人的车。车是那种手拉的板车。阿豹此时才体会到谦让害苦了自己。早上出工时，他不敢先拿轮子，自然好的都被别人拣走了；剩下的，都是轮环变形的。阿豹勉强挑了一辆，车轴还好，只是轴承已严重磨损，里面的滚珠都掉了好几颗，搭上板车架子拉着走，"咯吱咯吱"一路发出刺耳的声音……此时装满鹅卵石，上坡路段还好，可以出死力硬拉；下坡路便苦了，一边是山岭挡土墙，另一边是溪涧，滑下去后果不堪设想。关键是心里害怕，怕滑，只好用笨办法，拉着车走S形的路线，减缓上下坡的坡度……

6个月的日子过去了。腊月他们回到老家，二十八日他准时来到工头家，工头一声不响地点钱，阿豹双眼看着他的手。点完了他双手接过便揣进兜里。卢文荣（工头）问他："你也不点点？"他答："知道了，800多元。"工头惊奇得连连摇头。阿豹不但不用点钱，连这6个月每天多少都心如明镜："头10天是每天3元，后来每天4元。这已是新小工的最好待遇了。"回到家，他把这800多元一分不剩地交到父亲手里。

第二年春天工程队移师浙江金华。尽管姑丈在另外的工地干活，无法给他任何的照顾，但陈文豹自己争气，以勤快（莆田话"脚手直"）的秉性很快获得了工头卢文荣的喜爱。傍晚收工回来，卢工头都会叫一声："阿豹仔，去那个村庄给我买瓶红酒。"他脆声答应，拿了几毛钱一路小跑向村庄而去……卢文荣大概图的是红酒要新鲜，所以并不多买，而是一天一买。这样，阿豹就每天傍晚沿着湿滑的山间小路去村里买酒，来回5公里。回来之后，还要烧水给工头烫脚。让阿豹倍感振奋的是：卢文荣把他的工资加到每天6.03元，比普通技工还多5分钱呢；这次加薪对他来说真是太重要啦！他把它看作工头和工友对自己的肯定。"6.03""5.98"这几个数字深深地烙刻在他的脑海中（采访时，他对我重复了两遍）。

（二）

特区厦门是给阿豹带来好运的地方，但他初踏鹭岛的日子依然是艰辛的，身体上甚至心灵中都留下了深刻的疤痕。

1984年春节过后，他跟着邻村的远房表兄来到福建省第四建筑公司工地做杂工。杂工就是干最苦最累最脏的活。那是在湖里工业区六号工地，他一个人负责往搅拌机里倒水泥……（有个问题我一直不解：建房子浇灌混凝土，为什么绝大多数在夜间甚至深夜进行？阿豹解释说：按层面布好钢筋，白天要请监督站验收，验看之后必然要整改，改好再验收签字方可浇灌，这就拖到了下午甚至入夜才能开始，所以您才有这种感觉。）一层楼面所需水泥包堆在那里占很大一块地，开始浇灌时，离搅拌机近，他抱着水泥包往里倒，觉得还可以；一包一包地往里倒，距离越来越远，夜越来越深，手中100斤的水泥包似乎也越来越沉了……一个晚上四五百包水泥抱下来，筋疲力尽，他顾不得浑身上下的水泥灰，脸都不洗一把，便躺下去，呼呼大睡进入甜美的梦乡……晴好的天气还没什么，最难的是雨天，淋湿的水泥灰会咬破手脚，钻心地痛……17岁的少年难免有不老到的地方，有一回他右手扶着铁斗车载钢窗，左手狠劲一推，崭新的钢窗边缘锋利如刀，把左手中指的肉刮掉一片，只剩下皮连着。阿豹吃了一惊，连忙按住快掉的肉往原处贴，跑到住处找块胶布贴了起来……如今他的中指上还留着一片显眼的疤痕……

厦门浩荡的海风催人成长。18岁的陈文豹就任工程队的班长，带领自己的队伍进入思明区东海大厦做杂工。这"班长"是多大的官呢？不是官，但手下有50多名工人啊！还是完全彻底的二把手，一把手基本不管事。他早晨5点半就得准时起床，淘米下锅煮稀饭，把灶里的柴火烧旺后，去中山路黄则和花生汤店买油条。买回来大伙儿都起来了，大家边吃边安排工作：你们几个在几层，他们几个在几层，具体在哪个部位干什么活……吃完饭各人把自己的碗洗了搁在那里，他带着大伙进入大厦，一个个安排到位，都妥当了，然后自己的手也不闲着，找个事情自己干……11点整了，他再淘米下锅煮干饭，然后跑去市场（距离很近），肥肉瘦肉包菜和老姜买回来，下到大锅里炒起来，煮好汤用几个大脸盆装好，工人们正好下工了吃——12点整。

晚上加班是工程队司空见惯的事。晚饭后，阿豹得先去楼里布置电灯。收工时，他得一层一层地检查灯关了没有，然后把配电箱的总开关关掉。这一晚他像往常一样来到10楼，那是放置配电箱的地方，外间的灯已关掉，黑乎乎的只有外面透进来的天光……他很熟悉配电箱的位置，所以毫不在意地伸手关总开关，哪想到配电箱的盖子掉了，他的手碰到了电箱里的电线，380伏的电流瞬间击来，一下子把他击倒，昏了过去……不知过去了多久，阿豹才苏醒过来，躺在水泥楼板上一动不动地想了好久，才明白刚才发生了什么……（3年后他哥哥陈文彪死于厦门工地，也是因水磨机漏电）躺在那里他只有一种感觉：没有死去真好；生的感觉太美妙啦！——阿豹把这事看成他人生的第二次磨难。

大难不死，必有后福。随后3年，他和他的团队转战在3个工地上：东海大厦，厦门大学图书馆、教学楼。尽管工资很低，每天只有7元，班长的职位也就每月补贴两天工资，但他在工地实践中获得了广泛的信任和尊重，甲方叫他一声"老陈"，使19岁的他倍感自信和自豪。甲方工程量结算和省四建结账，都没有让一把手去，而是叫阿豹去才行。

转眼到了1988年底，父亲专程赶到厦门，让阿豹回家成婚。他的婚姻是"姑换嫂"（阿豹娶那家的姐姐，自己的妹妹嫁给妻子的弟弟），但妹妹才14岁，要迟两年才过门。婚姻上的事情往往变化莫测，这种风险就得用钱弥补。这样，陈家就得贴对方1 200元聘金（彩礼），家里年初就养了一头猪，这时可以宰杀用来办酒席款待亲戚朋友。几乎什么都全了，就是差这1 200元的彩礼。这也是陈父专门赶来厦门的原因。

父亲十分客气地请做一把手的表侄（他可是把阿豹领来厦门的大恩人啊）届时回阿豹家去喝酒。父亲先问："阿豹跟着您做得怎么样？"表侄回答："很好！"父亲便把家里的情形说了，提出暂借点钱回家把婚事办了，不足部分用阿豹明年的工钱还（其实阿豹当年的工资就够了，父亲这是客气，毕竟人家是恩公啊）。哪想到，这表侄听了，连连诉苦，说是省四建工钱拖欠很厉害，自己没有钱可借。

当晚阿豹回来，听父亲这样说，也十分憋屈：省四建的工钱，都是自己去结算的，明明有钱，为何不借，而且还不是借，就是提前十几天把自己工资结了而已。那时他住在厦大图书馆，一把手就住在隔壁，房子未装修，隔壁讲什么话都听得一清二楚。他听到：一把手不肯把钱给父亲，却与自己的姐姐讨论如何回去盖大宅……

父亲气咻咻地返回老家，跟别人借钱把阿豹的婚事办了。转年不准阿豹再回厦门，跟这"一把手表爷"做工！

父亲脾气犟，说出口的话很难轻易改变，阿豹从小听话，也不想违拗父亲的善意，同时也是新婚，乐得在家赋闲……

（三）

石塔乡大颔村陈姓亲戚听说阿豹赋闲在家，便找上门来，动员阿豹去建瓯东坪合伙做香菇贸易，他说建瓯人响应号召大种蘑菇发家致富，却不会做生意；他们过去租间房买一台烘干机，肯定有利可图。阿豹想婚事之后待在家里让人笑话，便毫不犹豫地答应了。过完元宵节他便一个人先去建瓯租了房子买了烘干机，他妻子和亲戚开汉随后也到了。收菇、烘干、卖菇……先在门口卖，后来挑到市场卖。没多久阿豹便看出这生意没有任何前途，最终以把购买烘干机后剩下的1 000多元亏完为止。

此时哥哥文彪在建宁县里心镇一处教学楼工地做工。阿豹和妻子过去，阿豹做小工，妻子做炊事员。阿豹经过多年磨炼，做小工搬机砖是小菜一碟，把砖挑到架子前，整齐地摆放在技匠身边，都备好后，他那双手也没闲着，便学做泥水活上架砌"清水墙"。

夏天夫妻俩回到老家。阿豹拜平海卓东的阿坡为师父继续学习泥水匠的活。这师父收阿豹为徒确实是平生犯的一个最为严重的错误。师父带着徒弟把一座泥瓦房盖到顶，最后用白灰泥脊头时，师父在房顶忙活了半天，把那脊头越抹越黑……徒弟阿豹在地上看着，最后招手让师父下来，自己爬上去，三下五除二——干净利落地把这技术活搞定了。

1990年春节，在厦门做工的乡亲都回来过年。有好几个人对阿豹说：省四建五队原来配合的几位领导到处寻找你陈文豹呢！

于是，过完年，阿豹便去厦门找到这些领导，他们告诉阿豹：厦门一中林粟如老师有座老宅要修，问学生哪里去找建筑队。老师的事无小事。就这样这个小项目就转交给阿豹负责组织施工。

穿过七拐八弯的小巷，阿豹来到菜妈街一看，原来这林粟如老师的贵府是座占地不足30平方米的单层旧屋，还与别人家的房子同墙共壁，全部工程就是把旧屋拆了，建成两层钢筋混凝土的，且建筑材料运不进去，全靠人扛肩挑……面对此情此景阿豹不敢也不能有丝毫的推辞，他爽快地把"工程"接了下来，且闭口不谈价钱，他知道他只能有一种做法：所有材料和工钱都是实报实销。领了这项目，他回到莆田招了四个人，忙了四个月把这房子盖好。

这期间，林粟如仅送他几双白色的劳保手套，但阿豹十分感激。千万别小看这几双粗糙的劳保手套，那是他们20多年姐弟般友情的起点。从那以后，林粟如一直把丈夫穿旧的和半旧的衣服送给阿豹穿……一直到前两年，林粟如还在整理丈夫的旧衣服，丈夫看了忍不住笑了，他对妻子说："人家阿豹现在是大老板了，还穿我们的旧衣服啊？"林粟如想想："自己也真是的！"

林老师家这座50多平方米的二层小楼，其实是陈文豹进入省四建直属处的一张门票。在这座微型建筑物上，他注入了做人的根本：诚实。从此，他步入人生的一片开阔地。

做完林家小楼，省四建直属处就把白鹭花园两个各50立方米的化粪池交给他做。还是那种风格：材料实报实销，工钱不讲价格。做完了，处里来人哗啦啦把水放进去，24小时过去后再看，水位纹丝不动，说明阿豹修的这化粪池滴水不漏——化粪池是建筑上的隐蔽工程，许多大公司承包后，建完了都漏得厉害，那不是建设技术的缺失，而是人格的缺陷。刘完竹处长见状十分满意，说："以后化粪池都给阿豹做！"

对阿豹的赞赏当然不仅是化粪池，还有正儿八经的大楼——湖明新村B幢大楼，砖混结构，八层，几千平方米的建筑面积。阿豹把关系最好的22名工人招来（如今这22人全是工头），立即投入施工。大伙儿不分昼夜苦干。有个木工班班长叫林洪产，最后三天三夜没合过眼。腊月三十上午8点，他们把大楼第二层楼板灌好，都来不及洗一把脸，就一个个灰头土脸地上了阿豹早已包好的22座的大巴车，往西、往北、往东，向故乡莆田、埭头、石塔开去……到家时已是下午3点，千家万户的鞭炮早已噼里啪啦地响了起来。

工程完工后，被评为福建省优质工程和全省样板工程。这是厦门市有史以来的第一次。全省建筑行业在这里举行了现场会，省四建在杏花酒店举行庆功晚宴时，阿豹与工程师姜海水一起被请到主桌上。喝什么酒吃什么菜他全无印象，只记得那种奇特的感觉——自己真的很了不起啊！

当年下半年他承接了东南亚开发公司的槟榔花园A幢楼的收尾工程，省四建的意图是充分发挥阿豹团队的专业技术实力，把工程最后边边角角的旮旯做整齐，再创新的荣誉。阿豹不负领导的期望，连怀孕在身的妻子沈美燕也投入其中。全部工作完成的那一天，怀着九个多月身孕的沈美燕蹲着洗地板，搓啊洗啊，肚子就疼了……阿豹见了猛吃一惊，慌忙叫手下雇车把妻子送往厦门医院，自己在现场继续指挥做最后的完善工作……这样，厦门市历史上第一项国家建设部优质工程就跟他的第二个女儿同日同时诞生了。

从1991年6月开始，阿豹陆续承接了东方山庄别墅群，凤凰山庄别墅群，C2、C3两幢高楼，厦门市实验小学，双十中学，厦门边检站，厦门市饮水工程，厦门文屏山庄（建筑面积30多万平方米）。到2003年"非典"爆发时，他的事业达到了鼎盛期，工地遍及泉州、漳州、海沧和厦门……

事业辉煌（尤其是鼎盛之际）往往蕴含着深刻的危机。"非典"恶魔横扫中国大地，全国建材企业以保护生命为最高宗旨，纷纷关门歇业，建材市场价格应声狂涨，仅钢材就从每吨2 300元一路狂涨到每吨4 300元。别的建筑承包商都以此"不可抗力因素"为由赖账不做了，但阿豹不行，他是莆田沿海农民的儿子，父亲一生赤贫，但从不赖别人一分钱。父亲的人格遗传给了他，他再苦再累也要坚持。讲诚信、讲人格是要付出代价的。"非典"之前的那几年，建筑材料价格很少波动，市场十分稳定，因而，阿豹与业主签的都是"死合同"，没有回旋的余地。现在"风暴"来了，他没了退路，也不想退却……

当钟南山院士和全国的白衣天使们制服住"非典"这个"魔鬼"时，阿豹也与业主们完成了结算，全部工程净亏了几百万元。这样，除了厦门厦禾路1090号那幢元利酒店（用工程款加按揭买的），阿豹又变得双手空空，一切似乎回到了原点。

"1090"！阿豹对着这个数字苦笑，它是不是暗含这样的命运：一生努力，结果为零；九曲黄河，最终完满？

阿豹把这次大面积的巨额亏损看成是人生的第三次磨难。但愿，事不过三。

（四）

人在遭遇挫折时，第一本能是想起故乡，那块生他养他的摇篮地。阿豹也是如此。

他想起 10 年前庆功宴上坐主桌喝酒时，桌上主宾、省建筑质量监督总站林总工程师若有所思地问身边的人："这小伙子是谁？"得到回答后，他激动地说："哦，您也是莆田人！"饭后，他跟阿豹说："莆田的建筑质量，搞得我都不敢说是莆田人；你能不能回去？若能，我出面跟莆田建委说，拿一个工程给你做，做好了，我这总工程师的脸面也好看。"

莆田市荔城区在厦门大学举办招商推介会。阿豹虽是被朋友拉到现场的，但记住了市、区两级领导脸上殷切期待的笑容……

阿豹自然也想起故乡。除了贫困和刁蛮，埭头人在莆田市纷纷崛起的忠门人、东庄人、汀口人、榜头人、枫亭人面前，实在也没有任何本领能够摆得上台面的……

在经历了多次反复之后，阿豹踏上了回故乡之路。2006 年 6 月，福建巨岸建设工程有限公司在莆田成立，当年纳税 1 000 万元，此后每年以 1 000 万元递增，2011 年纳税 6 100 万元，成为莆田市建筑业的龙头企业，跻身全省建筑企业百强。公司先后承建厦门集美园博园（莆田园）、莆田工艺美术城、四川彭州白马中学等。如今，走在莆田的大街上，每隔几百米都会遇见"巨岸建设"的标志……阿豹他不在媒体做广告，他说自己建的大楼就是最好的广告。

巨岸旗下的工程分布在安徽、四川、浙江，福建福州、厦门、漳州、南平和莆田，在建项目总值超过 50 亿元，公司员工超万人。

他的成功不可能是没有理由的。

在莆田城的人看来，"巨岸"仿佛是从地底下冒出来的，似乎是在一夜之间登陆莆田的大型建筑企业。

"世界上没有无缘无故的爱，也没有无缘无故的恨。"成功和失败也如是。

阿豹起点很低，初中文化，如今他有了什么文凭，有了什么职称，我没问，他也没说，因为没有任何意义，他如今每个月进行三天封闭式学习，早先几年是去大学听课，后来便是去厦门大学建筑学院、莆田学院建筑系讲课了。即使可以给大学生讲课，他依然坚持去听课。我劝他别听了，再听会把人听傻了。他微笑着说："我现在是听有实践经验的总裁讲具体实例，从中悟出点道理。"

他是个善于思考的人。多年坎坷，必有所得。他强调："做人比做生意重要。"理由是：一个人不管多么聪明，多能干，背景条件有多好，如果不懂得如何为人处世，他最终的结局肯定是失败。他进一步发挥道：大部分成功的人士在业界是有良好的口碑的。很多有才能的人一辈子都碌碌无为，因为他活了一辈子都没有弄明白该怎样去做人做事。比如，当老师的都想当个好老师，但事实上却不受学生欢迎；做生意的都想赚大钱，可偏偏赔了夫人又折兵。人们也许会为自己的失败找各种借口，运气不佳啦，考虑不周啦等，但抛开这些表层现象，其实归根结底还是在做人做事上失败了。他认为以诚为本、造福社会才是一个人成功的真谛，财富和名望不过是随之而来的肯定。一个人不能一心只想追求财富，否则他往往会过分自我而不会去帮助别人，别人就会觉得他太自私，更不愿和他合作或帮他的忙。

这一通话，他是对莆田的电视台记者说的，这个"别人"，在巨岸建设，被称为"内在顾客"，也就是员工。我问何不称为"主人"，他摇头。他拒绝许多流行词，我想许多流行的美丽词汇，已经被严酷的现实彻底颠覆（或者称为"异化"）了。

他从学习与实践中总结出"巨岸模式"，并把它成功地付诸实施运作。文章写到这里，似乎应该称他为陈董事长或者陈总了。但我跟他是同乡，这样称呼，难免显得生分，我们还是一如既往地叫他阿豹吧！

阿豹在莆田，一如既往靠的是品牌的效应，靠的是人格的魅力，巨岸建设把项目接到手，那是开发商信任巨岸，巨岸就要用质量回报开发商、回报客户。阿豹对他们说：巨岸盖的楼房，就应该比别人多卖50元。天龙房地产老总是作者的同学，他证实了这一点。

巨岸接的项目，价格比别人高，投入比别人大，他又是如何盈利的呢？阿豹说：头几年是打招牌，现在可以盈利了。一是靠材料管控，他们进材料，都是找大的供应商，要求必须质量最好、价格最便宜，依仗的是大批量的吸引力，如他们使用"三棵树涂料"，要求价格比对方的经销商都要低，而且管理到位，不允许有任何浪费。

做成这一切，都得靠人，人是企业的灵魂。人从何来？招呀！招得来，留得住，长成材。这是巨岸的人才培养三步骤。这三步其实也不神奇，搞企业的谁都明白，关键是度的把握，质的坚持。每当进人，阿豹都得亲自把关。他问："来巨岸，想要的是什么？"要钱的，他不要；要来干大事的，要事业的，他要。其实这就是改革开放总设计师邓小平对一代新人的殷切期望：有理想！

谈钱很俗，但其实也不能不要钱。绚丽娇艳的理想之花毕竟深扎于丰厚肥沃的经济土壤之中。阿豹不习惯如此华丽的辞藻，但明白这个道理。他把企业锻造成员工实现人生价值的平台，培养他们对巨岸美好未来的信心，用"传帮带"促进员工成长；同时，充分考虑他们的实际利益，满足他们的要求，这样他们才能为企业的前途去冲锋陷阵……

落实到具体方面，被招进巨岸的员工，基本待遇比同行高出5%~10%；工作6个月后，就可享有入股工资，分享公司的成果。公司项目的股份，陈文豹占40%，项目经理及团队占35%，普通员工占15%。项目经理团队要投资，员工不投资，只赚不赔；如果项目亏了，亏损由陈文豹出。这样，就把员工的利益与巨岸紧紧地捆绑在一起。

有利益，还要有氛围，这就是所谓的"企业文化"。"人所具有的一切，我无不具有。"马克思喜爱的这句德国民谚，用在阿豹身上，同样合适。这些年来，公司成立了党支部、工会，每逢中秋、元旦，各分公司、项目部等部门都要举行文艺演出和比赛，把厦门的"博饼文化"带过来博一博，把先进员工的家属请到莆田最豪华的酒店参加活动，与公司高层合影，给他们发红包；每年组织员工外出旅游，使他们开阔眼界，增长见识；慰问生病的员工等。阿豹的父亲病了，不知是谁发起的：公司员工每人说一句祝福的话，签上自己的名字，汇成长长的一张纸，送到阿豹父亲的病榻前，给弥留之际的老人以一种金钱买不到的欣慰之情……

和谐氛围的营造也包含功利性。阿豹从专家教授的高台讲章中舶来了"三欣会"和"四新会"的运作模式。

"三欣会"由自己、对方和团队三方构成，内容是互相欣赏、互相鼓励、互相赞美，人数在3~10人均可。如这时你做了善事，对某件事很负责任，做得很到位，提前完成了某项任务等，当然不是泛泛而谈，而要说出具体的事，当事人听了感觉很愉快，提振了信心，增进了自信力。如果是一场10个人的"三欣会"，就会听到20项赞赏，团队也聚集了集体的优点，凝聚成一股奋发向上的动力。

"四新会"是新反省、新反馈、新改正、新承诺的简称，核心就是严格依照游戏规则互相揭短。这种会不能经常开，但一季度或半年肯定要开一次，参加会议的员工，当别人提出自己的短处和缺陷时，只能倾听和记录，不能解释，更不能反驳，只能记下来回去感受，改正和提高自己。

中国农民其实有任何阶级都无法比拟的优势，如勤劳、简朴、坚韧、执着、谦逊、收敛，只是长期的贫穷和沉重的压抑把他们遮蔽得面目全非。作为农民的儿子，在新时期合适的阳光和雨露之下，阿豹破茧而出，把农民的优势发挥得淋漓尽致。就这样，他从最细微的部位做起，沿着做建筑行业的路径，一步步地构筑自己的理想之梦，他要把巨岸建设培养成枝叶长青的百年老店，以"诚信至上，专业第一"的核心理念把他的团队带向远方。

（五）

当然，他知道，自己的形象不在于自己说了什么，而在于自己做了什么。

2011年6月24日，厦门发生三个莆田打工仔见义勇为与歹徒搏斗并被刺成重伤的事。次日上午，阿豹听厦门莆田商会秘书长谢赳说到这事，立即驱车前往"三兄弟"之一所住的厦门海军医院。来到病床前，他才知道，三兄弟是他的埭头同乡，来自两个极度贫困的家庭（其中两个是表兄弟）。阿豹第一眼看见那件染满鲜红血迹的衣服，心急剧地颤抖了起来。他牵起病人的手，小伙子说："痛，痛……"阿豹的眼泪就涌出来了：这么年轻的面孔，做出如此果敢的壮举，自己真该为他做点什么了。小伙子的妈妈告诉阿豹："早上医院就通知交钱了，可……"阿豹明白了，问："医院可以刷卡吗？"他妈妈说："应该可以吧！"阿豹试着去窗口交费，回答是不能刷卡，遂回来对他妈妈说："我们去街上柜员机取钱吧！"他们沿着中山路的柜员机走，可能是时候尚早，不是柜员机里没有钱，就是银行不支持跨行取款，一直跑了几个柜员机，才取出1.5万元。连同车上平时交过路费所剩的零钱，阿豹抱着一大把的钱全部交给小伙子的妈妈……小伙子的妈妈接过钱，感激不尽，激动中还不失礼貌，到处找纸要给阿豹写收条。阿豹听了，眼泪又涌到了眼眶："这个东西不要写条。"

海军医院的领导获知消息，立即前来病房了解情况，当即做出决定，免去三兄弟的全部医疗费用，并把他们转移到特护病房……与此同时，三兄弟的英雄壮举先后通过厦门、莆田、福州的媒体传播开去……

资料来源　郑国贤．陈文豹：穷山恶水出英才［EB/OL］．［2016-11-24］．http：//www.ptxw.com/news/zt/hypsjs_tdkyfz/psfc/201302/t20130220_14355.htm.

案例讨论：

1.请查阅相关资料，详细了解福建巨岸建设公司的基本情况。

2.福建巨岸建设公司的成功取决于哪些因素？

3.陈文豹具备企业家的哪些品质？

4.你如何评价陈文豹？

第1章相关案例分析提示

阅读参考

1.林新奇．国际人力资源管理实务［M］．大连：东北财经大学出版社，2012.

2.林新奇．绩效管理［M］．3版．大连：东北财经大学出版社，2016.

3.罗宾斯，库尔特．管理学（英文影印版）［M］．9版．北京：清华大学出版社，2009.

4.孔茨，韦克里．管理学［M］．郝国华，等，译．9版．北京：经济科学出版社，1993.

5. PARAMBOOR J，MUSAH M B.Scientific management theory：A critical review from Islamic theories of administration ［J］．An International Journal of Economics，Business and Applications，2016，（10）：8-16.

什么是管理学

学习目标

✓ 理解管理学概念的内涵和外延
✓ 熟练掌握管理学的分类
✓ 理解"管理学"、"管理科学"与"管理理论"之间的关系
✓ 了解管理学家的内容
✓ 熟练掌握管理学的使命和责任
✓ 了解现代管理学及其对中国管理实践的影响
✓ 理解中国式管理的特征

管理学作为一门重要的学科越来越受到人们的重视，其理论和方法也为管理实践提供了重要的指导。随着人们不断地从管理实践中总结好的管理经验，管理学的理论和内容也不断丰富。那么，什么是管理学？管理学概念的内涵和外延怎么解释呢？管理学有哪些类别？管理学、管理科学与管理理论之间有什么关系？管理学家指哪些人？管理学的使命和责任是什么？现代管理学与中国管理实践又有怎样的联系？中国式管理有哪些特征？本章将针对以上问题进行阐述。

|2.1| 管理学概念的内涵和外延

2.1.1 管理学概念的内涵

管理学是将人类在管理实践过程中不断总结出来的管理方法、技巧和规则等基础上形成的理论体系。管理是人类实践活动中最复杂的领域。管理科学是一门应用科学。它的科学性集中表现为可行性。只有在实践中证明是可行的东西，才是科学的东西。所以众多的管理分支学科有着较强的实践性。管理者在做某项决策时，如

果不考虑其实施的现实可能性，或凭主观主义进行管理，那必然会碰壁，其管理目标也难以实现。因此，管理者的管理活动要充分考虑各种实际情况，要进行可能性分析，一切从实际出发；否则，再好的管理思想，再先进的管理技术，也起不到应有的作用，甚至会带来适得其反的效果。

各项管理学科都要认真探讨实际管理活动中的规律性，并为管理实践服务，脱离了这一点，管理学就没有生命力。从管理科学的发展史也可以清楚地看到，它的产生及发展一刻也离不开管理实践的活动，众多管理分支学科总是在一定程度上依据社会实践的客观需求而出现的。

各种不同的管理学科都是为解决相应的管理实际问题，在总结实践经验的基础上而产生的，并以不同的方式与实践相联系，随着问题的逐步解决，而发展了自身。

以行政管理学为例，行政管理学是从纷乱复杂的行政现象与关系中寻找有规律的东西，在正确思想的指导下，将其升华为一般的原理和一定的法则，作为行政人员进行推理、判断和理事的行动指南，逐渐形成一门治国、理财、兴邦的重要科学。

2.1.2　管理学概念的外延

1.管理学是一门综合性的学科

第一，管理学研究内容的综合性。经济、科技、社会是个很复杂的有机体，众多的管理问题又涉及多种多样的因素，如对企业的管理就涉及经济的因素和自然的因素，以及政治、法律、社会、心理学等上层建筑的因素，因此企业管理学涉及经济学、政治学、法学、心理学、社会学等，并与有关的专业技术知识有交叉渗透的关系，新的科学技术也必将对企业管理产生重大影响。因此，管理科学是一门综合性学科，它是社会科学、自然科学和技术科学相互结合的产物。

第二，管理学科研究对象的综合性。以环境管理学为例，环境管理涉及人类环境质量和自然生态质量，而环境质量受社会、科技、管理、政治、法律、经济等多方面影响，如人口的过度增长会使人类生存环境趋于恶化；发展工业会造成环境污染；生产和生活需要大量的木材，而森林资源的过量采伐又会破坏生态平衡；利用现代科学技术建立核电站，可以解决能源短缺问题，但如果管理不善或出现某些技术上的疏忽，就会造成威胁人类生存的核污染等。这些均要求环境管理科学从整体出发，运用系统分析的方法进行综合研究。

第三，管理方法的综合性。管理方法有多种，如经济的、法律的、行政的、定性的和定量的等。它们都各具特色，又有其局限性。这就要求管理者根据管理的实际情况，恰当地结合运用。

2.管理学是一门具有动态性的学科

在社会发展过程中，各种管理的静止状态是相对的，而运动却是绝对的。管理的动态性主要反映在以下三个方面：一是管理过程是在复杂的运动中进行的，管理就是一个计划、组织、决策、指挥、协调、控制、监督的过程；二是管理的主体作用于一个相当复杂的客体，管理客体是处于变化之中的；三是管理环境的政治、经济、科技等因素无时无刻不在变化。这三个方面就决定了管理科学理论也具有动态性。这种动态性表明管理理论不是一成不变的，而是随着管理实践的发展而发展的。新型管理学科随着社会要求程度的提高和科学内部结构的逐步形成而问世，或从其他学科中解体分化出来。管理理论的形成不可能是一次就能完成的任务。各门管理学科即使是在它已经创立之后也会处于不断的变化之中。

|2.2| 管理学的分类

根据管理学研究的内容不同，管理学可分为五个一级学科，即管理科学与工程、工商管理、农林经济管理、公共管理、图书情报与档案管理，每个一级学科下分若干个二级学科（本科专业目录中为"专业"），详见表2-1和表2-2。

表2-1　　　　　　　　　　　管理学学科门类、一级学科

学科门类代码、名称	一级学科代码、名称
12 管理学	1201 管理科学与工程（可授管理学、工学学位）
	1202 工商管理
	1203 农林经济管理
	1204 公共管理
	1205 图书情报与档案管理

注：数据来源于由国务院学位委员会和教育部联合制定的《学位授予和人才培养学科目录（2011年）》。

表2-2　　　　　　　　　　　管理学门类专业目录

12	学科门类：管理学
1201	管理科学与工程类
120101	管理科学（可授管理学或理学学士学位）
120102	信息管理与信息系统（可授管理学或工学学士学位）
120103	工程管理（可授管理学或工学学士学位）
120104	房地产开发与管理
120105	工程造价（可授管理学或工学学士学位）
1202	工商管理类
120201K	工商管理
120202	市场营销
120203K	会计学
120204	财务管理

续表

120205	国际商务	
120206	人力资源管理	
120207	审计学	
120208	资产评估	
120209	物业管理	
120210	文化产业管理（可授管理学或艺术学学士学位）	
1203	农业经济管理类	
120301	农林经济管理	
120302	农村区域发展（可授管理学或农学学士学位）	
1204	公共管理类	
120401	公共事业管理	
120402	行政管理	
120403	劳动与社会保障	
120404	土地资源管理（可授管理学或工学学士学位）	
120405	城市管理	
1205	图书情报与档案管理类	
120501	图书馆学	
120502	档案学	
120503	信息资源管理	
1206	物流管理与工程类	
120601	物流管理	
120602	物流工程（可授管理学或工学学士学位）	
1207	工业工程类	
120701	工业工程（可授管理学或工学学士学位）	
1208	电子商务类	
120801	电子商务（可授管理学或经济学或工学学士学位）	
1209	旅游管理类	
120901K	旅游管理	
120902	酒店管理	
120903	会展经济与管理	

注：资料来源于教育部制定的《普通高等学校本科专业目录（2012年）》。"K"表示国家控制布点专业。

|2.3| "管理学"、"管理科学"与"管理理论"

1.管理科学具有层次性

由于经济、科学、社会管理系统存在多个层次，所以管理科学内的分支学科的研究也具有相应的层次性。这种层次性表现在学科群内部构成的层次关系。如经济管理学是研究社会经济活动的合理组织及其规律性的科学，即研究对社会经济活动能够进行组织、计划、指导、监督、调节、控制等方面规律的科学。它由一系列具体学科组成，这些学科可分几个层次。研究国民经济体系管理的全局性问题的为国民经济管理学或宏观经济管理学。国民经济管理学的下一层次是部门经济管理学和地区经济管理学。部门经济管理学是研究各个经济部门、各个行业，以及按部门、行业划分的各类企业的特殊经营管理问题的，按大的经济部门划分，有工业、农业、建筑、运输、商业、金融等部门经济管理学，以及这些部门的企业管理学；按专业性较强的部门划分，可分别研究各个具体行业的更特殊、更专门的管理问题，如工业经济管理学中又分纺织、机械、冶金等部门经济管理学，农业经济管理学中又分出林业、畜牧业、渔业等部门经济管理学以及相应的各种企业管理学，等等。这种管理科学的层次性是由社会经济管理关系的特征决定的。

2.管理学兼具科学性和艺术性

管理学的科学性是指管理作为一个活动过程，存在一系列基本的客观规律。人们经过无数次的失败和成功，通过从实践中收集、归纳、检测数据，提出假设，验证假设，从中总结出一系列反映管理活动过程中客观规律的管理理论和一般方法。人们利用这些理论和方法来指导自己的管理实践，又以管理活动的结果来衡量管理过程中所使用的理论和方法是否正确，是否行之有效，从而使管理的科学理论和方法在实践中不断得到验证和丰富。因此，说管理学是一门科学，是指它以反映管理客观规律的管理理论和方法为指导，有一套分析问题、解决问题的科学的方法论。

管理的艺术性就是强调其实践性，没有实践则无所谓艺术。这就是说，仅凭停留在书本上的管理理论或背诵原理和公式来进行管理活动是不能保证其成功的。主管人员必须在管理实践中发挥积极性、主动性和创造性，因地制宜地将管理知识与具体管理活动结合起来，才能进行有效的管理。所以，管理的艺术性就是强调进行管理活动除了要掌握一定的理论和方法外，还要有灵活运用这些知识的技巧和诀窍。

从管理的科学性与艺术性可知，有成效的管理艺术是以对它所依据的管理理论的理解为基础的。因此，二者之间不是互相排斥的，而是互相补充的。如前所述，靠背诵原理来进行管理活动，必然是脱离或忽视现实情况的无效活动；而没有掌握管理理论和基本知识的主管人员，在进行管理时必然是靠碰运气，靠直觉或过去的经验办事，很难找到对管理问题的可行的、令人满意的解决办法。所以，紧靠管理的专业训练不可能培训出真正的管理人员。

3.管理学具有时代性

管理学是和生产力的发展以及生产组织方式的变化紧密联系的，不同的时期会产生不同的管理理论，见表2-3。

表2-3　　　　　　　　　　　不同时期的管理理论

主流意识形态	兴盛时期	主要内容
科学管理	1900—1923年	泰勒制，理性控制
人际关系	1923—1955年	员工是人，也需要关怀
理性系统	1955—1980年	数字，数字，数字
企业文化	1980年以后	企业文化决定企业绩效

4.管理理论是多视角的

经验性的实证分析是管理理论的重要特征。环境背景因素是管理理论和实践赖以存在的基础，因此从不同的实践环境中诞生出来的理论往往具有很大的差异。即使是同一时期由于研究者不同的背景和兴趣，管理理论也会有很大差别，这就像盲人摸象，虽然是同一个研究对象，但是各个研究者的研究角度是不同的。

管理学中，强调人的经济性的思路和强调人的社会性的思路，长期各执一端，论战不休。前者的大本营是经济学，持自身利益最大化的"经济人"假设，经济学理性主义在管理领域意气风发；后者则强调人重感情、好面子，有自己的道德准则，使用的概念、思考的范围皆囿于大众设定的、制度化的现实世界，并不真正那么"理性"，其大本营则包括社会学、心理学、政治学、社会人类学，也人多势众。

管理学大师明茨伯格有一次发牢骚："我们不把政府交给政治学家去运作，不把社会交给社会学家去运作，为什么把经济交给经济学家去运作呢？"这可算作后一派的代表性发言。管理学者斯蒂文·巴利与罗伯特·孔达1992年发现，一个多世纪以来，理性主义与非理性主义（或者人文主义）的管理思潮交替成为管理学界的主流意识形态，每二三十年轮流坐一次庄。

19世纪末的工业优化思潮的出现，是为了提高当时工人的生产和生活条件。紧接着出现的科学管理运动、人际关系学派大家一般都很熟悉。第二次世界大战后理性主义思潮的最好写照，可能是前些年国内流行的《蓝血十杰》一书中麦克纳马拉和他的同事们退役后在福特公司的经历。统计挂帅，一切以数字为标准。如今为中国老板们所喜爱的CEO之名，其实也来自美国军队。20世纪末美国的企业文化思潮，在中国有更深的影响。领军人物汤姆·彼得斯的很多著作都有中文译本。更有意思的是，巴利和孔达发现，思潮的交替与宏观经济状况息息相关。当经济一路凯歌往上走时，理性主义占上风；当经济萎靡不振时，则人文主义占上风。如1929年的大萧条成全了人际关系学派，第二次世界大战后经济的狂飙突进则让理性管理风光一时。20世纪80年代日本的崛起，又掀起了一场企业文化运动。巴利和孔达提出了一个解释：当公司的绩效看起来与资本的有效管理联系更为紧密时，理性主义胜出；当公司的绩效看起来与劳动的有效管理联系更为紧密时，人文主义胜出。

1994—2000年是美国有史以来经济状况最好的时期之一，高增长，高就业，低通胀。按照以上规律，理性主义应大行其道。果然，管理学界最流行的是基于资源或基于知识的公司理论，实务界最流行的则是彼得·圣吉的学习型组织和第五项修炼。咨询界最流行的呢？是各种信息管理系统，如企业资源计划（ERP）系统，其目的在于用最新的信息技术优化业务流程，最大限度地达到理性控制的目的。

|2.4| 管理学家

管理学不是一成不变的，而是随着管理实践的发展而发展的，在不同的时代背景下产生了不同的管理学理论和流派。手工作坊生产时期产生了经验管理，机器制造时期产生了科学管理，工业化大生产时期产生了人本管理，而在知识经济时期孕育出了文化管理。管理实践的发展是管理学理论发展的基础，而管理理论的发展又促进了管理实践的发展，管理理论不断受到管理实践活动的检验。

在不同时期都产生了对管理学理论做出重大贡献的管理学家。管理学家们所处的时代环境以及他们的知识背景不同，因此他们提出的管理理论也各不相同。

在经验管理时期还没有出现专业的管理者阶层，对企业的管理主要是依企业主个人的习惯而定。这时还没有出现专门的管理学家，此时的管理思想大多是从经济学方面的著作中侧面体现出来的，或是企业主在管理实践中提出并实施的一些管理理念。

古典管理理论的主要代表者泰勒和法约尔是同一时期的伟大的管理学家。他们从不同的角度阐述了自己的管理理论。作为一个技术工程师，泰勒一直从事基层的管理工作，他只能自下而上地观察管理问题，这也决定了他只能把研究的重点放在直接生产过程中的作业管理上。法约尔几乎终生担任公司的高层管理者，这使他有自上而下观察管理问题的条件，考虑任何管理问题时也总是从高层管理者的角度出发，最关心的是企业整体管理效率的提高，因此，他一直从大型企业的整体角度来研究管理问题，并把组织理论作为他的重要研究方向。

再如马斯洛、麦格雷戈等著名的行为科学的管理学家，他们都是心理学家，从自身的专业背景出发提出了重要的管理理论。

|2.5| 管理学的使命和责任

2.5.1 管理学的使命

"使命"指派遣人去办事的命令，比喻重大的责任。责任是指一种职责和任务，是必须承担的。管理学作为实践性的社会科学，其使命就是如何指导管理实践创造更大的绩效。

企业的管理必须始终在每一项决策和行动中把创造绩效放在首位。它只有通过自己在绩效上的成果才能证明自己有存在的必要及自己的权威。例如，如果一个企业在提供经济成果方面失败了，它就失败了；如果一个企业未能以消费者愿意支付的价格向消费者提供他们需要的商品和服务，它就失败了；如果一个企业未能提高或至少维持它投入的那些经济资源的物质生产能力，它就失败了；如果一个企业不考虑企业员工的发展，它就失败了；如果一个企业不能得到可持续发展，它最终也可能是失败的，等等。而这就意味着不论一个社会的经济或政治结构或思想意识形态是怎样的，企业有责任获得最大的绩效成果。

管理学是由管理者和管理学家不断地从管理实践中归纳和演绎出来的具有科学性和艺术性的学科。管理者作为企业经营管理的主体，主要目标是如何通过管理的有效实施，最大可能地获得财务绩效和非财务绩效；管理学家是通过管理理论的研究，提出新的管理思想和方法，为管理者所用，以期实现管理目标。因此，管理学作为指导企业管理实践的重要学科，其使命是如何指导管理实践创造更大的绩效。

2.5.2　管理学的责任

由责任的概念可知，责任主要是指职责或任务。除了管理学的使命所表现出来的管理学的责任之外，管理学还有以下方面的责任：

第一，为管理实践提供重要的理论指导。管理学是从实践探索中不断总结有效的管理方法、技巧和规则的学科，来源于实践并指导实践，以管理理论的形式表现出来。管理者从实践活动中不断地发现、总结管理规律并运用管理规律，目的就是提高管理效率和效果。管理学家结合管理者优秀的实践经验，运用演绎和归纳的方法，不断对有效的管理手段进行提炼、总结和开拓，形成管理理论，以便更有效地指导管理实践。

第二，继承和开拓不同社会阶段的管理方法和技巧，提炼管理思想。管理学作为一门实践性学科，要在不同时代的管理实践中，不断地吸收优秀的管理方法、管理原则和管理思想，使之以管理理论的形式向管理者传播，指导管理实践。管理者根据特定实践环境，灵活运用已有管理理论，不断以最新的管理问题为导向，将解决管理问题的优秀管理方法进一步总结、提炼出来，形成有效的管理规范和管理思想。

第三，为其他学科，例如经济学、心理学、社会学、物理学等社会科学和自然科学的发展奠定良好的理论和实践基础。经济学是一门研究稀缺资源最优化配置的学科。在经济问题上，要通过科学有效的经济分析提出经济政策，而经济政策的实施和完成离不开管理学中的管理思想对经济实践活动的指导。在经济分析过程中，如何使经济学家科学、高效地研究经济问题，也涉及管理的问题，富有成效的管理能够使经济学家们最大限度地投入到经济研究中，为经济学的发展做出贡献。

|2.6| 现代管理学与中国管理实践

现代管理学是在现代社会经济环境下，结合传统管理理论和管理实践，采用社会科学和自然科学所提供的理论和方法，研究管理活动并解决管理问题的理论和方法的一门学科。与传统的管理学相比，现代管理学表现出以下基本特征：

第一，系统性。钱学森等同志对系统科学方面的论述，对现代管理学的发展有着重要影响。系统论简单地说就是将组成事物的内在元素作为一个整体来研究事物发展规律的理论。其目的是发现事物的规律，以便更详细深入地解释事物和把握事物。现代管理实践的复杂性和动态性不断加强，通过借鉴系统论思想，把与管理活动有关的其他活动作为整体进行考虑和研究，极大地增强了管理效果，避免了管理风险。

第二，科学性。科学性是管理学的一个基本属性，"科学管理之父"泰勒在管理实践中为解决生产率低下的问题，提出了三个科学工作方法，包括定额管理、标准化管理和计划与执行分开。但现代管理学的科学性在继承传统管理学科学方法的基础上，更倾向于借鉴自然科学和其他社会科学先进的科学方法来指导管理实践。比如，数学理论、控制论、信息论、系统论等在管理中的运用。再比如，在管理决策中，运筹学是重要的定量研究决策的管理科学，主要研究如何提炼生产、管理等事件中出现的决策问题，然后利用数学方法解决，它提高了管理决策的科学性和准确性。

第三，高效性。现代管理学所表现出来的系统性和科学性，进一步提高了管理的效率。尤其在大数据管理背景下，计算机科学的进步与发展以及数学等科学决策方法的运用，大大提高了管理决策的效率。在知识管理时代，组织经验知识的积累、运用、传播和管理，为例行问题提供了直接的解决办法；同时，在面对例外问题时，现有类似问题的解决思路能够为其提供借鉴，从而提高解决问题的效率。

第四，规范性。现代组织管理，在意识形态上不断地从"人治"向"法治"转变。单纯地依靠管理者亲力亲为来协调、指挥下属完成任务，在小组织运作中可行，但在大中型公司和集团公司中很难做到。随着组织经济规模和人员规模的不断壮大，组织对规范化的制度管理的要求越来越迫切。现代管理学通过提炼规范化的工作流程、制定统一的规章制度和管理规定，来约束、指导和激励员工开展工作。

第五，人本性。传统管理学理论将员工当作成本，作为业务操作的"机器"，对员工的成长和心理关注非常少。现代管理学则将员工视为有感情、有情绪且能够带来收益的个体，把员工看作一种人力资本投资。在实施管理过程中，坚持以人为本的原则，尽可能地考虑员工的需求和心理感受，在实现组织目标的同时，尽可能满足员工需求，为员工的职业生涯提供平台，创建令员工满意的、舒适的工作环境。

第六，变革性。面对日益复杂多变的管理环境，组织发展战略、组织结构体系、管理制度、员工素质能力等往往表现出与组织的使命和愿景不相适应的情况。现代管理学更倾向于如何通过组织战略转型、结构转型、制度转型等为组织适应环境变化提供理论指导。哈默和钱皮的企业再造理论就是以工作流程为中心，重新设计企业的经营、管理及运作方式，实现组织的变革和创新。

管理实践包括各种各样的管理活动，不仅涉及管理者、被管理者，还包括管理工具和方法；不仅包括现有管理理论的实践总结，还包括实践中潜在的管理思想和原则。中国管理实践是以中国本土文化为特征的管理活动，是在中国经济、政治、文化和社会等环境下的管理活动。中国已有五千多年的发展历史，从古代，到近代，再到现代，不同时期有着不同的经济、政治、文化和社会等环境，人们面临不同的管理实践活动，从中也积累了大量的管理思想和管理方法，比如以"仁""礼""人情"为核心的管理思想，以"灵活""统筹"为核心的管理方法。

现代管理学毋庸置疑对中国管理实践起到了很大的促进作用。自西方科学的管理理论引进中国以来，中国管理者采用这些理论和方法大大提高了管理效率，增强了管理效果。中国社会是"权变性""艺术性"很强的社会，注重统筹、协调、例外的管理思想。在借鉴西方管理理论开展中国管理实践时，并不是在任何情况下均能解决中国的管理问题，科学化、标准化的管理思想和方法若不根据中国人的文化特性来做变通，往往表现出很强的不适应性。比如，科学的资金分配方式、标准化的招聘流程往往在"人情"观念的影响下遇到很大阻力。因此，中国的管理者和管理学家在实践和研究中国管理活动时，不断地总结中国特色的管理理论，进而丰富了现代管理学理论，推动现代管理学不断进步、发展。

| 2.7 | 中国式管理

2.7.1 中国式管理的内涵

"中国式管理"是指一种具有中国本土化特色的管理实践及理论总结，对应于以欧美管理理论和实践为基础的"现代管理科学"。理解"中国式管理"有两个视角：一个是对现实的总结和归纳，它属于"过去时"和"承认式"；另一个是对应有状态的设计和探索，它属于"未来时"和"实践式"。"中国式管理"并不等于古典管理或是对传统管理的提炼与总结，因为它一直处在一个探索的进化过程之中。所以本书不主张第一个视角，即仅仅对现实进行总结和归纳，而主张结合其过去和现实，采取一种"未来时"和"实践式"的视角[①]。

目前关于"中国式管理"的研究很多，各种观点、各种学说、各种实践探索都存在，众说纷纭，见仁见智，但是主要还是聚焦于"过去时"和"承认式"的"中国式管理"。这种"中国式管理"一般具有以下特征：

---

① 林新奇. 中国式绩效管理及其前途［J］. 企业管理，2014（10）.

1.管理目标的相互渗透性

在中国式管理中，组织目标与个人目标之间界限模糊，没有严格的区分，往往体现为"在领导者的带领下一起努力，共同实现集体目标"，即组织目标个人化，个人目标组织化。与西方管理不同，西方管理在组织目标和个人目标之间有严格的区分，德鲁克提出的目标管理深刻地表现了将组织目标经过层层分解直至个人目标的思想。中国式管理强调的是"集体主义"精神，但是这种集体主义可能指的是"公私不分""中庸""和谐"的目标取向。

2.管理方式灵活，权变性强

不同的管理方式或方法，适用于不同的情境，同样的管理方法在不同的情境下可能会取得相反的结果。中国式管理强调"特殊问题，特殊对待"，根据实际情况灵活实施管理活动。中国式管理更多依靠感觉与经验，不重视定量计算或科学管理流程。在面对复杂难办的问题时，中国式管理尤其灵活，"关系"重于"原则"，"例外"高于"常规"，所谓"有治人而无治法"，或者所谓"适当变通"。管理方式的灵活性使得中国式管理能够较快适应环境的变化，但也牺牲了宝贵的规则意识与公正精神。

3."面子主义"的暧昧性

中国式管理注重"人情面子"。人情化的管理氛围使得管理者不得不在非理性的情况下做出决策和实施管理。"八仙过海，各显神通"很能体现中国式管理理念。人情面子影响管理实践活动的一个重要表现形式就是"家长制"和"非正式"沟通与决策机制。在讨论问题或会议决策时，一般都是最高管理者定调，其他人很少提出反对意见，"一言堂"成为常态。而领导在批评下属时，为了照顾下属的面子，讲话一般也比较含蓄、委婉，让下属自己去思考、琢磨。

总之，我们认为，这种聚焦于"过去时"和"承认式"的"中国式管理"，是以中国国情为基础，特别是以中国传统文化和中国人性特点为基础，根植于中国的管理实践，讲求实际管理目标和效果，管理过程、管理行为、管理手段及方法比较灵活，特别注重政治与权力关系的一种管理活动及所引申出的管理理论。

那么，我们又应当如何来探讨或看待"未来时"或"实践式"的中国式管理呢？

根据本书作者的研究[①]，与规范化的欧美现代管理模式相比，正在探索和急速发展中的中国式管理有其特殊性。总体上看，中国近年来企业管理有了很大的发展，正在快速地向欧美管理模式靠拢。但是实际上大部分企业依然处在传统管理阶段，无论是在宏观层面，即管理理念、制度、模式方面，还是在微观层面，即管理的技术规范方面，都与现代管理存在着较大的差距，许多方面还有待深入革新、提高和改善。

---

① LIN X.About the HHP model of HRM: A comparison of Japanese, American and Chinese human resource management models [C]. 日本劳务学会2016年会论文集，2016. 参见林新奇. 企业人力资源管理国际化：中国大陆的探索与实践 [J]. (台湾) 就业与劳动关系季刊，2014 (1). 林新奇. 国际人力资源管理 [M]. 2版. 上海：复旦大学出版社，2011.

2.7.2　中国企业的管理模式

根据中国企业管理的现状及特点，我们认为，中国企业存在两种管理模式，但其并不定型，将依实践的发展而整合、变化。

第一种，传统落后的以感性型家长制管理为特征的管理模式。

这种管理模式是在将员工视为企业附属物这种人性认识基础上产生的，具有以下几个特点：

• 员工成为企业赚取利润的机器，对于企业决策，只能无条件执行；员工在工作上缺乏积极性、主动性和创造性。

• 人与人之间各自心灵闭锁，缺乏正常的信息沟通程序。

• 一切权力掌握在企业核心人物手中，企业的一切决策都是企业核心人物人格、思想的外化；企业发展缺乏战略考虑，人人都在为"今天"而活着。

• 企业缺乏健全的人力资源管理制度，一切可能都是机械的、无效的。

• 中层管理人员放弃责任，员工随意破坏企业管理程序，企业形成一些"小集团"，员工为了保住某一位置做出破坏团结的行为。

第二种，开始借鉴西方先进管理理念的理性化管理模式。

这种管理模式是在将员工视为企业活动主体、企业主人这种人性认识基础上产生的，具有以下几个特点：

• 企业的一切决策都是在科学程序指导下理性研究的结果；企业员工以主人的身份，按照有效的管理程序、信息沟通程序，自觉参与科学决策的制定。

• 企业员工是有思想、有主观能动性的社会人；所有员工在工作上积极主动，充分发挥各自的创造性；每个员工都明确企业发展目标，团结协作，努力实现企业目标。

• 企业员工之间是平等的协作关系，彼此悦纳对方；所有员工能以健康的心态对待周围所发生的一切；员工为在这样的企业工作感到自豪。

• 企业员工都明确自己的职责，并在各自的岗位上积极工作；工作绩效是衡量员工的主要标准。

• 企业的人力资源管理制度是根据企业战略与员工的行为表现制定的，并不断修正，其目的是最大限度地开发员工的潜力、发挥所有员工的积极性和创造性。

当然，上面的归纳是一种典型性的抽象，而且只是初步的归纳。应该说，20世纪80年代以来，特别是进入21世纪以来，随着全球化进程的加快，随着跨国公司的发展，各个国家、各种模式的管理都在激烈地相互碰撞与整合。美国引入日本的人本管理以增加员工的忠诚度，日本引进美国的能力工资制度以弥补年功序列制的缺陷，中国则在快速地模仿和学习欧美先进的管理技术和方法。尽管由于国情、文化的差异和经济、社会发展阶段的不同等各方面的原因，各国管理模式存在许多的不同，在现实中不断地摩擦和碰撞，面临各种危机和挑战，但是，任何一个国家和企业同样都意识到，要想在全球化的竞争中取胜，只能合作共赢，互相借鉴和融合，舍此别无选择。

2.7.3　中、美、日管理模式

中外许多学者对各国的管理模式进行了比较研究，提出了许多独到的见解与看法。随着经济全球化和中国经济的快速发展，包括管理模式在内的管理国际化或国际化管理已经成为中国许多学者和企业领导人的流行用语。其中有几个观点值得特别关注：

其一，认为只要引进了国际管理模式，包括制度、程序、方法、技术等，就是管理国际化了。这种观点提出"先僵化，再固化，后优化"的管理国际化战略，全面引进国际先进管理模式。同时，许多企业请国外的管理咨询公司做诊断，今天用一个流程再造，明天用一个全面质量管理或什么新的管理方法，以为这样一来自己的管理就是国际化的了。

其二，认为管理的国际化不是管理模式的国际化，而是人的国际化。人的国际化包括三条主要的内容：把人变成企业有价值的资产，使人能够成为创新的资源；员工的创新是企业最有价值的资产；管理的本质不在于控制员工的行为，而在于给员工提供创新的空间。企业每一个人应该在开放的系统中创新。

其三，认为只要模仿美国的企业管理去做，那就是管理国际化。于是中国的管理学界热衷于推销美国的管理学著作和案例，"生吞活剥"美国式跨国企业的管理经验和做法，快速地引进美国式的 MBA 制度和方法，以致出现了美国式管理理论与中国式管理实践相互吸引又相互摩擦和排斥的所谓"两张皮"现象。

我们认为，上述种种观点和做法都有其道理，但也都有一定的片面性。比如说管理模式，并不存在一种国际标准模式；相反，国际上流行的管理模式数不胜数，而且每天都在变，每年都在流行。你用了一个先进国家或企业的某一种管理模式，那只是一种手段，并不说明你的管理就变成国际化的了。但是，若是把管理国际化定义为人的国际化，完全摆脱了对先进管理模式和制度的引进借鉴，那也容易走向另一个极端，就是回到了一种过于灵活和抽象的境地。

其实，管理的国际化与其说是一种管理模式的引进和消化，或是一种文化的开放和融合即人的国际化，毋宁说是一个有关管理的不断整合提升的动态的进化过程[①]。

如果比较中、美、日管理模式的特点，我们发现它们可以分别被概括为主妇型管理、丈夫型管理与家长制管理。其模式如图 2-1 所示。

---

① 林新奇. 管理国际化及在亚洲移植五阶段说 [J]. 当代财经，2003 (11). LIN X.About the HHP model of HRM：A comparison of Japanese，American and Chinese human resource management models [C]. 日本劳务学会 2016 年会论文集，2016.

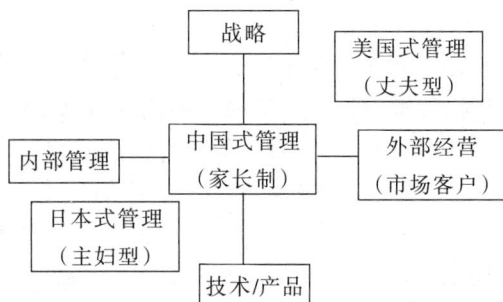

图 2-1　中、美、日管理模式比较

所谓日本式管理，其实就是主妇型管理。其特征是：管理精细（对内），经营周到（对外，市场与客户），不断改善，追求完美（技术，产品），短见（战略）。其总体倾向是：重内部管理与产品、技术和客户管理，轻战略与市场开拓，比较细腻、温情、认真、忠实等。一般认为，日本企业在质量管理、作业现场管理，以及对员工的教育培训等方面做得十分出色，但是比较缺乏长期战略，也不擅长组织管理，过于追求完美，开拓精神与勇气不够等，这些都是主妇型管理的表现。日本企业文化中"内协外争，亲和一致"的"家"的意识和氛围，也体现了"主妇型管理"的特征。

所谓美国式管理，可以概括为丈夫型或男性型管理。其特征是：理性（对内，分权与变革），开拓（对外，市场的扩展性经营），创新（技术，产品），远见（战略）。其总体倾向是：重战略、市场开拓与技术创新，内部管理与产品及客户管理的精细化稍微不足，比较豪放、进取、果敢、理性等。美国企业管理崇尚"努力和勇气"，允许失败，主张说了就做，强调速度，重视从上到下的果断决策，以及全球化战略与引领知识经济的能力，处处显示了美国企业"丈夫型管理"的特征。

所谓中国式管理，主要是家长制管理。其特征是：粗放（内部管理），感性（对外，市场与客户经营），适用性（技术，产品），机会主义（战略）。其总体倾向是：偏重产品生产与市场占有，处于一种不稳定的变动状态，比较保守、实际、重权威、感性等。中国企业很难做大做强做长久，这本身就是家长制管理的一种表现和结果。

从上述三种管理模式的理论意义和应用价值来看，可以认为，在以产品大生产和制造为主要竞争力的时代或地区，日本式管理即主妇型管理应该占有较大的优势。日本曾经以其同时做到了降低成本与提高质量从而实现有效经营而称雄全世界，并以精细的内部管理特别是温情主义的人力资源管理体制和周到有效的内部沟通机制而赢得世界性的赞誉。然而，进入20世纪80年代特别是90年代以后，随着全球化竞争的加剧和知识经济时代的到来，日本的主妇型管理越来越不适应，终于导致了日本经济的长期衰退和国际竞争力的大幅下降。在需要开拓与竞争的年代，单靠内部管理与技术及产品的改善是远远不够的，必须要有战略的眼光和创新的勇气，即大丈夫精神[①]。

---

① 波特，竹内广高，神原鞠子. 日本还有竞争力吗 [M]. 陈小悦，孙力强，陈文斌，等，译. 北京：中信出版社，2002.

美国式管理恰恰具有这种大丈夫精神。它以领导世界潮流为己任，勇于开拓和创新，具有长远的战略眼光和理性的操作计划，并且能够包容各种不同的文化与人才，所以特别适应全球化与知识经济的挑战。美国经济从20世纪80年代开始复苏并且从总体上看越来越具有活力，美国跨国公司建立了世界性的产品与技术标准，国际化经营程度越来越高，竞争力越来越强大，这些都与其"丈夫型管理"具有密切的关系。

中国是一个崇尚权威的国家，并且具有几千年的"中庸"主义传统。这种文化反映在管理上，就是所谓的"家长制管理"。家长制管理的优点是灵活、实用、决策快速。但同时其缺点也是明显的，这就是不确定性和非规范化。中国企业很难做大做强或做长久，与此息息相关。好的"家长"能使一个濒临倒闭的企业兴旺发达，不好的"家长"则可以使一个好企业倒闭破产。人存企兴，人亡企灭，这是中国企业的规律。所以，中国式管理即家长制管理也许适应于一时，适应于中小企业经营管理，但肯定不适应于全球化大企业之间的竞争和知识经济时代的管理。

中、美、日管理模式虽然显示出很大的差异和不同的结果，但也各有千秋，很难断定其就一定具有特别的优劣之分，主要看其适应的对象与时期。也许正因为如此，才出现了在不同时期及不同地区或行业，对日、美管理模式评价的极大反差。而中国式管理并未完全定型，也许这与其感性、实用、机会主义等特征不无关系，因而也不存在特别的褒贬意见。所以，如果要实现管理国际化，包括人力资源管理国际化，并不一定就要照搬某一种特定的管理，比如美国管理，而是应该根据当时当地的实际情况进行综合的整合与提升，也就是进行管理创新[1]。

复习思考题

1.如何理解"管理学"这个概念？

2.管理学是如何分类的？

3.管理学、管理科学与管理理论之间有什么样的联系？

4.怎样理解和看待"管理学家"？

5.管理学的使命是什么？管理学应该承担哪些责任？

6.如何理解现代管理学及其与中国实践的关系？

7.怎样理解中国式管理？请对中国式管理展开调查和讨论。

相关案例

德胜洋楼：君子文化的中国式管理

德胜洋楼（苏州）有限公司注册成立于1992年，1997年落户苏州工业园区波

---

① 林新奇. 管理国际化及在亚洲移植五阶段说 [J]. 当代财经，2003（11）. LIN X.About the HHP model of HRM: A comparison of Japanese, American and Chinese human resource management models [C]. 日本劳务学会2016年会论文集：2016.

特兰小镇，是美国联邦德胜公司（Federal Tecsun Inc）在中国设立的全资子公司，主要从事美制现代木（钢）结构住宅（中国俗称"美制别墅"）的研究、开发、设计及建造。德胜创始人聂圣哲出生于安徽休宁，曾在美国留学和经商，是一位横跨文、理、工三大学科的学者。作为德胜的创始人，他是德胜管理体系的创建者，亲自编写了《德胜公司员工读本（守则）》，并把它作为德胜的管理制度文本。

德胜规模并不大，员工仅千余人，其中很大一部分员工是由农民工构成的建筑工人，但德胜制造的美制别墅却超过了欧美的标准，让客户由衷赞叹。更引人注目的是，几乎每天都有企业界人士、政府部门官员和国内外专家学者慕名而来，人们通过参观学习，深入了解了德胜独树一帜的企业管理文化。

（一）以"德"治企的战略定位

德胜始终提倡的价值观是诚实、勤劳、有爱心、不走捷径。只有接受和认同德胜价值观的人，才可以进入德胜，因为一个好的公司对某些人来说如鱼得水，对另外一些人则如喝毒药。德胜员工守则的第一页就开宗明义地说道："德胜的合格员工应该努力使自己变成君子，做合格公民。"德胜旨在将传统农民工转变为现代产业化工人，将其塑造为合格的公民，使他们靠近君子，远离小人。

在公司与员工关系上，德胜保持着少有的坦诚，直言不讳地说出了很多企业都明白但表面上都不敢明说的观点："公司始终不认为员工是企业的主人。企业主与员工之间永远是一种雇用与被雇用的关系，是一种健康文明的劳资关系，否则，企业就应该放弃对职工的解聘权。"虽然德胜强调公司和员工是一种雇佣关系，但公司与员工在人格上是平等的。

为建设成为君子公司，德胜将 2005 年定为心态建设年，聂圣哲在当年公司第八次战略会议上提出"做敬业的真君子，共同建立德胜心态年"的口号。君子员工的教育和养成需要外部环境的支持，需要通过氛围的构筑。因此，在公司战略会议上，聂圣哲提出在德胜成立企业君子团。君子团要维护员工的利益，维护君子团的利益，维护做事诚实的员工的利益。"质量问题不可商量"是德胜永恒的宗旨，当管理与发展发生矛盾时，永远牺牲发展而保障管理，德胜对质量的重视提升到道德修养的程度，这也是"君子务本"的体现，要成为高尚的君子公司，保证产品质量是根本。

（二）以"仁治"为基础的人本管理

"仁治"是构筑员工与企业良好关系的关键，这要求企业以人为本，关心爱护每位员工，实行人性化管理。德胜品德的力量，最重要的一个动力就是爱心。爱心是管理的最高境界所不可缺少的东西。

在德胜的员工守则中能看到如下规定：公司允许员工请 1～3 年的长假出去闯荡，并为其保留职位；公司对现场工作人员实行强制休息法，强制休息期间享受强制休息补助；公司不提倡员工带病坚持工作，带病坚持工作不但不能得到表扬，而且有可能受到相应处罚；公司不能接受员工因办公事而自己垫付资金的事情。在公司连续工作满 10 年，始终如一地遵循公司价值观，各项考核指标评审均通过的员工，可以获得终身员工资格，享受终身员工的权益和福利（由公司负责养老送终）；工龄满5年的员工可以报名出国参观访问，由公司承担员工首次出国的全部差旅费用。

德胜的福利待遇是别的建筑公司无法比拟的，如：公司给没有住房的员工提供免费宿舍；员工一日三餐在公司食堂就餐只需5元钱；公司鼓励员工学开汽车，公司报销一半学车费用；公司给所有员工都购买了商业医疗保险和商业养老保险；如果德胜有员工想上大学深造，德胜会慷慨地提供无息贷款。德胜在财务制度上还规定了一些与众不同的"因私报销费用"：如员工每年可以代表公司招待家庭成员一次，代表公司向正在上学的子女赠送一件礼品；员工从工作地回家的往返差旅费以及员工治疗重大疾病的费用几乎全由公司报销；此外，员工家庭如果遇到不可预见的困难，可向公司申请困难补助。

（三）以"义"制"利"的管理思维

德胜要求员工做君子，同时，公司也首先以君子示人。比如：公司永远不实行打卡制；员工可以随心所欲地调休；员工可以请长假去另外的公司闯荡，最长时间可达3年，公司保留其工职和工龄。德胜员工报销任何因公费用或者规定可以报销的因私费用，都不需要领导审批签字，员工只需要写清费用发生的原因、地址和时间，签名之后就可报销。但在报销前必须认真聆听财务人员宣读一份《严肃提示——报销前的声明》，此后，员工将报销凭证交给出纳员即可完成报销。

"诚信"是君子的首要品格，是立人之本。在德胜看来，费用报销事关个人信用，应该让员工个人承担，主管签了字，报销的责任就等于转嫁到了主管身上，主管必然要为员工的行为担责，这是很不合理的制度。报销不需要领导签字，就是要让员工对自己负责，让员工自己选择做一个君子，而不是小人，通过对员工的信任来塑造员工的诚信价值观，让员工成为不贪小利的君子。

君子的养成更多在于自我的修养和内省，要以君子的行为标准规范自己的言行，使君子价值观内化为自我行为意识。因此，德胜在日常管理和生活中，通过让员工在每一件小事上，在"义"与"利"之间做出诚实的选择，使员工靠近君子，远离小人。

德胜员工在食堂购买饭菜，在冰柜拿饮料喝，没有人负责收钱，由员工自己往箱子里投币；公司储藏间的洗衣粉、香皂、卫生纸等物品，免费提供给员工使用，储藏间也不上锁，但是员工不可以私自拿回家；公司的免费长途电话由员工自觉控制时间（原则上不超过15分钟）等。通过这些细小行为，员工都会面临是做君子还是做小人的选择，以强化自我行为修养。

（四）以"诚信"为根本的价值导向

德胜的质量问题与道德问题一样，是不可妥协的最高原则，是必须坚持的底线。德胜不重营销，不做广告，而是扎扎实实练内功，重视产品质量，把时间和精力都放在做好产品和服务客户上。因此，德胜的产品质量就成为它最好的营销手段和广告宣传，德胜永远是"以能定产"，当质量与发展之间产生矛盾时，德胜优先选择质量，绝不为了扩大规模而做超过自己能力范围的事情，这就是德胜的"君子务本"，坚守质量底线，注重自我的"内修"，以可靠的质量赢得客户。

德胜致力于成为高尚的君子公司，把"诚实"放在企业价值观的第一位。比如，德胜负责建造的上海美林别墅，其闭路电视线路和游泳池工程出现问题，本不是德胜的责任，但德胜主动承担所有责任。德胜不仅自身诚实守信、严格自律，对于合作伙伴也提出了诚信守约的要求。对于违反合约的合作伙伴，德胜会给予最严厉的惩罚，如停工直至强行拆楼。

德胜坚守商业伦理和道德，还表现在其坚决抵制世俗的商业贿赂。具体来说，德胜规定，公司员工不得接受供应商和客户20支以上的香烟、100克以上的酒类礼品，以及20元以上的工作餐，违者属于谋取非法收入，一经查实立即开除。所有供应厂商、客户在首次洽谈业务时，就要签署"禁止回扣同意书"，德胜人力资源部会向所有供应商和客户寄发反腐公函及反馈表，每半年一次，雷打不动。对于其中至少10%的供应商，德胜还定期派专人上门调查或暗访采购员的品行操守。

（五）以"才智"为指引的员工行为

君子的修养首先表现在日常生活中的卫生习惯和行为举止上，基于此，德胜对员工的改造从最基本的个人卫生、行为习惯开始，以此来提升员工的素质。在德胜的员工守则中就有这样的规定：员工必须讲卫生。比如，勤洗澡、刷牙、理发，饭前便后必须洗手，用完卫生间之后必须立即冲刷干净；在工作场合必须"衣冠整洁，不得穿拖鞋；不得一边工作，一边聊天；不得唱歌、吹口哨；不得打闹；不得影响他人工作"；在日常生活中要"讲文明，懂礼貌，不得说脏话、粗话；真诚待人，不恭维，不溜须拍马"等。这些详细的规定构成了员工的日常行为规范和准则，即君子的"礼制"，旨在改造员工的生活陋习，培养员工良好的素质。

在人际交往方面，德胜提倡同事关系简单化，"君子之交淡如水"是德胜推崇的同事关系准则。针对同事关系，德胜员工守则中就有这样的规定：任何场合都不得与同事或闲人议论其他同事或公司的事情，不得发表对其他同事的看法，不得探听同事的报酬及隐私，不得从同事的表情及眼色或无意的话语中猜测同事的内心想法，不得经常与同事一起聚餐，不提倡将钱借给同事与他人。

德胜对员工行为举止的培养效果在员工日常工作和生活中随处可见。如在波特兰小区，每个员工都是面带微笑，主动而热情地与他人打招呼，见到地上的垃圾会主动捡起来。德胜员工参加公司在五星级酒店举办的年会，衣着整洁、彬彬有礼、文明礼貌的表现让酒店经理也大为赞叹。

（六）以"礼制"为保障的制度体系

德胜员工守则的第一页有这样的话："一个不遵守制度的人是一个不可靠的人！一个不遵循制度的民族是一个不可靠的民族！""制度只能对君子有效，对于小人，任何优良制度的威力都会大打折扣，甚至是无效的。"

制度（礼制）是规范员工行为的准则，是员工成为君子的重要保障；而有效的制度执行是保护君子行为、防止小人行为的重要举措。德胜致力于把员工培养成君子，为防止"小人"的产生，德胜制定了结构独特的企业制度，来保障公司制度的有效执行。在整个德胜的制度系统中，制度要求条款所占的比例最小，执行细则较多，监督检查程序则最大。德胜的企业制度要求条款、执行细则、检查程序三个组成部分之间的比例大约为1：2：3。德胜所有管理制度都有详细可操作的执行细则和监督检查程序，特别是监督检查程序，更是德胜制度执行机制中的重中之重。

德胜的制度对于君子具有无限的情怀，而对于小人则毫无半点的怜惜。为保障制度的切实执行，德胜制定了多种有效的措施，如独立的质量与制度督察官、神秘访客、权力制约规则、个人信用系统、1855规则、解聘预警程序等。

资料来源　胡海波，吴照云. 基于君子文化的中国式管理模式：德胜洋楼的案例研究［J］. 当代财经，2015（4）.

案例讨论：

1.请查阅德胜洋楼公司的基本情况，了解该公司。

2.德胜洋楼公司管理实践的思想基础是什么？

3.德胜洋楼公司采用了什么管理手段塑造员工的君子行为？

4.德胜洋楼公司的管理体现了哪些中国式管理的特征，对管理学的发展有何借鉴意义？

第2章相关案例分析提示

阅读参考

1.林新奇. 管理国际化及在亚洲移植五阶段说［J］. 当代财经，2003（11）.

2.林新奇. 中国式绩效管理及其前途［J］. 企业管理，2014（10）.

3.林新奇. 经济发展方式转变与人力资源管理创新紧密关联——学者提出"25年周期进化说"［N］. 光明日报，2011-05-18.

4.林新奇. 企业人力资源管理国际化：中国大陆的探索与实践［J］.（台湾）就业与劳动关系季刊，2014（1）.

5.罗宾斯. 管理学［M］. 黄卫伟，等，译. 北京：中国人民大学出版社，1997.

6.黄如金. 中国式管理的灵魂［J］. 经济管理，2008（18）.

管理学的研究方法

📖 **学习目标**

✓ 理解研究的问题导向的内涵和精髓
✓ 理解理论与实践相结合的基本原则
✓ 熟悉质性研究方法
✓ 熟悉实证研究方法
✓ 熟练掌握案例研究方法
✓ 熟练掌握调查研究方法
✓ 熟悉比较分析法

　　针对管理学科的研究在国内外均受到高度的重视。通过科学的管理问题研究，才能提出更具现实意义的管理理论，才能更好地指导管理实践。本章首先介绍研究的问题导向和理论与实践相结合的基本原则，接着对在管理学研究中被广泛使用的质性研究方法、实证研究方法、案例研究方法、调查研究法和比较分析法进行阐述。

| 3.1 | 研究的问题导向

　　在管理实践活动中，人们在不断地通过各种方法和手段来解决实际问题，以问题为导向是解决管理问题的核心指导思想。问题就是"有的放矢"的"的"，也是我们研究管理问题的着力点和攻击点，针对问题进行研究才能有所收获，才能提高效率。

　　问题导向是一种思想方法。问题导向并不是我们现在才提出来的，而是马克思早就提出来的。马克思在《莱茵报》第137号刊论《集权问题》中提出：历史本身除了通过提出新问题来解答和处理老问题之外，没有别的方法。他还说：问题就是公开的、无畏的、左右一切个人的时代的声音；问题就是时代的口号，是它表现自己精神状态的最实际的呼声。我们学习马克思和恩格斯的著作会发现，他们的全部著作，没有不是为解决他们所处时代的大问题而创作的。

问题导向思想方法的精髓包括三个方面的内容：首先，问题中就包含问题的答案，否则就不会出现这个问题。但是，答案不是直观的，不是信手拈来的，需要调查，需要研究，需要理论思考，需要实践检验。

其次，提出问题需要研究，回答问题更需要研究。马克思不可能预计到中国社会主义建设过程中会碰到什么问题，也不可能为我们解决问题留下锦囊妙计，但为我们提供了捕捉问题、发现问题和解决问题的基本的理论和方法。

最后，可以这样说，马克思主义提供的是科学思维方法，传统文化提供的是智慧和启发，历史提供的是经验和教训，这三者必须结合，其中科学思维方法最为重要。离开马克思主义指导，历史经验和教训难以总结；离开马克思主义指导，传统文化的精华与糟粕则难以分清。这就是问题导向思想方法的精髓[①]。

管理学研究的问题导向为研究管理问题提供了思想指导。为解决管理问题，在研究管理问题时，我们至少要完成以下工作：

- 出现的管理问题是什么？
- 这种问题与谁相关？谁来解决问题？谁是解决问题的关键？
- 问题是何时出现的？需要什么时候解决？解决本问题需要多长时间？
- 为什么出现问题？问题的本质原因是什么？
- 与该问题相关的其他问题是什么？
- 解决该问题有哪些方法？各个方法的优缺点是什么？
- 解决该问题需要坚持的原则是什么？需要重点平衡哪些利益关系？
- 哪种方法最适于解决该问题？
- 本问题给我们带来的经验教训是什么？

|3.2| 理论与实践相结合的基本原则

一谈到理论与实践相结合的基本原则，人们自然而然地会想到马克思主义。但是，并非只有马克思主义需要同实践相结合，任何理论都面对与实践相结合的问题。任何科学理论的真理性只有通过实践的检验才能被确定，理论的科学价值只有在实践中才能得到体现。同样，任何实践都是在一定知识背景中进行的，伟大的具有创造性的实践只有在科学理论的指导下才有可能。因此，理论与实践的结合对于管理理论和管理实践的进步、发展和创新具有决定性的意义。

理论与实践相结合具有以下四个方面的内涵：

1.理论本身是"结合"的产物

理论是从实践中总结经验产生的，因此我们说理论本身即是"结合"的产

---

① 陈先达."问题导向"思想方法的精髓是什么 [N]. 北京日报，2012-02-15.

物。强调这一点，就从根本上将理论同各种主观和客观唯心主义划清了界限。理论从哪里来？理论的真理性从哪里来？只能从总结实践经验中来。实践主体在实践中必然会得出实践经验，对实践经验进行总结就形成理性认识，如果经过实践的进一步检验证明这一理性认识是科学的，那它就是真理。

2.主体把握理论必须以实践为背景和基础

任何理论的产生都是以实践为基础的，都必须在实践中才能被人所接受。离开实践，抽象去认识理论当然也能就字面意思做望文生义的理解，但是不能全面、准确把握理论的深刻内涵和真实旨意。因此，学习某种理论要坚持理论与实践相结合的方法，以实践为背景和基础，这样才能把握理论的真实内涵。

3.理论要转化为实践观念才能直接指导实践

理论要转化为现实，观念的东西要转变为物质的东西，必然要通过对实践的指导来实现。理论指导实践，这是一个总的说法。从操作层面看，抽象的理论并不能直接付诸实践，哪怕是具体的学科性理论，它也不能由理论直接向现实转化，必须通过中介来实现，这个中介就是指导实践活动的"实践观念"。根本意义上的实践离不开理论的指导和规范，但从操作层面上看，抽象理论只有转化成具体的路线、方法、计划、措施、方案才有直接指导实践的意义。

4.在新的实践中检验、丰富和发展理论

理论要通过实践才能得到检验，在检验的同时又能总结新的实践经验，使理论得到丰富和发展。这里有三层意思：其一，通过实践检验就能现实地得知理论正确与否；其二，通过实践检验，理论的适用程度和适用范围有所展现，理论的真理性所特定的时空就能被我们所把握；其三，通过新的实践，丰富和发展原来的理论，总结出新的内容，实现理论的与时俱进①。

总之，管理学是一门实践性很强的学科，管理理论来源于管理实践，又进一步指导实践，管理理论与管理实践相互作用、相互影响，不断地推动着管理学的发展。因此，管理学的研究要以理论与实践相结合为基本原则。

|3.3| 质性研究方法

3.3.1 质性研究的定义及特点

所谓质性研究，就是"以研究者本人为研究工具，在自然情境下采用多种资料收集方法，对社会现象进行整体性探究，主要使用归纳法分析资料和形成理论，通过与研究对象互动对其行为和意义建构获得解释性理解的一种活动"②。质性研究方法主要包括案例研究（case study）、民族志（ethnographic）、扎根理论（grounded theory）、访谈法（interviews）、内容分析法（content analysis）、行动研究

---

① 刘林元. 关于理论与实践相结合的辩证内涵 [J]. 毛泽东邓小平理论研究，2003（2）.
② 陈向明. 质性研究方法与社会科学研究 [M]. 北京：教育科学出版社，2000.

法（action research）等。

质性研究方法具有如下特征：一是研究情境的自然真实性。研究者要在自然情境下，通过亲身体验，对被研究者的生活故事和意义建构做出解释。二是研究方法的开放性。质性研究同时受到多种不同思潮、理论和方法的影响，同时跨越人文科学、社会科学和物理科学，把人种学、民族志、现象学、口述史、话语分析、文艺评论、社会调查、个体生态学、实地研究、调查新闻学等多个不同学科领域的方法都作为研究手段和工具。三是研究者与被研究者的主体间性关系。质性研究强调从当事人的角度看待问题，重视研究者个人与被研究者之间的互动，在研究报告中，研究者需要对自己的角色、个人身份、思想倾向、自己与被研究者之间的关系以及所有这些因素对研究过程和结果的影响进行反省。[①]

3.3.2　质性研究的基本步骤

1.研究设计

在研究设计阶段需要解决以下几个问题：

第一，确定研究的问题。任何一个研究基本上均起源于研究者对某一现象的观察，这种现象可以是好的，也可以是不好的。通过对好的现象进行研究能够总结出有意义的管理经验，为今后类似的管理问题提供建设性的指导；反之，通过对不好的现象进行研究，能够全面、深刻地理解和把握该现象出现的本质原因，进而有助于避免该现象再次发生，并解决其带来的问题。但是，无论是什么类型的研究，均要首先确定所要研究的问题是什么，它是进行该研究的基础，其他各项研究工作也要紧紧围绕所要研究的问题开展。

第二，确定研究的目的和意义。研究的目的是指该研究要取得什么样的结果，它是研究工作的落脚点。从研究的性质角度看，研究的目的分为三类：一是描述性研究，指对客观现象进行描述，不做任何评价和解释；二是解释性研究，是为了解释某一问题而进行的研究；三是探索性研究，指为了从现象中发现一些规律和经验而进行的研究。从研究结果的应用角度看，研究目的一般分为两个层次：一是微观层面，就是针对所研究的问题，得出确切的研究结论，以便为解决问题进行服务；二是宏观层面，对所得出的直接结论进行外推，将其应用于更广的领域和更多的问题上。

研究的意义主要包括两个方面：理论意义和现实意义。理论意义说明该研究对所牵涉的理论具有的贡献；现实意义体现研究结论解决实际问题的效能。

第三，方法的选择。研究者需要针对所研究的问题和目的选择合适的切实可行的研究方法。质性研究有很多种研究方法，每一种研究方法均有其适用性和优缺点，在选择方法时应根据研究的问题和目的进行对比选择。

第四，评估。对研究的问题、意义和方法进行全面评估，保证该研究切实能够

---

① 李玉静.质性研究方法：内涵与应用［J］.职业技术教育，2015（28）.

达到预期的效果，尤其要注意该研究的实际可操作性。

2.资料收集

资料收集是指针对所研究的问题，采用观察法、访谈法、调查法等方法，收集所需要的信息材料，为本研究提供理论、数据、信息等方面的材料支撑。

3.资料分析

对收集的资料采用科学的方法进行归档、分类、编码，使资料有章可循，便于管理和使用。通过资料分析，提出能够解决所研究的问题或体现研究目的的结论。

4.结果检验

对最终分析的结论进行检验，确保研究结论的信度和效度。信度是指研究结论的可信程度，即研究结果的一致性、稳定性和可靠性。效度指研究结论能够反映真实情况的程度。

5.研究报告

撰写研究报告是研究工作的最终环节也是重要环节之一，研究报告反映了整个研究的过程和内容，好的研究报告对整个研究工作来讲起到"画龙点睛"的作用，不好的研究报告能够使完美的研究工作失败。

一般认为一份优秀的研究报告应包括问题的提出、研究的目的和意义、文献综述、研究方法、研究结果、结果检验、讨论等内容。

质性研究过程如图3-1所示。

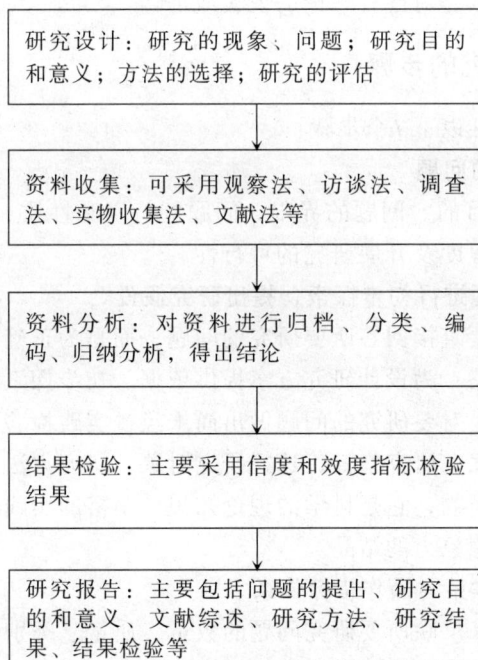

研究设计：研究的现象、问题；研究目的和意义；方法的选择；研究的评估

资料收集：可采用观察法、访谈法、调查法、实物收集法、文献法等

资料分析：对资料进行归档、分类、编码、归纳分析，得出结论

结果检验：主要采用信度和效度指标检验结果

研究报告：主要包括问题的提出、研究目的和意义、文献综述、研究方法、研究结果、结果检验等

图3-1　质性研究过程

|3.4| 实证研究方法

3.4.1 实证研究的概念、种类和特点

实证研究指研究者通过资料的收集和分析来证明假设的过程，主要研究"是什么"的问题，其重点是通过现有数据资料运用数理统计方法对假设进行验证。

在管理学研究领域常用到的实证方法，按照研究方式包括文献法、实地研究法、比较分析法、访问法、集体访谈法、问卷法和实验法。运用实地研究法、访问法、集体访谈法和实验法时，研究者要与研究对象直接接触，所以这些方法被称为直接研究法，而其他研究方法则被称为间接研究法。这些研究方法的一个共同特点就是研究者不参与到研究对象的活动当中，所以称为非参与性研究。当然还有一种不常用但并非不重要的研究方法，即参与性研究，它是指研究者直接参与到研究对象的活动当中。例如，某学者为了研究麦当劳的规范化服务和物流配送，特地到麦当劳快餐店打工。这种参与性研究不仅能够比非参与性研究获得更多的数据和资料，更能够让研究者体会到作为参与活动的一个成员的主观感受和心理活动。

实证方法按照研究对象的取样范围可分为全面研究（普查）、典型研究、重点研究、个别研究和抽样研究，其中抽样研究又可分为随机抽样研究和非随机抽样研究。实证研究的结果，可以是对现实管理活动的总结，对问题本质的发掘，对有价值经验的概括，也可以是对已有理论的证实或证伪。

3.4.2 实证研究的步骤

实证研究主要包括以下7个步骤：

1.明确所要研究的问题

具体包括研究的目的、问题的界限、问题的特点和性质、研究该问题的意义、研究者对问题的熟悉程度及开展研究的可行性。

2.对所研究的问题进行初步探索，提出研究假设

初步探索并不是要直接回答所要研究的问题，而是为正确研究和解决问题寻找可供选择的方向和道路，为设计研究方案提供依据。初步探索也是形成问题研究假设的过程，研究假设是对要研究的问题做出尚未经过实践检验的假定性的设想或说明，它是设计研究方案、研究指标，选择研究对象、研究方法的指南。科学的研究假设是创造性思维的产物，它是科学的理论知识、丰富的实践经验，是对客观事物的细微洞察和一定的想象力的结晶。

3.设计研究指标体系与操作指标体系

研究指标是指用来反映所要研究问题的数量、质量、类别、状态、等级和程度等特征的项目。研究指标往往是反映所要研究问题的本质性、概括性和抽象性的指标。操作指标是指用可感知、可度量的事物和方法对抽象指标所做的界定或说明。

特别是对反映情绪或情感、意向或期望、态度或行为倾向、评价或判断、价值观念等方面的主观性指标，应该设计向量卡、表格等特殊的测量工具。

4.制订具体的研究方案

实证研究的实施方案的内容包括研究的目标、研究方法、研究的内容和工具、研究对象的范围、研究地域的范围、研究时间的范围、研究人员和经费。

5.实施研究方案

根据研究方案安排实施的具体工作，确保各项工作能够按时按质完成。在实施研究方案的过程中，如果遇到例外情况，要在保持研究方案主体内容和思路不变的情况下，及时采取可行性措施进行处理，保证研究方案的顺利进行。

6.对研究过程中取得的文字材料及数据资料进行整理、分析，总结研究结论，撰写研究报告

在此阶段重点是要对收集到的资料信息采用合适的分析方法进行研究，用以验证研究假设的真实性。无论收集的有效资料能否支持研究假设，得出的结论都是有意义的。在撰写研究报告时，要确保研究报告的规范性、全面性和真实性。

7.对实证研究的结果及有效性和准确性进行评估

当得到确定的研究结论后，要将其放在实践中进行验证，评估研究结论与实际情况的符合程度，以及研究结论能否合理解释现实问题。

|3.5| 案例研究方法

3.5.1 案例研究的内涵和分类

案例研究是一种兼具定性和定量两种属性的研究方法。近年来，基于案例的研究在国内外都受到了广泛的关注，它是社会科学研究的主要方法之一，尤其是在回答"怎么样"和"为什么"这类探索性的问题时具有突出优势。从本质而言，案例研究通常遵循的是归纳逻辑，它适合对现实中复杂而具体的问题进行深入考察，以发掘其中潜在的理论贡献。案例研究有独特魅力，能产生有趣且有影响力的研究。案例研究的问题可以是理论驱动型的，也可以是现象驱动型的。对于那些由现象驱动的研究问题来说，研究者必须强调此现象的重要性和现有理论的贫乏。由于管理问题非常复杂，案例研究能够掌握丰富的材料，对研究问题进行详细的阐述，因此案例研究是研究复杂管理问题的最恰当方法之一。

根据研究的目的可以将案例研究分为描述性、解释性、评价性和探索性的研究。描述性案例研究主要是对人、事件或情景的概况做出准确的描述，教学案例主要是描述性的案例。解释性案例研究的目的在于对现象或研究发现进行归纳，并最终做出结论。解释性案例研究适于对具有相关性或因果性的问题进行考察。在评价性案例研究中，研究者对研究的案例提出自己的意见和看法。探索性案例研究尝试寻找对事物的新洞察，或尝试用新的观点去评价现象。

根据选择案例的多少可分为单个案例研究和多案例研究。罗伯特·K.殷（Robert K.Yin）认为单个案例研究可以用作确认或挑战一个理论，也可以用作提出一个独特的或极端的案例。多案例研究用于研究复杂的管理问题。[①]。

3.5.2　案例研究的步骤

案例研究一般包括建立基础理论、选择案例、收集数据、分析数据、撰写报告与检验结果等步骤[②]。

1.建立基础理论

案例研究的基础理论为案例研究的进行提供了一个指导性的框架。罗伯特·K.殷把案例研究的基础理论表述为四个组成部分：

（1）研究要回答的问题。研究要回答的问题就是案例研究的目的。案例研究一般适用于回答"怎么样"或"为什么"的问题。在案例研究中，研究者通过收集、整理、分析数据，能得到指向这些问题的证据，并最终得出研究结论。因此，在案例研究中首先要确定研究要回答的问题。确认案例研究中要回答的问题必须明确：要研究什么，研究目的是什么，哪些已经知道，哪些还不知道。通常研究者在确定研究要回答的问题之前，还会对曾经进行的相关研究的资料进行查阅，从而提炼出更有意义和更具洞察力的问题。

（2）研究者的主张。确定研究要回答的问题为案例研究指明了方向，研究者的主张则是引导研究进行的线索。研究者的主张可以来自现存的理论，也可以是新的理论假设，比如："计算机信息技术领域的公司要获得可持续发展，其主营业务应从硬件制造转向科技服务"。无论是建立新的理论还是对现存的理论进行检验，提出主张都是必不可少的。但这并不意味着研究者在研究开始提出的主张就是客观正确的，随着研究的进行，原来的主张也许会被修改以便更好地指导研究的开展。但是无论主张怎样改变，案例研究本身的理论倾向和研究的目的都必须保持不变。例外的是，探索性研究中一般不存在研究者的主张。

（3）研究的单位。研究的单位可以是一个计划、一个实体、一个人、一个群体、一个组织或一个社区等。每一个研究单位都可能与各种政治、社会、历史和个人等问题有着千丝万缕的联系，这既为研究问题的设计提供了各种可能性，也为案例研究增加了复杂性。

（4）数据和主张之间的逻辑联系，以及对发现进行解释的标准。数据分析可以采用量化的解释性分析技术，也可以采用以定性方法为主的结构性分析和反射性分析技术。有关数据分析的技术我们在后面进行介绍。

2.选择案例

选择案例的标准与研究的对象和研究要回答的问题有关，它确定了什么样的属

---

① 林新奇，张可人．聚焦硬件制造及科技服务差异的目标管理——联想公司与惠普公司的案例比较 [J]．中国人力资源开发，2015（24）．
② 孙海法，等．案例研究法的理论与应用 [J]．科学管理研究，2004（1）．

性能为案例研究带来有意义的数据。研究者在选择案例的过程中必须不断地问自己在哪里寻找案例才可以满足研究的目的和回答研究的问题，以便找到最合适的案例。案例研究可以使用一个案例（single case），也可以包含多个案例（multiple cases）。对于多案例研究，案例的选择要符合理论抽样的要求，而非统计抽样的要求。它所遵循的是复制法则，每个案例相当于一个独立实验，所以对于挑选的案例有如下要求：①所挑选的案例能够产生相同的结果（逐个复制）；②所挑选的案例由于可以预知的原因而产生与前一案例不同的结果（差别复制）。通过遵循复制法则，多案例能够相互比较，澄清新的发现是仅为单案例所特有的，还是能够不断地被多个案例重复印证[①]。

3.收集数据

案例研究的数据大部分都是用定性方法收集的，但也存在定量的收集方法。常用的数据收集方法包括档案记录法、文件法、访谈法、观察法等。档案记录包括工作日志、地图、图表、姓名册、调查数据，甚至是一些私人的资料（如日记）。数据收集者必须小心地确认这些记录的来源和精确性以便做出选择。文件可以是信件、备忘录、研究报告或是其他一些可以进入数据库的资料。文件的一个重要性在于它能验证通过其他数据收集方法得到的证据。但是，研究者在借助文件收集数据时必须注意文件中数据的有效性。即使通过其他数据收集方法得到的证据被证明是没有意义的，也不能过分信赖文件中数据的真实性和有用性。访谈法也许是案例研究中最重要的数据来源。访谈一般包括专门性的焦点访谈、自由式访谈、开放式访谈、半结构化访谈、结构化访谈等。观察法是指通过直接或参与观察的方式搜集想要的信息的方法。运用观察法一般能够得到较为详细具体的信息资料，但信息的真实性会受到"霍桑效应"的影响。

4.分析数据

分析数据一般与收集数据同步进行。初步的数据收集和数据分析将会产生一些初步的发现和一些临时的假设，进而指导下一阶段的数据收集。在数据收集和数据分析不断循环的过程中，研究的问题可能会得到进一步的提炼和确认，从而带来更多的数据和新的发现。罗伯特·K.殷认为数据分析包括检查、分类、制表，或者对收集到的证据进行重组，从而印证研究者的主张。在通常情况下，进行数据分析依赖于研究者提出的主张。罗伯特·K.殷还认为在每一次案例研究中都必须有一个总体的数据分析策略，从而指导对什么数据进行分析以及为什么进行分析。

（1）解释性分析。解释性分析是通过对数据的深入分析、研究，找出其中的模式、规律和主题。因为解释性分析要求案例研究的结果尽可能地客观，所以一般要使用计算机对数据进行处理。

首先，研究者对现有数据库中的数据进行详细划分，比如一个问题和一个回答都可以成为一个数据细分。然后，设计出一系列的类目对数据进行合并，每一个数

---

① 林新奇，等. 聚焦硬件制造及科技服务差异的目标管理——联想公司与惠普公司的案例比较［J］. 中国人力资源开发，2015（24）.

据类目都代表一种现象。比如，员工工作绩效就可以成为数据类目中的一类，而组织公民行为、工作投入、工作参与程度就可以成为该类下的子类。接着，研究者把细分好的数据分配到不同的数据类目里。在分配的过程中，研究者经过"不断比较"，决定哪些数据应该进入哪些类目，并不断整理原来的数据细分和修改初始类目设计。通过"不断比较"，研究者能明晰每一个类目的意义，划清不同类目间的界线，并决定哪些类目是研究的重点。当再没有新的数据能进入现存的类目，也没有必要增加新的类目来说明研究的现象时，类目就确定了。

（2）结构性分析。结构性分析是通过对数据的分析、研究，确认隐含在文件、事件或其他现象背后的规律、模式。结构性分析不同于解释性分析，它不需要理解每一个数据的意思并做出推断。作为一种常规的分析，结构性分析只需要考察文字或叙述上的数据。

（3）反射性分析。反射性分析是一种主观的分析方法，它凭借研究者的直觉和判断对数据进行描述。Gall 等人认为，当研究者重视一种现象，并需要对此做出大量的描述时，反射性分析是最佳的分析方法。与在解释性分析中建立的数据类目不同，在反射性分析中研究者对现象的解释和评价是完全自由的、不受约束的，因此反射性分析最好能让经验丰富的研究者进行。反射性分析比较适合于探索性研究。

5.撰写报告与检验结果

研究报告是呈现整个研究过程和结果的重要表现形式，要让读者充分地理解报告的内容，就案例研究提出问题并进行探讨。研究报告一个重要的目的是通过对现实中复杂问题的描述和解释，让读者获得亲身体验般的经历。因此，报告中的数据必须是读者能在现实中接触到的，报告中的解释必须是读者能在现实中体验到的，报告中的结论必须是读者能在现实的情景中应用的。另外，研究者必须用足够的现实数据确保研究结论的信度和效度。

案例的研究报告一般比较长。描述和解释两者间的平衡是书写研究报告的关键。Erickson 建议研究报告包括：

（1）特别的描述，即引用数据中的资料，比如访谈的内容、文件的摘录或者一些小插图等；

（2）一般的描述，即论述引用的资料是否具有代表性、与其他的数据是否相关，以及对所有的数据进行概括性的描述；

（3）描述的解释，即对以上两种描述进行解释和归纳，并得出结论。

|3.6| 调查研究法

3.6.1 调查研究法的内涵

调查研究是社会科学研究中普遍采用的方法，管理学作为一门重要的社会科学，调查研究在其中也得到广泛且重要的应用。它是指通过对有代表性的样本进行调查，收集有效的信息和数据并进行分析，来进行描述性、解释性或探索性的研究的方法。从本质上看，调查研究是一种收集信息和数据的方法，无论是定量研究还是定性研究中，在信息和数据收集阶段，均离不开调查研究法。

3.6.2 调查研究法的步骤

在开展调查研究时，要以研究主题为核心，并通过调查表的开发、调查对象的选择、调查的实施、信息和数据的收集汇总来实现。

1.调查表的开发

在开发调查表之前，要针对所研究的问题确定调查表的类型。一般调查表可分为三类：主观式（开放式）调查表，客观式（封闭式）调查表，客观与主观相结合（半开放半封闭式）的调查表。

第一，开放式调查表。它一般由主观题构成。如果调查只是为了更加深入地获得某方面的信息，则可以采用开放式调查表。比如，政府机关单位干部选拔考查问卷：

（1）请您评价一下该同志的品德和作风。

（2）请您对该同志的业务能力进行评价。

（3）该同志有哪些优缺点？

（4）您对该同志今后工作的希望是什么？

第二，封闭式调查表。它主要以量表为主。量表的开发需经过理论基础分析、概念构建、测量维度确定、测量指标选择、测量标度选择、预调查、信度和效度分析、量表修正等程序。比如，心理资本量表（部分摘录），见表3-1。

表3-1　　　　　　　　　　　心理资本量表（部分摘录）

下面有一些句子，它们描述了你目前可能是如何看待自己的。请采用下面的量表判断你同意或者不同意这些描述的程度。其中：1＝非常不同意；2＝不同意；3＝有点不同意；4＝有点同意；5＝同意；6＝非常同意。

测量维度	测量指标	测量标度
自我效能	我相信自己能分析长远的问题，并找到解决方案	1 2 3 4 5 6
	我相信自己对公司战略的讨论有贡献	1 2 3 4 5 6
	⋮	1 2 3 4 5 6
希望	目前，我在精力饱满地完成自己的工作	1 2 3 4 5 6
	任何问题都有很多解决方法	1 2 3 4 5 6
	⋮	1 2 3 4 5 6
⋮	⋮	⋮

第三，半开放半封闭式调查表。它是结合开放式和封闭式调查的特征所构成的调查表。比如，某单位想调查员工的工作满意度，则可采用工作满意度问卷进行调查（一般由客观题和主观题构成）。工作满意度调查表的部分内容如下：

（一）工作环境及工作群体方面

1.您对公司的工作环境是否满意？

A.非常满意　　　B.较满意　　　　C.一般　　　　D.不满意　　　　E.很不满意

2.您的工作场所是否舒适，可以提高工作积极性？

A.极大地降低您的工作积极性　　　B.降低您的工作积极性

C.对您没什么影响　　　　　　　　D.提高您的工作积极性

E.极大地提高您的工作积极性

（二）工作背景方面

1.公司对您的工作态度有何影响？

A.非常不利　　　B.不利　　　　C.没有影响　　D.有利　　　　E.很有利

2.您对分配给您的工作量持何种态度？

A.非常不满　　　B.不满　　　　C.一般　　　　D.满意　　　　E.很满意

……

其他

您对公司提高工作满意度有哪些建议？

……

2.调查对象的选择

选择调查对象就是根据所研究的问题选择样本，包括样本的数量和质量。样本数量的选择没有统一标准，根据具体情况而定。在量表调查中，一般认为样本的数量是题项数量的10倍以上。在质量方面，样本的选择要具有代表性。

样本选择的方法包括简单随机抽样、系统抽样、分层抽样等。简单随机抽样是指从总体中随机地、无任何规则地抽取样本。比如，总体中共有1 000个要素，通过"闭眼摸球"的形式抽取100个作为样本。系统抽样是系统化地选择完整名单中的每第K个要素组成样本。比如，名册包含10 000个要素，需要1 000个样本，从第N个开始，每第10个要素作为样本。分层抽样是指从总体中的不同层次抽取一定数量的样本。比如，某集团公司对管理者的薪酬满意度进行调查，从高层管理者、中层管理者和基层管理者中均抽取一定数量作为样本。

3.调查的实施

调查实施包括现场调查、访谈调查、邮件调查、电话调查、视频调查等形式。

4.信息和数据的收集、汇总

通过实施调查收集需要的信息和数据。如果收集的是文字描述信息，则应对其进行汇总、整理，剔除相同的观点，对各种不同的观点进行分类、提炼，形成所要的材料。如果收集的是数据，则应对数据进行统计、汇总，剔除明显异常的数据，对缺失数据进行科学处理，得到所要的样本数据。

在进行调查研究时，针对同一研究问题所采用的调查表形式并不是固定不变的，而是根据研究的实际客观环境进行选择。比如工作满意度调查，对于大型集团公司来讲，选择封闭式量表调查较为合适；对于10人以下的创业型公司，采用开放式的调查更能深入地研究问题。无论是大公司还是小公司,半封闭半开放式调查均适用。

3.7 比较分析法

3.7.1 比较分析法的概念

比较分析法是指按照一定的比较标准或原则,对两个或两个以上的相同或相似的事物进行对照、比较,发现它们之间的相同点和异同点,从而揭示事物本质的思维过程和方法。比较分析法能够使研究者对研究对象的属性和特点有一个比较清楚的认识。

比较分析法广泛运用于科研实践,但并不是任何时候都能运用。运用比较分析法必须满足三个条件:同一性、双(多)边性、可比性。同一性是指进行比较研究的对象必须是同一范畴、同一标准、同一类型的事物,否则就不可以比较。比如,将研发人员和管理人员的绩效进行比较就没有意义,因为这两类人员的考核方式存在着本质性差异,但是可将两类人员的学历、年龄、司龄等进行比较。双(多)边性是指要有两个或两个以上的事物才可能进行比较。换言之,比较的对象必须要有两个或两个以上。当然,比较研究还要求从不同的角度对被比较的对象进行分析对比。可比性是指被比较的对象之间具有一定的内在联系,具有本质上而不是表面上的共性。为了保证可比性,必须注意概念的统一。例如,英国的public school与美国的public school就是不同的概念。前者是贵族学校,而后者则是平民学校,不具备可比性[①]。

3.7.2 比较分析法的步骤

1.描述

比较分析从详细描述比较的对象开始,也就是说,要将研究对象的现状尽可能周密、完整、客观地描述出来。为此,必须较为全面地收集相关的资料,明确比较目的,选定比较主题。这是比较分析的基础和前提。

为了从文献中得到更加确切的信息资料,有必要对研究的对象进行实地考察,感性和理性相结合。通过各种途径尽可能多地收集相关的各种资料,并对资料进行鉴别,保证资料的权威性和客观性。供比较研究的资料必须具有权威性、真实性,最好是第一手资料,而且要具有代表性,能反映普通的情况,能反映事物的本质。这就要求采样科学化、资料归类合并程序化,资料收集人员要有扎实的理论功底和良好的基础理论素质。

2.解释

对这些归类好的资料做出原理性解释,即赋予资料现实和历史意义,为下一步

---

① 贾怀勤,等. 管理研究方法 [M]. 北京:机械工业出版社,2006.

的比较分析奠定基础。对比较研究的对象进行详尽而客观的描述之后，就要对所了解的研究对象的现状进行解释，即说明这些现状所具有的意义，以便深入了解事物是怎样的，为什么是那样的。以经济学、历史学、社会学、政治学、心理学、哲学等学科知识为基础，把所描述的研究对象的现状与社会的一般现象联系起来进行思考，深度说明这些现状所具有的现实和历史意义，这就是解释阶段的目的。在解释资料时，应当根据当时当地的客观实际，运用科学的理论加以全面的分析，并保证解释的客观性，不带有任何个人的偏见。

3. 并列

对各种资料按比较的指标进行归类、并列。从严格意义上讲，比较研究从并列阶段才真正开始。在这个阶段，首先对前一阶段所描述并解释过的事物进行分类整理，并按照可以比较的形式进行排列；然后确定比较的格局，并且设立比较的标准；最后进一步分析资料，提出比较分析的假设。

4. 比较

在比较阶段里，要对并列阶段提出的假设按照"同时比较"原则来证明其正确与否。这是比较研究最重要的一步，在这个阶段要对收集到的材料逐项按一定的标准进行比较，并分析其产生差异的原因，而且要尽可能地进行详细、深入的评价。比较时应以客观事实为基础，对所有的材料进行全面、客观的分析，验证上一阶段提出的假说或假设，做出最后的结论。

上述四个阶段有着紧密的联系，但又各有侧重，前一阶段为后一阶段提供条件、打好基础，后一阶段承前启后，前后阶段互为依托。

复习思考题

1. "研究的问题导向"的思想精髓是什么？
2. 如何理解理论与实践相结合的基本原则？
3. 质性研究方法主要有哪些？质性研究需要遵循哪些流程？
4. 实证研究方法的内涵和流程是什么？
5. 如何实施案例研究？
6. 调查研究需要注意哪些事项？
7. 使用比较分析法时，需要考虑哪些问题？

案例分析

李宁的转型困境

随着海尔、苏宁、美的等企业的转型成效初显，作为中国运动品牌代表的李宁却在这场转型攻坚战中迷失了。企业的转型，表现在市场上，如果可以取得成长和有效的业绩，就可以界定为成功。然而，从2010年启动战略转型开始，李宁的业绩便一路下滑，并且在2012—2014年之间连续3年出现亏损，累计超过31亿元。为何同样面临着高度不确定的竞争环境以及众多的竞争对手，李宁公司的变革成效却与海尔、苏宁、美的等企业相距甚远,为转型承担的阵痛期更长?"互联网+"的概念已经落地,回头再审视李宁的转型之殇,我们更能揭示李宁转型问题之所在,从而为处在转型之中的中国企业提供启迪与借鉴。

转型的迷失

企业并不是为了转型而转型的,在决定转型之前,一定是界定了市场的变化,做出了战略的选择。李宁正是洞悉到了中国体育用品行业的快速变化,消费者的个性需求更加突出,才推出了以品牌和渠道变革为核心的转型战略。作为国内体育品牌的先行者,李宁的战略转型在其背后代表的是中国企业正在由成本制胜转向品牌制胜、由低端竞争转向高端经营的趋势。然而,看似富有前瞻性的转型却逐渐陷入迷失的泥淖。

迷失一:品牌定位失误与多品牌战略

李宁的品牌定位长期处在一个比较尴尬的地位,到底是专注于体育品牌还是专注于时尚品牌,李宁一直在这两者之间徘徊。长期的品牌定位不清带来的不仅仅是顾客的流失,更为严重的是资源的分散。转型的核心其实是效率,而资源的分散恰恰带来的是经营效率的下降。

除了品牌定位失误,李宁的多品牌战略也是李宁深陷转型泥淖的重要原因。"定位之父"特劳特在《定位》一书中指出:"品牌就是某个品类的代表或者说是代表某个品类的名字。建立品牌就是要实现品牌对某个品类的主导,成为某个品类的第一。当消费者一想到要消费某个品类时,立即想到这个品牌。"对于占据市场份额的领先者来说,多品牌战略无疑是一种成功的市场竞争战略。举个例子,在中国市场上,宝洁的多品牌战略就非常成功。以宝洁公司的洗发水为例,其旗下就有飘柔、潘婷、海飞丝、伊卡璐、玉兰油、沙宣6个品牌。值得注意的是,1989年宝洁公司才在中国推出洗发护发二合一品牌——飘柔,4年之后才推出了另一品牌——潘婷。但是那个时候,飘柔的知名度、消费者使用率、分销率等各项市场指标已经跃居第一。

营销的本质是争第一,抢唯一。在推出第二个品牌之前,首先要确保核心品牌已经主导了市场,而这恰恰是李宁在转型时违背的营销准则。2014年李宁的营业收入为67亿元,安踏的营业收入为87.2亿元,李宁的收入主要来自于五个品牌(李宁、乐途、红双喜、凯胜、艾高),而安踏的绝大部分收入只来自安踏一个品牌。再来看两者的净利润率:李宁的净利润率(-11.7%)远不及安踏的净利润率(19.1%)。一个品牌是否强大,最好的诠释并非其销售额,而是净利润率。从这一点看,李宁的多品牌战略与转型迷失是有着极大的关联的。

迷失二:重战略,轻执行

如果说战略是宏观层面的部署,那么只有落地执行才能保证战略实施的成功。在李宁的转型过程中,并非没有好的战略。从最初的品牌重塑战略和渠道战略再到目前的聚焦战略,可以说李宁的每一步战略都是经过深思熟虑的,问题的关键就在于在执行环节出了问题。从李宁转型的效果来看,战略正确并不能保证企业的成功，成功的企业在战略方向和战术执行力上一定都是到位的。

在企业转型时，衡量执行是否成功主要有3个标准：第一，用正确的人。企业的增长及其复杂性之间有一定的落差，要让"对"的人的增长速度超过复杂性的增长速度，这也是企业管理面对的挑战。反观李宁的战略转型，最为人诟病的一点就是其用人战略，从公司副总裁兼首席产品官徐懋淳辞职开始，到推动李宁战略转型的行政总裁金珍君离开，李宁的高管出走问题就一直未得到有效解决，公司的CEO职位更是长期空缺，而这些人正是李宁转型战略的推动与执行者。除了高管离职问题外，公司内部的官僚气息也极大影响了政策的执行效率，从而让公司在转型时背上了巨大的包袱。第二，协调内部资源的能力。一块石头在平地上只是一个死物，而从悬崖上掉下时，可以爆发强大的能力。这就是集势。把资源协调调动至战略的执行上，从上到下按一个方向调动起来，能达到事半功倍的效果。在转型的过程当中，李宁执行效率低下的问题始终悬而未决，很多战略执行都没有超过一年。第三，多方位的沟通。李宁迎合90后的战略转型之所以失败，问题就在于他仅仅贴了张"追求时尚"的标签，并没有针对90后采取多方位的沟通策略，自然无法得到90后的支持。

迷失三：产品价格定位的失误

在经历了"黄金十年"每年30%～50%的高增长后，中国体育用品行业的增速开始放缓，运动快消品正朝着专业化、功能化、数据化的方向发展，企业高库存、净利润下降、品牌同质化问题日益严重。李宁为了拉近与国际品牌的距离，在转型期间一直推行"田忌赛马"的错位价格竞争策略，即其产品价格与国际巨头耐克和阿迪达斯相差不远，但是比安踏、匹克等国内品牌要高出50%左右，而要维持这一价格定位，李宁的成本就要比安踏、匹克等国内企业高很多。事实上，我们可以观察到，在成熟的经济体中，几乎所有行业品牌的分布都是金字塔形的，小部分人购买高端产品，普通大众基于性价比选择品牌，回归消费基础诉求。未来的消费态势正逐渐进入消费者主权时代，消费者的消费需求会更加理性，李宁的这种错位定价策略正在逐步失去效用。而为了进军智能穿戴领域，李宁与小米合作推出的两款智能跑鞋——烈骏和赤兔，其定价分别为399元和199元，这明显要比其原来的产品价格低很多。而事实上，耐克和阿迪达斯等国际品牌已经在智能穿戴领域深耕多年，李宁用来抓住年轻消费者在数字和运动相结合方面需求的低价策略能否取得成功还要看其实际的执行效果。综观李宁的产品定价，不管是错位的定价策略，还是目前为迎合年轻消费者采取的低价策略，从背后都反映出李宁公司目前并没有一个完整的价格战略体系，这也是导致其价格定位失误的关键原因。

转型背后的高库存问题依然难以破解

目前困扰中国各大体育品牌最重要的问题便是居高不下的库存问题。即便是本土第一的安踏也不例外。以现有的数据来看，截至2014年12月底，李宁存货从2013年末的9.42亿元增加至10.9亿元。事实上，早在2011年李宁的库存就达到了11.33亿元，转型的这几年，李宁公司的高库存依然没有大幅下降。

事实上，李宁的成功在很大程度上都得益于其大批发模式。大批发模式是原来国内服装企业在销售渠道中普遍采用的"品牌商—批发商（代理商）—零售商"的分销模式。在大批发模式下，品牌商是不控制零售渠道的，因此也不会去关注零售端的变化。这也造成了李宁的市场反应速度很慢，大批发模式下代理商订货较多，因而品牌商备货较多，一旦市场出现动荡，那么高库存问题立马就会显现出来。

李宁正是意识到了传统批发模式的弊端，所以才逐步开启了向以零售为导向模式的转型。而以零售为导向的业务模式强调的是"有指导性的订货+快速补货+快速反应"，为此李宁已经从需求预测、采购计划、供应链管理和零售运营四个方面建立了全面整合的"终端到终端"的零售业务平台。但是，一方面，由于李宁的库存问题由来已久，积重难返，问题在短时间内并不能得到有效解决；另一方面，互联网思维鼓励的是小投入、快行动、先试错、再调整的理念，而李宁则正好相反。在转型的这几年，李宁花费了巨大的人力、物力、财力在以零售为导向的库存管理上，企图毕其功于一役解决掉库存问题，其结果并不尽如人意。仔细审视李宁以零售为导向的转型，还有一个更值得人深思的问题：零售导向需要先锁定自己的客户群体，之后围绕目标客户的需求来生产和销售产品，按照顾客的购物习惯来管理门店运营，这种以顾客为核心而不是以产品为核心的模式对于习惯了关注产品和价格的李宁来说很难在一时之间转变。

随着消费者购物时商品、渠道的选择更加多样化，消费者更理性，更注重个性化、特色化。可以预见，未来消费者购物的趋势也必将更加碎片化、便捷化（O2O、移动购物、社区商业），更好玩（社交购物、场景购物、游戏营销、主题营销），更加注重服务和体验。这客观上也要求企业在转向以零售为主导的模式时，必须回归到零售的本质，即低成本、高效率地提供消费者所需要的商品或服务。反观中国目前的体育用品行业，行业同质化竞争给企业带来了巨大的压力和困境，而企业自身的低效率与内耗又使得企业的增长乏力，顾客的价值创造更是无从谈起。

资料来源：刘祯，郭远鹏. 李宁的转型困境［J］. 企业管理，2015（10）.

案例讨论：

1. 请查阅李宁公司的基本情况，了解该公司。

2. 李宁公司面临上述困境的原因是什么？

3. 从李宁公司面临的转型困境出发，有哪些值得研究的课题？

4. 针对提出的课题可采用什么研究方法？为什么？

第3章相关案例分析提示

阅读参考

1.林新奇，宋强.中美上市公司CEO个人简介中的印象管理比较［J］.中国人力资源开发，2013（5）.

2.风笑天.社会学研究方法［M］.北京：中国人民大学出版社，2001.

3.EISENHARDT K M. Building theories from case study research ［J］. Academy of Management Review，1989，14（4）：532-550.

4.殷.案例研究：设计与方法［M］.周海涛，李永贤，李虔，译.重庆：重庆大学出版社，2010.

5.MAUCERI S.Integrating quality into quantity：survey research in the era of mixed methods ［J］. Quality & Quantity，2016，50（3）：1213-1231.

第二篇　管理的基本职能

经营理念与管理目标

学习目标

- ✓ 理解经营理念与经营哲学的内涵
- ✓ 理解组织愿景的内涵
- ✓ 熟练掌握管理目标的定义、分类、设定原则和特征
- ✓ 理解组织愿景与管理目标之间的关系
- ✓ 了解企业的本质
- ✓ 熟悉企业的社会责任

| 4.1 | 经营理念与经营哲学

理念是指思想、看法，是思维活动的结果。人们在现实生活中针对不同的对象不断进行思考，形成了各种理念。比如，"我们不能掌握生命的长度，但能拓展生命的宽度"的人生理念，孔子的"和而不同，以求安人"的管理理念，稻盛和夫的"以心为本，利他经营"的经营理念。松下幸之助认为经营理念是指"公司为什么存在""公司朝什么方向前进"①。哲学最早思考的问题是"我是谁""我从哪里来，将到哪里去"，而经营哲学考虑的是"公司为什么存在""公司朝什么方向前进"。因此，本书认为经营理念与经营哲学属同一概念。

从经营学和管理学的角度来看，经营哲学也称企业哲学，是一个企业特有的从事生产经营和管理活动的方法论原则。它是指导企业行为的基础。一个企业在激烈的市场竞争环境中，面临着各种矛盾和多种选择，这要求企业有一个科学的方法论来指导经营，有一套逻辑思维的程序来决定自己的行为，这就是经营哲学。例如，日本松下公司"讲求经济效益，重视生存的意志，事事谋求生存和发展"，这就是它的战略决策哲学。北京蓝岛商业大厦创办于1994年，它以"诚信为本，情义至

---

① 黎永泰. 日本企业的经营理念及其借鉴意义 [J]. 四川大学学报：哲学社会科学版，1998（2）.

上"的经营哲学为指导，"以情显义，以义取利，义利结合"，使之在创办3年的时间内营业额就翻了一番，跃居首都商界第4位。

经营哲学决定了企业经营的思维方式和处理问题的法则，这些方式和法则指导经营者进行正确的决策，指导员工采用科学的方法从事生产经营活动。企业共同的价值观念决定了企业的价值取向，使员工对事物的评判形成共识，有着共同的价值目标，企业的领导和员工围绕他们所认定的价值目标去行动。美国学者托马斯·彼得斯和小罗伯特·沃特曼在《寻求优势》一书中指出："我们研究的所有优秀公司都很清楚它们的主张是什么，并认真建立和形成了公司的价值准则。事实上，一个公司缺乏明确的价值准则或价值观念不正确，我们会怀疑它是否有可能获得经营上的成功。"

作为企业经营管理方法论原则的企业经营哲学，是企业一切行为的逻辑起点。因此，确立正确的经营哲学，对企业经营管理具有重要意义。

企业确立经营哲学，虽有某些共同的方法论要素，如"服务为本""用户第一"等，但各企业由于人、财、物的状况不同，所处的环境不同，每个企业均可能选择具有本企业特色的经营哲学。确立企业哲学，需要经营者对本企业的经营状况和特点进行全面的调查，运用某些哲学观念分析研究企业的发展目标和实现途径，在此基础上形成自己的经营理念，并将其渗透到员工的思想深处，变成员工处理经营问题的共同思维方式。企业经营哲学通常应在代表企业精神的文字中体现，这不仅有利于内部渗透，而且也便于顾客识别。例如，北京王府井百货大楼"一团火"精神的表述，既反映了企业员工乐于奉献的精神实质，也体现出企业强调通过在内部员工之间、企业与顾客之间、本企业与其他企业之间建立平等互助、团结友爱的新型人际关系，坚持全心全意为人民服务的办店宗旨和经营方针，以此赢得顾客和市场，促进企业发展。

确立经营哲学，关键是要有创新意识，创建有个性的经营思想和方法。英国盈利能力最强的零售集团——马莎百货公司——的经营哲学，就是创立"没有工厂的制造商"，按自己的要求让别人生产产品，并打上自己的"圣米高"牌商标，取得了成功。武商集团的创新策略是，把商品经营、资产经营和资本经营融为一体，跳出传统经营方式的束缚，在全国零售行业中创造了利润总额四连贯的佳绩。

1989年美国《财富》杂志介绍杰克·韦尔奇的人格特征和经营理念时，归纳了以下六点：第一，掌握自己的命运，否则将受人掌握；第二，面对现实，不要生活在过去或幻想之中；第三，坦诚待人；第四，不要只是管理，要学会领导；第五，在被迫改革之前就进行改革；第六，若无竞争优势，切勿与之竞争。

|4.2| 组织愿景与管理目标

组织愿景是以组织成员的共同价值观为基础，对组织将来发展成什么样的描述，它指明了组织的发展方向。组织愿景因符合组织成员的价值追求被组织成员普遍接受和认可，起到了凝群聚力的作用。其无形之中也决定着组织的任务和目标，指导组织管理理念的形成、管理方法的使用、管理制度的制定。组织愿景是高度抽象的表述，而且不受环境变动的影响，其一旦形成则很难被改变，且愿景实现的过程比较漫长，实现的路径也具有多样性[①]。

组织愿景是员工个人愿景的集合。彼得·圣吉在阐述个人愿景与组织愿景的关系时说："个人愿景的力量源自一个人对愿景的深度关切，而组织愿景的力量源自共同的关切。""如果你、我只是在心中个别持有相同的愿景，但彼此不曾真诚地分享过对方的愿景，这不算组织愿景。""组织愿景是从个人愿景汇集而成，借着汇集个人愿景，组织愿景获得能量和培养行愿。"

管理目标指管理所要达到的预期成果。组织愿景是通过各种各样的管理目标来实现的。换句话说，管理目标是组织愿景的明确化和具体化，不受传统的资源概念的约束，强调可持续发展目标的可延伸性，管理目标的设定取决于组织愿景。那么怎样设定科学的管理目标呢？除了在设定管理目标时考虑完成目标的数量、质量、时间和成本外，还应遵循SMART原则：

● 具体化（specific）：管理目标要具体，能被理解，比如主营业务收入达到多少？利润是多少？

● 可测量（measureable）：管理目标要能够通过具体的数字或信息进行评价，比如年度利润达到10亿元。

● 可实现（achievable）：管理目标是可以通过努力来实现的，比如对于平均年利润为10亿元的公司来说，把下一年度的目标定为1 000亿元，就很难实现。

● 相关性（relevant）：管理目标有很多个，目标与目标之间要相关，与组织愿景要相关。

● 可跟踪（trackable）：管理目标在实施过程中能够被检查和跟踪。

管理目标是实现组织愿景的基础，因为管理目标具有以下四个方面的特征：

（1）方向性。目标具有明确的方向，只有目标方向与组织愿景相一致，才能保证组织愿景的实现。目标的方向决定了生产经营的各个环节、流程和计划、组织、协调、指挥、控制、激励各项管理职能的执行。管理大师彼得·德鲁克认为："并不是有了工作，才有目标；反过来，正是因为有了目标，才能确定每个人应该做的工作。"这说明，目标不仅指明了方向，同时也决定了企业的任务和工作[②]。

（2）目的性。目标有着明确的目的，是有终点的。组织应紧紧围绕目的进行运作，所有的工作和管理的各项职能均必须紧盯目标所指示的终点，在规定的时间和预算成本内达到终点。能否按规定的要求达到终点，是衡量目标完成与否的重要依据。

（3）层次性。管理目标具有鲜明的层次。组织的决策层根据组织愿景制定战略管理目标，然后根据各部门承担的职责将战略管理目标分解为部门管理目标，最后

---

① 尚玉钒，席酉民，赵童. 愿景、战略与和谐主题的关系研究［J］. 管理科学学报，2010（11）.
② 赵英涛. 对企业管理目标的再认识［J］. 产业与科技论坛，2010（3）.

部门领导将部门目标分解到个人。各层级目标环环相扣，下一层级的管理目标一定与上一层级的目标紧密联系，下一层级目标是否完成直接决定着上一层级目标是否实现。

（4）激励性。明确、具体的管理目标给员工指明清晰的方向，能使员工意识到需要做什么、怎么做；同时在确定目标的过程中，员工会参与其中，从而提高目标的可接受性，体现以人为本的管理理念，激发员工为完成目标而努力奋斗的意愿。

|4.3| 企业本质与社会责任

企业的本质是什么？也就是说，企业到底是什么？在传统意义上，企业被视为营利性的组织形式，其本质上是一台庞大的循环增值设备，是"生产"和"交易"两重属性的统一。

不同的学者和理论均从不同的角度对企业的本质进行过研究：

在《资本论》中，马克思从企业的历史起源和两类分工（企业的内部分工和外部分工）出发，将企业的起源、本质及演进过程看作技术、协作、劳动力、资本、竞争和利润等基本经济条件变化的必然反映，看作社会生产力和生产关系不断发展及相互作用的结果。马克思是最早从企业"生产"和"交易"双重基本属性的内在矛盾运动论述企业本质的经济学家。

新古典经济学家将企业视为由土地、资本、劳动力等生产要素联系起来的一个生产函数，通过生产将这些生产要素转换为一定的产出，以实现利润最大化。它表明企业是通过生产要素生产商品，并通过交易来实现利润最大化。

企业契约理论认为企业是各种要素投入者为了各自的目的联合起来组成的一个有效率的契约关系网络，以交易费用的节约来解释企业存在的本质与意义，强调企业内部交易相对于企业外部行为活动的重要意义，突出企业的"交易"本质。

企业能力理论认为企业的本质就是能够生产"核心知识和能力"，是一个生产知识和能力的集合。它侧重于研究企业的"生产"属性。

利益相关者理论以企业内、外部发展的观点来分析市场和企业，认识到企业本质上既是一个"关系契约网络"，又是一个"能力集合体"，从而解释了企业的"生产"和"交易"双重基本属性。

由以上表述不难发现，一般认为企业的本质是生产属性和交易属性的统一。但对于现代企业来讲，企业的本质更多地表现为最大限度地创造绩效。所谓绩效，是指企业、部门或员工控制下的，与工作目标相关的行为及其产出。行为旨在促进产出的合理实现，产出旨在形成目标导向，二者不可偏废。绩效指标不仅仅是利润，还包括企业的可持续发展、员工的发展、环境保护和社会责任等。

企业在运行过程中应承担什么责任呢？企业的社会责任指的是企业管理者对整个社会的进步和保护社会的整体利益所承担的一种管理责任。那么，企业活动究竟应该对谁负责，负什么责呢？其答案主要概括和归纳为：

- 对股东：证券价格的上升；股息的分配（数量和时间）。
- 对职工或工会：相当的收入水平；工作的稳定性；良好的工作环境；提升的机会。
- 对政府：对政府号召和政策的支持；遵守法律和规定。
- 对供应者：保证付款的时间。
- 对债权人：对合同条款的遵守；保持值得信赖的程度。
- 对消费者/代理商：保证商品的价值（产品价格与质量、性能和服务的关系）；产品或服务的方便程度。
- 对所处的社区：对环境保护的贡献；对社会发展的贡献（税收、捐献、直接参加）；对解决社会问题的贡献。
- 对贸易和行业协会：参加活动的次数；对各种活动的支持（经济上的）。
- 对竞争者：公平的竞争；增长速度；在产品、技术和服务上的创新。
- 对特殊利益集团：提供平等的就业机会；对城市建设的支持；对残疾人、儿童和妇女组织的贡献。

但是，在管理决策的过程中，各个与企业利害相关的团体的利益总是相互矛盾的，不可能有一个使每一方都满意的决策方案。因此，一个高层管理者应该知道哪些团体的利益是要特别重视的，并以此为指导进行管理决策。

复习思考题

1. 什么是企业的经营理念和经营哲学？两者有着怎样的关系？
2. 组织愿景指什么？
3. 什么是管理目标？如何设定科学的管理目标？管理目标有什么特征？
4. 如何理解企业的本质？
5. 如何理解企业的社会责任？
6. 企业的本质与社会责任之间有什么关系？

相关案例

本田宗一郎的经营哲学

在日本乃至世界，作为"本田主义"奠基人的本田宗一郎被称为神奇的企业家。1973年，本田与当时担任公司副总裁的藤泽武夫一起退休。本田从总裁的位置上退任，就任公司董事会最高顾问。1989年，因其卓越的革新业绩，本田宗一郎荣登汽车名人堂（Automotive Hall of Fame），成为第一位进入该殿堂的日本人。

综观本田宗一郎的经营哲学，其技术创新和经营理念一直遵循着某些原则和规定，并且渗透到企业的每个员工和每个角落，成为世人所知的本田管理模式。

"每个人的思想完全不同，正因为存在不同才有组合的价值。"

本田宗一郎擅长与性格完全不同的人一道工作，并以此作为自己的工作信念。他认为，同类型的人固然好相处，易交往，但是经营公司必须有各种类型的人才。

在经营本田技研工业株式会社（以下简称本田技研）的过程中，他与副总裁藤泽武夫的配合也体现了这一原则。本田和藤泽性格完全不同，他们之间分工明确，本田负责技术和产品，而销售和经营完全由藤泽负责。

在对待企业人才体系的问题上，本田认为，公司的经营不需要与他本人完全一样的人。为了实现更高的愿景，公司需要有各种个性和思想的人才。本田和藤泽的默契配合成为本田公司遵循这种思想的典范。藤泽向本田明确表示，"总裁管技术，我来管与资金相关的事情"，责任分工明确。而本田则表示，"我们两个都放手去干，一旦确定了思路就要行动""别的数据，不管是毫米还是百分比，我会牢记，但钱的事情我绝不插手"。公司的财务、销售等技术以外的部门全部由藤泽武夫决策。

"我与藤泽武夫等握有大权的人员列席董事会将会使公司陷入瓦解。"

1964 年，本田的全部董事聚集在当时的公司总部八重洲，设立了"董事办公室"，所有董事在同一个办公室办公。从这个举措开始，本田技研确定了由公司"两雄"（本田宗一郎与藤泽武夫）向集团指导制的思路转移。之后，藤泽武夫不再在公司露面，本田宗一郎也逐渐专注于技术研究所的工作，不再出现在公司总部。"从一开始，我就不想出席董事会，就是要我出席我也不去，因为一旦我出席大家就会依照我的意见行事。这是我不愿意看到的，因为这将是独裁的开始。振兴公司与公司的壮大发展是两码事。创业时期的人员并不一定要加入到公司未来发展企划的行列。"

"下一任总裁应该从没有任何怨言的人当中选出。"

对于公司总裁的物色，本田认为，应该挑选那些没有任何怨言的人。同时，为了保证权力确实能够交给有能力的人，企业领导人的亲属一律不得进入公司工作，包括本田宗一郎和藤泽武夫的亲属。不管是本田宗一郎还是藤泽武夫，虽然他们是公司的大股东，但是没有一个人让自己的子女进入公司工作。

"我们不问其来自哪里也不看他是何人种，只要是真正能为本田发挥作用的优秀人才，就可以做我们的总裁。"

"你们不是为了公司来牺牲的，而是为了享受自己的生活。"

在新职员的培训课上，本田宗一郎说过："你们不能是为了公司而来工作。也许你们是本着为公司工作的决心而来，这确实让人钦佩。但是为了自己才来工作是一个绝对条件，大家在拼命工作的同时，公司也不断向上和良性发展。但是如果仅仅是公司发展好了，却牺牲了自己，这种像过去军队的做法我是决不赞成的。"

第二代总裁河岛喜好对此谈了他的理解，本田宗一郎先生一直向公司新进员工强调："进入了本田技研，就必须为自己而工作。"他的意思是，"为自己工作"讲的是不要因为是为了自己而不好意思的工作方式，它是为了培养自己，从而也使公司能够良好发展。但是它不是指仅仅为了自己，而是包含了为同事和周边的人自己能够做点什么的想法，这是非常重要的。

"本田公司的发展壮大，不是靠我们自己的力量，而是靠我们的顾客才使得我们得以进步。"

本田认为："最了解产品价值和最后有资格对其做出评判的不是我们生产商，也不是经销商，而是那些在日常生活中使用和购买我们产品的消费者。消费者购买一个产品后感到满意的喜悦之情，是产品价值的荣誉之冠。我相信，我们公司产品的价值，不但存在于消费者对我们产品的宣传和赞美中，而且能够让购买我们产品的消费者感到满足和喜悦。"

"靠国家扶持来干好事业的成功先例是没有的。"

1961 年，随着日本贸易的自由化，由于通产省预测日本车不能与美国车匹敌，于是实施了推进《特定商业振兴法》的立法方针。它将日本汽车集中为三类：量产车组，包括丰田、日产、东洋工业（现在的马自达）；特殊车组，包括公爵、铃木和日野；小型车组，包括三菱、富士重工、大发。同时，对没有生产四轮汽车但希望新加入的本田公司不予认可。

本田宗一郎对此反应激烈："我们明确宣告，我们有独自的经营之道。政府希望我们合并，但我们不想这么做。作为被公司职员和股东任命的总裁，有权利也有义务让他们获得幸福。经营不是问道于政府，而是向大众寻求认同，这是一个基本常识。"

1963 年，《特定商业振兴法》最终被正式废除，本田公司实现了进军四轮汽车市场的愿望。

"要产生像孩提时代那样的奇想与行为原型一样的灵感，不是靠常识性的思维方式和行为。"

这个说法是本田宗一郎的基本思想。不仅仅依靠技术，而是要涉猎各个领域，要用这种思想来捕捉事物的本质。这种思想渗透到了本田公司的每个人脑中。

河岛喜好对此做出如下评论："不是将非常识的东西而是将不是常识的东西，进行非认真但不是不认真的考虑。当初，谁也不曾想到我们今天会有如此火爆的销售业绩。我们的价值观正在变得多元化和多样化。在这样的环境里，仅仅从企业或者技术的角度来判断其硬件的价值的话，是生产不出可以让人接受的产品的。一个最好的例证就是本田 ATC 和本田 CITY 的开发。"

"所谓常识，就是人们的一般想法。要对其加以怀疑，要敢于打破常识"，这种想法被本田宗一郎称为"创造性的破坏"。

"所谓谋求新技术、新理论的工作，99%是失败的。"

河岛喜好对失败的评价有如下看法："一个人的努力，不可避免会有失败，不能只认同成果。尤其是年轻人，失败是自然的事情，对于失败我们至少也得做出一点积极评价。换句话说，'此路不通'情况的出现和明确化，也可以被看作企业的一个成果。从形式上来看，只要在追求未知和理想的事物时做出了最大的努力，结果即便是失败而不是成功，对企业来说仍然是一件有意义的事情。"

而对于剩下的 1%的成功，本田宗一郎则认为："失败了谁都会反省，关键是成功了也要反省。这乍看起来似乎是一种反论，但是如果成功了多问几个为什么，多反省其中成功的原因的话，我们就能从一个成功走向更大的成功。如果忘记了反省，再大的成功也就会到此为止，这是我从过去的经验中所学到的一种信念。"

"不向自己的技术妥协，争吵归争吵，输了就要服输。"

有关汽车的引擎是应用空冷还是水冷的问题，久米（第三代总裁）等年轻技术者们与本田宗一郎因出现分歧而导致了在技术方面的激烈争论。由于本田宗一郎本人是空冷方面的专家，他不支持久米等年轻专家使用水冷技术。在陷入胶着的对立状态时，藤泽武夫介入调解。关于此事西田（原公司副总裁和公司顾问）有如下一说：一旦涉及技术方面，本田宗一郎就忘记了自己总裁的身份，会作为一名技术人员与人争论，因为他本人就是技术室的一名成员。但无论如何，毕竟他是总裁，即便本田宗一郎认为大家是平等的，年轻的技术人员最终会无奈地选择妥协。这个时候藤泽武夫对于技术上谁好谁坏没有妄加评论，但是他向本田宗一郎进言，"您是选择当总裁还是技师长？如果您选择当总裁的话，那就听一听年轻人的话如何？"最后的结果是，久米等人的水冷技术获得认同，本田车在选择了水冷的同时，也获得了技术上的长进。在看到水冷式的优点后，本田发出了"今后是年轻人的时代了"的感叹，从而决心退役。

"如果我们只是那种给周边地域带来麻烦的产品制造商，那就应该马上停业。"

本田宗一郎在日本铃鹿建设工厂时，一直贯彻一种方针，就是非常重视当地人对他们的反应，确认当地民众对他们是否感到满意。在海外开展业务时亦是如此，要考虑对象国的民众是否接受他们。在人才招聘中，本田公司就采取了如采用当地的人才、让当地优秀的人才担任高层职务等措施。同时，在开拓海外市场时，和在国内一样，在充分理解当地人们的感受的基础上来建立其海外基地。本田宗一郎不局限于国内，而是立足国际性的视野，就是在海外也不忘照顾周边近邻的感受。

这种经营态势，在第二代总裁河岛喜好身上得到继承。"随意地，不断在某个地域集中、激增出口时，就会出现抢夺对方国人们饭碗的情况，就会与对方国的企业发生冲突，这样就会引起对方国的社会混乱，这种事情是绝对不能做的。"

资料来源　刘永辉，伊波美智子. 本田宗一郎的经营哲学［J］. 企业管理，2010（4）.

案例讨论：

1.请查阅本田公司的基本情况，了解该公司。

2.本田宗一郎的经营哲学是怎样确立的？

3.本田宗一郎的经营哲学对管理目标的实现有哪些促进作用？

4.本田宗一郎的经营哲学体现了哪些社会责任？

第4章相关案例分析提示

阅读参考

1.林新奇. 绩效考核与绩效管理 ［M］. 北京：清华大学出版社，2015.

2.林新奇，蒋瑞. 企业家社会资本如何促进企业发展——基于中国情境下的研究 ［J］. 中国人力资源开发，2012（12）.

3.林新奇. 法制化加速规范化 ［J］. 管理@人，2008（3）.

4.LANGELER G H. The vision trap ［J］. Harvard Business Review，1992，70（2）：46-55.

战略决策与规划计划

📖 **学习目标**

- ✓ 熟练掌握战略的相关概念
- ✓ 熟练运用内外部环境分析方法
- ✓ 熟练运用 SWOT 分析进行战略决策
- ✓ 掌握战略规划的基本内容
- ✓ 理解战略规划的步骤
- ✓ 熟练掌握从规划到计划的具体化内容
- ✓ 了解相关计划书的设计与编写方法和原则

企业战略已经成为决定企业竞争成败的关键与核心问题之一。战略目标的实现要依托战略规划和计划。为适应当前所处的环境，实现企业的可持续发展，怎么制定战略、制定什么战略、战略规划怎么实施等一系列问题摆在企业决策者的面前。本章主要从"环境、目标与战略""SWOT分析与战略决策""决策的基本内容与步骤""战略规划的基本内容""战略规划的基本步骤""从规划到计划的具体化""相关计划书的设计与编写"七个方面对以上问题进行解答。

| 5.1 | 环境、目标与战略

5.1.1 战略与战略管理

企业战略是企业在激烈竞争的市场环境中，在总结历史经验、调查现状、预测未来的基础上，为谋求生存和发展而做出的长远性、全局性的谋划。战略管理是企业为实现战略目标制定战略决策、实施战略方案、控制战略绩效的一个动态管理过程。

在战略理论的发展过程中，许多管理学家和战略管理学家从不同的角度来认识战略，他们的观点主要有以下几点：

（1）阿尔弗雷德·钱德勒（Alfred Chandler）的观点（1962年）。钱德勒认为，企业战略是企业的长远经营决策。其内容包括企业的长远发展目标、基本目的、为达到基本目的而制定的方针以及为实现基本目的而进行的资源配置。

（2）安东尼（R. N. Anthony）的观点（1965年）。安东尼是从经营计划体系的角度来理解企业战略的。他把企业的计划分为经营计划、管理计划和业务计划三个层次，认为企业经营战略就是内部控制中的经营计划，即战略性计划。它包括决定或变更企业的经营目的、决定达到企业目的所必需的各种资源，以及获得、使用这些资源时应遵循的方针。

（3）伊戈尔·安索夫（Igor Ansoff）的观点（1965年）。安索夫把企业战略定义为：企业为了适应外部环境，对目前从事或将来要从事的经营活动所进行的决策。其内容由如下四项要素构成：产品市场范围；成长方向（市场渗透、市场开发、产品开发、多角化）；竞争优势；协同效应。

（4）赫发·苏恩德尔（Hofa Schendel）的观点（1978年）。苏恩德尔认为，战略是企业资源、技术与企业所面临的环境、社会、风险以及企业目的之间取得平衡的过程。他还把企业战略划分为总体战略、经营领域战略和职能战略三个层次。

迈克尔·波特是全世界竞争战略领域的权威，他提出了决定产业竞争的五种作用力、三种基本的竞争战略、分析竞争对手的四种要素等具有深远影响的见解，但是我们并未找到他关于战略的定义。

战略的本义是对战争全局的谋划和指导。企业经营战略是把战略的思想和理论应用到企业管理当中，指企业为了适应未来环境的变化，寻求长期生存和稳定发展而制订的总体性和长远性的规划。经营战略具有以下特征：

（1）全局性，指以企业全局为研究对象，来确定企业的总体目标，规定企业的总体行动，追求企业的总体效果。

（2）长远性，指企业战略的着眼点是企业的未来而不是现在，是为了谋求企业的长远利益而不是眼前利益。

（3）纲领性，指经营战略所确定的战略目标和发展方向是一种原则性和总体性的规定，是对企业未来的一种粗线条设计，是对企业未来成败的总体谋划，而不是纠缠于现实的细枝末节。

（4）抗争性，指企业在竞争中为战胜竞争对手、迎接环境的挑战而制订的一整套行动方案。

（5）风险性。战略考虑的是企业的未来，而未来具有不确定性，因而战略必然具有风险性。

战略管理的基本思路是什么呢？我们认为：企业高层管理人员要根据企业的使命和目标，分析企业经营的外部环境，确定存在的经营机会和威胁，评估自身的内部条件，认清企业经营的优势和劣势。在此基础上，企业要制订用以完成使命、达到目标的战略计划。根据战略计划的要求，管理人员应配置企业资源，调整企业结构和分配管理工作，并通过计划、预算和进程等形式实施既定的战略。在执行战略的过程中，企业管理人员还要对战略的实施成果和效益进行评价，同时，将战略实施中的各种信息及时反馈到战略管理系统中来，确保对企业整体经营活动的有效控制，并且根据变化的情况修订原有的战略，或者制定新的战略，开始新的战略管理过程。也就是说，战略管理是一个循环复始、不断发展的系统过程。

在战略制定的最早阶段，企业的管理者需要解决以下问题：企业的战略展望是什么？企业将趋向何方？企业竭尽全力所要进入的事业是什么？企业未来的业务组合是什么？对企业长期发展方向做出谨慎的考虑，并找出周全、缜密的结论，将推动企业的管理者认真的研究分析企业目前的业务，对企业在今后五年或十年之中是否需要变革或怎样变革有一个更加清晰的认识。企业管理层对下列问题的观点实际上就规划出了企业追求的路线、建立组织的目的、确立的组织形象：我们计划去往何方——我们要进入的业务是什么？什么样的顾客需要我们来满足他们的需求？我们将建立什么样的能力？

当前寻求为其顾客所做的一切通常被称作企业的业务使命。使命宣言往往有利于清晰地表达企业现在所做的业务以及企业竭尽全力要满足的顾客的需求。但是，仅仅清晰地表达企业当前的业务，既没有对企业的未来做出必要的说明，也没有阐述企业未来必要的变革和长期发展方向。实际上，还有一个更加重要和必须完成的管理任务，即解决以下问题：明天，企业为了满足顾客的需求必须做些什么？为了企业未来的成长和繁荣，企业的业务组合是否需要演进？如何演进？因此，管理者必须跳出现有业务使命的范围，战略性地思考新技术的演进将如何影响企业的业务范围、多变的客户需求和期望、新市场和竞争环境的出现，等等。他们必须做出一些基本的决策，决定企业的经营方向，提出战略展望，确立企业必须进入的事业。换句话来说，企业管理者不仅要有对企业现有业务使命的设想，还要加上对企业未来业务的组成、产品线和顾客群的设想。企业的业务环境变化越快，企业局限于业务现状就有可能成为灾难的征兆，企业管理层就越有必要考虑企业应该在未来执行什么样的战略路线以适应变化的外部环境和新出现的市场机会。

在未来，企业要竭尽全力成为一个什么类型的企业？企业究竟要占领什么样的市场位置？企业管理层对这两个问题的回答实际上构成了企业的战略展望。如果企业的业务使命（或使命宣言）不但清晰地表述了现在的业务，而且阐明了企业前进的方向和企业未来的业务范围，那么企业的业务使命和企业的战略展望就合二为一了。

在实践中，企业的使命宣言较多涉及"我们现在的业务是什么"，而较少涉及"我们往后的业务是什么"，因此战略展望和使命宣言之间在概念上的区别是显而易见的。提出企业未来的战略展望是企业有效的战略领导的前提条件。企业前进的方向是什么？企业的业务组合需要做哪些变动？为满足未来顾客的需求和在竞争中取得成功，企业需要建立哪些能力？如果对这些问题没有一个合理的结论，企业的管理者在领导企业和制定战略方向方面就不可能获得成功；如果对这些问题有了清晰明了、缜密周全的战略展望，企业的管理者就有了一个真正能指导企业决策的灯塔，就有了一个前进的航线和制定企业战略和经营政策的基础。

5.1.2　战略目标

战略目标是对企业战略经营活动将取得的主要成果的期望值。战略目标的设定，同时也是企业宗旨的展开和具体化，是对企业宗旨中确认的企业经营目的、社会使命的进一步阐明和界定，也是对企业在既定的战略经营领域展开战略经营活动所要达到的水平的具体规定。

战略目标与企业其他目标相比，具有以下一些特点：

（1）宏观性。战略目标是一种宏观目标。它是对企业全局的一种总体设想，它的着眼点是整体而不是局部。它是从宏观角度对企业未来的一种较为理想的设定。它所提出的，是企业整体发展的总任务和总要求。它所规定的，是企业整体发展的根本方向。因此，企业提出的战略目标总是高度概括的。

（2）长期性。战略目标是一种长期目标，它的着眼点是未来和长远。战略目标是关于未来的设想，它所设定的，是企业职工通过自己的长期努力奋斗而达到的对现实的一种根本性的改造。战略目标所规定的，是一种长期的发展方向，它所提出的，是一种长期的任务，它绝不是一蹴而就的，企业职工要付出相当大的努力才能够实现。

（3）相对稳定性。既然战略目标是一种长期目标，那么它在规定的时间内应该是相对稳定的。既然战略目标是总方向、总任务，那么它就应该是相对不变的。这样，企业职工的行动才会有一个明确的方向，大家对目标的实现才会树立起坚定的信念。当然，强调战略目标的稳定性并不排斥根据客观需要和情况的发展而对战略目标做必要的修正。

（4）全面性。战略目标是一种整体性要求。它虽着眼于未来，但没有抛弃现在；它虽着眼于全局，但又不排斥局部。科学的战略目标是对现实利益与长远利益、局部利益与整体利益的综合反映。科学的战略目标虽然是概括性的，但它对人们行动的要求又总是全面的，甚至是相当具体的。

（5）可分性。战略目标具有宏观性、全面性的特点，作为一种总目标、总任务和总要求，总是可以分解成某些具体目标、具体任务和具体要求。这种分解既可以在空间上把总目标分解成一个方面又一个方面的具体目标和具体任务，又可以在时间上把长期目标分解成一个阶段又一个阶段的具体目标和具体任务。人们只有把战略目标分解，才能使其成为可操作的东西。可以这样说，战略目标因为是可分的，所以才是可实现的。

（6）可接受性。企业战略的实施和评价主要是通过企业内部人员和外部公众来实现的，因此，战略目标必须被他们理解并符合他们的利益。但是，不同的利益集团有着不同的甚至是相互冲突的目标，因此企业在制定战略时一定要注意协调。一般，能反映企业使命和功能的战略易于为企业成员所接受。另外，企业的战略表述必须明确，有实际的含义，不至于产生误解。易于被企业成员理解的目标也易于被他们接受。

（7）可检验性。为了对企业管理的活动进行准确的衡量，战略目标应该是具体的和可以检验的。目标必须明确，具体地说明将在合适达到何种结果。目标的定量化是使目标具有可检验性的最有效的方法。但是，有许多目标难以定量化，时间跨度越长、战略层次越高的目标越具有模糊性。此时，应当用定性化的术语来表述其达到的程度，一方面明确战略目标实现的时间，另一方面详细说明工作的特点。

（8）可挑战性。目标本身是一种激励力量，特别是当企业目标充分体现了企业成员的共同利益，使战略大目标和个人小目标很好地结合在一起的时候，就会极大地激发组织成员的工作热情和献身精神。

战略目标可能不止一个，而是由若干目标项目组成的一个战略目标体系。从纵向上看，企业的战略目标体系可以分解成一个树形图，如图5-1所示。

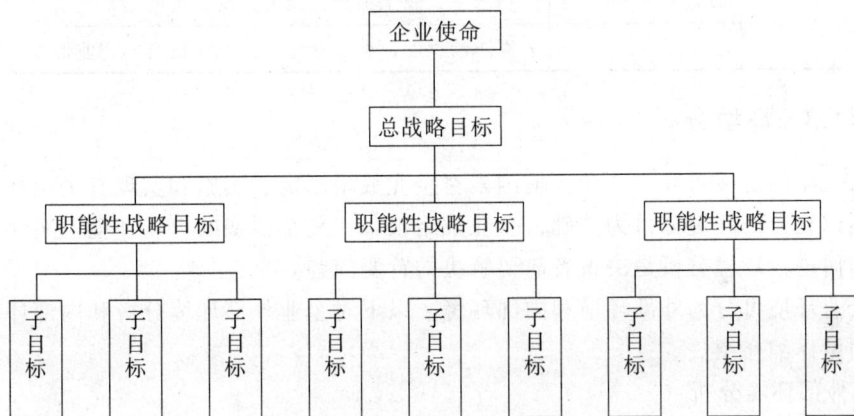

图5-1　企业战略目标体系树形图

从图5-1中可以看出，在企业使命和企业宗旨的基础上制定企业的总战略，为了保证总目标的实现，必须将其层层分解，规定保证性的职能战略目标。也就是说，总战略目标是企业的主体目标，职能性战略目标是保证性的目标。

从横向上看，企业的战略目标大致可以分成两类：第一类是满足企业生存和发展需要的目标项目。这些目标又可以分解成业绩目标和能力目标两类。业绩目标主要包括收益性指标、成长性指标和安全性指标等三类定量指标。能力目标主要包括企业综合能力指标、研究开发能力指标、生产制造能力指标、市场营销能力指标、人事组织能力指标和财务管理能力指标等一些定性和定量指标。第二类是满足与企业有利益关系的各个社会群体要求的目标。与企业有利益关系的社会群体主要有顾客、企业职工、股东、所在社区及其他社会群体。企业战略目标类别具体见表5-1。

表 5-1 企业战略目标类别

分类	目标项目	目标项目构成
业绩目标	收益性	资本利润率，销售利润率，资本周转率
	成长性	销售额增长率，市场占有率，利润增长率
	稳定性	自有资本比率，附加价值增长率，盈亏平衡点
能力目标	综合能力	战略决策能力，集团组织能力，企业文化，品牌，商标
	研究开发能力	新产品比率，技术创新能力，专利数量
	生产制造能力	生产能力，质量水平，合同执行率，成本降低率
	市场营销能力	推销能力，市场开发能力，服务水平
	人事组织能力	职工安定率，职务安排合理性，直接间接人员比率
	财务管理能力	资金筹集能力，资金运用效率
社会贡献目标	顾客	提高产品质量，降低产品价格，改善服务水平
	股东	分红率，股票价格，股票收益性
	职工	工资水平，职工福利，能力开发，士气
	社区	公害防治程度，利益返还率，就业机会，企业形象

5.1.3 环境分析

从战略的定义可知，企业环境因素对企业战略制定、实施和实现有决定性的影响。不以充分的环境分析为基础，企业战略很难在复杂多变的市场环境下实现。因此，如何进行环境分析是决策者需要解决的首要问题。

企业环境可分为外部环境和内部环境。以下对企业外部环境分析和内部环境分析分别做详细介绍。

1. 外部环境分析

（1）PEST 模型

①政治法律环境（political）。政治法律环境是指一个国家或地区的政治制度、体制、方针政策、法律法规等方面。这些因素常常制约、影响企业的经营行为，尤其是影响企业较长期的投资行为。

政治环境对企业的影响特点是：

第一，直接性，即国家政治环境直接影响企业的经营状况。

第二，难于预测性。对于企业来说，很难预测国家政治环境的变化趋势。

第三，不可逆转性。政治环境因素一旦影响到企业，就会使企业发生十分迅速和明显的变化，而这一变化是企业驾驭不了的。

政治环境分析主要分析国内的政治环境和国际的政治环境。国内的政治环境包括以下一些要素：政治制度；政党和政党制度；政治性团体；党和国家的方针政策；政治气氛。国际政治环境主要包括：国际政治局势；国际关系；目标国的国内政治环境。

法律环境分析主要分析的因素有：一是法律规范，特别是和企业经营密切相关的经济法律法规，如《中华人民共和国公司法》《中华人民共和国中外合资经营企业法》《中华人民共和国合同法》《中华人民共和国专利法》《中华人民共和国商标法》《中华人民共和国税法》《中华人民共和国企业破产法》等。二是国家司法执法机关。在我国主要有法院、检察院、公安机关以及各种行政执法机关。与企业关系较为密切的行政执法机关有工商行政管理机关、税务机关、物价机关、计量管理机关、技术质量管理机关、专利机关、环境保护管理机关、政府审计机关等。此外，还有一些临时性的行政执法机关，如各级政府的财政、税收、物价检查组织等。三是企业的法律意识。企业的法律意识是法律观、法律感和法律思想的总称，是企业对法律制度的认识和评价。企业的法律意识最终都会物化为一定性质的法律行为，并造成一定的行为后果，从而构成每个企业不得不面对的法律环境。四是国际法所规定的国际法律环境和目标国的国内法律环境。

②经济环境（economy）。经济环境是指构成企业生存和发展的社会经济状况和国家经济政策。社会经济状况包括经济要素的性质、水平、结构、变动趋势等多方面的内容，涉及国家、社会、市场及自然等多个领域。国家经济政策是国家履行经济管理职能，调控国家宏观经济水平、结构，实施国家经济发展战略的指导方针，对企业经济环境有着重要的影响。

企业的经济环境主要由社会经济结构、经济发展水平、经济体制和宏观经济政策等四个要素构成。

社会经济结构指国民经济中不同的经济成分、不同的产业部门以及社会再生产各个方面在组成国民经济整体时相互的适应性、量的比例及排列关联的状况。社会经济结构主要包括五方面的内容，即产业结构、分配结构、交换结构、消费结构、技术结构，其中最重要的是产业结构。

经济发展水平是指一个国家经济发展的规模、速度和所达到的水准。反映一个国家经济发展水平的常用指标有国内生产总值、国民收入、人均国民收入、经济发展速度、经济增长速度。

经济体制是指国家经济组织的形式。经济体制规定了国家与企业、企业与企业、企业与各经济部门的关系，并通过一定的管理手段和方法调控或影响社会经济流动的范围、内容和方式等。

宏观经济政策是指国家、政党制定的在一定时期内实现国家经济发展目标的战略与策略，它包括综合性的全国经济发展战略和产业政策、国民收入分配政策、价格政策、物资流通政策、金融货币政策、劳动工资政策、对外贸易政策等。

因此，企业的经济环境分析就是要对以上的各个要素进行分析，运用各种指标准确地分析宏观经济环境对企业的影响，从而制定出正确的企业经营战略。

③社会文化环境（society）。社会文化环境包括一个国家或地区的社会性质、人们共享的价值观、人口状况、教育程度、风俗习惯、宗教信仰等各个方面。从影响企业战略制定的角度来看，社会文化环境可分解为人口、文化两个方面。

人口因素对企业战略的制定有重大影响。例如：人口总数直接影响社会生产总规模；人口的地理分布影响企业的厂址选择；人口的性别比例和年龄结构在一定程度上决定社会需求结构，进而影响社会供给结构和企业生产；人口的教育文化水平直接影响企业的人力资源状况；家庭户数及其结构的变化与耐用消费品的需求和变化趋势密切相关，因而也就影响到耐用消费品的生产规模等。对人口因素的分析可以使用以下一些变量：离婚率，出生和死亡率，人口的平均寿命，人口的年龄和地区分布，人口在民族和性别上的比例变化，人口和地区在教育水平和生活方式上的差异等。

文化环境对企业的影响是间接的、潜在的和持久的。文化的基本要素包括哲学、宗教、语言与文字、文学艺术等，它们共同构成文化系统，对企业文化有重大的影响。企业对文化环境的分析过程是企业文化建设的一个重要步骤。企业对文化环境分析的目的是把社会文化内化为企业的内部文化，使企业的一切生产经营活动都符合文化环境的价值检验。

④科技环境（technology）。企业的科技环境指的是企业所处的社会环境中的科技要素及与该要素直接相关的各种社会现象的集合。粗略地划分企业的科技环境，它大体包括四个基本要素：社会科技水平，社会科技力量，国家科技体制，国家科技政策和科技立法。

社会科技水平是构成科技环境的首要因素，它包括科技研究的领域、科技研究成果门类分布及先进程度和科技成果的推广与应用三个方面。

社会科技力量是指一个国家或地区的科技研究与开发的实力。

科技体制是指一个国家社会科技系统的结构、运行方式及其与国民经济其他部门的关系状态的总称，主要包括科技事业与科技人员的社会地位、科技机构的设置原则与运行方式、科技管理制度、科技推广渠道等。

国家的科技政策和科技立法指的是国家凭借行政权力与立法权力，对科技事业履行管理、指导职能的途径。

如今，变革性的技术正对企业的经营活动产生巨大的影响。企业要密切关注与本企业的产品有关的科学技术的现有水平、发展趋势及发展速度。对于新的硬技术，如新材料、新工艺、新设备，企业必须随时跟踪掌握；对于新的软技术，如现代管理思想、管理方法、管理技术等，企业要特别重视。

（2）波特竞争环境五力模型

波特竞争环境五力模型是由美国哈佛大学教授迈克尔·波特在1980年提出的，如图5-2所示。

①现有竞争对手的威胁。它取决于竞争对手的数量与实力、市场的发展程度、固定成本的高低、产品之间的差异以及退出壁垒等。

②潜在竞争对手的威胁。它取决于：

• 规模经济，指随着组织规模的扩大而使单位产品成本降低、收益增加的经济现象。

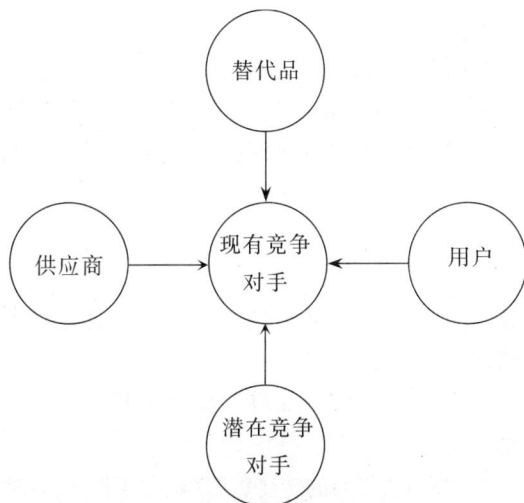

图5-2 波特竞争环境五力模型

• 原始资本需求壁垒。进入者要打入新的产业，必须垫付一定资本。

• 产品差异性壁垒。产品差异表明产业内现有的企业在产品质量、产品性能、品牌信誉等方面已经树立了良好的形象。这些差异是由于组织在广告、用户服务、产品研究和开发、专业技术人员与设备等方面的差异，或者由于组织具有悠久历史才形成的。进入者要获得这种殊荣，必须在上述方面投资，如果进入失败，这些投资是收不回来的。

• 相对费用壁垒。许多工业企业需要有特殊的原材料、专门人员和熟练工人以及高级管理人员，因而会发生较多的交易费用，并花费大量的培训费用。

• 国家提高行政手段或以法规的形式限制进入特定产业，从而形成行政法规壁垒。

另外，销售渠道的可获得性、学习曲线等因素也影响潜在竞争对手的威胁程度。

③用户的议价能力。它取决于：

• 用户的集中程度。如大多数工业的产品用户少而集中，他们购买量大，对企业施加的压力较大；而零售业的产品用户多而分散，从单一购买行为和购买数量看，对企业施加的压力较小。

• 用户从本产业购买产品的标准化程度。

• 转变费用。转变费用是指用户从向一个企业购买转为向另一个企业购买时需支付的费用。转变费用越大，用户对产品挑选的余地就越小，施加的压力也越小。

• 用户掌握的信息。用户对产品的质量、价格、售后服务等方面了解的信息越多，其选择余地就越大，对企业形成的竞争压力也就越大。

④供应商的议价能力。如果供应商比较集中，并且从原来的供应商转向新的供应商所涉及的成本比较高，供应商的砍价能力一般比较强。

⑤替代品的威胁。从广义上讲，一个产业中的所有企业都在与生产可替代品的其他产业进行竞争。替代品限制了某产业的潜在效益，而产业中的企业能够获利的价格上限受到了一定限制。替代品指和本产业产品起相同作用的那些产品。产品替代有直接产品替代、间接产品替代（能起到相同作用）两种表现形式。替代品的威胁取决于：

- 能替代的程度。
- 价格比。
- 替代品的赢利能力。从一般意义上说，若替代品具有较大的赢利能力，则会对本产业原有产品形成较大压力。
- 生产替代品的企业所采取的经营战略。如果这些企业采取迅速增长的发展战略，则构成对本产业的威胁。
- 用户转变费用。用户改用替代品的转变费用越小，则替代品对本产业的压力越大。

2.内部环境分析

企业内部环境分析的主要内容包括企业资源能力分析、生产能力分析、营销能力分析和科研与开发能力分析四个方面。

（1）企业资源能力分析

企业资源供应能力的强弱将影响企业的发展方向、速度甚至企业的生存。企业获取资源的能力，直接决定着企业战略的制定和实施。企业资源供应能力包括从外部获取资源的能力和从内部积蓄资源的能力。

企业从外部获取资源的能力取决于以下一些要素：

①企业所处的地理位置；

②企业与资源供应者（包括金融、科研和情报机构）的契约关系；

③资源供应者与企业讨价还价的能力；

④资源供应者前向一体化趋势；

⑤企业供应部门人员素质和效率。

企业内部积蓄资源的能力涉及企业整体能力和绩效，但内部资源的配置和利用是最基本、最主要的。企业内部资源包括有形资源和无形资源，它们形成企业的经营结构。企业经营结构必须保证在竞争市场上形成战略优势。

分析企业内部资源的蓄积能力可以从以下几个方面入手：

①投入产出比率分析（包括各经营领域）

②净现金流量分析；

③规模增长分析；

④企业后向一体化的能力和必要性分析；

⑤商标、专利、商誉分析；

⑥职工的忠诚度分析。

（2）生产能力分析

生产是企业进行资源转换的中心环节，它必须在数量、质量、成本和时间等方面符合要求的条件下形成有竞争性的生产能力。有学者认为生产能力的构成要素包括以下几个方面：

①加工工艺和流程。加工工艺和流程的决策主要涉及整个生产系统的设计。这种决策的具体内容包括：工艺技术的选择，工厂的设计，生产工艺流程的分析，工厂的选择，生产能力和工艺的综合配套、生产控制和运输的安排。

②生产能力。生产能力的决策主要涉及企业最佳生产能力的确定。这种决策包括产量预测、生产设施和设备的计划、生产日程的安排。

③库存。库存决策要确定原材料、在制品和产成品的合理水平，具体的内容包括订货的品种、时间、数量以及原材料的存放。

④劳动力。劳动力的决策主要涉及工作的设计、绩效测定、工作的丰富化、工作标准和激励方法等内容。

⑤质量。质量决策是要确保企业生产和提供高质量的产品和服务，具体内容包括质量控制、样品、质量监测、质量保证和成本控制。

以上五个方面的因素可以决定企业的成败，因此企业生产系统的设计和管理必须与企业的战略相适应。

（3）营销能力分析

从战略角度进行的营销能力分析主要包括三方面的内容：一是市场定位的能力；二是营销组合的有效性；三是管理能力。

市场定位的能力直接表现为企业市场定位的准确性。它又取决于企业以下四个方面的能力：

①市场调查和研究的能力；

②把握市场细分标准的能力；

③评价和确定目标市场的能力；

④占据和保持市场位置的能力。

企业战略管理者和市场营销人员可以根据构成这些能力的因素及自身的经验来评价企业在这些方面的长处和短处。

（4）科研与开发能力分析

科研与开发能力是企业的一项十分重要的能力。企业科研与开发能力分析主要包括以下几个方面：

①企业科研成果与开发成果分析。企业已有的科研与开发成果是其能力的具体体现。如技术改造、新技术、新产品、专利及其商品化的程度，给企业带来的经济效益等。

②科研与开发组合分析。企业的科研与开发在科学技术水平方面有四个层次：科学发现、新产品开发、老产品改进、设备工艺和技术改造。一个企业的科研与开发水平处于哪个层次或哪个层次的组合，决定着企业在科研、开发方面的长处和短处，也决定着企业开发的方向。一个好的科研或开发部门，应该能够根据企业战略的要求和实力决定选择哪一个或哪几个层次的有效组合。

③科研与开发能力分析。企业科技队伍的现状和变化趋势从根本上决定着企业

的科研与开发能力和水平。分析科研队伍的现状和趋势就是要了解他们是否有能力根据企业的发展需要开发和研制新产品，是否有能力改进生产设备的生产工艺。如果没有这样的人员，是否能在短期内找到这样的人才；否则企业就要考虑和高等院校或科研单位合作，以解决技术开发和技术改造的问题。

④科研经费分析。企业的科研设施、科研人才和科研活动要有足够的科研经费予以支持，因而应根据企业的财务实力做出预算。预算科研经费的方法一般有三种：按照总销售收入的百分比；根据竞争对手的状况来制定；根据实际需要来确定。

|5.2| SWOT分析与战略决策

SWOT分析的主要目的在于对企业的综合情况进行客观公正的评价，以识别各种优势、劣势、机会和威胁因素，有利于开拓思路，正确地进行战略决策。SWOT分析是把企业内外环境所形成的机会（opportunities）、威胁（threats）、优势（strengths）、劣势（weaknesses）四个方面的情况结合起来进行分析，以寻找制定适应合本企业实际情况的经营战略和策略的方法。表5-2列出的是在SWOT分析中一般需要考虑的因素。

表5-2 SWOT分析内容框架

	潜在外部威胁（T）	潜在外部机会（O）
外部环境	市场增长较慢 竞争压力增大 不利的政府政策 新的竞争者进入行业 替代产品销售额正在逐步上升 用户讨价还价能力增强 用户需要与爱好逐步转变 通货膨胀递增及其他	纵向一体化 市场增长迅速 可以增加互补产品 能争取到新的用户群 有进入新市场或市场面的可能 有能力进入更好的企业集团 在同行业中竞争业绩优良 扩展产品线满足用户需要及其他
	潜在内部优势（S）	潜在内部劣势（W）
内部条件	技术产权 成本优势 竞争优势 特殊能力 产品创新 具有规模经济 良好的财务资源 高素质的管理人员 公认的行业领先者 买主的良好印象 适应力强的经营战略 其他	竞争劣势 设备老化 战略方向不同 竞争地位恶化 产品线范围太窄 技术开发滞后 营销水平低于同行业其他企业 管理不善 战略实施的历史记录不佳 不明原因导致的利润率下降 资金拮据 相对于竞争对手的高成本及其他

SWOT分析作为战略决策的重要方法，提供了四种战略，即SO战略、WO战略、ST战略和WT战略，见表5-3。

表5-3　　　　　　　　　　　　SWOT整合分析模型

	内部优势（S） 1.…… 2.…… 3.……	内部劣势（W） 1.…… 2.…… 3.……
外部机会(O) 1.…… 2.…… 3.……	SO 战略 依靠内部优势 利用外部机会	WO 战略 利用外部机会 克服内部劣势
外部威胁(T) 1.…… 2.…… 3.……	ST 战略 依靠内部优势 回避外部威胁	WT 战略 减少内部劣势 回避外部威胁

SO战略就是依靠内部优势去抓住外部机会的战略。如一个资源雄厚（内在优势）的企业发现某一国际市场未曾饱和（外在机会），那么它就应该采取SO战略去开拓这一国际市场。

WO战略是利用外部机会来改进内部劣势的战略。如一个面对计算机服务需求增长的企业（外在机会）十分缺乏技术专家（内在劣势），那么就应该采用WO战略，培养或招聘技术专家，或购入一个专业的计算机公司。

ST战略就是利用企业的优势避免或减轻外部威胁的打击的战略。如一个企业的销售渠道（内在优势）很多，但是由于各种限制它无法经营其他商品（外在威胁），那么就应该采取ST战略，走集中型、多样化的道路。

WT战略就是直接克服内部劣势和避免外部威胁的战略。如一个商品质量差（内在劣势）、供应渠道不可靠（外在威胁）的企业应该采取WT战略，强化企业管理，提高产品质量，稳定供应渠道，或走联合、合并之路以谋求生存和发展。

SWOT方法的基本点就是，企业战略的制定必须使其内部条件（优势和劣势）与外部环境（机会和威胁）相适应，以获取经营的成功。

| 5.3 | 决策的基本内容与步骤

5.3.1　决策概念和分类

1.决策的概念

决策是指为实现一定的目标，在多个备选方案中选择一个最适合的方案的过程。人们无论在生活还是在工作中，无时无刻不在做着各种各样的决策，比如：去参加同学聚会穿什么衣服，怎么去，如何表现；早晨上班选择什么交通工作，带哪些东西出门，等等。

西蒙认为"管理就是决策"，决策贯穿于管理的整个过程中，任何管理活动均在决策后才能开展。比如，组织战略的制定就是决策的过程，组织高层管理者在综合分析内外部环境的基础上，根据企业的愿景和使命，从众多的战略方向中选择最适合该企业发展的战略。在人力资源管理活动中，人力资源经理选择什么样的人力资源战略为企业战略作支撑，怎样制订人力资源规划，在面试中如何选拔人才，如何进行绩效考核和奖金分配等均是决策的过程。

组织就是由作为决策者的人所组成的系统。一个组织的任何一个成员的第一个决策是参加或者不参加这个组织。在他做这个决策的过程中，他就要对他为组织所做的贡献（劳动或资本）和从组织得到的诱因进行比较，如果诱因大于贡献，他就参加。组织的成员在做出参加该组织的决策以后，还要做出其他种种决策。在一个人参加组织以后，他的个人目标就逐渐退居第二位而从属于组织的目标。组织把其成员的某些决策权接收过来而代之以组织的决策。西蒙认为这是必要的，因为任何孤立个人的决策都不可能达到高度的客观合理性。于是，决策就成为组织中许多集团所参与的结果，成为一种"混合的"决策。所以，要了解一个组织的结构和职能，就必须分析其成员的决策和行为及其受组织的影响，必须研究影响人群行为的复杂的决策网状结构。

组织的全部管理活动都是集团活动，其中心过程就是决策。制订计划以及在两个以上的备择计划中选择一个，都是决策。组织的设计、部门化方式的选择、决策权限的分配等是组织上的决策问题，实际成绩同计划的比较、控制手段的选择等是控制上的决策问题。所以，决策是贯彻于管理的各个方面和全过程的，管理就是决策[①]。

2.决策要素

决策主要包括决策者、决策问题、决策方案和决策效果四个要素。

（1）决策者

决策是由决策者实施的，组织的任何成员都扮演着决策的角色。高层管理者要对组织的发展愿景和战略进行决策，中层管理者要对部门的工作目标进行决策，基层管理者要对怎样指导员工开展工作进行决策，普通职工要对采用哪种工作方法能较好地解决实际问题进行决策。因此，决策是组织全员的决策。

决策者的人格特点、经验、偏好以及在组织中的职位均影响决策的过程。

首先，人格特点对决策的影响。不同的人格特点对决策过程有显著的影响。Zaccaro等人研究发现，MBTI人格模型维度中外倾（E）/内倾（I）、思维（T）/情感（F）、判断（J）/感知（P）三个维度与结构化问题和非结构化问题的解决相关，其中EI维度与结构化问题的解决有弱的正相关关系，TF和JP维度与结构化问

---

① 孙耀君. 决策理论学派［J］. 经济管理，1980（12）.

题的解决和非结构化问题的解决都有弱的负相关关系[①]。So 和 Smith 认为：外倾（E）型管理者喜欢从外部收集信息，而内倾（I）型管理者则喜欢从内部收集信息；感觉（S）型管理者喜欢收集较多的信息，而直觉（N）型管理者更愿意用直觉的信息；直觉（N）型和情感（F）型管理者偏好图形信息[②]。

其次，经验对决策的影响。在某方面有丰富经验的管理者在针对同样的问题进行决策时，往往表现出更强的主观主义，以自我为中心，很少征求下属的意见，但其决策效果往往较好，因为他们认为过去成功的经验是可取的，针对同样的问题，根据实际情况稍做调整就能适用。而缺乏经验的管理者在决策时更倾向于征求下属及曾解决过相关问题的人的意见，因为在此方面经验的缺乏驱动着决策者收集更多信息，获得尽可能多的建设性意见。此种方法因在决策中表现得更加理性同样能获得良好的决策效果。

再次，偏好对决策的影响。在这里"偏好"主要指对待风险的偏好。根据人们对风险的态度不同可以将其分为风险爱好者、风险中立者和风险规避者三类。风险爱好者认为风险和收益成正比，在某种情况下，风险越大其收益越高。比如在股票市场中，我们经常听到"股市有风险，投资须谨慎"，但风险爱好者在做投资决策时，往往选择股票。风险中立者在投资决策时保持"见机行事，趁机而入"的态度，他们既不想面对大的风险，又想在风险中获得利益。风险规避者往往避开风险进行决策，比如投资保值稳定的基金产品。

最后，在组织中职位的高低对决策的影响。高层领导者在决策时，倾向于把组织的发展放在首位，在个人利益与组织利益相冲突时，其往往选择"个人利益服从集体利益"。对于普通职工来讲，在决策时他们可能更多的是考虑自己的利益，根据公平理论可知，当员工认为其付出大于组织给予的收获时，他可能会降低付出来寻求公平。

（2）决策问题

在进行决策之前首先要识别需要决策的问题。对决策问题的识别是否正确、全面、客观，决定着决策的成败。比如，一家主营矿泉水销售的代理商，今年的销售额目标仅完成 50%，在分析原因时提出了以下几个问题：是不是矿泉水供应商的问题？是不是产品质量的问题？是不是销售人员工作不努力的问题？是不是营销渠道的问题？是不是市场环境的问题？只有确定销售额未完成的原因才能提出具有针对性的解决措施。因此，正确识别问题所在，是决策的首要工作。

（3）决策方案

决策方案是指针对识别出的问题所提出的解决办法。在提出解决方案时，应广泛收集信息，多方面听取意见，尽可能多地提出与解决问题相关的办法，保证解决方案的多样性和综合性。解决方案提出之后，要组织相关人员进行充分讨论、沟

---

① ZACCARO S J, MUMFORD M D, CONNELLY M S, et al. Assessment of leader problem - solving capabilities [J]. Leadership Quarterly, 2000, 11 (1): 37-64.

② SO S, SMITH M. The impact of presentation format and individual differences on the communication of information for management decision making [J]. Managerial Auditing Journal, 2003, 18 (1): 59-67.

通，从中选择或综合得出最适合的方案。

（4）决策效果

决策的成功与否由决策实施后的效果来判定。从本质上看，实施决策方案能够充分解决所出现的问题，则决策效果就很好。为顺利实现决策目标，在决策实施过程中应加强监督和控制职能。对于整个决策过程来讲，评价出决策的效果好坏并不是最终环节，要能够从本次决策中总结经验，避免不足，为以后的决策提供良好借鉴。

3.决策分类

决策从不同角度一般有以下几种分类：

（1）按决策的作用可分为战略决策、战术决策和业务决策。

战略决策，指有关企业发展方向的重大全局决策，由高层管理人员做出。

战术决策，指为保证企业总体战略目标的实现而解决局部问题的重要决策，由中层管理人员做出。

业务决策，指基层管理人员为解决日常工作和作业任务中的问题所做的决策。

（2）按决策的问题出现的常态性可分为常规性决策和例外性决策。

常规性决策，即有关常规的、反复发生的问题的决策。

例外性决策，指偶然发生的或首次出现而又较为重要的非重复性决策。

（3）按决策的问题的条件可分为确定性决策、风险性决策和不确定性决策。

确定性决策，指可供选择的方案中只有一种自然状态时的决策，即决策的条件是确定的。

风险性决策，指可供选择的方案中，存在两种或两种以上的自然状态，但每种自然状态发生的概率是可以估计的。

不确定性决策，指在可供选择的方案中存在两种或两种以上的自然状态，而且这些自然状态发生的概率是无法估计的。

（4）按决策参与的人数可分为群体决策和单人决策。

群体决策是指在决策过程中，有两个及两个以上的人参加，通过"头脑风暴"等方式，经过充分讨论和研究后做出决策的过程。

单人决策是指仅有一人识别问题、分析问题并提出解决办法的决策过程。

（5）按决策的方法可分为有限理性决策和直觉决策。

赫伯特·西蒙提出管理者均是"有限理性"（位于理性和非理性之间）的，管理者在决策时表现出"有限理性"[①]。直觉决策是指决策者根据经验、认知、价值观和潜意识等因素做出的快速决策。

5.3.2　有效决策的原则

管理者作为企业管理的统筹、安排人员，时时刻刻都面临决策的问题。为了做

---

① 西蒙. 管理决策新科学 [M]. 李柱流，等，译. 北京：中国社会科学出版社，1982：33-34.

出有效的决策需遵循以下原则：

1.目的性原则

决策者面对决策问题时，首先要考虑决策的意图，明确决策的目标。比如，销售人员与客户发生口角时，销售部经理在处理问题时，首先要考虑维护企业形象，然后再进行相关问题的处理。目的性原则为决策者明确了决策的方向，同时也暗含解决问题的方法。

2.全局性原则

全局性原则要求决策者全面、系统地考虑决策问题。在把握决策目的的基础上，决策者应思考决策可能带来哪些正面和负面影响；在制订决策方案时，应尽可能避免或降低负面影响；在选择决策方案时，要统筹平衡各方面的利益。

3.经济性原则

决策的过程就是管理的过程，从管理与经营的区别中可知，管理是从内部来降低企业成本，因此决策也必须考虑经济性原则。这里，经济性原则的范围不仅包括显性的直接成本，还包括隐性的间接成本。比如，在教育选择方面，即使在短期内不读大学获得的收入可能高一些，但从长期角度看，一般认为读大学比不读大学能获得更高的收入，从经济性原则考虑，人们就会选择读大学。

4.沟通性原则

管理者与上级领导、下属等其他相关者充分沟通是保证决策满意度的重要途径。通过沟通，管理者能够更准确地识别问题，从而使对问题的分析更加深入，解决办法更加科学，实施过程中的阻力更小，决策满意度更高。360度沟通是管理者普遍采用的沟通思想，但要根据决策问题的性质比如是不是保密性事件等来确定沟通者。

5.最适性原则

针对决策问题，一般用科学的决策方法得出决策结论，但科学的结论在实际管理实践中并不一定是最适合的。我们在解决实际问题时，不是选择最优方法而是选择最适合的方法。

6.可行性原则

决策方案应该是可以实际操作的，可以实现的。无论决策方案多么完美，多么具有科学性，如果在实践中不可实施，达不到解决问题的效果，决策就是无效的。

5.3.3　决策过程

决策过程主要包括识别问题、分析问题、设定目标、开发备选方案、对比和选择备选方案、实施、评价和总结七个阶段。

1.识别问题

识别问题的目的是找出与预期结果相偏离的问题，它是进行决策的首要步骤。也就是说，要确定针对什么进行决策。比如，某公司销售部预计销售额为1 000万元，实际只完成500万元，另外500万元销售额的差距就是要识别的问题。

2.分析问题

分析问题是指根据识别出的问题进行分析，透过问题表面，分析出该问题出现的本质原因，以求从根源上解决该问题，避免其再次出现。在分析问题时，要客观、全面，不能为了推卸某方的责任而逾越问题出现的本质原因。

3.设定目标

设定目标是指决策应该取得什么样的效果，也是评估备选方案的标准。决策目标的设定要结合实际情况，以SMART原则为指导，设定科学的目标，否则就会导致选择错误的决策方案，最终影响决策效果。

4.开发备选方案

开发备选方案是决策过程的中心环节。决策者应在发现问题、深入分析问题的基础上，开发出多种有利于解决问题的方案。决策者在开发备选方案时，应多方面征求相关利益方的意见，一是提高决策方案的可接受性，二是能够给决策者带来更多的解决问题的思路和办法。

5.对比和选择备选方案

对比备选方案是指根据预先设定的决策目标，对备选方案的优劣进行对比，从中选择最为合适的方案。如果决策目标是单一的，将选择备选方案中能够取得最好效果的方案；如果决策目标有多个，应首先对决策目标进行排序，然后再进行备选方案的对比和选择。

6.实施

实施是执行所选择的决策方案的过程。决策方案只有得到有效的实施才能实现预期的决策目标。一项科学的决策很可能因为实施过程中的差错最终致使决策失败。

7.评价和总结

在决策方案执行完成后，要对决策所取得的结果进行评价和总结，发现决策过程中的优缺点，将优秀的做法沉淀下来，为以后同类型决策提供指导，对决策过程中出现的不足进行分析研究，找出原因，并加以改正，避免以后在同类型的决策过程中再次出现。

5.3.4　常见的决策方法

在管理活动中，人们时刻面临决策问题，管理者实施计划、指挥、协调、领导、控制等基本职能的过程其实就是决策的过程。根据决策问题的特性和决策环境选择合适的决策方法是决策成功的重要影响因素。一般决策方法可分为定性的决策方法和定量的决策方法。定性的决策方法是指利用决策者或有关专家的经验和判断力，充分发挥其知识、技能和能力，对决策问题进行深入思考和分析，提出主观的决策方案的方法。定量的决策方法是指决策者利用数学理论，通过对决策问题相关的数据进行收集、分析，形成决策方案的方法。

1.定性决策方法

定性决策方法常见的有德尔菲法、头脑风暴法等。

（1）德尔菲法

德尔菲法是由美国兰德公司于20世纪50年代初发明并推广应用的，最早用于预测，后来不断地推广应用到决策领域。德尔菲是一处古希腊遗址的名称，传说该处是能预卜未来的阿波罗神庙所在地，因而借用其名[①]。

德尔菲法是通过背对背的形式来征求专家小组的意见，最终形成决策方案的方法。运用德尔菲法进行决策一般应遵循以下几个步骤：

①详细、全面地对决策问题进行阐述，并提供问题出现的背景。对决策问题以文字的形式进行表述，确保决策问题的真实性和客观性。

②根据决策问题的性质选择需要参与决策的专家，形成决策专家组。专家组成员可以是与决策问题相关的专家，也可以是其他领域的专家。

③向各位专家发送决策问题，要求专家针对问题的阐述提炼与问题相关的关键词，并针对如何解决问题提出自己的见解。

④回收并整理专家的意见，针对比较集中的关键词和解决措施进行分析，形成解决问题的初步方案，并再次向专家发放，征求意见。

⑤回收并整理、分析专家意见，将明显不集中的解决措施删除，再次向专家发放，就此循环往复地向专家征求意见，直到专家意见的集中度达到决策的要求。一般认为达到90%的一致性时，决策方案最佳。

德尔菲法对决策实施者的要求较高。决策实施者直接接触并提炼、总结决策问题。决策问题的准确性、全面性和客观性直接影响着决策方案的选择和决策效果。在整理、分析专家意见时，决策实施者要能够领会各位专家的思想，并形成下一轮征求意见的方案。因此，德尔菲法要求实施者具有较强的分析问题和归纳总结的能力以及阅读理解能力等。

德尔菲法的优点主要表现在两个方面：一方面，在该方法实施的过程中各位专家相互之间并不知道彼此的背景和学识，避免了"权威人士"带来的"意见偏移"的影响；另一方面，各位专家均有各自的特长，考虑问题的角度不同，他们会提出一些事先没有考虑到的问题，有助于深入全面地把握决策问题的本质。德尔菲法也有其缺点，主要是决策方案主观性比较大，并且受决策实施者和专家的知识、能力和技能的影响较大。

（2）头脑风暴法

头脑风暴法是通过专家座谈的形式进行交流，充分发挥各位专家的学识、才能和创造性，针对决策问题进行深入讨论，凭借专家集体思维最终形成决策方案的决策方法。

头脑风暴法要求专家在讨论的过程中，紧紧围绕主题发表意见和想法，并且不能对他人的意见进行批评和指责，可以对自己支持的观点进行深入的剖析和改进。专家们应充分发挥自己的想象力提出有价值的想法，不要受到其他人的影响，更不

---

① 林新奇，等. 人才战略规划［M］. 北京：中国人事出版社，2011.

能因某个专家的地位和威望而进行"吹捧"。除此之外，还要求主持人在阐述决策问题时避免使用指示性的语言、语气和动作等，以防对专家的思考行为带来影响。

头脑风暴法的主要目的是创造一种自由思考的环境，引发专家们的思想碰撞，形成创新性的解决问题的思路和措施。一般情况下，头脑风暴法的参加人数应控制在10人左右，且时间应控制在30~60分钟。

2.定量决策方法

定量决策方法可分为三类：确定性决策、风险性决策和不确定性决策。

（1）确定性决策

确定性决策是在决策条件确定的情况下做出的。比如，大学生逃课去做其他事情所带来的幸福指数为8，不逃课专心听讲所学到的知识带来的幸福指数为9，则大学生会选择不逃课。如果大学生逃课去做其他事情所带来的幸福指数为9，不逃课专心听讲所学到的知识带来的幸福指数为8，则大学生会选择逃课。

（2）风险性决策

风险性决策的适用条件为，可供选择的方案确定，所带来的成本和收益可知，且每个方案发生的概率确定。风险性决策主要包括期望值法和决策树法。

①期望值法。

假设大学生逃课问题：老师点名的概率为0.5，不点名的概率为0.5；逃课去做社团活动且点名总成绩加30分，不逃课且点名总成绩加100分；逃课且不点名总成绩加130分，不逃课且不点名总成绩加100分。那么，大学生是否选择逃课？

逃课获得总成绩=0.5×30+0.5×130=80（分）

不逃课获得总成绩=0.5×100+0.5×100=100（分）

显然，不逃课获得的总成绩比逃课获得的总成绩要高，大学生不会逃课。

②决策树法。

假设大学生逃课问题：已知老师点名且逃课得30分，不点名且逃课得130分；不逃课，无论老师点名与否均得100分；老师点名概率和不点名概率均为0.5。

如图5-3可知，在1—2枝干上，逃课可得分=0.5×30+0.5×130=80（分）；不逃课得分=0.5×100+0.5×100=100（分）。因此，大学生选择不逃课。

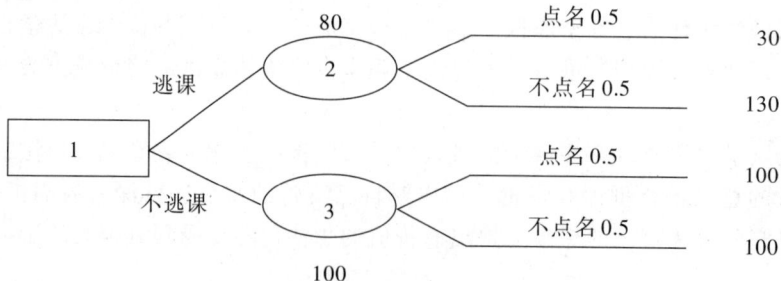

图5-3　决策树

（3）不确定性决策

不确定性决策的适用条件为，可供选择的方案已知，每一种方案在不同的状态下的损益情况已知，但每种方案出现的概率未知，不同的状态出现的可能性也未知。

例如，大学生就业选择问题，假设有三种选择，即创业、公务员和民企，每一种选择都可能出现工作好、一般和不好的三种结果，详细工资水平见表5-4。

表5-4　　　　　　　　　　　　　　　行动方案损益

收入（万元）		工作结果（R）		
		好	一般	不好
就业选择（P）	创业	50	20	-30
	公务员	30	20	10
	民企	40	15	5

①乐观原则。乐观原则认为无论怎样，决策者自己总会取得最好的结果，因而选择方案中能够获得最大收益的方案。在此，大学生会选择收益最高为50万元的创业形式进行就业。

②悲观原则。悲观原则认为无论怎样，决策者自己是最不幸的，往往会取得最差的结果，在决策时将评估每个方案的最差结果，从最差的结果中选择最好的方案。在此，大学生在就业选择时，首先考虑每种就业选择的最差的可能，在工作结果最不好时，创业将赔30万元，公务员能收入10万元，去民企能收入5万元。在进行决策时，大学生将从最差的结果中选择收入最高的就业形式，即公务员。

③等概率原则。等概率原则认为各个方案的各个结果出现的可能性均相同，决策者会从中选择收益最大的方案。创业的收入=（50+20-30）÷3，约为40万元；公务员的收入=（30+20+10）÷3，约为20万元；民企的收入=（40+15+5）÷3，约为20万元。显然，大学生会选择创业。

④最小后悔原则。最小后悔原则认为决策者总是选择与最好结果偏离不大的行动方案。这是介于乐观原则和悲观原则之间的一个决策准则。按照这一准则，决策者先构造出一个机会损失矩阵，见表5-5。方法是找出每一列的最大值，用该最大值分别减去这一列中的相应数值，以所得出的数值为一列，重新构造一个矩阵，这个矩阵即机会损失矩阵。然后从机会损失矩阵的每一行中选择最大的机会损失，再从选出的机会损失中选择最小的机会损失，其所对应的方案就是最满意的方案。所以，大学生选择民企是最满意的。

表5-5　　　　　　　　　　　　　　最小后悔原则决策表

收入（万元）		工作结果（R）			最大机会损失
		好	一般	不好	
就业选择（P）	创业	0	0	40	40
	公务员	20	0	0	20
	民企	10	5	5	10※

|5.4| 战略规划的基本内容

战略规划是根据企业所处的内外部环境制定企业长期发展目标的活动。本节主要从战略的层次和分类、战略制定方式和战略形成的方法三个方面介绍战略规划的基本内容。

5.4.1 战略的层次和分类

企业战略可分为企业总体战略、企业经营单位战略和企业职能部门战略三个层次。

1.企业总体战略

企业总体战略为企业生产经营活动指明了方向，在企业各项生产经营活动中贯彻实施。企业总体战略可分为稳定型战略、增长型战略、紧缩型战略和混合型战略四类。以下内容从企业四类总体战略的概念及特征、优缺点和适用条件分别做详细阐述。

（1）稳定型战略

①稳定型战略的概念及特征。

稳定型战略是指在内外环境的约束下，企业准备在战略规划期使企业的资源分配和经营状况基本保持在目前状态和水平上的战略。按照稳定型战略，企业目前所遵循的经营方向及正在经营的产品和面向的市场领域，企业在其经营领域内所达到的产销规模和市场地位，都大致不变或以较小的幅度增长或减少。

从企业经营风险的角度来说，稳定型战略的风险相对较小，对于那些曾经成功地在一个处于上升趋势的行业和一个变化不大的环境中活动的企业会很有效。由于稳定型战略从本质上追求的是在过去经营状况基础上的稳定，它具有如下特征：

第一，企业对过去的经营业绩表示满意，决定追求既定的或与过去相似的经营目标。比如说，企业过去的经营目标是在行业竞争中处于市场领先者的地位，稳定型战略意味着在今后的一段时间里依然以这一目标作为企业的经营目标。

第二，企业在战略规划期内所追求的绩效按一定的比例递增。与增长型战略不同，这里的增长是一种常规意义上的增长，而非大规模的和非常迅猛的增长。例如，稳定型增长可以指在市场占有率保持不变的情况下，随着总的市场容量的增长，企业的销售额增长，而这种情况并不能算典型的增长型战略。

实行稳定型战略的企业，总是在市场占有率、产销规模或总体利润水平上保持现状或略有增加，从而稳定和巩固企业现有竞争地位。

第三，企业准备以与过去相同的或基本相同的产品或劳务服务于社会，这意味着企业在产品上的创新较少。

从以上特征可以看出，稳定型战略主要依据于前期战略。它坚持前期战略对产品和市场领域的选择，以前期战略所达到的目标作为本期希望达到的目标。因而，实行稳定型战略的前提条件是，企业过去的战略是成功的。对于大多数企业来说，稳定型战略也许是最有效的战略。

②稳定型战略的优缺点。

稳定型战略的优点为：

第一，企业的经营风险相对较小。由于企业基本维持原有的产品和市场领域，从而可以用原有的生产领域、渠道，避免开发新产品和新市场的巨大资金投入、激烈的竞争抗衡和开发失败的巨大风险。

第二，能避免因改变战略而改变资源分配的困难。由于经营领域主要与过去大致相同，因而稳定型战略不必考虑原有资源的增量或存量的调整，相对于其他战略态势来说，显然要容易得多。

第三，能避免因发展过快而导致的弊端。在行业迅速发展的时期，许多企业无法看到潜伏的危机而盲目发展，结果造成资源的巨大浪费。

第四，能给企业一个较好的修整期，使企业积聚更多的能量，为今后的发展做好准备。从这个意义上说，适时的稳定型战略是增长型战略的一个必要的酝酿阶段。

但是，稳定型战略也有不少缺陷：

第一，稳定型战略的执行是以市场需求、竞争格局等内外条件基本稳定为前提的。一旦企业的这一判断没有得到验证，就会打破战略目标、外部环境、企业实力之间的平衡，使企业陷入困境。因此，如果环境预测有问题的话，稳定型战略也会有问题。

第二，特定细分市场的稳定型战略也会有较大的风险。由于企业资源不够，企业会在部分市场上采用竞争战略，这样做实际上是将资源重点配置在这几个细分市场上，因而如果对这几个细分市场把握不准，企业可能面临较大的风险。

第三，稳定型战略也会使企业的风险意识减弱，甚至形成害怕风险、回避风险的文化，这就会大大降低企业对风险的敏感性、适应性和敢于冒风险的勇气，从而增加以上风险的危害性和严重性。

稳定型战略的优点和缺点都是相对的，企业在具体的执行过程中必须权衡利弊，准确估计风险和收益，并采取合适的风险防范措施。只有这样，才能保证稳定型战略的优点得到充分发挥。

③稳定型战略的适用条件。

采取稳定型战略的企业，一般处在市场需求及行业结构稳定或者动荡较小的外部环境中，因而企业所面临的竞争挑战和发展机会都相对较少。但是，有些企业在市场需求以较大的幅度增长或是外部环境提供了较多的发展机遇的情况下也会采取稳定型战略。这些企业一般来说是由于资源状况不足以使其抓住新的发展机会而不得不采用相对保守的稳定型战略态势。下面分别讨论一下企业采用稳定型战略的外部环境和企业自身实力的适用条件。

A.外部环境。外部环境相对稳定会使企业更趋向于选择稳定型战略。影响外部环境稳定性的因素很多，大致包括以下几个方面：

第一，宏观经济状况会影响企业所处的外部环境。如果宏观经济在总体上保持总量不变或总量低速增长，就势必影响该企业所处行业的发展，使其无法以较快的速度增长。这就会使得该产业内的企业倾向于采用稳定型战略，以适应外部环境。

第二，产业的技术创新度。如果企业所在的产业技术相对成熟、更新速度较慢的话，企业过去采用的技术和生产的产品无须经过较大的调整就能满足消费者的需求并与竞争者抗衡，这样使得产品系列及其需求保持稳定，从而使企业采纳稳定型战略。

第三，消费者需求偏好的变动。这一点其实是决定产品系列稳定性的一个方面：如果消费者的需求变动较为稳定的话，企业可以考虑采用稳定型战略。

第四，产品生命周期或行业生命周期。对于行业或产品处于成熟期的企业来说，产品需求、市场规模趋于稳定，产品技术成熟，新产品的开发和以新技术为基础的产品开发难以取得成功，因此以产品为对象的技术变动频率低，同时竞争对手的数目和企业的竞争地位都趋于稳定，这时提高企业的市场占有率、改变市场的机会很少，因此较为适合采用稳定型战略。

第五，竞争格局。如果企业所处行业的进入壁垒非常高或由于其他原因该企业所处的竞争格局相对稳定，竞争对手之间很难有较为悬殊的业绩改变，则企业采用稳定战略可以获得最大的收益，因为改变竞争战略所带来的业绩增加往往是不如人意的。

B.企业内部实力。当外部环境较好，行业内部或相关行业市场需求增长，为企业提供了有利的发展机会时，这并不意味着所有的企业都适于采用增长型战略。如果企业资源不充分，如资金不足、研发力量较弱或人力资源有缺陷无法满足增长型战略的要求时，就无法采用扩大市场占有率的战略。在这种情况下，企业可以采取以局部市场为目标的稳定型战略，以使企业有限的资源能集中在自己有优势的细分市场，维护竞争地位。

当外部环境相对稳定时，资源较为充足和资源较为稀缺的企业都应当采取稳定型战略，以适应外部环境，但两者的做法可以不同。前者可以在更为广阔的市场上选择自己的资源分配点，而后者应当在相对狭窄的细分市场上集中自身的资源，以求稳定发展。

当外部环境不利，如行业处于生命周期的衰退阶段时，资源丰富的企业可以采用稳定型战略；对那些资源不够充足的企业来说，如果它在某个特定的细分市场上有独特的优势，那么也可以考虑采用稳定型战略。

（2）增长型战略

①增长型战略的概念及特征。

从企业发展的角度来看，任何成功的企业都会经历长短不一的增长型战略实施期，因为从本质上说只有增长型战略才能使企业不断扩大规模，从竞争力弱小的小企业发展成为实力雄厚的大企业。

与其他类型的战略态势相比，增长型战略具有以下特征：

第一，实施增长型战略的企业不一定比整个社会的经济增长速度快，但它们往往比其产品所在的市场增长得快。市场占有率的增长可以说是衡量增长的一个重要指标，增长型战略的体现不仅应当有绝对市场份额的增加，更应有在市场总容量增长的基础上相对份额的增加。

第二，实施增长型战略的企业往往取得大大超过社会平均利润率的利润水平。由于发展速度较快，这些企业更容易获得较好的规模经济效益，从而降低生产成本，获得超额的利润。

第三，采用增长型战略态势的企业倾向于采用非价格的手段同竞争对手抗衡。由于采用增长型战略的企业不仅仅在开发市场上下功夫，而且在新产品开发、管理模式上都力求获得竞争优势，因而它们并不会采取会损伤自己的价格战，而一般以更具创新性的产品和劳务以及管理上的高效率作为竞争手段。

第四，增长型战略鼓励企业立足于创新谋发展。这些企业常常开发新产品、新市场、新工艺和旧产品的新用途，以把握更多的发展机会，谋求更大的风险回报。

第五，与简单的适应外部条件不同，采用增长型战略的企业倾向于通过创造以前本身并不存在的某物或对某物的需求来改变外部环境并使之适合自身。这种去引导或创造合适的环境的做法是由其发展的特性决定的：要真正实现既定的发展目标，势必要有特定的合适的外部环境，被动适应环境显然不一定有帮助。

②增长型战略的优缺点。

增长型战略的优点是：

第一，企业可以通过发展扩升自身价值，这体现了经过扩张后的企业市场份额和绝对财富的增加。这种价值既可以成为企业职工的一种荣誉，又可以成为企业进一步发展的动力。

第二，企业能通过不断变革来创造更高的生产经营效率与效益。采用增长型战略，企业可以获得过去不能获得的崭新机会，避免组织老化，使企业总是充满生机和活力。

第三，增长型战略能保持企业的竞争实力，实现特定的竞争优势。

增长型战略的缺点是：

第一，在采用增长型战略获得初期的效果后，很可能导致盲目的发展和为了发展而发展，从而破坏企业的资源平衡。要克服这一弊端，企业在做每一个战略决策之前都必须重新审视和分析企业的内外部环境，判断企业的资源状况和外部机会。

第二，过快的发展很可能降低企业的综合素质，使企业的应变能力表面上不错，实质上却出现内部危机和混乱。这主要是由于企业新增机构、设备、人员太多而未能形成一个有机的相互协调的系统所引起的。针对这一问题，企业可以考虑设立一个临时性战略管理机构，负责统筹和管理扩张后企业内部各部门、人员之间的协调，在各方面的因素都融合在一起后，再考虑取消这一机构。

第三，增长型战略很可能使企业管理者更注重投资结构、收益率、市场占有率、企业的组织结构等问题，而忽视产品的服务或质量，重视宏观发展而忽视微观问题，因而不能使企业达到最佳状态。要克服这一弊端，企业管理者对增长型战略要有一个正确而全面的理解，要意识到企业的战略态势是企业战略体系中的一个部分，因而在实施过程中必须通盘考虑。

③增长型战略的适用条件。

采用增长型战略往往并不是简单地从单一经营上考虑，而是与经营者自身的利益相关。因此，增长型战略的使用有相应的条件约束。

第一，企业必须分析战略规划期内的宏观经济景气度和产业经济状况。这是由企业增长型战略的要求决定的——企业要实施增长型战略，就必须从环境中获得更多的资源。如果未来阶段宏观环境和行业微观环境较好的话，企业比较容易获得这些资源，所以就会降低实施该战略的成本。从需求的角度看，如果宏观和中观环境的走势都较为乐观的话，消费品的需求者和投资品的需求者都会有一种理性的预期，认为未来的收入会有所提高，因而其需求幅度将会有相应的增长，保证企业的增长型发展战略依托于充足的市场需求。从上面的分析可以看出，在选择增长型战略之前，企业必须对经济走势进行较为细致的分析，良好的经济形势往往是增长型战略成功的条件之一。

第二，增长型战略必须符合相关政策法规和条例等的规定。世界上大多数国家都鼓励高新技术的发展，因而一般来说这类企业可以考虑使用增长型战略。

第三，企业必须有能力获得充分的资源来满足增长型战略的要求。由于采用增长型战略需要较多的资源投入，因此企业从内部和外部获得资源的能力就显得十分重要。这里的资源是一个广义的概念：既包括通常意义上的资本资源，也包括人力资源、信息资源等。在资源充分性的评价过程中，企业必须问自己一个问题："如果企业在实施增长型战略的过程中由于某种原因暂时受阻，它是否有能力保持自己的竞争地位？"如果回答是肯定的，那表明企业具有充分的资源来实施增长型战略，反之则不具备。

第四，判断增长型战略的合适性还要分析企业文化。如果一个企业的文化是以稳定性为主旋律的话，那么实施增长型战略就要克服相应的文化阻力。当然，企业文化也并不是一成不变的事物，事实上，积极和有效的企业文化的培育必须以企业战略作为指导依据。这里要强调的只是企业文化可能会给某种战略的实施带来一定的成本，而并不是认为企业文化决定企业战略。

（3）紧缩型战略

①紧缩型战略的概念和特点。

所谓紧缩型战略是指企业从目前的战略经营领域和基础水平收缩和撤退，且偏离起点战略较大的一种经营战略。与稳定型战略和增长型战略相比，紧缩型战略是一种消极的发展战略。一般来说，企业实施紧缩型战略只是短期的，其根本目的是使企业挨过风暴后转向其他的战略选择。有时，只有采取收缩和撤退的措施，才能抵御竞争对手的进攻，避开环境的威胁和迅速实行自身资源的最优配置。可以说，紧缩型战略是一种以退为进的战略。与此相适应，紧缩型战略有以下特征：

第一，对企业现有的产品和市场领域实行收缩、调整和撤退战略，比如放弃某些市场和某些产品线。因而，企业的规模在缩小，同时一些效益指标，比如利润率和市场占有率等，都会有较为明显的下降。

第二，对企业资源的运用进行严格控制，尽量削减各项费用支出，往往只投入最低限度的经营资源，因而紧缩型战略的实施过程往往会伴随着大量的裁员、一些奢侈品和大额资产的暂停购买等。

第三，紧缩型战略具有明显的短期性。与稳定型和增长型两种战略相比，紧缩型战略具有明显的过渡性，其根本目的并不在于长期节约开支、停止发展，而是为今后的发展积蓄力量。

②紧缩型战略的优缺点。

紧缩型战略的优点有：

第一，能帮助企业在外部环境恶劣的情况下节约开支和费用，顺利地渡过不利的处境。

第二，能在企业经营不善的情况下最大限度地降低损失。在许多情况下，盲目而且顽固的坚持经营无可挽回的事业，而不是明智地采用紧缩型战略，会给企业带来致命的打击。

第三，能帮助企业更好地实行资产的最优组合。如果不采用紧缩型战略，企业在面临一个新的机遇时，只能运用现有的剩余资源进行投资，这样做势必会影响企业在这一领域发展的前景，相反，通过采取适当的紧缩型战略，企业往往可以将不良运作处的部分资源转移到新的发展点上，从而实现企业长远利益的最大化。

与上述优点相比，紧缩型战略也能为企业带来一些不利之处：

第一，实行紧缩型战略的尺度较难把握，因而如果盲目地使用紧缩型战略的话，可能会扼杀具有发展前途的业务和市场，使企业的总体利益受到伤害。

第二，一般来说实施紧缩型战略会引起企业内外部人员的不满，使员工情绪低落，因为实施紧缩型战略常常意味着不同程度的裁员和减薪，而且实施紧缩型战略在某些管理人员看来意味着工作的失败和不利。

③紧缩型战略的适用性。

采用紧缩型战略的企业可能是出于不同的动机，从这些动机来看，有三种类型的紧缩型战略：适应性紧缩战略、失败性紧缩战略、调整性紧缩战略。下面分别论述这三类不同动机的紧缩型战略的适用性。

适应性紧缩战略是企业为了适应外界环境而采取的一种战略。这种外界环境包括经济衰退、产业进入衰退期、对企业的产品或服务的需求减少等。在这些情况下，企业可以采取适应性紧缩战略来度过危机，以求发展。因此，适应性紧缩战略的适用条件就是企业预测到或已经感知到了外界环境对企业经营的不利性，并且企业认为采用稳定型战略尚不足以使企业顺利度过这个不利的外部环境。如果企业可以同时采用稳定型战略和紧缩型战略，并且两者都能使企业避开外界威胁，为今后发展创造条件的话，企业应当尽量采用稳定型战略，因为它的冲击力要小得多，对企业可能造成的伤害也要小得多。

失败性紧缩战略是指企业由于经营失误造成竞争地位弱化、经营状况恶化，只有采用紧缩型战略才能最大限度地减少损失，保存企业实力。失败性紧缩战略的适用条件是企业出现重大的问题，如产品滞销、财务状况恶化、投资已无法收回等。这里就涉及一个"度"的问题，即究竟在出现何种严重的经营问题时才考虑实施紧缩型战略？要回答这一问题，需要对企业的市场、财务、组织机构等方面做一个全面估计，认真比较实施紧缩型战略的机会成本，经过细致的成本-收益分析，最后才能下结论。

调整性紧缩战略的动机既不是经济衰退，也不是经营失误，而是为了谋求更好的发展机会，使有限的资源被分配到更有效的使用场合。因而，调整性紧缩战略的适用条件是企业存在一个回报更高的资源配置点。为此，需要比较企业目前的业务单位和实施紧缩型战略后投入资源的业务单位，在存在较为明显的回报差距的情况下，可以考虑采用调整性紧缩战略。

（4）混合型战略

①混合型战略的概念和特点。

混合型战略是稳定型战略、增长型战略和紧缩型战略的组合。事实上，许多有一定规模的企业实行的并不只是一种战略，从长期来看是结合使用多种战略。

从采用情况来看，一般是较大型的企业采用混合型战略较多，因为大型企业相对来说拥有较多的战略业务单位，这些业务单位很可能分布在完全不同的行业和产业群中，它们所面临的外界环境、所需要的资源条件完全不同，因而若对所有的战略业务单位都实施统一的战略的话，就有可能由于战略与具体的战略业务单位不一致而导致企业的总体效益受到伤害。所以，可以说混合型战略是大型企业在特定的历史阶段的必然选择。

从市场占有率等效益指标来看，混合型战略并不具有确定变化的方面，因为实施不同战略的不同战略业务单位，其市场占有率的变化方向和大小并不一致。所以，从企业整体市场占有率、销售额、产品创新率等指标反映出来的状况并没有一个一般的结论，实施混合型战略的企业，各个不同的战略业务单位的战略态势体现不同的特点。

在某些时候，混合型战略也是企业不得不采取的一种方案。例如，企业发现了较为景气的行业和比较旺盛的消费者需求，因而打算在这一领域采取增长型战略，但如果这时企业的财务资源并不充足的话，可能无法实施单纯的增长型战略。此时，就可以选择部分业绩不佳的战略业务单位，对它们实施抽资或转向战略，以此来保证另一战略业务单位实施增长型战略所需的资源。由此，企业从单纯的增长型战略转变成了混合型战略。

②混合型战略的类型。

按照战略的构成不同或按照战略组合的顺序不同，混合型战略可以分为不同的种类。

按照战略的构成不同，混合型战略可以分为以下几类：

一是同一类型的战略组合。它是指企业采取稳定型战略、增长型战略和紧缩型战略中的一种战略作为主要的战略方案，但具体的战略业务单位又是由不同类型中的同一种战略态势来指导的。因此，从严格意义上来说，同一类型的战略组合并不是"混合战略"，因为它不过是在某一战略态势中的不同具体类型的组合。

二是不同类型的战略组合。这是指企业采用稳定型战略、增长型战略和紧缩型战略中的两种或两种以上的战略的组合，因而这是严格意义上的混合型战略。这种战略要求企业的高层管理者协调好企业内部各战略业务单位之间的关系。

按照战略组合的顺序不同，混合型战略可以分为如下几种：

一是同时性战略组合。这是指不同类型的战略同时被不同战略业务单位执行而组合在一起的混合型战略。战略的不同组合有多几种，最常见的如下：

第一，在撤销某一战略业务单位、产品系列或经营部门的同时增加其他战略业务单位、产品系列或经营部门。这其实是对一个部门采取清算战略，同时对另一个部门实施增长型战略。

第二，在某些领域或产品中实施抽资转向战略的同时在其他业务领域或产品中实施增长型战略。在这种情况下，企业实施紧缩型战略的业务单位可能并未到应该放弃或清算的地步，甚至有些可能仍旧有发展潜力，但是为了向其他部门提供发展所需要的资源，只能实施紧缩型战略。

第三，在某些产品或业务中实施稳定型战略而在其他一些产品或部门中实施增长型战略。这种战略组合一般适用于资源相对丰富的企业，因为它要求企业在没有通过实施紧缩型战略来获取资源的前提下将自己的积累投入需要增长的业务领域。

二是顺序性战略组合。它是指一个企业根据生存与发展的需要，先后采用不同的战略方案，从而形成自身的混合型战略，因而这是一种在时间上的战略组合。常见的顺序性战略组合有：

第一，在某一特定时期实施增长型战略，然后在另一时期实施稳定型战略。这样做是为了使企业能够发挥"能量积聚"的作用。

第二，首先实施抽资转向战略，然后在情况好转时实施增长型战略。采用这种战略的企业主要是为了避开外界环境的不利条件。

一般来说，不少企业既采用同时性战略组合，又采用顺序性战略组合。

2.企业经营单位战略

（1）企业经营单位战略概述及基本竞争战略

①企业经营单位战略概述。

企业经营单位战略是企业总体战略的具体表现形式，它主要指企业在生产经营活动所在行业与市场上运用的战略。企业选择经营单位战略，是为了在所竞争的行业与市场中形成竞争优势，以获得超过竞争对手的利润率，为此，企业在考虑选择经营单位的竞争战略时，需要考虑以下因素：

第一，产品差别化。企业所面对的顾客需求来自于各种原因引起的消费心理，可以用不同的产品或服务的特性加以满足。大多数企业是通过提高产品或服务的差别化程度来满足顾客需求的。这其中，一些企业的产品差别化程度高于另一些企业的产品差别化程度，因而更具有竞争优势。有些企业则向顾客提供低价产品，并不从差别化上下手。这也能在一定程度上形成竞争优势。

第二，市场细分化。企业在从事生产经营时，首先要明确所满足的对象，即满足谁的需求。在界定对象目标时，企业可以根据顾客的需求或偏好的差异，运用市场细分的方法，将顾客分为不同的群体，形成不同的子市场。企业在做这种市场细分时，可以采取三种方法：一是企业忽略不同的顾客群体有不同的需求，而采取服务于一般顾客的方法；二是企业将市场细分成不同的子市场，开发出各种产品分别满足子市场的需要；三是集中服务被细分出的子市场或利基市场。

上述第一种方法适用于将单一的产品或服务销售给不同的顾客群体。这种方法在供小于求时比较普遍，但在竞争激烈的市场上，难以为企业带来竞争优势。第二种方法与第三种方法是要满足具体顾客的具体需求，提高顾客对本企业产品的需求，使企业具有更大的竞争优势。

第三，特殊竞争力。特殊竞争力是企业为了满足顾客的需求、获得竞争优势而采取的办法。例如，企业合理地配置自己的资源，创造最佳的质量、效率和利益等，都可以增强自身的竞争力。企业必须决定如何形成和运用这种竞争力，以获得竞争优势。

在充分分析以上三种因素的情况下，企业可以考虑经营单位的基本竞争战略了。基本竞争战略属于企业经营单位战略的范畴，是指企业正确地分析和界定本企业的竞争地位后形成的战略。

②企业经营单位基本竞争战略。

基本竞争战略是指无论在什么行业或什么企业都可以采用的战略。著名战略管理学家波特在《竞争战略》一书中曾经提出三种基本战略，即成本领先战略、差别化战略、重点集中战略。他认为，企业要获得竞争优势，一般只有两种途径：一是在行业中成为成本最低的生产者；二是在企业的产品和服务上形成与众不同的特色。企业可以在或宽或窄的经营目标内形成某种战略。这些战略是根据产品、市场以及特殊竞争力的不同组合而形成的，企业可以根据生产经营的情况实施自己需要的战略。

A.成本领先战略。

成本领先战略是指企业通过在内部加强成本控制，在研究开发、生产、销售、服务和广告等领域内把成本降到最低，成为行业中的成本领先者的战略。企业凭借其成本优势，可以在激烈的市场竞争中获得有利的竞争优势。企业采用成本领先战略的主要动因有：

第一，形成进入障碍。企业的生产经营成本低，便为行业的潜在进入者设置了较高的进入障碍。那些生产技术尚不成熟、经营上缺乏规模效益的企业很难进入此行业。

第二，增强企业的讨价还价能力。企业的成本低，可以使自己应付投入费用的增长，提高企业与供应者讨价还价的能力，减少投入因素变化所产生的影响。同时，企业成本低，可以提高自己对购买者的讨价还价能力，对抗强有力的购买者。

第三，减弱替代品的威胁。企业成本低，在与竞争者竞争时，仍旧可以凭借其低成本的产品和服务吸引大量的顾客，减弱替代品的威胁，使自己处于有利的竞争地位。

第四，保持领先的竞争地位。当企业与行业内的竞争对手展开价格战时，由于企业的成本低，可以在竞争对手毫无利润的水平上保持盈利，从而扩大市场份额，保持绝对竞争优势。

总之，企业采用成本领先战略可以有效地面对行业中的五种竞争力量，以其低成本的优势获得高于行业平均水平的利润。

企业在考虑实施某种战略的条件时，一般从两个方面考虑：一是考虑实施战略所需要的资源和技能；二是组织落实的必要条件。在成本领先战略方面，企业所需要的资源是持续投资和增加资本，提高科研与开发能力，增强市场营销的手段，提高内部管理水平。在组织落实方面，企业要考虑严格的成本控制、详尽的控制报告、合理的组织结构和责任制，以及完善的激励机制。

在实践中，成本领先战略要想取得好的效果，还要考虑：企业所在的市场是不是完全竞争的市场；该行业的产品是不是标准化的产品；大多数购买者是否以同样的方式使用产品；产品是否具有较高的价格弹性；价格竞争是不是市场竞争的主要手段等。如果企业的环境和内部条件不具备这些因素，企业便难以实施成本领先战略。

企业在选择成本领先战略时还要看到这一战略的弱点。如果竞争对手的竞争能力过强，采用成本领先战略就有可能处于不利的地位。具体内容如下：

第一，竞争对手开发出成本更低的生产方法。例如，竞争对手利用新的技术或更低的人工成本，形成新的低成本优势，使得企业原有的优势成为劣势。

第二，竞争对手采用模仿的办法。当企业的产品或服务具有竞争优势时，竞争对手往往会采取模仿的办法，形成与企业相似的产品和成本，使企业陷入困境。

第三，顾客需求的改变。如果企业过分追求低成本，降低了产品和服务的质量，会影响顾客的满意度，结果会适得其反，非但不会获得竞争优势，反而会处于劣势。企业在采用成本领先战略时，应及早注意这些问题，采取防范措施。

B.差别化战略。

差别化战略是提供与众不同的产品和服务，满足顾客特殊的需求，形成竞争优势的战略。企业形成这种战略主要是依靠产品和服务的特色，而不是产品和服务的成本。但是应该注意，差别化战略不是说企业可以忽略成本，只是强调这时的战略目标不是成本问题。

企业采用这种战略，可以很好地防御行业中的五种竞争力量，获得超过行业平均水平的利润。具体来讲，主要表现在以下几个方面：

第一，形成进入障碍。由于产品或服务富有特色，顾客对产品或服务具有很高的忠诚度，从而形成强有力的进入障碍。潜在的进入者要与该企业竞争，则需要克服这种障碍。

第二，降低顾客敏感程度。由于产品或服务的差别化，顾客对该产品或服务具有较高的忠诚度，当这种产品的价格发生变化时，顾客对价格的敏感程度不高。企业可以运用产品差别化战略在行业的竞争中形成一个隔离带，避免受到竞争者的伤害。

第三，增强讨价还价的能力。产品差别化战略可以为企业带来较高的边际收益，降低企业的总成本，增强企业对供应者的讨价还价能力。同时，由于购买者没有其他选择，对价格的敏感程度低，企业可以运用这一战略削弱购买者的讨价还价能力。

第四，防止替代品的威胁。企业的产品或服务具有特色，能够赢得顾客的信任，便可以在与替代品的较量中处于更有利的地位。

企业要成功实施差别化战略，通常需要特殊类型的管理技能和组织结构。例如，企业需要从总体上提高某项经营业务的质量、树立产品形象、拥有先进技术和建立完善的分销渠道。为实施这一战略，企业需要具有很强的研究开发与市场营销能力的管理人员，同时要有良好的组织结构以协调各个职能领域，以及能够激发员工创造性的激励体制和管理体制。在这里，企业文化也是一个十分重要的因素，高技术企业格外需要浓厚的创造性文化，鼓励技术人员大胆创新。

企业在实施差别化战略时，面临两种主要的风险：一是企业没有形成适当的差别化；二是在竞争对手的模仿和进攻下，行业的条件又发生变化时，企业不能保持差别化。第二种风险经常发生。企业在保持差别化上普遍存在着四种威胁：

第一，企业形成产品差别化的成本过高，大多数购买者难以承受产品的价格，企业也就难以盈利。当竞争对手的产品价格降得很低时，企业即使控制其成本水平，购买者也可能不再愿意为有差别的产品支付较高的价格。

第二，竞争对手推出相似的产品，降低产品差别化的程度。

第三，竞争对手推出更有特色的产品，使得企业的原有购买者转向了竞争对手的市场。

第四，购买者不再需要本企业赖以生存的那些产品差别化的因素。例如，经过一段时间的销售，产品质量不断提高，顾客对电视机、微波炉等家用电器的价格越来越敏感，这时产品差别化的重要性就降低了。

差别化与高市场份额有时是矛盾的，企业为了形成产品的差别化，有时需要放弃获得较高市场份额的目标。同时，企业在进行差别化的过程中，需要进行广泛的研究开发、设计产品形象、选择高质量的原材料和争取顾客等工作，代价是高昂的。企业还应该认识到，并不是所有的顾客都愿意支付产品差别化后形成的较高的价格。

C.重点集中战略。

重点集中战略是指把经营战略的重点放在一个特定的目标市场上，为特定的地区或特定的购买者群体提供特殊的产品或服务。重点集中战略与其他两种基本的竞争战略不同。成本领先战略与差别化战略面向全行业，在整个行业的范围内进行活动。而重点集中战略则是围绕一个特定的目标进行密集型的生产经营活动，要求企业比竞争对手提供更为有效的服务。企业一旦选择了目标市场，便可以通过产品差别化或成本领先的方法形成重点集中战略。就是说，采用重点集中战略的企业，基本上就是特殊的差别化或特殊的成本领先企业。由于采用重点集中战略的企业规模较小，这类企业往往不能同时采取差别化和成本领先战略。采用重点集中战略的企业要想实现成本领先，则可以在专用品或复杂产品上建立自己的成本优势，这类产品难以进行标准化生产，也就不容易形成生产上的规模效益，因此也难以具有经验曲线的优势。采用重点集中战略的企业要想实现差别化，可以运用所有差别化的方法去达到预期的目的。与差别化战略不同的是，采用重点集中战略的企业是在特定的目标市场中与实行差别化战略的企业进行竞争，而不在其他细分市场上与其竞争对手竞争。在这方面，实施重点集中战略的企业由于其市场面狭小，可以更好地了解市场和顾客，提供更好的产品与服务。

重点集中战略与其他两种竞争战略一样，可以防御行业中的各种竞争力量，使企业在本行业中获得高于一般水平的收益。这种战略可以用来防御替代品的威胁，也可以针对竞争对手最薄弱的环节采取行动；需要形成产品的差异化；或者在为该目标市场的专门服务中降低成本，形成低成本优势；或者兼有产品差异化和低成本的优势。在这种情况下，其竞争对手很难在目标市场上与之抗衡。应当指出，企业实施重点集中战略尽管能在其目标市场上保持一定的竞争优势，获得较高的市场份额，但由于其目标市场是相对狭小的，其市场份额的总体水平是较低的。重点集中战略在获得市场份额方面有某些局限性。因此，企业选择重点集中战略时，应该在产品获利能力和销售量之间进行权衡和取舍，有时还要在产品差别化和成本状况之间进行权衡。企业在实施重点集中战略的时候可能会面临以下风险：

第一，以较宽的市场为目标的竞争者采用同样的重点集中战略，或者竞争对手从企业的目标市场中找到了可以再细分的市场，并以此为目标实施重点集中战略，从而使原来采用重点集中战略的企业失去优势。

第二，由于技术进步、替代品的出现、价值观念的更新、消费者偏好变化等多方面的原因，目标市场与总体市场之间在产品或服务的需求上的差别变小，企业原来赖以形成重点集中战略的基础也就失掉了。

第三，在较宽的范围内经营的竞争对手与采取重点集中战略的企业之间在成本上的差异日益扩大，抵消了企业为目标市场服务的成本优势，或抵消了通过重点集中战略而形成的产品差别化，导致重点集中战略失败。

关于经营单位的基本竞争战略，还有对波特的三种基本竞争战略进行修正后得到的五种基本竞争战略：

一是低成本领先战略——以很低的总成本提供产品或服务，从而吸引广大的顾客。

二是差别化战略——寻求针对竞争对手的产品差别化，进而吸引广泛的顾客。

三是最优成本供应商战略——通过综合低成本和差别化的优势为顾客所支付的价格提供更多的价值，其目的在于使产品相对于竞争对手的产品拥有最优/最低的成本和价格。

四是基于低成本的聚焦或市场点战略——以某个狭隘的购买者群体为焦点，通过为这个小市场的购买者提供比竞争对手成本更低的产品或服务来战胜竞争对手。

五是基于差别化的聚焦或市场战略——以某个狭隘的购买者群体为焦点，通过为这个小市场的购买者提供比竞争对手更能满足其需求的定制产品或服务来战胜竞争对手。

这五种基本竞争战略中的每一种都能够帮助企业获得一个与其他战略不同的市场地位，每一种战略所采取的参与竞争和运作业务的途径都有着明显的差别。

3.企业职能部门战略

职能部门战略是在事业部级战略指导下，按照专业职能将事业部级战略具体化，它的制定是将企业的总体战略转化为职能部门具体行动计划的过程。根据这些行动计划，职能部门的管理人员可以清楚地认识到本职能部门在实施总体战略中的责任和要求。职能部门的战略与总体战略的主要区别有三点：

（1）期限

职能部门的战略用于确定和协调短期的经营活动，它的期限较短，一般在一年左右。职能部门战略的期限较短的原因在于：一是职能部门管理人员可以根据总体战略的要求，把注意力集中于当前需要进行的工作上；二是职能部门管理人员可以更好地认识到职能部门当前的经营条件，及时适应已经变化的条件，相应地做出调整。

（2）具体性

企业战略为企业的生存和发展确定了目标，指明了方向。企业总体战略是笼统的、欠精确的，职能部门战略要比总体战略更加具体，更加精确，更加明确。总体战略为企业指明了一般性的战略方向，而职能部门战略则为负责完成年度目标的管理人员提供了具体的指导，使他们知道应该实现什么样的年度目标。另外，具体的职能战略还可以增强职能部门管理人员实施战略的能力。

（3）职权与参与

企业高层管理人员负责制定企业长期经营目标和总体战略，职能部门的管理人员在总部的授权下负责制定年度经营目标和部门战略。这些战略最后要得到总部的核准。职能部门的管理人员参与制定职能战略，有助于他们更加自觉地努力实现自己的年度经营目标和完成职能战略要求的工作，从而增强他们实施战略的责任心。

加强职能部门战略的制定工作，有助于企业总体战略的实施，是企业实施总体战略的重要环节，其重要性表现为以下三点：

第一，职能部门战略是具体而丰富的，因而在企业总体战略中增加了实际的内容，明确了企业职能部门必须完成的工作，从而丰富、完善甚至发展了企业总体战略。

第二，具体的职能部门战略向企业高层管理人员阐明了各职能部门准备如何实施总体战略，可以增强高层管理人员实施与控制总体战略的信心。

第三，具体职能部门的战略可以说明职能部门间相互依赖的战略关系，以及潜在的矛盾，有利于促进各职能部门间的协调，也有利于总体战略的实现。

职能部门的战略必须在市场营销、财务会计、研究开发、生产作业、人力资源管理等企业主要职能部门中制定，即制定出市场营销战略、财务投资战略、研究开发战略、生产战略以及人力资源开发战略等。由于各职能部门的主要任务不同，不可能归纳出一般型战略。各职能部门的关键变量也是不同的，即使在同一部门里，关键变量的重要性也会因为经营条件的不同而不同，因此职能部门的战略必须分别加以制定。

5.4.2　战略制定方式

各个不同的公司及其管理者制定战略的方式是不尽相同的。在小型的所有者管理的企业中，战略制定通常并不规范，往往来自于管理者个人的经验、观点和看法，口头上的交流和辩论，几名高层管理者的企业家式的判断，有时可能也收集数据并做一些数据分析。一般来说，最后确定的战略主要存在于企业家个人脑海中，只有少数关键的下属通过口头交流的方式有所了解，但是并没有诉诸文字，也没有以"战略计划"这样一种正式的文件表达出来。

一般来说，大型企业制定的战略是比较详尽和正式的。大型企业在制定战略时，通常收集大量的数据，进行大量的形势分析，对特定的问题做深入的研究，让各个组织层次的管理者参与分析和研究，举行大量的会议来探索、质疑、筛选，最后研究出各个层次的战略。制定战略的组织过程有多种形式，管理者个人参与分析的形式和仔细评议企业战略的方式也有好几种。管理者使用的基本战略制定方式有四种：卓越的战略家方式、委任他人方式、合作方式、支持方式。其实企业的管理者所采用的这四种基本的方式，在本质上都具有很好的卓越性，其中的每一种方式都有长处和短处，在"合适"的情况下，每一种都是可行的。

1.卓越的战略家方式

这种方式是指无论在小企业或是大企业，都是由管理者充当首要的战略家和首要的企业家的角色，对形势的评价、待探索的战略以及战略的细节等方面施加强大的影响。但是，这并不意味着管理者承揽了其中所有的工作，其含义是管理者个人成为战略的"首席工程师"，发挥前瞻性作用，规划出战略的部分或全部层面。"卓越的战略家"是战略司令，即战略的主要制定者。

2.委任他人方式

这种方式是指管理者将战略制定的部分任务或者全部任务委任给"他人"——

可能是一个由诚实可靠的下属组成的小组，可能是一个跨职能部门的任务小组，也可能是一个对具体过程或职能有决策权力的自治工作小组。然后，管理者个人跟踪战略审查的进度，在恰当的时候提供指导，在进行非正式性操作以试验应用效果时表示满意或忧虑，在战略提议正式表述、考虑、修订（如果有必要的话）、被公认可以实施后予以正式批复。

3.合作方式

这是一种介于上面两种方式之间的方式。管理者在制定一致的战略时获得同仁和下属的支持和帮助。最后得到的战略是参与者联合工作的结果，其中大家的合作由负责的管理者个人来领导。合作方式最适合下列情形：战略问题涉及多个传统的职能领域和部门组织，必须从有着不同的背景、技能和观点上的人身上充分挖掘出战略观点和解决问题的技巧，战略制定时让尽可能多的人员参与并赢得对战略执行的权力承诺有很重要的意义。让团队来分析复杂的形势、寻找市场驱动性和顾客驱动性解决方案的必要性在很多企业越来越明显。很多战略问题影响太深远或情况太复杂，以至于管理者个人难以胜任。不仅如此，这些战略问题常常还会跨越几个职能领域和部门组织，因此，要求交叉领域的专家共同做出贡献，组织中不同部门的管理者进行充分的合作，最后再决定谨慎、周全的战略行动。这种战略制定方式有一个很有价值的长处：可以让担负战略实施责任的人来承担战略制定责任。让他们参与战略制定，在实施该战略时他们就可以提供支持和帮助，因此这样做不但有激励意义，而且意味着他们必须负责使战略正常运转起来，使战略最终有效。

4.支持方式

使用支持方式制定战略，管理者不必亲自参与战略制定的各个细节。这种战略制定的方式是鼓励组织中的个人和团体通过自己的努力制定、支持、宣传及实施组织的战略。在这种方式下，企业战略的许多重要部分都来自于"做的人"和"快速跟踪者"。执行经理人员扮演评判员的角色，他们对那些需要得到他们批准的战略建议进行评审。这种方式在那些大型的多元化经营的公司中很奏效，因为在这种公司中，公司的首席执行官不可能对各个业务部门制定出来的战略部分亲自进行协调。总部执行经理要想利用组织中那些能够洞察出他们所不能洞察出的战略机会的人员，他们就必须把制定战略的主动性下放给业务层次的管理者，总公司层次的管理者可以清晰地阐述一般的战略主题，将其作为战略思维的指导原则。卓越的战略制定工作的关键是激励并奖励那些能够洞悉各种全新的战略行动的热情的支持者。他们或许会深入地了解某个机会，并认为应该追寻这个机会。在这种方式下，总战略最后会成为组织中各种受到支持的战略行动的集合，并且得到组织上层管理者的批准。

5.4.3 战略形成的方法

不同类型与规模的企业以及不同层次的管理人员，在制定战略的过程中会采用不同的方法。小规模的企业，所有者兼任管理人员，其战略一般都是非正式的，主要存在于管理者的头脑之中，或者只存在于管理者与主要下级人员达成的口头协议之中。而在大规模的企业之中，战略是通过各层管理人员广泛参与，经过详细复杂的讨论和研究，有秩序、有规律地形成的。

根据不同层次管理人员介入战略分析和战略选择工作的程序，可以将战略形成的方法分为四种形式：

1.自上而下的方法

这种方法是先由企业总部的高级管理人员制定企业的总体战略，然后由下属各部门根据自身的实际情况将企业的总体战略具体化，形成系统的战略方案。这一方法的最显著的优点是，企业的高层管理人员能够牢牢把握整个企业的经营方向，并能对下属各部门的各项行动实施有效的控制。这种方法的缺点是，要求企业的高层管理人员制定战略时必须深思熟虑，战略方案务必完善，还要对下属各部门提供详尽的指导。同时，这一方法也约束了各部门的手脚，难以发挥中下层管理人员的积极性和创造性。

2.自下而上的方法

这是一种先民主后集中的方法。在制定战略时，企业最高管理层对下属部门不做硬性的规定，而是要求各部门积极提交战略方案。企业最高管理层在各部门提交的战略方案的基础上，进行协调和平衡，对各部门的战略方案进行必要的修改后加以确认。这种方法的优点是，能够充分发挥各个部门和各级管理人员的积极性和创造性，集思广益。同时，由于这种战略方案有广泛的群众基础，战略在实施过程中也容易得到贯彻和落实。这一方法的不足之处是，各部门的战略方案难以协调，可能影响整个战略计划的系统性和完整性。

3.上下结合的方法

这种方法是在战略制定的过程中，企业最高管理层和下属各部门的管理人员共同参与，通过上下各级管理人员的沟通和协商，制定出适宜的战略。这种方法的主要优点是，可以产生较好的协调效果，制定出的战略更加具有操作性。

4.战略小组的方法

这种方法是指企业的负责人与其他高层管理者组成一个战略制定小组，共同处理企业所面临的问题。在战略制定小组中，一般由总经理任组长，而其他的人员构成则具有很大的灵活性，由小组的工作内容而定，通常是吸收与所要解决的问题关系最密切的人员参加。这种战略制定方法目的性强，效率高，特别适合制定产品开发战略、市场营销战略等具体的职能战略。

|5.5| 战略规划的基本步骤

战略规划的过程就是战略制定的过程。战略制定是企业的决策机构组织各方面的力量，按照一定的程序和方法，为企业选择合适的经营战略的过程。制定战略的一般程序是：

1.识别和鉴定企业现行的战略

在企业运营的过程中，随着外部环境的变化和企业自身的发展，企业的战略也应该做相应的调整和转换。然而，要制定新的战略，首先必须识别企业的现行战略是否已经不适应当前的形势。因此，识别和鉴定企业现行的战略是制定新战略的前提。只有确认现行战略已经不适用时，才有必要制定新的战略。同时，也只有在认清现行战略缺陷的基础上，才能制定出较为适宜的新战略。

2.分析企业外部环境

调查、分析和预测企业的外部环境是企业战略制定的基础。通过环境分析，战略制定人员应该认清企业所面临的主要机会和威胁，觉察现有和潜在竞争对手的图谋和未来的行动方向，了解未来一段时期社会、政治、经济、军事、文化等的动向，以及企业由此而面临的机遇和挑战。

3.测定和评估企业自身素质

企业可以通过内部分析来测定和评估企业的各项素质，摸清企业自身的状况，明确自身的优势与劣势。

4.准备战略方案

根据企业的发展要求和经营的目标，依据企业所面临的机会和挑战，列出所有可能达到经营目标的战略方案。

5.评价和比较战略方案

企业根据股东、管理人员以及其他利益相关团体的价值观和期望目标，确定战略方案的评价标准，并依照标准对各项备选方案加以评价和比较。

6.确定战略方案

在评价和比较方案的基础上，企业选择一个最满意的战略方案作为正式的战略方案。有时，为了增强企业战略的适应性，企业往往还选择一个或多个方案作为后备的战略方案。

|5.6| 从规划到计划的具体化

通过以上的讲解，我们可以制定出具有竞争力的企业战略规划。但是，无论多么优秀的战略规划，如果不能将其具体化为可实际操作的计划，就得不到很好的实施，最终也可能落空，达不到战略规划的目的。

5.6.1 计划的基本内容

1.计划的概念和特点

计划是管理的重要职能，是关于组织未来的蓝图，是对组织未来一段时间内的目标和目标实现过程的谋划、策划和安排。计划的概念可以从两方面进行理解：一方面，计划是指为实现组织未来一段时间内的目标，对组织目标进行分析，制定并实施一系列的相互关联的行动的过程；另一方面，计划是指上述过程的结果，最终形成计划书。

计划工作在管理活动中体现出以下四个方面的特点：

（1）首要性。组织中的一切管理活动都是为了实现组织的计划目标而开展的，计划是一切管理活动的前提，没有计划，组织就无法开展其他的管理活动，有了计划，员工才能知道自己应该做什么、怎样做以及做到什么程度。例如，组织没有科研生产计划，其科研管理、生产管理、财务管理和人力资源管理等活动都是盲目的，无法实现组织的管理目的。

（2）普遍性。计划工作在组织管理活动中是普遍存在的。从管理层级角度看，高层管理者要根据组织的愿景、使命和战略，制订战略计划；中层管理者要根据所主管的业务范围制订业务计划，基层管理者和普通员工要根据所分配的任务制订行动计划。从管理职能角度看，组织要制订经营计划、科研计划、生产计划、人事计划和财务计划等。因此，组织中的一切管理活动都需要计划工作作为支撑。

（3）高效性。计划为员工指明工作的方向和努力的程度，让员工清晰地知道在什么时间应该做什么以及做到什么程度，避免员工因无目的地工作而浪费时间和精力。除此之外，计划也为员工提供开展工作的方式和方法，进而提高工作的效率。

（4）创新性。计划总是要针对管理活动中需要解决的新问题以及可能发生的新变化等进行活动安排。新问题以及新变化往往需要新的管理思想和方法来解决，在制订计划方案时，将新的解决措施融进计划方案中，指导员工的工作。因此，计划工作具有较强的创新性。

2.计划的分类和作用

计划根据不同的标准有如下几种分类：

（1）根据计划时间的跨度不同，可分为长期计划、中期计划和短期计划。长期计划一般是5年以上的计划，为企业的经营提供方向性和长远性的指导，主要表明企业的长远目标和发展方向问题；中期计划一般是1~5年内的计划，是依据长期计划，通过对企业内外部环境的分析制订的可执行的计划方案；1年之内的计划属于短期计划，是根据中期计划制订的具体的行动方案。

在实际管理活动中，需要将长期计划、中期计划和短期计划有机地衔接起来。滚动计划法是将长期、中期和短期计划有机衔接起来的有效工具，能够增强计划的弹性和适应性，保证计划符合实际情况并得以顺利实施。滚动计划法是按照"近细远粗"的原则制订一定时期内的计划，然后按照计划的执行情况和环境变化，调整和修订未来的计划，并逐期向前移动，以求将长、中、短期计划进行有效衔接的计划方法。具体操作见图5-4。

五年计划（2016—2020年）				
2016	2017	2018	2019	2020
具体计划	较细计划		较粗计划	
实施计划	未来的计划			

实际完成情况

计划与实际的差异

计划修正		
差异原因分析	客观条件变化	经营方针变化

五年计划顺延（2017—2021年）				
2017	2018	2019	2020	2021
具体计划	较细计划		较粗计划	
实施计划	未来的计划			

新的循环

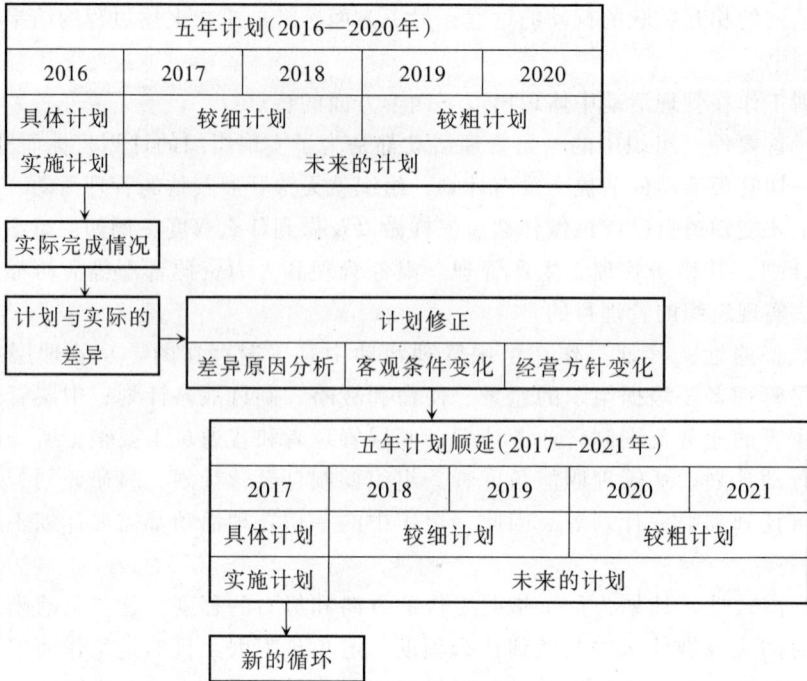

图5-4　滚动计划法

（2）根据计划对企业经营范围的影响程度和时间长短不同，可分为战略计划、战术计划和业务计划。战略计划涉及的经营范围广、时间跨度大，不要求具有直接的可操作性，风险程度较高；战术计划涉及的经营范围较窄、时间跨度小，要求有明确具体的内容，具有可操作性，风险程度较低；业务计划是部门或个人具体的行动安排，可操作性强、时间跨度非常小，风险程度低，还具有重复性强的特点。

（3）根据计划所涉及的活动内容不同，可分为总体计划和专业计划。总体计划一般涉及许多方面、许多部门的活动，是一种综合性的计划；专业计划一般只涉及一定的专业方向，比如财务计划、人力资源计划、市场营销计划等。

（4）根据是否按照严格的计划流程，可分为正式计划和非正式计划。正式计划的制订严格按照标准的流程进行，并会形成一整套标准的计划方案书等书面文件；非正式计划没有明确的书面文件，但并不意味着管理者一定没有制定出行动的目标和方案①。

一般认为，经过科学的方法制订出的计划能够发挥以下作用：计划给管理者和非管理者指明工作努力的方向；计划能够帮助管理者预见未来的变化，制定控制措施，减少不确定性以尽最大可能避免风险；计划可以减少重复性的活动和时间浪费，提高工作效率；计划是连接现有目标和将来目标的桥梁，使两者有机结合起来，实现组织的可持续发展。

---

① 张玉利. 管理学［M］. 2版. 天津：南开大学出版社，2004：190.

5.6.2　战略规划的具体化原则

为了使战略规划得以实现，必须将规划具体化为可操作性强的工作计划。在具体化的过程中，一般应遵循以下几个原则：

1.全面性原则

战略规划涉及的经营范围较广，时间跨度较大，不具有直接操作性。全面性原则要求在战略规划具体化之前，要对战略规划进行全面的研究和分析，准确、全面地抓住战略规划实施要点的各个方面，并针对每个战略规划实施要点制订详细、具体的计划方案，确保战略规划实施的全面性。

2.递进性原则

战略规划具体化的过程是对战略规划层层分解的过程。首先，将企业总体规划根据业务领域或模块进行分解；其次，根据企业各部门的业务范围和职责，将战略规划分至各个部门，形成部门规划；最后，根据部门岗位设置和人员分工等情况，将部门规划分解成具体的、可操作的员工个人行动计划，从而保证总体规划的实现。因此，战略规划应遵循递进性原则。

3.统一性原则

无论是战略规划还是战略计划，其最终目的都是保证组织战略的顺利实现。因此，在具体化的过程中，战略规划横向分解至各业务领域的计划和纵向分配到各个职能部门的计划，均要确保其与组织战略和上一级战略规划的相关性和一致性，从而保证各个层级战略、规划与计划之间的统一性。

4.可实现性原则

无论是什么样的战略规划或工作计划，均应保证其可实现性。在制订计划时，管理者或非管理者应充分评估组织所处的内外部环境，根据现有人、财、物、技术等条件，制订可以实现的战略计划。如果制订的战略计划不具有可操作性、可实现性，则战略规划的实施将注定失败。

5.适应性原则

战略规划是组织的中长期发展目标，且未来的环境是复杂的、动态的、无法准确预测的。将战略规划具体化为计划时，应充分考虑到计划的弹性，确保计划能够及时根据环境的变化进行适时的调整，避免战略计划因受到外界因素的冲击而失败。

6.5W2H原则

这主要是指在制订战略计划时，要根据计划的内容来确定为什么要做此计划、该计划的目的是什么、从何入手、什么时候完成、由谁来完成、怎样做以及做到什么程度、花费多少成本、完成多少利润等。5W2H是指Why、What、Where、When、Who、How、How much。

5.6.3 战略的实施

1.战略实施的基本模式

在企业的战略经营实践中，战略实施有五种不同的模式。

（1）指挥型

在这种模式下，企业总经理考虑的是如何制定一个最佳战略的问题。在实践中，计划人员要向总经理提交企业经营战略报告，总经理看后做出结论。确定战略之后，向高层管理人员宣布企业战略，然后强制下层管理人员执行。这种模式的运用有以下约束条件：

①总经理要有较高的权威，靠其权威通过发布各种指令来推动战略实施。

②本模式只能在战略比较容易实施的条件下运用。这就要求战略制定者与战略执行者的目标一致，战略对企业现行运作系统不会构成威胁；企业一般采用高度集权的组织结构；企业环境稳定，能够集中大量的信息，多种经营程度较低；企业处于强有力的竞争地位，资源较为宽裕。

③本模式要求企业能够准确、有效地收集信息并能及时汇总到总经理的手中。因此，它对信息条件要求较高。这种模式不适应高速变化的环境。

④本模式要求有较为客观的规划人员。在权力分散的企业中，各事业部常常因为强调自身的利益而影响企业总体战略的合理性。因此，企业需要配备一定数量的有全局的眼光的规划人员来协调各事业部的计划，使其更加符合企业的总体要求。

这种模式的缺点是把战略制定者与执行者分开，即高层管理者制定战略，强制下层管理者执行战略，因此下层管理者缺少了执行战略的动力和创造精神，甚至会拒绝执行战略。

（2）变革型

在这种模式下，企业总经理考虑的是如何实施企业战略。在战略实施中，需要对企业进行一系列的变革，如建立新的组织机构、新的信息系统，变更人事，甚至是兼并或合并经营范围，采用激励手段和控制系统以促进战略的实施。为进一步增加战略成功的机会，企业战略领导者往往采用以下三种方法：

①利用新的组织机构和参谋人员向全体员工传递新战略优先考虑的重点是什么，把企业的注意力集中于战略重点领域。

②建立战略规划系统、效益评价系统，采用各项激励政策以便支持战略的实施。

③充分调动企业内部人员的积极性，争取各部分人对战略的支持，以此来保证企业战略的实施。

这种模式在许多企业中比指挥型模式更加有效，但这种模式并没有解决指挥型模式存在的如何获得准确信息的问题、各事业部及个人利益对战略计划的影响问题以及战略实施的动力问题，而且还产生了新的问题，即企业通过建立新的组织机构及控制系统来支持战略实施的同时，也失去了战略的灵活性，在外界环境变化时使战略的变化更为困难。从长远观点来看，处于不确定性环境中的企业，应该避免采用影响战略灵活性的措施。

（3）合作型

在这种模式下，企业的总经理考虑的是如何让其他高层管理人员从战略实施一开始就承担有关的战略责任。为发挥集体的智慧，企业总经理要和企业其他高层管理人员一起对企业战略问题进行充分的讨论，形成较为一致的意见，制定出战略，再进一步落实和贯彻战略，使每个高层管理者都能够在战略制定及实施的过程中做出各自的贡献。

协调高层管理人员的形式多种多样，如有的企业成立由各职能部门领导参加的"战略研究小组"，专门收集战略问题上的不同观点，并进行研究分析，在统一认识的基础上制定出战略实施的具体措施等。总经理的任务是组织好一支合格、胜任的制定及实施战略的管理人员队伍，并使他们精诚合作。

合作型的模式克服了指挥型模式和变革型模式存在的两大局限性，使总经理接近一线管理人员，获得比较准确的信息。同时，由于战略的制定是建立在集体智慧的基础上的，从而提高了战略实施成功的可能性。

该模式的缺点是，由于战略是不同观点、不同目的的参与者相互协商的产物，这有可能会使战略的经济合理性有所降低，仍然存在着谋略者与执行者的区别，不能充分调动全体管理人员的智慧和积极性。

（4）文化型

在这种模式下，企业总经理考虑的是如何动员全体员工参与战略实施活动，即企业总经理运用企业文化的手段，不断向企业全体成员灌输战略思想，建立共同的价值观和行为准则，使所有成员在共同的文化基础上参与战略的实施活动。由于这种模式打破了战略制定者与执行者的界限，力图使每一个员工都参与制定、实施企业战略，因此企业各部分人员都在共同的战略目标下工作，使企业战略实施顺利、风险小，企业发展迅速。

文化型模式也有局限性，具体表现为：

①这种模式是建立在企业员工都拥有学识的假设基础上的，在实践中员工很难达到这种学识程度。受文化程度及素质的限制，一般员工（尤其是劳动密集型企业中的员工）对企业战略制定的参与程度有限。

②极为强烈的企业文化，可能会掩饰企业中存在的某些问题，企业也要为此付出代价。

③采用这种模式要耗费较多的人力和时间，而且还可能因为企业的高层不愿意放弃控制权，从而使职工参与战略制定及实施流于形式。

（5）增长型

在这种模式下，企业总经理考虑的是如何激励下层管理人员参与制定、实施战略的积极性及主动性，为企业效益的增长而奋斗。总经理要认真对待下层管理人员提出的一切有利于企业发展的方案，只要方案基本可行，符合企业战略发展方向，在与管理人员探讨解决方案中的具体问题的措施以后，应及时批准这些方案，以鼓励员工的首创精神。采用这种模式，企业战略不是自上而下推行的，而是自下而上产生的。

20世纪60年代以前，企业界认为管理需要绝对的权威，在这种情况下，指挥型模式是必要的。60年代，钱德勒的研究结果指出，为了有效地实施战略，需要调整企业组织结构，这样就出现了变革型模式。合作型、文化型及增长型三种模式出现较晚，但从这三种模式中可以看出，战略的实施充满了矛盾和问题，在战略实施过程中只有调动各种积极因素，才能使战略获得成功。上述五种战略实施模式在制定和实施战略上的侧重点不同，指挥型和合作型更侧重于战略的制定，而把战略实施作为事后行为，而文化型及增长型则更多地考虑战略实施问题。实际上，在企业中上述五种模式往往是交叉或交错使用的。

2.战略与资源的动态关系

企业在实施战略的过程中，必须对所属资源进行优化配置，才能充分保证战略实现。战略与资源的关系主要表现在如下几个方面：

（1）资源对战略的保证作用

战略与资源相适应的最基本的关系，是指企业在战略实施的过程中，应当有必要的资源保证。在现实中，既没有资源保证的战略又没有充分认识到其危险性的企业不在少数。究其原因，大致可以归纳为以下几点：

①战略制定者在思考程序上存在缺陷，他们没有注意到确保资源的必要性，从而制定了"空洞"的战略。

②必要的资源难以预测而导致偏差。由于预测不准，结果造成缺乏资源保证的战略。

③没有把握本企业资源，尤其是看不见的资源而出错误，造成尚未预料的损失。

（2）战略促使资源被有效利用

即使企业有充足的资源，也不是说企业就可以为所欲为。过度滥用企业资源，会使企业丧失既得利益，也会使企业丧失得到更多利益的机会。因此，企业采用正确的战略之后，就可以使资源得到有效的利用，发挥其最大效用。更有甚者，战略可以促使企业充分挖掘并发挥各种资源的潜力，特别是在人、财、物上体现出来的看不见的资源。

（3）战略可以促使资源有效储备

由于资源是变化的，因此在企业实施战略的过程中，通过现有资源的良好组合，可以在变化中创造出新资源，从而为企业储备资源。所谓有效储备，是使必要的资源以低成本、快速度、在适宜的时机进行储备。战略推行的结果可以附带产生新的资源，而这种新资源可以成为实施其他战略的必要资源。

3.领导者在战略实施中扮演的角色

在企业战略管理中，正确的战略思考逻辑能形成正确的企业战略。但是，如果战略得不到良好的实施，无异于纸上谈兵。而战略的成功实施必然依赖于企业领导人的组织管理技巧以及战略实施艺术。一般而言，企业领导人的战略实施艺术类型可以归纳为以下五种：指令型、合作型、转化型、增长型和文化型，详见表5-6。

表5-6　　　　　　　　　　　　领导者的战略实施艺术类型

类型	领导者研究的企业战略问题	领导者扮演的角色
指令型	如何制定出企业的最佳战略	理性行动者
合作型	如何使战略管理人员从一开始就对企业战略承担起自己的责任	协调者
转化型	如何将制定好的战略推行实施	设计者
增长型	如何激励企业战略管理人员和全体员工去执行已制定的企业战略	评价者
文化型	如何使整个企业均确保企业战略得以实施	指导者

|5.7|　相关计划书的设计与编写

5.7.1　计划的编写步骤

1.阐述组织经营理念

经营理念是企业经营和管理的主导思想，也是管理活动甚至是计划活动必须遵循的指导原则。经营理念能够体现出组织的经营观念，表现出组织重视什么，进而为组织赢得竞争优势。对组织经营理念的阐述，应充分表达组织的管理思想，赢得各方利益相关者的认可和重视。在计划书的设计和编写过程中，首先要理解并正确阐述组织经营理念。

2.评估现状

对组织现状的评估，不仅包括对组织外部资源的评价和预测，还包括对组织内人、财、物等各种资源的盘点和预估，以及对目前组织运营和管理现状的评估。在充分了解组织内外环境的情况下，针对组织所要实现的目标进行预判，这样才能做到有的放矢，才能保障所设定的计划方案能够保障目标的实现。

3.设定计划目标

计划目标是组织所要达到的预期状态或最终结果。一个组织在同一时期可能有多个目标，在不同时期也可能有不同的目标。但无论如何，在编写计划书时，均应考虑短期目标和长期目标之间的平衡，确定目标实现的质量、数量、成本和时间，还要避免计划目标制定者或组织环境对计划目标的干扰，确保计划目标是为组织战略服务的。

4.评估现状与目标之间的差距

组织制定的目标一般来讲比组织运行现状要高，充分认识到并客观地度量现状与目标之间的差距，进而设法缩小这种差距是计划工作的重点任务。缩小差距的方法无外乎两种：一是通过管理改进，在现有管理现状的基础上采取有效的措施，将这种差距不断缩小，这种方法风险较小；二是通过管理创新，发现新的实现管理目标的渠道或方法，这种方法的风险较大。

5.制订计划方案

制订计划方案是指为实现管理目标或缩小现状与目标之间的差距所采取的一系列行动或制度措施，它也是指挥和协调组织各项活动的指导文件。此阶段主要表明员工应该做什么、何时做、由谁来做、何处做以及如何做等。制订计划方案的过程也是提出计划方案、比较计划方案并最终选择计划方案的过程。制订计划方案时也应充分考虑处理例外事件的应急方案。

6.制订预算方案

在制订完计划方案后，要将计划方案转变为预算方案，将计划进行量化。一方面，计划的量化是组织分配资源的基础，只有将计划量化形成预算才能有效地平衡各种计划方案，分配好组织资源；另一方面，预算方案可以成为衡量计划是否完成的客观指标，为对计划完成的效果进行奖惩提供重要依据。

7.实施计划方案

如何实施计划方案是计划书的核心内容，说明组织目标实现的方法、路径和可能性。无论计划方案再怎么好，如果没有合适的人来实施，如果在实施过程中得不到有效控制，计划方案就很可能落空，达不到组织所要实现的经营和管理目的。

8.实施结果评估

本步骤虽不是计划书包括的内容，但是对本计划方案的实施效果的衡量和今后如何更好地制订计划有着重要的意义。复盘分析法强调，通过对之前行为活动的再现和评估，有助于总结好的经验，避免过去的失误，从而促进计划工作不断完善。

5.7.2　计划书的内容

计划书所包含的内容是计划编制过程的结果表现，不同类型的计划书所要表现的内容和目的有一定的差异，但总体来看，其表现形式有一定的共性。

下面以创业计划书为例介绍计划书的内容：

1.组织概要

概括介绍组织的主营业务、产品或服务的独特之处，以及组织的成立地点、时间、所处阶段、竞争优势等基本情况。

2.组织业务描述

介绍组织的宗旨和目标，以及组织的长远发展规划和经营策略。

3.产品或服务

介绍组织产品或服务的用途和优点，提供有关的专利、著作权、政府批文、鉴定材料等文件。

4.收入情况

总结组织的收入来源，预测一段时间内的收入增长情况。

5.竞争情况

认真分析现有和潜在的竞争对手，了解他们的优势和劣势，以及与之相对应的本组织的优势，研究战胜对手的方法和策略。

6.市场营销

对目标市场及客户分类，并针对每个细分的目标市场列出相应的营销计划方案，以确定保持并提高本公司产品或服务的市场占有率。

7.管理团队

对组织领导阶层的重要人物进行详细介绍，包括他们的职务、工作经验、能力、专长、受教育程度等，并简要列出本组织所有员工，包括兼职人员的人数，进行概况分类，确定职务空缺。

8.财务预测

介绍公司目前的营业收入、成本费用、现金流量等，预测5年之后的财务报表情况，计划好投资退出模式，如是公开上市、股票收购、出售，还是兼并或合并等。

9.附录

支持上述内容的材料：管理层简历、销售手册、产品图纸等。

复习思考题

1.什么是战略？什么是战略管理？什么是战略目标？

2.环境分析方法有哪些？请详细阐述各个方法的具体内容。

3.SWOT对战略决策有什么意义？如何运用SWOT进行战略决策？

4.请详细阐述战略规划的内容及步骤。

5.请查阅相关资料，以一家公司为例，详细阐述从战略规划到计划的具体化过程。

相关案例

处于饥饿之中的沃尔玛

当沃尔玛宣布计划在阿肯萨斯开办3家试运营的日用品商场时，行业专家为此感到震惊。实际上，仅仅是10年以前，沃尔玛声称公司只是在试运行一种包括食品和日常用品的大型商业中心。今天它却拥有近500家大型商业中心，商品销售额提高到120亿美元，此后，阿肯色州的Bentonville成为城镇排名第八大百货公司。

在这样的业绩背景下，将要开业的新的沃尔玛好邻居商场的策划备受关注。沃尔玛这些占地40 000平方英尺（约合3 716平方米）的商场，具有与传统超市同样大的规模，足以成为沃尔玛统治4 150亿美元高度分割的日用百货行业的标志。

在平衡销售量和消费者购买力的同时，沃尔玛希望新的商场可以通过运营的便利性保持每天的低价格。有些人被沃尔玛刚开始的小规模运营所迷惑的原因就在于此：如果试运营的店达到利润目标，沃尔玛就会在美国境内全面铺开新型经营模式。"任何一个能够看到最终发展趋势的管理者，都会关注沃尔玛的行动。"零售业专家菲利普·乔治说，"沃尔玛的行动预示着，不论如何，我们都要来抢走你的顾客！"

曾经，沃尔玛进入日用品市场给 Kroger 和 Safeway 这样的大型有限公司带来很大的压力，使它们不得不降低成本，提高服务质量。而且，压力不仅仅来自超级商业中心，包括沃尔玛折扣店、山姆俱乐部组合及 J.M. 戴真零售顾问组织出售的食品和其他日用品在内，预计日用百货的销售额只有 300 亿美元，而沃尔玛的销售总额是 1 180 亿美元。沃尔玛"正在从侧面对日用品销售行业进行全面的进攻"。新西兰顾问团的主席歌雷·斯迪拜尔警告说："这是一个严重的威胁。"他预测在 10 年内，沃尔玛和 Safeway 公司将成为美国两大食品零售商，将 Kroger 和 Albertson 这样的竞争对手远远地抛在后面。

当然，好邻居商场看上去好像是对传统日用百货的一种直接打击。沃尔玛高层管理者们却认为现有的三个市场（包括正在策划的两个）都只是试营业，但许多分析家已经预测，这小小的平均占地 182 000 平方英尺（约合 16 908 平方米）的商场，会迅速地证明它们是巨大的商业中心的有力补充。斯迪拜尔认为单是这种新的经营模式，如果在全国推广开的话，会在 10~20 年间实现 5%~10% 的日用百货销售量。

这并不意味着沃尔玛会以它的超级商业中心作为获得优势的手段。在其公司业务中只有三分之一的空间是日用百货。实际上，驾驭着 265 亿美元的运营权利的沃尔玛执行主席耐克·怀特说，公司在美国境内一年会不定期地增设 120~130 家商业中心。其中，大多数会取代小规模的折扣商店。他又进一步表明，"每一个沃尔玛商场可能成为一个商业中心"。就是这家零售公司，现在控制着美国大约 1 900 个这样的折扣商场。

虽然沃尔玛公司在超级商业中心投资组合中增加新的模式——最近在俄克拉荷马州又建成一个占地 200 000 平方英尺（约合 18 580 平方米）的典型购物中心——沃尔玛正努力以好邻居商场模式，进入一个新的细分市场。但是乔治声明，低价格是沃尔玛超级商业中心的优势，但是，只有 25%~30% 的消费者适合应用低价格手段对其进行促销。另外有许多顾客把方便放在购物选择的第一位。考虑到沃尔玛较大的经营规模和范围，有的商场有时从 60 千米以外把顾客接到购物中心，而很多沃尔玛的超级购物中心并没有做到这一点。

沃尔玛在（俄克拉荷马州）土耳沙城市郊的 Broke Arrow 开办的超级商业中心，却遭到了顾客的抵制。尽管令人垂涎的新鲜食品就摆在入口处，货箱里摆满了半加工食品。然而，那些追求传统习惯的人，比如 29 岁的克里斯汀和他 24 岁的男友甘瑞特，仍然到他们常去的几千米以外的 Albertson 百货公司消费。"我们不喜欢去那儿购买，除非万不得已。那里人太多了。"

在同一条街道上，有一家叫 Reasor 的食品用品商店，有各种各样在超级商业中心买不到的鱼类食品和花式面包。43 岁的 Mary Brawler 说，这个家族式连锁店里曾有四个员工在过去向我提供帮助。"去超级商店找人帮帮你看！"她讽刺刺道。

为了诱导那些保守的顾客，沃尔玛设计新经营模式就是为了使自己看上去像传统的商场。好在这是一个低风险行业，通过将新的商店安置在已有的超级商业中心附近，可以使用统一的食品配送系统就近向新建营业点供货。沃尔玛在贝德福德建立了两个食品配送中心。这些占地 800 000 平方英尺（约合 74 322 平方米）的庞然大物，通过使沃尔玛在同一地点向外运输一般日用品和新鲜食品，提高营业效率。

单是这种配送体系就可以帮助沃尔玛对这些跻身在传统的收益甚微的行业中的竞争者们施加压力。借助技术，沃尔玛的折扣优势成为可能，它同时拥有许多"自动上货"系统，通过计算机系统提醒员工在需要时重新装满货架。沃尔玛现在支持所有自家商场的供货需要，使它获得成本优势，而其他竞争对手却多使用第三方批发商。

结果，大多数分析家预测当好邻居商场模式进入市场后，会加剧价格竞争。但是沃尔玛不仅仅注重销售，它的系统同时可以使沃尔玛确保产品新鲜和及时供给。"这样可以使我们赶在 35 000 家竞争对手前面。"怀特说。

这种经营模式也可以提供丰厚的回报。沃尔玛相信它在小规模的商店上的投资回报会像超级商业中心一样好。超级商业中心获得的投资回报率有 25%之多，日用百货连锁店的投资回报率是 20% ~ 22%，传统折扣商店的投资回报率是 22%。

竞争者当然几乎要摇旗投降了。值得一提的是，大多数超级市场从不开办像比邻市场这样小的商店，一个日用百货的竞争者提出，为什么新的中等规模的商店现在都有 52 400 平方英尺（约合 4 868 平方米）的面积？"沃尔玛不可能用这样小的面积满足顾客对花色品种的需求？"他说。沃尔玛对怀特说，零售商从不考虑新的商店中应该容纳多少产品，但是这里会有新鲜的食品，健康、美容服务，以及其他日用品。

诚然，这个行业的变化很少。沃尔玛日用百货的发展是近来行业中企业合并背后的一个原因，像 Alertson 和 AmericanStore 或者 Safeway 和 Vons 的合并。这些合并试图通过扩大组合市场规模来整合配销和管理成本，也许会使沃尔玛面对更强的日用百货上的竞争。更可能的失败者会是谁呢？是那些不能通过足够销售量分摊成本的，难以同大型竞争对手抗争的小规模连锁店和独立的商场。"大多数的小组织会在竞争中消失。"分析者说。

这些竞争压力已经显现出来。一家控制着 116 各商店的食品公司的 CEO 承认，自从 6 家沃尔玛的超级商业中心在他所在的地段开业之后，他感到竞争加剧了。好邻居商场显然是一个威胁。"无论他们做什么，都在向我证明他们能成功。"他说。现在，没有人敢低估这个新的日用百货巨人。

资料来源　王毅捷. 管理学案例 100［M］. 上海：上海交通大学出版社，2003：74-76.

案例讨论：

1.请查阅沃尔玛的详细资料，了解其相关信息。

2.应用波特五力模型分析超市行业中竞争的本质。

3.沃尔玛在行业竞争中使用了哪些战略？

4.请根据上述材料，结合本章所学知识，分析沃尔玛是如何获得竞争优势的。

第5章相关案例分析提示

阅读参考

1.林新奇.新中国人力资源管理变革的路径和走向——制度变迁与政策选择[M].大连：东北财经大学出版社，2012.

2.安索夫.战略管理[M].邵冲，译.北京：机械工业出版社，2010.

3.林奇.战略管理[M].李晓阳，彭芸蕾，译.6版.北京：清华大学出版社，2015.

4.斯坦纳.战略规划[M].李先柏，译.北京：华夏出版社，2001。

领导指挥与组织协调

学习目标

✓ 理解领导的内涵以及领导效能的影响因素

✓ 熟悉领导权力和授权的概念

✓ 熟练掌握各种领导理论的内容

✓ 熟练掌握指挥的概念和作用并理解统一指挥原则

✓ 熟练掌握组织的概念、组织结构及其运行和组织设计与诊断过程

✓ 熟练掌握组织文化的内涵、学习型组织理论和组织生命周期理论

✓ 掌握协调的作用、原则、步骤和方式

6.1 领导

6.1.1 领导的内涵

罗宾斯认为领导是能够影响一个集体实现目标的能力[①]；Northouse 则认为，领导就是某一个体影响并带领其他个体实现特定目标的过程[②]。前者认为领导是一种能力，后者认为领导是一个过程；两者均认为领导是在集体活动中产生和实施的。本书将领导定义为，在特定的组织环境下，具有领导能力的人，通过指挥、协调、辅导和激励等活动带领和引导被领导者完成工作任务，实现组织目标的过程。领导具有领导者和领导活动双重内涵，领导者通过领导活动发挥领导效能。

6.1.2 决定领导效能的因素

领导效能是指领导者通过领导活动达到组织目标的程度。领导效能主要决定于

---

① ROBBINS S P.组织行为学 [M]. 孙健敏，李原，译. 北京：中国人民大学出版社，2005.
② NORTHOUSE P G.卓越的领导力——十种经典领导模式 [M]. 王力行，等，译. 北京：中国轻工业出版社，2003.

领导者、被领导者和领导环境3个要素：

1. 领导者

领导者是领导工作的主体，其所在的成长环境、知识、技能、经验、价值观、个性特点、偏好、动机、责任心以及对下属的看法等，都会影响组织目标的确定、对组织目标的理解、领导环境的评估、领导方式的选择，最终影响领导效能。

2. 被领导者

被领导者是领导工作的客体，其所具备的知识、技能、能力、人格特点、价值观、兴趣爱好、责任心、动机以及对领导者的看法等，都会影响被领导者对领导者意图的理解以及自身的工作效率，同时还影响领导者分配工作的方式和对领导行为的选择，进而对领导效能产生影响。

3. 领导环境

领导环境主要是指企业文化、组织结构、人员调配、制度体系、沟通方式等内部环境。领导效能的评价，不是说采用某一特定的领导方式是否有效，而是领导方式是否与领导环境相匹配，与领导环境不相匹配的领导方式很难奏效。领导者应根据领导环境的不同调整自己的领导方式，以提高领导效能。

6.1.3 领导权力

权力是指A对B的依赖程度。A对B的依赖程度越高，B对A的权力越大；A对B的依赖程度越低，B对A的权力越小。领导者实现组织目标是通过权力的运用来指挥下属有效率地开展工作，权力在领导者与被领导者之间的关系中发挥着桥梁的作用。所以，领导者必须加强对被领导者的控制，提升被领导者对自己的依赖程度，这样对被领导者才有更大的影响力。

领导者的权力来源于两个方面：一是职位权力。职位权力是职位本身所赋予的，随着职位的不同其权力大小会有所侧重和差异。职位权力主要包括法定权、强制权和奖赏权。二是个人权力。个人权力来源于领导者自身的条件，是因领导者在某方面表现出专长并得到被领导者的认可所拥有的权力，其不会随着职位的变化而消失，有着长远的影响力。个人权力包括专长权和影响权。

以上每种权力的来源存在着差异：

1. 法定权

法定权是组织中的领导职位所固有的、合法的、正式有效的权力。不同的组织成员所在职位不同，其所拥有的法定权力也是不同的。法定权决定了领导者可以在权力范围之内直接对下属下达命令和指示，同时也决定了领导者可以通过在管辖的业务范围内制定规章、制度或管理办法来领导下属。

2. 强制权

强制权来源于下属对领导者的恐惧感，它是领导者具有的强制下属执行其命令的权力。如果下属不服从领导者的安排，将会受到扣工资和奖金、调岗降级、处分、批评等惩罚。强制权的大小往往取决于领导者所处的职位高低、所承担的责任大小等。

3.奖赏权

奖赏权来源于下属的需求动机。下属的需求动机驱动着下属自愿服从领导者的指示和命令，按照领导者的工作安排努力完成工作任务。领导者通过调整工资级数、奖金、岗位晋升、表扬等行使奖赏权。领导者所拥有的奖励手段越多、奖励程度越高，其具有的奖赏权就越大。

4.专长权

专长权来源于领导者自身的某些特长，源自下属对领导者特长的认可和信任。当下属意识到领导者具有的某些知识、技能和能力比较突出，能够在工作中为其提供指导，帮助其扫除工作实施过程中的障碍时，专长权就产生了。领导者所具有的特长可能会受到职位和环境变化的影响。

5.影响权

影响权来自于领导者的人格魅力和下属对领导者的尊敬。领导者可能会因其具有的丰富的工作经验、为组织做出的突出贡献、对下属的关照和爱护、是长辈等因素受到下属的尊敬。影响权一般不会受到职位和环境变化的影响，但会随着领导者年龄的增长而不断加强。

6.1.4　授权

领导者的能力和资源是有限的，在工作中不可能所有的事情都亲力亲为，而是通过授权的形式把工作责任和任务下放至下属，发挥下属的积极性、主动性和创造性来共同实现组织目标。在授权时领导者首先要根据工作任务的实际情况和下属的素质有选择性地进行授权。比如，在制定部门发展战略规划时，充分听取下属意见并让下属参与其中是可以的，但将决策权授权给下属，由下属决定最终方案是不可取的。领导者应根据所需完成的工作任务特点及所需的知识、技能和能力等选择合适的受权者，切记不能把权力下放给对实现工作任务无帮助或品行、作风不端正的人。

领导者做到有效授权，应满足5个原则[①]：

1.明确目的原则

明确授权的目的是有效授权的基础和前提。首先，领导者应对组织中现有权力运用的环境和权力使用情况进行分析，识别问题，寻找改进机会；其次，确定授权的目标，全面、深入地分析授权的可能性和必要性；最后，对授权的预期结果进行合理的评估。决不能为了授权而盲目授权，更不能将授权作为推卸责任的借口。

2.适当原则

一是选择适当的工作或任务进行授权。领导者应该根据组织中不同工作性

---

① 马凌. 管理者应学会有效授权 [J]. 重庆邮电学院学报：社会科学版，2005（2）.

质、不同工作条件、工作环境变化的不同要求、工作或任务的复杂程度和难易程度等因素实施授权，避免搞"一刀切"或者凭感情用事，滥用权力。二是选择适当的授权者。授权不是推卸责任，而是对授权者如何最大可能地发挥自己的领导能力提出更高层次的要求。三是选择适当的受权者。受权者既要有接受授权的愿望，又要有接受授权的能力，这样才有助于取得良好的授权效果。因此激发下级参与管理的热情、培养下级参与管理的能力是授权者不可推卸的职责。

3.承诺原则

授权过程实际上是授权者和受权者双方分别做出承诺的过程，授受双方都对授权具有一定的预期。授权者期望受权者能够积极、努力、有效地运用所授权力，并承担相应的责任；受权者则期望授权者给予更多的信任、支持和帮助，为权力的有效运用创造有利条件。

4.弹性原则

授权是对组织现有权力结构进行进一步优化、完善的手段，因此有效授权不仅是权力的下授，同时也包括权力的回收。由于在权力回收的过程中，一般会产生较大的阻力，所以领导者应该在事前建立和健全组织制度与责任制度。

5.系统原则

授权中权力分散的目的是提升组织整体功效水平。授权活动是组织中权力与责任优化配置的过程，是为了适应组织所面临的动态变化的环境和任务，同时也是组织管理者能力变化的必然选择。

6.1.5　领导理论

1.领导特质理论

领导特质理论认为领导者与一般人有着特质上的差别，领导者具有一般人不具有的特质，该理论主要回答的是具有哪些特质的人能成为领导者，或领导者应具备哪些特质。

法约尔（Henry Fayol）在《工业管理与一般管理》中提出领导者应具备6类素质：体力、智力、品德、文化、专业知识和经验。

美国管理学家彼特（Peter）从反向视角研究，把难以胜任领导者的品质归结为12点，集中在3个方面：①身体特征，如领导人的身高、体重、体格、健康程度、个人容貌和仪表等；②个性特征，如领导人的魄力、自信心和感觉力等；③智力方面，如领导人的判断力、沟通才能和聪敏程度等[①]。

德鲁克（Peter F. Drucker）在《有效的管理者》中提出了优秀管理者必须具备的5项主要习惯：善于利用有限的时间、注重贡献和工作绩效、善于发挥人之所长、集中精力于少数主要领域、做有效的决策。

---

① 苏保忠. 领导科学与艺术［M］. 2版. 北京：清华大学出版社，2009.

豪斯（Robert House）在归因理论以及对领导和人类动机的研究基础上提出，魅力型领导者有3种个人特征，即高度自信、支配他人的倾向和对自己的信念坚定不移。他用4个短语来定义魅力型领导：支配性的；强烈感染的；充满自信的；具有强烈的个人道德观感。

达夫特（Richard L. Daft）将领导特质归结为：个人特征与生理特征、智慧和能力（尤其与工作相关的能力）、社会特性与社会背景等因素[①]。

普林斯顿大学教授鲍莫尔（W. J. Bandmal）提出领导者应具备的特质为：合作精神、决策才能、组织能力、精于授权、善于应变、勇于负责、敢于创新、敢担风险、尊重他人、品德超人。

杰克·韦尔奇（Jack Welch）用"4E+1P"标准来进行通用电气领导人才的选拔：①E——energy，有活力；②E——energize，调动下属的活力；③E——edg，敢于发表意见的魄力；④E——execute，执行力，即完成使命的效果。前面3个E是为领导人才设定的能力标准，第4个E是业绩标准。P表示热情（passion），一个人对工作仅有energy还不够，还要有激情，能够被自己所做的事情感染，对工作的目标充满憧憬[②]。

我国《孙子兵法》中的一句话"将者，智、信、仁、勇、严也"，指出了领导者需具备的5种能力。智指领导者的知识才能；信指领导者的威信和领导者为人处世的信用；仁指领导者对下属的关心和爱护；勇指敢于承担责任，有魄力；严指严于律己、严于待人[③]。

我国政府在干部管理中，通常将"德、能、勤、绩、廉"作为选拔、考核干部的标准，同时将"德才兼备、以德为先"作为选拔干部的原则。

2.领导方式理论

（1）勒温的研究

著名心理学家勒温（Kurt Lewin）和他的同事们从20世纪30年代起就进行了关于团体气氛和领导风格的研究。勒温等人发现，团体的任务领导并不是以同样的方式表现他们的领导角色，领导者通常使用不同的领导风格，这些不同的领导风格对团体成员的工作绩效和工作满意度有着不同的影响。勒温等研究者力图科学地识别出最有效的领导行为，他们着眼于3种领导行为或领导风格，即专制型、民主型和放任型的领导风格。

勒温认为，这3种不同的领导风格，会造成3种不同的团体氛围和工作效率。

专制型的领导者只注重工作的目标，仅仅关心工作的任务和工作的效率。他们对团队的成员不够关心，被领导者与领导者之间的社会心理距离比较大，领导者对被领导者缺乏敏感性，被领导者对领导者存有戒心和敌意，容易使群体成员产生挫

---

① 吴维库. 领导学［M］. 北京：高等教育出版社，2006.
② 纳哈雯蒂. 领导学［M］. 4版. 王子新，等，译. 北京：机械工业出版社，2007.
③ 史策. 领导特质：领导人才之魂［M］. 北京：中国时代经济出版社，2006.

折感和机械化的行为倾向。

民主型的领导者注重对团体成员的工作加以鼓励和协助，关心并满足团体成员的需要，营造一种民主与平等的氛围，领导者与被领导者之间的社会心理距离比较近。在民主型的领导风格下，团体成员有较强的工作动机，责任心也比较强，团体成员自己决定工作的方式和进度，工作效率比较高。

放任型的领导者采取的是无政府主义的领导方式，对工作和团体成员的需要都不重视，无规章、无要求、无评估，工作效率低，人际关系淡薄。

勒温等研究者研究发现：在有些情况下民主型的领导风格会比专制型的领导风格产生更好的工作绩效，而在另外一些情况下，民主型领导风格所带来的工作绩效可能比专制型领导风格所带来的工作绩效低或者仅仅与专制型领导风格所产生的工作绩效相当。而关于群体成员工作满意度的研究结果则与以前的研究结果相一致，即在民主型的领导风格下，成员的工作满意度通常比在专制型的领导风格下的工作满意度高。在实际的组织与企业管理中，很少有极端型的领导，大多数领导者都是介于专制型、民主型和放任型之间的混合型。

（2）俄亥俄州立大学的研究

以俄亥俄州立大学企业研究所的斯托格第（R. M. Stogdill）和沙特尔（C. L. Shartle）为核心的研究小组对企业的领导方式进行调查研究，提出四分图理论（如图6-1所示）。他们认为以人为中心和以任务为中心的两个领导方式在同一领导者身上有时是一致的，有时是不一致的，并且这两种领导方式不是相互排斥的，而是相互结合，表现出多种形式。领导者应根据下属和领导情境等多种因素综合考虑，选择最为合适的领导方式。

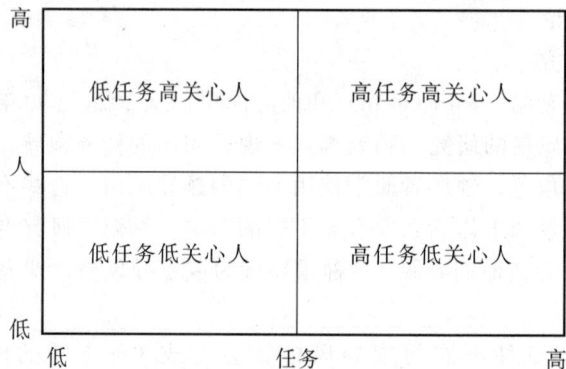

图6-1　领导四分图

一般认为低任务低关心人的领导方式领导效能最差，高任务高关心人的领导方式领导效能最好。

（3）布莱克和穆顿的研究

罗伯特·布莱克（Robert Black）和简·穆顿（Jane Mouton）提出管理方格理论（如图6-2所示），把管理归结为工作和人两个方面，以对人的关心和对任务的关心程度不同进行组合，形成多种领导方式。

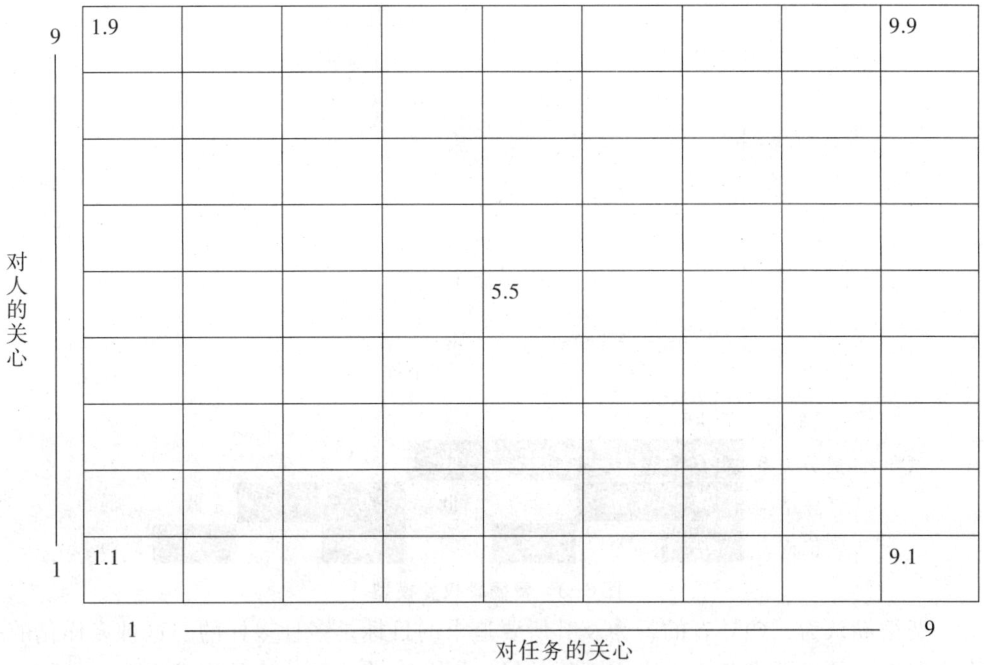

图6-2　领导方格模型

1.1型对任务和人都很少关心，是一种无效的领导方式，称为贫乏式的领导方式。

9.1型对任务非常关心，对人很少关心，是一种以任务为中心的领导方式，称为任务式领导方式。

5.5型对任务和人均表现出中等程度的关心，称为中庸式领导方式。这种领导方式既不偏重于人，也不偏重于任务，往往缺乏变革和创新精神，员工的积极性、主动性和创造性得不到充分的开发。

1.9型对任务很少关心，对人非常关心，是以人为中心的领导方式，称为俱乐部式领导方式。

9.9型对任务和人均非常关心任务，称为团队式领导方式。这种领导方式认为关心人和关心任务没有必然的冲突，领导者对人和任务均要高度重视和关心，把组织目标和员工个人目标通过有效的方式联结起来，这样才能充分调动员工的积极性、主动性和创造性。一般认为，团队式领导方式最为有效。

3.权变领导理论

（1）费德勒的领导权变理论[①]

最早对权变理论做出理论性评价的人是心理学家费德勒（F. Fiedler），他于1962年提出一个"有效领导的权变模式"（Contingency Model of Leadership Effectiveness），认为没有一种最优的固定的领导方式，领导者的领导效能取决于领导者的风格与领导者对情境的控制程度之间的合理匹配，如图6-3所示。

---

① 郑晓明. 领导权变理论述评［J］. 应用心理学，1990（1）.

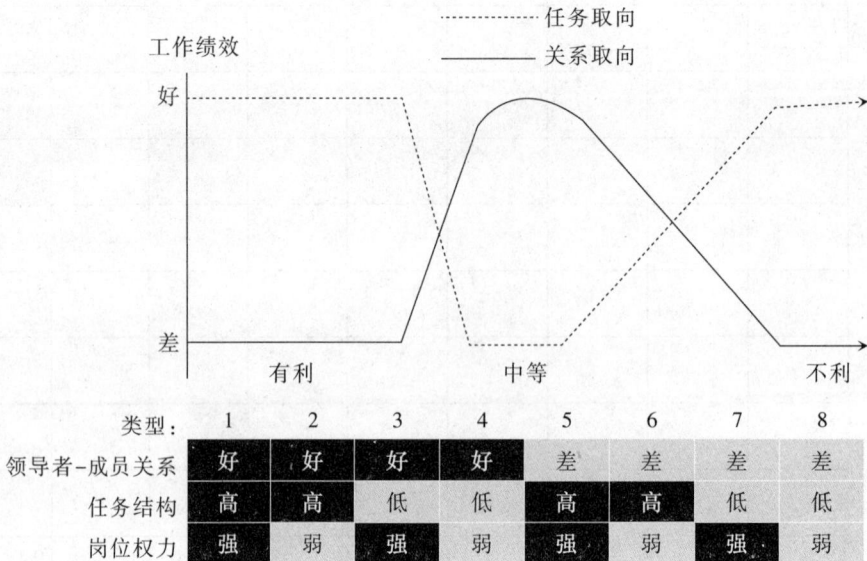

图6-3 费德勒权变模型

费德勒认为，领导者的行为及其所要追求的目标是多种多样的。这种多样化的存在取决于领导者在基本需求方面的差异。因此，费德勒从这种需求出发界定领导风格，且将领导风格归纳为两类，即"关系导向型"领导风格和"任务导向型"领导风格。前者认为维持良好的人际关系比单纯的完成工作任务要重要得多；后者则相反，认为完成工作任务比维持良好的人际关系要重要得多。费德勒还设计出一种LPC量表，用以鉴别不同的领导方式，并认为无论何种领导方式均有其利弊，十全十美的领导方式是不存在的。

费德勒认为一个人的领导风格是固定不变的。当领导者的领导风格与所在的情境不能合理匹配时，要么替换与之相匹配的领导者，要么改变情境使其与领导者的风格相匹配。

领导情境包括领导者与成员之间的关系、任务结构和岗位权力三个要素。领导者与成员之间的关系是指领导者与下属之间的尊重、信任或依赖的程度；任务结构是指工作任务的结构化或非结构化程度，它包括目标对成员来说是否清晰、成果的可测度如何、解决问题的方法是否正确及完成任务的途径或手段之多寡；岗位权力则指领导者所拥有的权力的影响程度。换句话说，也就是领导者在现岗位能对下属产生多大的影响力，包括领导者的地位、权威与赏罚、升贬、加薪、指派等能力。费德勒指出，领导者与成员关系越好、任务的结构化程度越高、岗位权力越大，领导者拥有的控制力也就越高。将3项权变变量综合起来，便可得到8种潜在的情境类型，每种情境均对应着相应领导风格的领导绩效水平，具体如图6-3所示。

（2）豪斯的路径-目标理论

加拿大多伦多大学教授豪斯（R. J. House）提出了路径-目标理论（Path Goal Theory）。该理论的基本前提是：某些领导行为之所以有效，乃是因为在该情境之中，这种行为有助于下属人员达成和工作有关的目标。豪斯等人认为，领导是一种激励下属的过程。该理论的核心是领导者为下属提供信息、支持或其他必要的资源，尽全力帮助下属实现其预定的目标。有效的领导者能够为下属顺利实现目标指明方向，并为下属清除实现目标过程中可能遇到的障碍。因此，豪斯提出了4种领导方式：指令型、支持型、参与型、成就型。而这4种领导方式必须根据下属的不同情况分别选择，选择时主要考虑两个方面的因素即下属的人格特性和情境因素。人格特性包括能力、需求等。情境因素包括任务的性质、组织的权力系统和工作群体等。

（3）弗鲁姆和耶顿的领导－参与理论

1973年弗鲁姆（V. H. Vroom）和耶顿（P. W. Tetton）提出了领导－参与理论，主要研究决策中的领导行为。该理论指出：领导在进行决策时，会有各种选择的可能性，有效的领导应与成员不同程度地参与决策。弗鲁姆认为5种领导方式应在几种不同情境中灵活选择。弗鲁姆这个模型是规范性的——它以决策树的形式提出了一系列应遵循的连续的规则，来确定在不同的情境中选择参与决策的方式和程序。

（4）领导生命周期理论

领导生命周期理论由卡曼（A. K. Korman）首先提出并由赫西（Paul Hersey）和布兰查德（K. Blanchard）予以发展。该理论指出：领导者应根据下属的成熟度来选择相应的领导方式。下属的成熟度是指下属能够承担并完成任务的能力和意愿，承担并完成工作的意愿和能力越高，下属的成熟度越高；反之，则越低。领导者的领导方式应根据下属成熟度的高低进行选择、调整。如图6-4所示，工作行为、关系行为与下属的成熟度并不是一种直线的关系，而是一种曲线关系。

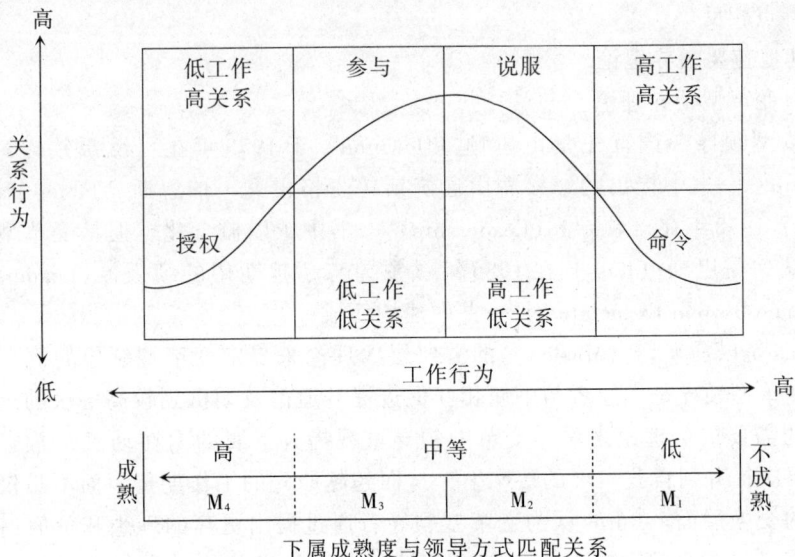

下属成熟度与领导方式匹配关系

图6-4 领导生命周期模型

图6-4中，横坐标表示以工作为主的工作行为，纵坐标表示以关心人为主的关系行为，第三个坐标是下属的成熟度。根据下属的成熟度划分，有4种领导方式：

第一，授权型。授权型领导方式对人和工作的关心程度都比较低，适用于高成熟度的下属，因为高成熟度的下属有较高的能力和意愿来承担工作责任，能够进行自我管理完成工作任务，领导者只起到监督的作用。

第二，参与型。参与型领导方式更加关心人，对工作的关心程度较低，适用于比较成熟的下属，因为下属有能力完成工作任务，但工作意愿比较低，通过让其参与决策则会激发其工作热情和动力。

第三，说服型。说服型领导方式对人和工作的关心程度均高，适用于较不成熟的下属，因为下属愿意承担工作责任，但所具备的能力很难胜任工作，这时领导者要加强与下属的沟通并提供指导，使下属在工作能力上不断提高。

第四，命令型。命令型领导方式对工作更加关心，对人的关心程度较低，适用于低成熟度的下属，因为下属不愿意承担工作责任而且还不具备完成工作的能力，领导者面对这样的下属只能够通过命令式的单向沟通向其下达任务命令。

（5）领导-成员交换理论

领导-成员交换（Leader-Member Exchange，LMX）理论认为，由于时间和资源的限制，领导和所有下属的关系不可能完全相同，领导者会根据下属接受或反对其对该下属所界定角色的程度，以及该下属的表现是否满足领导者的角色要求来判断是否和该下属建立良好的关系。与领导有较高质量LMX关系的下属被称为"圈内人"，其他下属被称为"圈外人"。属于圈内人的下属会得到领导较多的关心、支持和较多的时间资源等，而领导和圈外下属的关系只限于履行工作职责和任务。圈内人关系的特点是高度信任、相互交流、支持和忠诚，圈外人关系的特点则与圈内人关系的特点相反。

4.其他重要领导理论

（1）变革型领导理论

变革型领导一词首先是由唐顿（Downton）于1973年在《反叛领导》（Rebel Leadership）一书中提出的，接着由詹姆斯·麦格雷戈·伯恩斯（James MacGregor Burns）于1978年在《领导》（Leadership）一书中予以概念化。但是变革型领导理论的发展，是巴斯（Bass）在1985年《领导与超越期望的绩效》（Leadership and Performance Beyond Expectation）一书中建构而成。

Burns是以马斯诺（Maslow）的需要层次理论来界定变革型领导的概念的。他认为，变革型领导是领导者与下属相互促进提升道德及动机到较高层次的过程。从Maslow的需要层次理论来看，变革型领导重视提升下属的内在动机，希望将下属的需要层次提升到自我实现的层次上，从而超越原先的工作期望，而不是仅仅局限于利益的交换层面。Burns认为变革型领导者通过提出更高的理想和价值追求，如自由、正义、公平等，唤起下属的自觉性，进而协助他们满足较高层次的内在需要，使下属能由"平凡自我"（everyday selves）提升到"最佳自我"（better selves）。Bass 依据 Burns 的见解，认为变革型领导会使员工对领导者产生信任、尊敬及忠诚。他认为变革型领导是领导者通过改变下属的价值与信念，引导下属超越自我利益，以集体利益为重，以追求更高的目标。

变革型领导共包括4个方面的要素：

第一，领导魅力或理想化的影响（charisma or idealized influence）：领导者了解什么样的事情对于未来是重要的，以此来凝聚组织成员的注意力，能提出吸引人的愿景以及达成愿景的策略，并能得到员工的支持，而且能够通过组织内外人士、正式与非正式的沟通网络，将愿景有效传达给他人。

第二，动机鼓舞（inspirational motivation）：领导者能启发组织成员的工作动机，赋予员工工作的重要意义，以此提高员工的工作期望，相信自己的表现会比预期的标准更好。

第三，智能激发（intellectual stimulation）：领导者能提出新的构想或观点，激发成员思考完成工作的方法，鼓励组织成员用不同于以往的方式来解决问题。

第四，个性化关怀（individualized consideration）：领导者关心每一个组织成员的个别需求，发现成员的潜能，辅导他们完成任务，他会考虑员工的独特性格，提供不同的支持与持续性的技能发展。

（2）交易型领导理论

Burns 于 1978 年在《领导》一书提出了交易型领导的概念，通过对政治领导者的研究，比较了交易型和变革型领导行为，认为交易型领导通过奖励与下属工作进行交换，来鼓励下属为实现工作目标而努力奋斗。这与激发下属自我实现的目标有所区别，是一种短期的交换行为。他认为交易型领导为下属提供的是纯粹的利益交换，强调下属与领导者之间的关系是互惠的。基于经济的、政治的以及心理的价值互换。

交易型领导的理论是 Bass 于 1985 年在其《领导与超越期望的绩效》一书中建构而成的。Bass 认为交易型领导是以领导-成员交换理论和路径-目标理论为基础所发展而来的，认为交易型领导是指通过在奖酬基础上的即时交换来影响追随者[1]。

（3）魅力型领导理论[2]

英国拉夫堡大学教授阿兰·布里曼（Bryman）指出，魅力型领导能够对被领导者产生魅力，吸引被领导者乐于接受其领导。魅力型领导的根本特征是领导者存在使命感，以及他人对这种使命的接受。

魅力型领导的特质包括：自信，有远大的理想和目标，有清晰表达的能力，对目标的坚定信念，不循规蹈矩，是变革的代言人，对环境敏感，对下属的需求敏感。自信是指对自我决策与处世能力充满自信；远大的理想和目标是指倡导清晰、

① 陈文晶，时勘. 变革型领导和交易型领导的回顾与展望［J］. 管理评论，2007（9）.
② 罗珉. 魅力型领导理论述评［J］. 当代经济管理，2008（11）.

动人的愿景；清楚的表达能力是指有明确表达该愿景的能力并被追随者理解；对目标的坚定信念是指目标一旦确定很难改变；不循规蹈矩是指处理问题时经常表现出创新行为；变革的代言人是指能够说服追随者为实现目标而奋斗并坚持不懈；对环境敏感是指能够迅速识别出环境的变化并调整自己的领导行为；对下属的需求敏感是指明确下属的需要并给予满足。

（4）学习型领导理论

学习型领导的本质是领导者与他人一起分担工作责任，领导者影响并服务他人，为了取得优秀的工作业绩而主动做出决策，以及敏感地察觉当下的社会文化环境并带头学习和实践。学习型领导理论的核心内容在于领导者为带领团队实现更具价值的目标绩效，而积极进行的多层面、深层次的学习活动，不仅要学习理论知识，而且要注重从实践中学习，从直接经验中学习；不仅要向更高层次的领导学习，而且要向同事、下属学习。除此之外，学习型领导理论还强调如何通过自身的影响和管理来激发下属的学习积极性和主动性，使得下属在学习中成长，在任务中锻炼，不断提升团队整体战斗力。

（5）谦卑型领导理论

谦卑型领导是指领导者通过主动降低身段，以尊重和关爱下属的心态，悉心听取下属的意见，主动发现下属的优点和长处，与下属共同进步、共同成长，最终实现共同目标的领导风格。谦卑型领导要体现出"谦卑"的精神，不高傲、不自大，始终坚持以学习的态度对待各种人和事，以实现自身能力和精神境界的提升。古希腊哲学家苏格拉底曾说"我唯一知道的事情就是我一无所知"，这句话充分体现了其自身的谦卑精神。

（6）家长式领导理论

郑伯壎[1]提出了家长式领导二元理论，即家长式领导包含两方面的行为类型：立威与施恩。在立威方面，家长式领导表现出4种典型行为，包括专权作风、贬损部属能力、形象整饰与教诲行为，与此相对应，下属会表现出顺从行为、服从行为、敬畏行为与羞愧行为；在施恩方面，家长式领导会表现出个别照顾与维护面子的行为，下属相应会表现出感恩与图报行为。其研究同时也指出了各种家长式领导行为与下属相应的具体行为表现，比如领导的专权作风表现为不愿授权、强调下行沟通、独享信息与严密控制，相对应下属的顺从行为则表现为公开附和、不公开冲突以及不唱反调；又如领导的个别照顾体现为视下属为家人，尽可能保障下属工作，在下属面临急难时予以帮助，整体照顾以及鼓励辅导，下属相应地表现出感恩，包括缅怀恩情与感念领导者。

---

① 郑伯壎. 家长权威与领导行为之关系：一个台湾民营企业主持人的个案研究 [J]. 民族学研究所集刊，1995（79）：119-173.

| 6.2 | 指挥

6.2.1　什么是指挥

指挥有两种含义。作为名词来讲，指挥表示指挥者，指在指挥职位上的人和不在指挥职位但又对他人的思想和行为产生影响的人。进一步来讲，领导者一定是指挥者；非领导者在某些活动中指挥他人完成任务，扮演领导者角色，也是指挥者。作为动词来讲，指挥是指导、引导他人的思想和行为的过程，使得组织计划得以完成，与领导的动词含义相似（具体指挥的方式和发展理论可参照领导方式和发展理论）。指挥职能是与人的因素密切相关的，没有人作为主体和对象的指挥职能是不存在的。总之，指挥职能是指挥者通过指导和引领群体或组织成员为实现共同的目标而努力奋斗的过程和艺术。它有着 4 个方面的基本内涵：第一，指挥一定要与所指挥的群体或组织成员存在互动关系；第二，权力在指挥者和被指挥者之间的分配是不均等的，指挥者拥有更大的权力，这种权力作用于被指挥者；第三，指挥者的思想和行为能对被指挥者产生各种影响；第四，指挥的目的是带领和引导被指挥者为实现共同的目标而努力奋斗，不是为了体现指挥者的权威和地位。

6.2.2　指挥的作用

因为指挥职能离不开人的参与，所以指挥职能发挥作用涉及激励、沟通、营造组织氛围和建设组织文化等内容。指挥的作用主要体现在以下 3 个方面：

第一，协调作用。在组织实施活动中，意见不一致，思想不统一，行动与目标相偏离的现象不可避免，因此需要指挥者通过充分的沟通，协调成员之间的关系和活动。

第二，保障组织有效运转。指挥者通过引导、带领被指挥者攻坚克难，为实现组织目标提供保障。

第三，激励作用。组织成员个人目标与组织目标并不总是完全一致的，指挥者应通过有效的沟通、教育、引导和协调，使个人目标与组织目标相结合，充分调动组织成员的积极性、主动性和创造性。

6.2.3　指挥者与领导者和管理者的区别

从指挥的定义可以看出，指挥者不一定是领导者，但领导者一定是指挥者。指挥者与管理者的区别可以从 3 个方面理解：第一，从范围上看，一般来讲，指挥的范围要小一些，管理的范围比指挥的范围要大；第二，从职能作用上看，指挥是为组织活动设定目标、指明方向、指导和引导被指挥者实现目标，管理则是为组织建立良好的制度体系、秩序，选择维持组织正常运转的方法；第三，从层次上看，指挥存在于管理的各个阶段，无论是管理的战略制定还是日常的管理活动，指挥均为管理目标的实现提供行动基础。

6.2.4 统一指挥原则

统一指挥原则也称统一与垂直性原则，它是最经典的也是最基本的原则，是指组织的各级机构及个人必须服从一个上级的命令和指挥，只有这样才能保证政令统一，行动一致。如果两个领导人同时对同一个人或同一件事行使他们的权力，就会出现混乱。在任何情况下，都不会有适应双重指挥的社会组织。

统一指挥原则源于军事组织，但同样适用于现代管理组织。统一指挥原则是建立在明确的权力系统上的，权力系统则依靠上下级之间严明的指挥链而形成。还有一个与统一指挥原则相似的原则——统一领导原则。统一领导原则是指，一个下级只能有一个直接上级；统一指挥原则是指，一个下级只能接受一个上级的指令。

这两个原则之间既有区别又有联系。统一领导原则讲的是组织机构设置的问题，即在设置组织机构的时候，一个下级不能有两个直接上级。而统一指挥原则讲的是组织机构设置以后运转的问题，即组织机构建立以后，在运转的过程中，一个下级不能同时接受两个上级的指令。

统一指挥原则在实际应用中虽然常常被忽视，但该原则对于组织的管理有其积极的作用。在其他管理原则生效的前提下，统一指挥原则的合理性有如下两条：

第一，权力集中，提高决策效率，使责任高度明确，领导人难以滥用权力和推卸责任。下属只接受一个上司的指挥，那么决策权力将集中于一个上司手上而非几个上司手上。一旦遇到突发的变故，统一指挥的组织就体现出其优势。由于决策权没有被分散，管理者无须经过磋商和讨论，能够迅速对突发事件做出应对，减少决策的时间成本，大大提高了决策效率。而当事故需要有人负责的时候，由于决策者只有一人，其责任高度明确，并且难以推卸责任，滥用权力的成本变得高昂，决策者不得不对自己所做出的决策慎之又慎。

第二，下级只接受一个领导指挥，防止出现多头领导和指挥混乱的状况，保证组织的正常运转和执行效率。

当组织中出现多头领导时，假如同级领导者缺少交流，则会制定目标不统一甚至冲突的任务，下属往往不能同时完成这些互相冲突的任务，而后需要面对的是不同的评价、不同的回报和不确定的责任风险，这将大大减弱下属的工作积极性。

当然，统一指挥原则的合理性是在法约尔的其他管理原则生效的前提下才显现的。但是，当上级做出明显损害组织利益的决策命令时，一般管理原则没有提出具体的解决办法。不过，既然统一指挥原则是参照于军事组织的管理，我们也可以参考军事组织的办法解决这一问题。在民主国家中，军人的最高准则不是上司的命令而是国家宪法。所以，在公司组织的管理中，可以通过设立公司规则，赋予每个员工举报上司侵害公司利益的权力和具体可行的途径。同时，还可以通过设立公司规则，限制管理者对重大事项的决策权力，预防和禁止管理者做出某些可能损害公司利益的决策。而制定公司规则的前提是，保证管理者有一定的决策自主权和决策效率，保证公司的正常运转。

6.3 组织

6.3.1 组织是什么

1.组织的概念

组织一词有两种含义。静态的组织概念是指为了达到特定的目标，由一些人相互作用而共同组成的集合体。它有3个特征：第一，有明确的、共同的目标；第二，组织内成员间相互作用；第三，有系统性的结构，用以规范和限制成员的行为。这样，我们就把组织与其他人群或集合体区分开了，比如，同在一节车厢内的旅客，他们确实是一群人的集合体，但他们没有共同的、特定的目标，也没有发生相互作用，更没有一个系统性的结构来规范他们的行为，因此，社会学上称这样的人群为"乌合之众"。

动态的组织概念是指对完成特定使命的人们的系统性安排。它的目的就是要通过建立一个适于组织成员相互合作、发挥各自才能的良好环境，从而消除由于工作或职责方面所引起的各种冲突，使组织成员都能在各自的岗位上为组织目标的实现做出应有的贡献。具体地说，组织工作的职能主要包括以下几方面内容：

①根据组织目标设计和建立一套组织结构和职位系统；

②确定职权关系，从而把组织上下左右联系起来；

③与管理的其他职能相结合，以保证所设计和建立的组织结构有效地运转；

④根据组织内外部要素的变化，适时地调整组织结构。

而组织工作要回答或解决的基本问题包括以下几点：

①决定管理跨度，从而引起组织结构分级的因素是什么？

②决定划分各种类型部门的因素是什么？各类基本部门划分的优缺点有哪些？

③在把各种业务工作指令下达给既定部门时，要注意哪些因素？

④在一个组织中存在着哪些职权关系？

⑤为什么应把职权分散到整个组织结构的各个部分？确定分散程度的因素是什么？

⑥委员会在组织中处于什么地位？

⑦经理应该如何把组织理论应用到实际工作中？

如此等等，这些实际上也构成了组织理论所要研究的基本问题。

2.组织化原理

如何做好组织工作、使通过组织设计并建立起来的组织结构更加有力地支撑企业战略，是每一位管理工作者的责任。我们认为，进行有效的组织工作应当遵循以下基本原理：

（1）目标统一性原理

组织结构的设计和组织形式的选择必须有利于组织目标的实现。任何组织都有其特定的目标，而组织结构必须有利于组织目标的实现，否则它也就失去了存在的意义。同理，每一个机构又有自己的分目标来支持总目标的实现，而这些分目标就又成为机构进一步细分的依据。为此，目标层层分解，机构层层建立下去，直至每一个人都了解自己在总目标的实现中应完成的任务，这样建立起来的组织结构才是一个有机整体，才能为保证组织目标的实现奠定组织基础。这一原理要求我们在组织设计中，事务性工作要以事为中心，因事设机构，做到人与事的高度配合。

（2）分工协调原理

分工就是按照提高管理专业化程度和工作效率的要求，把组织的目标分成各级、各部门以至各个人的目标和任务，使组织的各个层次、各个部门、每个人都了解自己在实现组织目标中应承担的工作职责和职权。协调则包括部门之间的协调和部门内部的协调。因此，分工协调原理可以这样表述：组织结构的设计和组织形式的选择越是能反映目标所必需的各项任务和工作的分工以及彼此间的协调，委派的职务越是适合于担任这一职务的人的能力与动机，组织结构和形式就越有效。

（3）管理跨度原理

主管人员有效地监督、指挥其直接下属的人数是有限的。管理跨度的限度取决于多方面的因素，如工作类型、主管人员以及下属的能力等。由于管理跨度的大小影响和决定着组织的管理层次，以及主管人员的数量等一些重要的组织问题，所以，每一个主管人员都应根据影响自身管理跨度的因素来慎重地确定自己理想的管理跨度。

（4）权责一致性原理

职权与职责必须相等。在进行组织结构的设计时，既要明确规定每一管理层次和各个部门的职责范围，又要赋予完成其职责所必需的管理权限。职责与职权必须协调一致，要履行一定的职责，就应该有相应的职权，这就是权责一致性原理的要求。如果只有职责，没有职权或权限太小，那么职责承担者的积极性、主动性就必然会受到束缚，实际上也不可能承担起应有的责任；相反，只有职权而无任何责任，或责任很小，那么必将导致滥用权力和"瞎指挥"，产生官僚主义等。

（5）统一指挥原理

组织的各级机构以及个人必须服从一个上级的命令和指挥，只有这样，才能保证命令和指挥的统一，避免多头领导和多头指挥，使组织最高管理部门的决策得以贯彻执行。因此，按照统一指挥原理去办，指挥和命令如果能组织安排得当，就可做到政令畅通，提高管理工作的有效性，而那些由于"多头领导"和"政出多门"所造成的混乱就可避免。

（6）集权与分权相结合原理

为了保证有效的管理，必须实行集权与分权相结合的领导体制。该集中的权力集中起来，该下放的权力就应该分给下级，这样才能够加强组织的灵活性和适应性。如果事无巨细，把所有的权力都集中在最高管理层，不仅会使最高层主管淹没于烦琐的事务当中，顾此失彼，还会助长官僚主义、命令主义和文牍主义作风，忽视组织有关战略性、方向性的大问题。过分分权又往往会造成管理失控，因为毕竟下属的能力也是有限的，而且由于下属的素质不同，其完成任务的质量与及时程度也不相同。如果对分担的权力与职责不加以控制，往往又会使高层管理者对一些事务缺乏了解与控制，进而影响到管理的全局。因此，必须做到集权与分权相结合。

（7）精干高效原理

在服从由组织目标所决定的业务活动需要的前提下，力求减少管理层次，精简管理机构和人员，充分发挥组织成员的积极性，提高管理效率，更好地实现组织目标。一个组织只有机构精简，队伍精干，工作效率才会提高；如果组织层次繁多，机构臃肿，人浮于事，则势必导致浪费人力，滋长官僚主义作风，办事拖拉、效率低下。

（8）稳定性与适应性相结合原理

组织结构及其形式既要有相对的稳定性，不要总是轻易变动，又必须随组织内外部条件的变化，根据长远目标做出相应的调整。一般来说，组织要进行实现目标的有效活动，就必须维持一种相对平衡的状态，组织越稳定，效率也将越高。组织结构的调整和各部门职权范围的重新划分，都会给组织的正常运行带来有害的影响。因此组织结构不宜频繁调整，应保持相对稳定。但是，组织自身所赖以生存的环境是在不断发生变化的，当组织无法适应变化了的情况时，组织本身就会发生危机，组织的调整与变革就是不可避免的了。

（9）均衡性原理

同一级机构、人员之间在工作量、职责、职权等方面应大致平衡，不宜偏多或偏少。苦乐不均、忙闲不均等都会影响工作效率和人员的积极性。应避免一方面有些人整天忙得不可开交，疲于应付工作中出现的各种问题，而另一方面有些人整天无事可做，人力资源的闲置本身就是一种浪费。

6.3.2 组织结构及其运行

1.组织结构的含义

美国著名的心理学家、1978年诺贝尔经济学奖获得者赫伯特·西蒙（H. A. Simon）曾经说过：“有效地开发社会资源的第一个条件是有效的组织结构。”我们可以从中看出组织结构的重要性。

组织结构的含义是什么，国内外已有不少的学者进行过论述。美国著名管理学家弗里蒙特·卡斯特在他20世纪80年代出版的《组织与管理》一书中就指出：“很简单，我们可以把结构看作一个组织内各构成部分或各部分之间所确立的关系形式。”我国的邹再华先生在他1988年出版的《现代组织管理学》一书中把组织结构定义为："所谓组织结构就是一个组织内各构成要素之间所确立的关系形式。"

综合国内外学者对组织结构的研究来看，大体上已经形成了一些共识。因此，我们将组织结构定义为：组织结构就是一个组织的框架，它反映的是组织各部分之间相互作用的关系，包括复杂性、规范性、集权性3个方面的内容。

组织复杂性，指的是组织分化的程度，包括劳动分工、等级层次、组织单位的地理分布等。一般来讲，分工越细、等级越多、单位分布越广，组织越复杂。

组织规范性，指的是组织依靠规则和程序引导员工行为的程度。一般来讲，组织规范条例越多越正规。

组织集权性，指的是组织将决策权集中于上层管理的程度。一般来讲，决策权越是集中于组织的高层手中，组织越集权化，反之则越分权化。

2.三种主要的组织结构类型

组织结构千差万别，但归结起来，最主要的类型主要有3种，也即按照组织分权程度划分为集权的职能制、分权的事业部制、分权的子公司制。

（1）职能制

职能制结构简称U型结构（unity form），又称直线-职能制结构。它起源于20世纪初法约尔在一家法国煤矿担任总经理时所建立的组织结构形式，故又称"法约尔模型"，如图6-5所示。

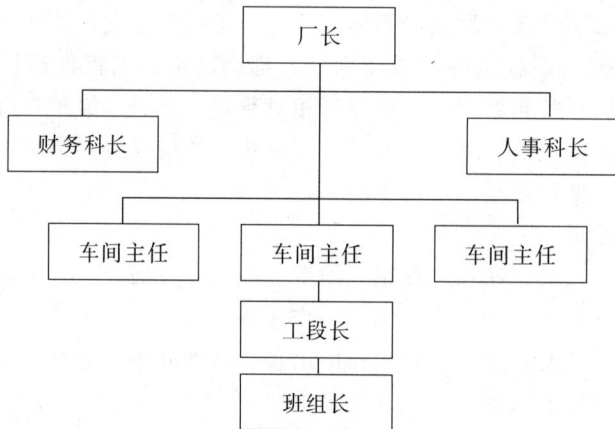

图6-5 职能制结构

职能制结构的特点在于组织的第二级机构按不同职能实行专业分工，如销售、研发、财务、人力资源、生产等。该种组织结构实行的是直线-参谋制，即整个管理系统划分为两大类机构和人员：一类是直线管理人员，对其下属直接发号施令；另一类是参谋人员，其职责是为同级直线管理人员出谋划策，起到一种业务上的指导、服务作用。同时，企业管理权力高度集中，各二级单位只是职能部门，不具独立法人资格，没有独立的对外经营权，整个企业统负盈亏，二级单位只是成本中心，企业总部才是利润中心和投资中心。

职能制的优点主要有以下几点：

第一，按职能划分部门，其职责容易明确规定；

第二，每一个管理人员都固定地归属于一个职能机构，有利于整个组织系统的长期稳定；

第三，部门实行专业分工，有利于提高工作效率，强化专业管理；

第四，管理权力高度集中，便于高层管理者对整个组织的有效控制。

职能制的缺点主要有以下几点：

第一，横向协调差。高度的分工使得各职能部门各司其职，眼界比较狭隘，往往片面强调本部门工作的重要性，因此容易产生本位主义、分散主义，造成各部门之间的摩擦和组织内耗。

第二，企业领导负担重。由于组织高度集权，各部门之间的横向沟通协调只有通过企业高层领导才能解决，因此企业领导工作负担就比较重，难免顾此失彼。

第三，各部门专业分工，不利于培养素质全面、能够经营整个企业的管理人才。

（2）事业部制

事业部制结构简称M型结构（multidivisional form），也称联邦分权制，是继职能制模式之后而出现的一种组织结构形式，如图6-6所示。其特点在于企业的二级机构是按企业所经营的事业部来划分的部门，成立专门化的生产经营单位，每个事业部都独立完成某种产品或服务的生产经营全过程。与职能制相比，事业部制有些分权倾向，各事业部虽不具独立的法人资格，但在自己经营范围内有较大的自主权。而且，各事业部都是利润中心，独立核算，自负盈亏，事业部下属的工厂是成本中心。

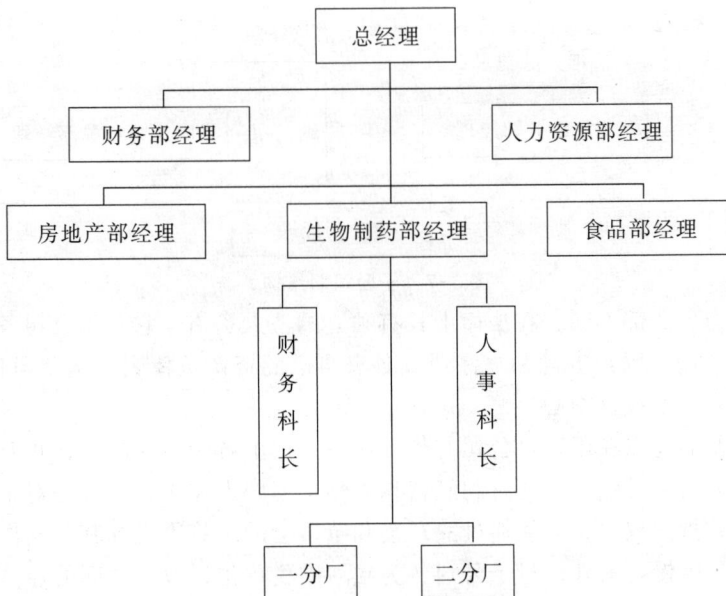

图6-6 事业部制结构

事业部制的优点主要在于：

第一，各事业部都有自己的经营范围，在此范围内拥有较大的经营自主权，而且对本业务较熟悉，它可以根据实际发生的情况迅速做出反应；

第二，有利于高层领导摆脱日常管理事务，更加关注于公司整体发展战略；

第三，事业部经理负责领导一个自成系统、独立经营的准企业，有利于培养全面发展的企业高级管理人才，为公司总部储备后备人才；

第四，按产品划分事业部，便于组织专业化生产，形成规模经济，有利于节约经营和生产成本。

事业部制的缺点在于：

第一，各个事业部都需要设置一套齐备的职能机构，因而用人数较多，费用较高，往往造成机构重复设置的情况；

第二，各事业部自主经营、独立核算，考虑问题往往从本部门角度出发，忽视整个企业的利益。

（3）子公司制

子公司制结构简称 H 型结构（holding company form），是一种比事业部制更为分权的组织结构，如图 6-7 所示。它的特点在于母公司和子公司之间不是行政上的隶属关系，而是资产上的联结关系。当子公司的股票全部归一家母公司所有时，称为"独资子公司"或"全资子公司"；如子公司归两家以上母公司所有时称为"联合子公司"。母公司对子公司的控制，主要是凭借股权，在股东会和董事会的决策中发挥作用，并通过任免董事长和总经理来贯彻母公司的战略意图。

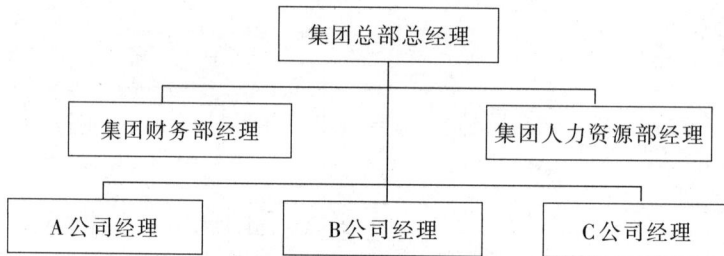

```
                        ┌──────────────────┐
                        │   集团总部总经理    │
                        └──────────────────┘
                ┌────────────────┴────────────────┐
      ┌──────────────────┐              ┌────────────────────┐
      │   集团财务部经理    │              │  集团人力资源部经理   │
      └──────────────────┘              └────────────────────┘
   ┌───────────┬──────────────────┬──────────────┐
┌─────────┐      ┌─────────┐      ┌─────────┐
│ A公司经理 │      │ B公司经理 │      │ C公司经理 │
└─────────┘      └─────────┘      └─────────┘
```

图 6-7　子公司制结构

子公司与事业部不同，在法律上具有独立的法人资格，它与母公司各有自己的公司名称、章程，财产彼此独立注册，各有自己的资产负债表。子公司自主经营，自负盈亏，是一个投资中心。

子公司制的优点在于，母公司与子公司在法律上各为独立法人，相对降低了经营风险，子公司有较强的责任感和经营积极性。但缺点在于，母公司对子公司不能直接行使行政指挥权力，只能通过股东会和董事会的决策来发挥其影响作用，因此影响较间接、缓慢。另外，母子公司各为独立纳税单位，双方之间的经营往来及盈利所得需双重纳税。

实际上，这三种组织结构是按照组织分权程度来划分的，但采取哪种结构模式也是与公司所处的发展阶段相联系的。公司发展初期，人员少，机构少，往往只经营一种业务，因此采取职能制往往更有效率。当公司发展到一定规模时，人员与机构变得越来越多，业务量及种类也变得丰富，采取事业部制较有效率。当公司发展到很大时，往往走资本运作的道路，通过股权控制子公司。事实上，此时的高层管理者也不可能面面俱到地对所有事务都过问，这样也往往会减缓公司发展前进的速度。

3.其他类型的组织结构

（1）简单结构

一种低复杂性、低正规化和职权集中于一人手中的组织结构，在小企业中广泛应用，如小商店。这种组织结构扁平，仅有两三个纵向层次，员工队伍松散，决策集中于一人。

（2）矩阵结构

一种将职能部门中的专家结合在一个或多个项目中的组织结构设计，这些项目分别由指定的项目经理负责，即该组织具有双重指挥链。

（3）网络结构

一种只有很小的中心组织的结构，以合同为基础，依靠其他组织进行制造、销售等非关键业务，自己从事擅长的核心业务，也即供应链管理。

（4）任务小组结构

一种临时结构，用于完成特定的、清楚定义的任务，需要组织的其他单位人员参与。任务完成后，小组自行解散。

（5）委员会结构

将交叉职能部门的人组织在一起解决问题的一种组织结构。这些不同经验、背景的人聚集在一起，跨越职能界限处理问题。

4.塑造健康的组织

与不健康的企业相比，在健康的企业中，勾心斗角和混乱的事情更少，士气与效率更高，人才流失率和招聘成本更低。没有人能反驳这些品质的威力，每个高级经理人都盼望其组织能够拥有这些品质。

健康企业总有自己的一套独特办法比其他企业更聪明。即使它们的观念暂时落后于竞争对手，它们的虚怀若谷与高效率，也总能令自己意识到自己的不足并及时采取改进和革新措施。相反地，许多毫无特色、已烟消云散的企业，却因为内部争斗、混乱不堪以及困扰不健康企业的其他问题而白白丧失了自己的竞争优势。

与不健康企业相比，健康企业更能抵御普遍问题。例如，在企业经营的困难时期，健康企业的员工更能团结一致，支持企业，留在企业的时间更长，最终也就能凭借他们的努力重新建立企业的竞争优势。

虽然高级经理人能将战略、技术、营销、财务等责任很好地分派下去，让他人向自己直接汇报，但是他们却不能将令企业文化健康的责任分派给其他任何人。只有企业的领导团队才能令企业健康发展。

正如其他许多成功要素一样，组织健康理论上很简单，但实施起来却很困难。它需要异乎寻常的决心、勇气和毅力，但是不需要复杂的思维和分析，只需要掌握四条原则。这就是：建立团结的领导队伍；树立明确的组织理念；明确地传达组织理念；有效沟通需要重复发布信息。

（1）建立团结的领导队伍

建立团结的领导队伍是这四条原则中最重要的，它是其他三条原则的基础。但它也是最不容易做到的，需要高层管理者相互高度支持。

团结的领导队伍的精髓，是祛除勾心斗角、不必要的焦虑和无用功。虽然多数高层管理者意识到领导队伍中确实存在争斗行为，但是却经常低估了这些争斗行为的厉害程度及对企业和员工的负面影响。当高层管理者决定不去面对同级来解决某一潜在不同意见时，其下属就注定要白费时间、金钱、感情和精力来解决这些无法解决的问题。这可能导致公司最好的员工开始在其他一般的企业寻找工作，而对那些留下来的职员来说则造成了一种理想破灭、不信任职员和筋疲力尽的氛围。

团结的领导队伍总是能够解决他们之间的问题，为他们自己，同时也为员工营造了一种信任氛围，从而确保了组织内多数精力是花在取得企业想要看到的结果之上。最重要的是，团结的领导队伍工作效率很高。与不团结的领导队伍相比，他们在做决策时速度更快，决策也更深入人心。他们花在考虑其同级是否会支持某一工作计划并为之努力上的时间也相应更少。

团结的领导队伍当然也会斗争，但他们是为问题而斗，而非为性格差异而斗。最重要的是，争论过后，他们可以不存积怨地考虑下一问题，他们的这种能力是惊人的。

（2）树立明确的组织理念

树立明确的组织理念，并非选择合适的词汇来表达公司的使命、战略、价值观，而是对驱动企业生存和发展的基本概念达成共识。

这一点为什么如此重要呢？因为它向组织各层级员工提供了共同的语言和关于是非轻重的一套基本假设。它令员工在不需要管理者随时监督和指导的情况下，能自己做出决策，解决问题。从根本上讲，明确的组织理念令企业得以更有效地分派任务，并且赋予员工真正的自信心。

这样做的结果就是一种无法抗拒的轻重观念和效率观念，而这些观念即使是那些最重视量化管理的领导也是可以接受的。当各级员工对公司要往哪里去、成功是什么样的、竞争对手是谁、要成功就要做到什么等问题有了共识之后，他们就极少浪费时间和精力在一些争执上了。这种公司里员工的自主性是惊人的。他们知道其行为界限，也知道何时在行动前需要上级的指导。他们自己做决策的能力营造了一种权力下放和紧迫感的气氛。

如果创建明确的组织理念的威力如此之大，那么为什么不是所有的高级经理人都这样做呢？这是因为，他们过分看重灵活性的价值了。他们希望自己的组织"行动柔性"，因此不愿意明确讲出企业的方向，或者是讲得不彻底，由此赋予自己可以半途改变计划这一危险的奢侈机会。

一个企业尝试建立明确的理念时所遇到的另一问题，是无法将企业目标分解为具体责任，交给管理队伍成员。只有每个目标都被分解，相应的责任也分给了合适的高级管理人员，才能做到责任明晰。即使当某一目标看似是某组管理人员的责任时，也仍需要指定一个人作为目标的责任人。

（3）明确地传达组织理念

一旦组织已经建立了明确的理念，它就必须尽快将此理念传达给每一位员工。这一条原则是四条原则中最简单的。但具有悲剧意味的是，它也是上述四条原则中做得最不好的。为什么说具有悲剧意味呢？因为按照第一、二条原则已经做了这么多事情之后，却不去易如反掌地收获这些成就所带来的成果，简直太可惜了。

在那些沟通充分有效的企业，各级别、各部门的员工都非常清楚组织的目标，以及他们如何才能为成功做出自己的贡献。他们不会花费时间猜测高层管理者真正在想些什么，也不会从他们收到的信息中寻找隐含的意思。因此，员工会强烈地感觉到大家有共同努力的目标和方向。

健康组织的员工收到很多重复的信息，他们会为此开玩笑，有时甚至会抱怨，但由于他们对公司发生了什么事情很清楚，没有被蒙在鼓里，因此他们也感到很高兴。

明确地传达组织理念的第一步，是掌握组织沟通高手的三个最重要的做法：重复信息、使用简单的语言和运用多种媒介。有意思的是，这与推介方式和口才毫不相干。

（4）有效沟通需要重复发布信息

这样，信息才能在组织内深深扎根。有些专家这样认为，只有当人们听到某条信息重复六遍以后，才能开始相信并消化这一信息。

有效沟通的另外一个关键是有能力不把关键信息复杂化。多年的教育和培训，令大多数领导者感到自己必须在讲话或书写时用上他们所有的智慧。虽然这种想法可以理解，但如果真的这样做，只会令员工感到无所适从。要知道员工需要从领导者那里得到的是关于企业的方向、自己要如何去做的明晰、简单的信息。

沟通的最后一个挑战是如何使用多种媒介。高级管理者往往过于依赖一种沟通方式来向组织内其他人传递信息，有些人喜欢开会和面对面地沟通；其他的人则喜欢通过电子邮件和企业内部网公告发布书面信息。

5.组织运行

组织运行是组织结构动态的一面，它是相对于静态而言的。设计出的组织结构，仅仅是一个框架，尚处于静态之中。为了使组织结构在实现目标的过程中做出贡献，必须使它运转起来。使组织结构运转起来的前提是配备人员，即按照组织结构中职位的要求配备相应的人员。在其运转过程中须不断地实施指导和领导工作、控制工作，同时还必须进行组织分析，以使组织结构有效地运转。

6.3.3 组织设计与诊断

1.组织设计的含义

组织设计（organization design）是指对一个组织的结构进行规划、构建、创新或再造，以便从组织的结构上确保组织目标的有效实现。

组织设计是一个动态的工作过程，包含众多的工作内容。归纳起来，主要有以下几点：

（1）确定组织内各部门和人员之间的正式关系和各自的职责——组织图与职位说明书；

（2）规划出组织最高部门向下属各个部门、人员分派任务和从事各种活动的方式；

（3）确定出组织对各部门、人员活动的协调方式；

（4）确立组织中权力、地位和等级的正式关系，即确立组织中的职权系统。

组织设计可能有3种情况：一是新建的企业需要进行组织结构设计；二是原有组织结构出现较大的问题或企业的目标发生变化，比如企业经营机制转换后，原有组织结构需重新评价和设计；三是组织结构需进行局部的调整和完善。

2.组织设计的基本程序

尽管组织设计实践千差万别，但组织设计的基本程序是一致的。其中以新建企业的组织设计最为完整，下面我们主要以它为例简要说明一下组织设计的基本程序。

（1）确定组织设计的基本方针和原则

确定组织设计的基本方针和原则就是要根据企业的任务、目标以及企业的外部环境和内部条件，确定企业进行组织设计的基本思路，规定一些设计的主要原则和主要参数。比如，公司一级的管理幅度该宽些还是该窄些？采用职能制还是事业部制？

（2）进行职能分析和职能设计

确定为了完成企业任务、目标而需要设置的各项经营职能和管理职能，明确其中的关键性职能，再进而分解为各项具体的管理业务和工作，同时进行初步的管理流程总体设计，以提高管理工作效率。

（3）设计组织结构的框架

设计组织结构的框架即设计承担这些管理职能和业务的各个管理层次、部门、岗位及其权责，这是组织设计的主体工作。可以先划分出若干管理层次，然后在每个层次中设置一定数量的部门，再根据部门完成的工作量最后确定各部门的工作岗位及其权责。也可以反过来，按岗位—部门—层次这一顺序来设计。

（4）设计联系方式

设计上下管理层次之间、左右管理部门之间的协调方式和控制手段。这一步在于把组织的各部分联系成一个整体，使之相互协调一致。

（5）设计管理规范

管理规范的设计即确定各项管理业务的管理工作程序、管理工作应达到的要求、标准和管理人员应当采用的管理方法等。

（6）人员配备和训练管理

组织结构最终要通过人来实施和运行。一般来说，组织结构设计时先暂不考虑企业现有人员的具体情况，而是设计实施时按设计要求的数量和质量来配备各类管理人员。

（7）设计各类运行制度

组织结构的正常运行需要有一套良好的运行制度来保证，包括绩效评价和考核制度、激励制度以及人员补充与培训制度等。

（8）反馈和修正

组织设计是一个动态的过程。在组织结构运行的过程中，如发现前述步骤中有不完善的地方，就要求对原设计做出修改，使之不断符合新的情况。

3.组织设计的基本原则

正确进行组织设计，必须遵循一些基本的原则。把国外的组织理论同我国企业组织改革实践结合起来，可以将组织设计的基本原则归纳为如下几点：

（1）劳动分工原则

传统观点认为，分工有利于提高生产率和个人工作熟练程度。而现代观点认为，分工过细所产生的非经济性（如厌倦、疲劳、低效、压力、旷工等）便会超过分工专业化所产生的经济优势。解决的办法是工作团队、职务轮换、职务扩大化、职务丰富化等。

（2）统一指挥原则

传统观点认为，下属只对一位上司报告工作，防止多头领导问题的出现。而现代观点认为，统一指挥原则在多数情况下仍适用，但在有些情况下会影响绩效，因此可适当实行多重指挥，比如矩阵型结构。

（3）职权与职责对等的原则

传统观点认为，组织职位中所固有的权力是影响力的唯一源泉，职位越高，影响力越大，因此员工应当服从职权。而现代观点认为，权力并非一定与职位相关，组织中有强制权力、奖赏权力、合法权力、专家权力和感召权力，员工服从的应当是权力，而不是职权。

（4）管理跨度原则

传统观点认为，管理跨度不宜超过6人，便于对下属保持紧密控制，同时认为，组织层次越高，管理跨度应越小。而现代观点认为，应当扩大管理跨度，提倡组织的扁平化。同时认为，影响管理跨度大小的因素包括：下属的素质、管理者的管理风格、工作任务的相似性和复杂性、工作地点的相近性等。

（5）部门化原则

传统观点不主张单一的划分部门方法，选择部门化的方法应反映最有利于实现组织目标和各单位目标的要求，包括产品部门化、顾客部门化、职能部门化、地区部门化、过程部门化。而现代观点虽然也承认上述5种部门化方法，但更强调顾客部门化和团队设计的方式。

4.如何优化组织结构

首先，要以组织结构的稳定性过渡或稳定性存在为前提：稳定现时的生产经营管理活动；设置的组织结构在一定时期具有稳定性；能将旧的机构平稳引导、过渡到新的机构；人员的岗位调整能顺利平稳过渡到新的部门和岗位；不适应的原有岗位人员能平稳地离职，不会因为个别人员的离职而给企业带来负面影响，不会因为个别人的离职带走人员，导致员工对企业产生没有信心的思想变化。稳定性是否具备取决于部门优化调整时设立是否做到了"三适"：

①适应：是否适应企业发展需要和管理科学的基本要求；企业的规模、企业产品的市场占有率是否产生了内在的调整需求。一般的表现是：尽管企业规模扩大、人员增加，但企业效率提升速度不匹配，企业内部不协调；推诿的事情经常发生，内部协调工作经常需要上级领导来协调；原有部门、岗位不能适应企业的发展和生存的需求，部门经理、岗位人员明显感到工作不知为何为、为谁为，视而不见麻木无为，消极或积极乱为。

②适时：企业是否到了不调整就不能取得更好效果的时间；是否在恰当的时机里进行调整或优化；是否在适当的提前量（相对于企业管理水准、人员心态、人员素质等）下进行；是否会因为机构调整长时间打乱企业原来的正常生产经营秩序；是否有助于企业在今后的发展中踏上新的起跑线；是否能促进快速提升经营业绩、管理水准；是否具有"退半步，进一步或进两步"的效果等。

③适才：是否有合适的人员或机构来优化调整；是否能广泛发现能为公司所用的人才；是否能最大限度发挥现有人才的作用；是否能发掘现有人才的潜力；是否能引进企业急需的人才等。总之，是否能最大限度地合理使用人力资源。

其次，要分工清晰，有利考核与协调：在现有基础上改进不协调的组织关系，预防和避免今后可能存在的摩擦关系，优化的表现结果应该是部门职能清晰、权责到位，能够进行评价和考核，部门间的管理联系、工作程序协调，公司的管理制度能有效实施。

最后，部门、岗位的设置要与培养人才、提供良好发展空间相结合：优化调整部门和岗位时，又要综合考虑所有人员；不能为了照顾人情关系，设立人情部门或岗位；要综合考虑现有人员的品行、企业发展所需要的能力和潜力等，在品行有保证、具有风险小的培养价值的前提下，有意识地使部门、岗位和人才培养相结合。"企业是个人的发展平台"的观念通过具体的员工在部门或岗位的就职得到体现。

5.组织诊断

组织发展到一定阶段，会随着内外部条件的变化而发生组织结构变革，而组织结构变革的一个重要步骤就是进行组织诊断。科学地进行组织变革，依赖于掌握完整和真实的资料，以及对这些资料进行科学的分析研究。

（1）组织调查

调查了解组织现状的方法大体有3种：

第一，系统地收集现成的资料，包括职位说明书、组织结构图和组织手册、管理业务流程图、系统流程图、管理工作标准、管理工作的定员和人员配备情况、各部门科室人员的考核与奖惩制度。通过这些资料，可以比较系统地了解并确定企业组织结构的当前状况和某些缺陷。

第二，组织问卷调查。问卷不记名，但要注明填表人所在单位、职务、性别、年龄、文化程度等，以便于分析。中层以上领导可以不参加问卷调查。印发问卷到各科室部门，定时回收。

第三，进行个别访谈和小型座谈会。调查问卷反映出的问题往往还停留在表面现象上，而造成这些现象的内在因素，往往要靠访谈来做进一步的定性调查。相对来讲，访谈更适用于厂级领导、各科室领导和管理骨干人员。

（2）组织分析

通过调查，掌握了丰富、真实的资料和情况后，下一步的重要工作是进行组织分析。组织分析的内容从总体上可以归纳为以下5个方面：

第一，职能分析（业务分析）。需要解决这样几个问题：随着内外环境条件的变化，组织需要增加哪些新的职能？哪些职能需要加强？哪些旧的职能可以取消或合并？哪些职能是企业的关键性职能？各项职能的性质和类别都是什么？

第二，决策分析。需要解决这样几个问题：为实现组织目标，应当做出哪些决策？决策分别由哪些管理层次来制定？决策将牵扯到哪些相关业务，为此要征求哪些人的意见？决策制定后应当通知哪些部门的负责人？

第三，关系分析。需要解决这样几个问题：一种业务工作应当与哪些单位和人员发生工作联系？要求什么人对该单位提供配合和服务？本部门对外单位又应当提供哪些配合与服务？各部门之间的协调配合情况如何？

第四，流程分析。流程分析的关键在于确定业务流程或系统流程中存在的工作步骤之间或子系统之间的衔接问题。这些衔接问题会对组织及部门的绩效产生多大影响？还要分析问题产生的原因。

第五，负荷分析。以部门或岗位为中心，将它们所涉及的各项业务流程的工作任务逐一列出，并估算出每项任务的工作量，就可以绘制出负荷图，使管理人员了解所辖单位工作能力的利用状况，是否存在工作量不足或者忙闲不均现象。

（3）撰写诊断报告

分析结束后，要对分析结果进行汇总、归纳，最后形成书面的诊断报告，组织诊断才最终结束。

6.3.4　组织文化

1.如何理解组织文化

所谓组织文化，是指组织在长期的生存和发展中所形成的为组织多数成员所共同遵循的基本信念、价值标准和行为规范。这些共有的价值体系，在很大程度上决定了雇员的看法及对周围世界的反应。当遇到问题时，组织文化通过提供正确的途径来约束雇员行为，并对问题进行概念化、定义、分析和解决。

组织文化是一种客观存在，无论是优良的文化还是劣质的文化、强文化还是弱文化，它的存在都是客观的。从一个组织诞生那天开始，组织成员在长期的共同活动中，必然会形成一些独特的行为方式、独特的风俗习惯，以及蕴藏其中的独特的价值观念。这一切构成了组织传统，这个传统在组织成员之间传播并得到加强，这就是该组织的微观文化，或"小气候"。

2.组织文化的特征

文化可以通过评价一个组织具有的10个特征的程度来加以识别。这10个特征是：

①成员的同一性。雇员与作为一个整体的组织保持一致的程度。

②团队的重要性。工作活动围绕团队而不是个人的程度。

③关注人。管理决策要考虑结果对组织成员的影响程度。

④单位的一体化。鼓励组织中各单位以协作的方式运作的程度。

⑤控制。用于监督和控制雇员行为的规章、制度和直接监督的程度。

⑥风险承受度。鼓励雇员进取、革新及冒风险的程度。

⑦报酬标准。同资历、偏爱等非绩效因素相比，依雇员绩效决定工资增长和晋升等报酬的程度。

⑧冲突的宽容度。鼓励雇员自由争辩及公开批评的程度。

⑨手段-结果倾向性。管理更注意结果或成果，而不是取得这些成果的技术和过程的程度。

⑩系统的开放性。组织掌握外界环境变化并及时对这些变化做出反应的程度。

这10个特征是相对稳定和持久的，组织文化是这10个特征的一种复合体，这些特征综合在一起能创造出高度多样化的组织。

3.组织文化的内容

组织文化一般可分为3个层次，如图6-8所示。

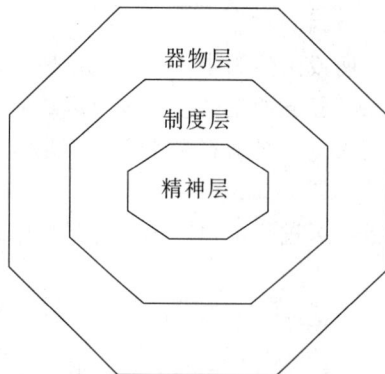

图6-8 组织文化的层次

（1）精神层

精神层是组织文化集中体现组织所有者特性的核心和主体。它包括组织目标、组织哲学、组织精神、组织道德、组织风气。其中，组织精神最为重要，是群体价值观的主要部分。

（2）制度层

制度层是外加的行为规范，它约束组织成员的行为，维持组织活动的正常秩序。制度层包括一般制度（各组织共有的制度）和特殊制度（本组织特有的制度）。

（3）器物层

器物层指组织文化在物质层次上的体现，它是群体价值观的物质载体，包括厂容厂貌、产品样式和包装、设备特色、建筑风格、厂旗、厂服等，它们看得见、摸得着。

4.组织文化对管理实践的影响

一个组织的文化，尤其是强文化，会制约一个管理者的涉及所有管理职能的决策选择。管理者任务的主要领域受到他所处的文化的影响，见表6-1。

表6-1　　　　　　　　组织文化对管理职能的影响

管理职能	组织文化影响的方面
计划	计划包含的风险程度
	计划由个人还是群体制订
	管理者参与环境扫描的程度
组织	员工工作中拥有的自主权程度
	任务由个人还是团队完成
	部门经理间的相互联系程度
领导	管理者关心员工工作满意度的程度
	哪种领导方式更为适宜
	是否所有分歧都应当消除
控制	允许员工控制自己行为还是施加外部控制
	员工绩效评价中应强调哪些标准
	个人预算超支将会产生什么反响

6.3.5　学习型组织

学习型组织是现代管理的重要表现形式，最早见于西方学者赫钦斯于1968年出版的《学习社会》一书，其后有许多西方管理学者不断充实这一理论。1992年彼得·圣吉所著的《第五项修炼——学习型组织的艺术与实践》一书，首次将学习型组织理论化、系统化。整体概括出来，是三句话：学习型组织是全体组织人员能全身心地投入并持续增长学习力的组织；是能让组织人员体验到工作中生命意义的组织；是通过学习能创造自我、创造未来能量的组织。它有六要素：拥有终身学习的理论；建立多元回馈和开放的学习系统；形成学习共享与互动的组织氛围；具有实现共同愿景的不断增长的学习力；工作学习化使成员活出生命意义；学习工作化使组织不断创新发展。

学习型组织是"学、教、练"相结合的组织，这样才能成系统、循环。企业内的每个员工都在学习，其合成不等于学习型组织，他们中的很多人学习可能就是为了离开公司。员工的学习在短、中、长期都要围绕着公司共同发展的目的，教、练也要围绕着这一目的，企业的组织才是健康的。一些企业的学习气氛很浓，但做的又是老一套，有些企业领导很强调学习，但没有足够的空间让员工发挥专长，又有什么用？很多企业的学习围绕着管理、经营展开，这本没有错，但忽略了一点，即员工的品质培养。员工的品质是企业最大的一种资源，我们往往用企业文化、规章制度等来笼统地概括，没有深入地进行研究。譬如人的欲望、人的私心、人的惰性，它是客观存在的，企业要求所有员工"大公无私"那是做不到的，但通过努力"先公后私"是有可能的，但用什么样的方法呢？这很值得研究。大家都知道"木桶效应"，即一个储满水的木桶，只要抽走一块木条，木桶里就没水了；假如木桶的顶端参差不齐，那么水只能装到顶端的最低部分。也就是说，现在的企业不是靠一个人、一种资源、一个广告就能"长治久安"的，而是这个企业的每一个员工都要"精"。因为人是一种可替代的资源，假如每个人的能力、素质都相当强，其整体的替代性就小。因此，一些竞争激烈或高科技的企业要塑造的是"专家型"的群体或组织，使人的强势就成为一种胜势。

1.学习型组织的特点

第一，适应于团队工作而不是个人工作。传统的直线结构以自上而下的指挥取代了人们寻求合作的自然能力，这是无法适应时代挑战的。目前国内外可行的管理创新几乎都在一定程度上依赖于团队的力量。

第二，适应于项目工作而不是职能性工作。当员工从静态工作转向解决一系列问题时，他们将工作组织成项目，每个项目都需要一个跨部门的小组，这些小组随着项目的进展而一起学习。

第三，适应于创新而不是重复性的任务。在电子技术日益发展的今天，重复性工作将越来越多地由计算机处理，人的工作是创新和关心他人，这是计算机做不到的。

第四，有利于员工的相互影响、沟通和知识共享。学习型组织都着力于形成一个宽松的、适于员工学习和交流的气氛，以利于员工之间的沟通和知识共享。

第五，有利于企业的知识更新和深化。学习型组织一般都建立一定的学习制度，定期组织教育和培训，鼓励员工学习，不断更新和深化自己的知识。

第六，有利于企业集中资源完成知识的商品化。学习型组织有利于将一些在知识和经验上互补的员工集中起来，共同进行研究开发，加快知识的商品化过程。

第七，有利于企业增强对环境的适应能力。由于不断地吸收新信息和新知识，学习型企业能够站在时代的前端，把握住企业所处的大环境，随时调整自己的发展方向和市场适应能力。

2.学习型组织的构架

所谓学习型组织的构架，指的是学习型组织由哪些"部件"组成以及这些"部件"如何构成一个高效、有序、运转协调的学习型组织等问题。学习型组织的构架由"指导观念"、"基础设施创新"与"理论、方法和工具"3个部分组成。

指导观念是由远见、价值观与目的等相互作用而成的。彼得·圣吉认为，长期以来，人们一直相信企业的目的是使股东收益最大化，这一根深蒂固的观念可能正是西方企业最大的顽疾。而日本企业不把公司视为机器，而把它当作活的有机体的观念，使日本企业富有活力，对于日本企业的崛起有重要作用。

理论、方法与工具是连接观念与实际工作的桥梁。它使抽象的观念变得富有现实意义，并且实际可行。

试图建立学习型组织就必须大胆进行基础设施创新，以促进学习。这些创新可能包括组织结构调整、工作流程重组、实施新的奖惩制度、重建信息网络等。如日本某企业为了强化质量管理，鼓励一线员工参与质量活动，发明了"质量圈"；荷兰一个企业发明了"环形组织"；美国大批企业实施"工作流程再造"等都是基础设施创新的典型例子。

3.学习型组织的必要行动

一是创造继续学习的机会。学习是每天工作的一部分，组织中的成员能从工作中学习而成长，而普及且具效率的学习活动，需要组织展开具体行动去创造。

二是促进探究与对话。组织中的学习强调对学习内容的不断探究与成员间的彼此对话，而对话更可促使心灵交流与沟通开放。圣吉（Senge，1990）认为对话（dialogue）与讨论（discussion）的相异点主要在于，在小组学习中必须透过讨论来进行对话。讨论是不同观点的呈现与辩论，同时能对整个情境提供有利的分析。而对话则是将不同的观点呈现后据以发现新的观点。在讨论中需要做决定，而在对话中则需探讨复杂的议题。当一个小组必须达成共识并且必须做决定时，必须以讨论来达成此目的。在此基础之上的讨论是权衡不同的观点并从中做出合适的选择。讨论是凝聚不同观点以产生结论或导致行动；而对话的重点并不在于寻求共识，而是强调不同意见的表达，以丰富复杂的议题。对话与讨论两者均能引导行动的方向。讨论的焦点往往是行动，而新的行动则是对话所产生的副产品。

三是增进合作与团队学习。在组织中各小组或团队能彼此开展合作、学习以促进问题的解决。团队学习可营造组织的合作气氛并形成良好的组织气候。

四是建立学习及分享学习的系统。一方面组织需要有完善学习系统的规划，以促使组织内成员能获得充分学习的机会；另一方面组织需建立起分享学习的系统，促使成员以各自的学习成果彼此交流而相互受益。

五是促使成员能迈向共同的愿景。组织美好愿景的创造，不能仅靠上层领导人员的努力，而需要凝聚群力，方能有以致之。组织的愿景需建立在全体成员的共识之上，并由全体成员共同来完成。

六是促使组织与环境相结合。组织除了要有其独立自主性之外，更要与环境密切联系，以充分运用优势的环境来突出本身独特的本质。

6.3.6　组织生命周期

20世纪80年代初，J. R. Kimberly 和 Rechard L. Daft 等人提出了组织生命周期的概念，将企业的生命周期划分为创业阶段、集体化阶段、规范化阶段和精细阶段，并分析了不同阶段的企业管理要求和特点。

随后，Kurt Lewin 从组织变革的角度提出了企业发展的三阶段循环理论：解冻—变革—冻结—再解冻……

在国内，陈佳贵在20世纪80年代末阐述了组织生命周期的理论，将企业的生命周期划分为孕育期、求生存期、高速发展期、成熟期、衰退期和蜕变期。

1997年，席西民指出我国企业的发展要经历一个"能人企业—示范效应（竞争）—孤军独进—规模膨胀—管理滞后—发展受阻"的过程。

以上理论的提出方式虽然不同，但都说明了组织的产生、成长和最终衰落的过程。组织结构、领导体制及管理制度形成一个在生命周期各阶段上具有可预测性的形态，各阶段实际上是一个连续的自然的过程。下面详细介绍第一种划分方法。

1. 创业阶段

当一个组织产生时，其重点是生产产品和在市场中求得生存。组织的创立者将所有的精力都投入到生产和市场的技术活动中。在这个阶段，组织是非规范化和非官僚制的，工作时间较长，控制也是由企业主个人监督。该阶段存在的危机有：①随着组织开始成长，雇员数量增加会带来问题；②创造性和技术导向的所有者面临着管理问题；③在危机出现时，企业主必须调整组织结构以适应企业的成长或产生更能干的管理者。

2. 集体化阶段

如果领导危机得到解决，组织获得有利的领导并开始提出明确的目标和方向。部门也随着权力层级、工作分派及劳动分工而建立。雇员与组织的使命一致并花费很长的时间去协助组织获得成功。每个成员都感到自己是集体的一部分，尽管规范的制度已建立，但沟通与控制基本上是非规范的。该阶段存在的危机有：如果新的管理阶层成功了，那么低层级的雇员就会逐渐发现他们自己受到"自上而下"的领导体制的强大约束，低层级的管理者开始在他们的作用范围内获得自信并希望有更大的自主权；当高层管理者由于其得力的领导和愿景使组织获得成功而不想放弃其职责时，就会发生自主权危机。高层管理者希望使组织的所有组成部分都协调和联系在一起，而组织则需要寻找一种机制去控制和协调各部门而不是直接受高层的监督。

3.规范化阶段

规范化阶段包括规章、程序和控制系统的安装与运用。沟通虽不频繁但更为规范。高层管理者通常只关心诸如战略和计划等问题，而将企业的经营权留给中层管理者。该阶段存在的危机有：在组织的发展中制度和规章的繁衍可能开始束缚中层管理者，组织似乎被官僚化；中层管理者可能厌恶制度的干涉，使其创新受到限制。

4.精细化阶段

在精细化阶段官僚制可能达到了极限，贯穿组织的是管理者提高面对问题和共同工作的技能。社会控制和自我约束降低了增加规范控制的必要性，管理者也学会在官僚制中工作而不助长它，规范制度可以被管理者团队和工作人员简化和替代。破除官僚习气的办法是加强合作，树立团队工作意识。为实现合作，通常需要公司跨部门形成团队。该阶段存在的危机有：当组织成熟以后，它可能进入暂时的衰退期，会产生更新的需要；组织脱离与环境的结合；发展缓慢；过度官僚制；急需提高效率和创新阶段；高层管理者在该阶段常被更换。

组织在生命周期的四个阶段的各个方面的特点可以用表6-2来表示：

表6-2 **组织生命周期各阶段特点**

特点	创业阶段	集体化阶段	规范化阶段	精细化阶段
结构	非规范性，个人表现	基本上非规范，有某些程序	规范性程序，劳动分工和新的专业化	官僚制中的团队工作，小公司的思维
产品或服务	单一产品或服务	有主要产品或服务有差别	产品或服务线	多重产品或服务线
奖励与控制系统	个人，家长式	个人，服务于成功	非人际交流的规范化的系统	广泛性，改变产品和部门
创新	业主-管理者	雇员，管理人员	独立的创新团体	结构化的R&D
目标	生存	成长	内部稳定，扩大市场	声誉，完备的组织
高层管理方式	个人制，企业主制	激励忠诚，指明方向	控制性委派	团队方法，抨击管理官僚制

6.3.7 组织人力资源管理

1.人力资源管理是什么

（1）人力资源管理的定义

狭义的人力资源，是指组织中所拥有的或能够使用的各种具有劳动能力的人员；广义的人力资源，是指一定范围内的人口总体所具有的劳动力的总和，不仅包括其体力、智力、数量、质量、结构，而且包括各种组织因素和文化因素等。所谓人力资源管理，就是把组织内外有关人员的因素作为一种重要的资源加以开发、运用和管理，通过相应的制度、技术、流程与方法，使之与组织文化和战略相联系，从而有利于促进组织及其所有成员竞争力的提升与全面的共同发展。

人力资源管理与劳动人事管理的区别主要表现在以下几个方面：

从管理目标看，传统劳动人事管理主要是"管人"，而人力资源管理则不仅要"管人"，更主要的是要发现人、培养人、开发人。

从管理功能看，传统劳动人事管理主要是执行功能，一般是局限于微观的劳动人事行政业务，而人力资源管理则要求从事许多决策型管理工作，参与企业战略管理。

从管理范围看，传统劳动人事管理比较狭窄，比如简单的招聘、考勤考核、薪资管理、档案管理、办理升降调动等。人力资源管理除了这些业务以外，更重要的是制定人力资源战略和策略，进行人力资源规划管理，从事人力资源开发，调适内部员工关系，参与塑造企业文化等。

总之一句话，传统劳动人事管理着重于"管理"二字，而人力资源管理则着重于"资源"二字。

（2）现代人力资源管理基本原理

现代人力资源管理的基本原理是在总结古今中外人事管理的实践与经验的基础上概括出来的，在现代人力资源的开发与管理中具有普遍意义的基本规律。目前，国内有几种不同观点，表述也不同，但内容大致相同。归纳起来有以下一些原理：

①要素价值性原理

要素价值性原理是指在人力系统中的各个要素，亦即每个人，尽管千差万别，各有长短，但都是有价值的，关键在于能否因人而宜地为每个人提供发挥其聪明才智的条件与机会。要素价值性原理包括下列主要内容：

第一，坚信人人有才。任何一个生理、心理健康的人，都可以在社会中发挥作用。

第二，承认人才的差异性。受先天、后天等多种因素影响，以及每个人自主努力的程度不同，每个人在知识、能力、性格与理念等方面都存在着差异。

第三，运用适用性原理。要使不同层次、不同类型的人才都能发挥出应有的作用，就必须针对每个人的特点，取长避短，合理任用。

②要素的差异性原理

要素的差异性原理一般是指事物的成分因在空间关系上的变化而引起不同结果，发生质的变化。例如，在群体成员的组合上，同样数量和素质的一群人，由于排列组合不同，产生不同的效应；在生产过程中，同样人数和素质的劳动力，因组合方式不同，其劳动效率也不同。

③系统最优化原理

系统是指由相互作用和相互依赖的若干（两个以上）有区别的子系统组合而

成，并具有特定功能和共同目的的有机集合体。

系统最优化原理是人力资源开发与管理中最重要的原理，它是指在对人力资源开发与管理中，系统经过组织、协调、运行、控制，使其整体功能获得最优绩效的过程。人力资源的系统最优化原理包括以下内容：

第一，系统的整体功能不是简单地等于部分功能的代数和。整体功能可能有大于、等于或小于部分功能之和这三种情况。

第二，整体功能必须达到最大，也就是在大部分功能之和的各值中取其最优。

第三，系统的内部消耗必须达到最小。系统内耗的原因主要是系统中因目的的分歧，利益的冲突而导致的相互摩擦与能量抵消，减少内耗主要应采取目标整合、利益协调等措施。

第四，系统内人员状态必须达到最佳。系统最佳状态表现在系统内人员身心健康、目标一致、奋发向上、关系和谐、充满欢乐。

第五，系统对外的竞争能力必须最强。系统对外的竞争能力取决于系统对外部环境的适应力与系统内的凝聚力。

④能级对应原理

在人力资源开发与管理中，"能级"有两方面含义：一是指人的能级，也就是指一个人能力的大小；二是指管理职务中的级别高低。

能级对应原理是指在人力资源开发与管理中，应将人的能级与管理所要求的能级对应起来，也就是要根据人的能级高低将人安置在不同的职位上，赋予不同的责任、权力和利益。能级对应原理包含下列主要内容：

第一，人与人之间具有能级差异。这种差异是可以测评的。

第二，管理的能级必须分序列，按层次设置，不同级次有不同的规范与标准。

第三，人的能级与管理级次的相互对应程度标志着社会的进步与人才使用的合理程度。

第四，不同的管理能级应表现为不同的责任、权力与利益。

第五，人的能级必须与其所处的管理的级次动态对应。

能级对应原理提示了人力资源开发的有效性、管理的科学性与人力资源组织结构的稳定性之间的关系，而管理级次分层合理，且能与人的能级实行动态对应，是实现组织结构稳定的重要保障。

⑤互补增值原理

互补增值原理是指在人力资源系统中，个体的多样性、差异性决定了个体之间的互补性，通过互补可以充分发挥每个人的优势，避免每个人的劣势，使人力资源系统的整体功能达到最佳。互补增值原理的主要内容有：

第一，知识互补。每个人在知识的领域、深度和广度上都是不同的，不同知识结构互为补充，整体的知识结构就比较全面。

第二，气质互补。不同气质者之间互补，有助于将事务处理得更完善。

第三，能力互补。在企业的人力资源系统中，各种不同的能力的互补可以形成整体的能力优势，以促进系统有效地运行。

第四，性别互补。男女互补，能发挥不同性别的长处，形成工作优势。

第五，年龄互补。不同年龄层次的人结合在一起，优势互补，可以将工作做得更好。

第六，关系互补。每个人都有自己的特殊的社会关系，如果这些关系重合不多，具有较强的互补性，就可以形成集体的关系优势，增强对外部的适应性。

⑥激励强化原理

激励强化原理是指在人力资源开发管理中，管理者应利用各种激励手段，激活组织成员的进取心，激发组织成员的创新精神，调动组织成员的工作积极性，使他们充分施展自己的才华，为实现组织目标服务。激励强化原理包括下列内容：

第一，激励是人力资源开发与管理主体的重要职能，其目的是为激发组织成员的工作积极性、创造性，尤其是为形成组织成员的主人翁精神提供系统动力。

第二，系统动力既包括物质动力、精神动力和信息动力三大方面，也包括正激励与负激励两大类型。

第三，激励手段必须综合运用才能获得最佳效果。综合运用激励手段的基本原则是：公平目标与效率目标结合，个体激励与群体激励结合，物质激励与精神激励结合，外激励与内激励结合，正激励与负激励结合。

⑦反馈控制原理

反馈控制是指在管理活动中，决策者（管理者）根据反馈信息的偏差程度采取相应措施，使输出量与给定目标的偏差保持在允许的范围内。

反馈控制原理是指利用信息反馈作用，对人力资源开发与管理活动进行协调和控制。其实质是建立灵敏、准确、有效的信息反馈机制和自我发展、自我调节、自我控制、自我适应的充满生机活力的管理机制。其中，信息反馈作用是指管理系统输出信息，经管理对象系统作用返回再作用于输出信息，以实现对系统的调节与控制。反馈控制原理具体包括以下内容：

第一，人力资源开发与管理是一个综合运动过程，它包括培养、选拔、配置使用、管理等多个相互联结的环节，各个环节之间存在因果关系。

第二，人力资源开发与管理活动的预定的目标，也就是衡量活动实际结果的标准。

第三，建立灵敏、准确、有效的信息反馈机制，以反馈实际结果与预期目标之间的偏差的信息，并分析和说明实际情况偏离预期目标的程度及原因。

第四，建立自我调控、高效运作的管理机制，能及时采取有效措施纠正偏差，防上失控。

⑧弹性冗余原理

弹性冗余原理是指在人力资源开发与管理中必须充分考虑管理对象生理的、心理的特殊性，以及内、外环境的多变性造成的管理对象的复杂性，在人力资源管理工作中要留有一定的灵活性。弹性冗余原理包括下列主要内容：

第一，必须考虑劳动者体质的强弱，使劳动强度具有弹性。

第二，必须考虑劳动者智力的差异，使劳动分工具有弹性。

第三，必须考虑劳动者年龄、气质的差异，使劳动时间有适度的弹性。

第四，必须考虑劳动者性格、气质的差异使工作定额有适度弹性。

第五，必须考虑行业的差异，使工作负荷有弹性。

第六，必须重视对积极弹性的研究，努力创造一个有利于促进劳动者身心健康、提高劳动效能的工作环境。要注重防止和克服管理中的消极弹性。

⑨竞争协作原理

竞争协作原理是指在人力资源开发与管理过程中，既要引进竞争机制，以激发组织成员的进取心，培养他们的创新能力和开拓精神，发挥其在促进人力资源开发与管理方面的积极作用，又要强化协作机制，以克服片面竞争造成系统内耗等消极作用，最终达到全面提高人力资源综合效益的目的。竞争协作原理包括下列主要内容：

第一，竞争在人力资源的综合运用过程中普遍存在。

第二，合理竞争有利于人力资源的开发与管理效益的提高，但不合理竞争会压抑个人发展，造成组织内耗等严重危害。

第三，合理竞争就是与协调共存的竞争。衡量竞争是否合理的主要标志是竞争以组织目标为导向，竞争以利益相容为前提，竞争以公平、适度为准则。

⑩信息催化原理

信息催化原理是指人们通过获取知识信息来认识和改造世界。没有信息就不能很好地开发和管理人力资源。由于信息数量迅速增长，传递速度越来越快，人们已经进入网络时代，能否迅速捕捉、掌握并运用大量信息决定了能否在竞争中取胜，能否使人力资源开发与管理跟上时代的形势。

根据信息催化原理，企业或组织应运用最新的科学技术知识、最新的管理理论武装员工，建立并保持人力资源的质量优势。因此，越来越多的企业或组织将经费大量投资在培训上，不限于上岗培训、专业技能培训，而且发展终生性的培训。

⑪主观能动原理

主观能动原理是指人是生产力中最活跃的因素、最宝贵的资源，人具有主观能动性。人才结构可以分为德、智、体3个方面，而德和智均与人的思维运动及能动作用有直接关系。

根据主观能动原理，企业或组织应高度重视为员工主观能动性的开发和管理控制提供和创造良好的条件，使员工的思维运动更活跃，主观能动作用得到更好的发挥。

⑫动态优势原理

动态优势原理是指在动态中用好人，管好人，充分开发和利用人的潜能和聪明才智。社会的一切事物和现象都处在变动之中，企业的员工也处在变动之中，员工要有上有下，有升有降，不断调整，合理流动，才能充分发挥每个员工的潜力、优势和长处，使企业和个人受益。

2.人力资源规划

（1）人力资源规划的指导思想与基本理念

①以人为本：

●不仅要造就有成就的人才个体，而且应培育人才团队，发挥人力资源团队规模效应；

●不仅要发挥人力资源体力劳动密集型功能，而且应发挥人才的智力密集型功能；

●不仅要发挥人才自身功能，而且要充分利用与其连带的社会关系网络功能；

●不仅要利用内脑而且要利用外脑。

②企业通过吸纳成熟型人才、成长型人才，有效拓宽利用社会人才的渠道。

③企业开辟三个人才渠道：

●立足区域，充分发挥本地人才的主渠道作用；

●面向全国，吸纳高层次人才；

●注重与国际接轨，寻找留学生或外籍管理者、专家的支持。

④在三个层面上开发人力资源：

●企业高层，形成职业精英团队；

●企业内部，实施全员培训；

●企业外部，正面影响客户、公众。

⑤用人原则：

●知人：了解人、理解人、尊重人，不但知人之表，更要知人之潜力。

●容人：创造宽松环境，使人心情舒畅，不求全责备，允许改进自律。

●用人：为每个员工提供施展才能的舞台，创造学习、发展、升迁的机会。

●做人：以诚相待，与人为善，宽容人、体谅人，不搞内耗，敬业乐业，忠于职守，以公司为家，与公司共荣辱。

⑥持续开发人力资源，将人才作为取之不尽、用之不竭、具有倍增放大效应的资本。

⑦人尽其才，人人都是人才。

⑧公平竞争：

●不拘一格、机会均等、任人唯贤；

●没有性别、籍贯、身体特征的偏见；

●没有校友派系、出身门户之见；

●没有领导个人的用人偏好。

⑨人才个体生涯成长规划与企业人力资源发展目标相互匹配，员工与企业一同成长。

⑩保持企业一定的员工流动性：

- 人员过于稳定，造成一潭死水，没有竞争压力；
- 流动过于频繁，造成队伍不稳，技术没有积累，反而流失。

⑪使工作多样化和丰富化。

打破员工岗位固定化和单一专长化模式，适时调换员工工作岗位和地点，或建立工作小组制，使员工做到一专多能或全能发展，保持员工工作热情、新鲜感和挑战性。

⑫建立员工正常晋升机制，使普通员工具有努力、敬业而被提拔的权利和机会。

⑬大力开展制度化的合理化建议活动，从中发现、挖掘人才。

⑭对突破常规机制脱颖而出的尖子人才，要委以重任。

（2）人力资源规划应注意的方面

①首先对企业内部人力资源状况进行系统性清查：

- 对明显不合格人员予以调整；
- 运用"评价中心"或其他测评技术对重点人员（或全体员工）进行评估；
- 对企业内部人力资源状况进行总体或分类统计。

②与其他战略、经营、财务规划协调。

- 根据企业每年经营、财务计划指标，结合企业现有员工状况，尤其是员工流动率，来测算年度人力资源总量和按工种、岗位、职务等分类的结构性指标；
- 提出年度需新增招募、压缩辞退、下岗分流、转岗调配的具体计划；
- 制订人才需求计划，应包括所需的数量、质量、人才素质要求。

③人才计划要一次规划、分期流动实行，并根据实际状况，经常调整和进行动态评估，必要时建立高级或稀缺专业人才后备系统。

④企业实行员工总额控制。

⑤由企业一级定编，其原则为精简机构、节约用人、提高效率、一人多岗；由各部门定员。

（3）人力资源规划内容

所谓人力，可分为3个层次：

高层人员：包括工商机构的行政主管人员、工程师、专业技术人员等。

中层人员：包括一般技术人员、监工人员、助理人员等。

基层人员：包括领班、普通工人等。

以上3种人员，高层人员的需求相对较少，但人员的培养最为困难。而中层及基层的人员需求较多。人力资源管理的责任是要用培养或管理发展等方式，将中层人员培养为高层人员。因此，人力资源规划常常与发展相提并论。

人力资源规划包括下列内容：

一个组织或企业经常随着外部环境的变化而变化，如全球市场的变化，生产技术的突破，生产设备的更新，生产程序的变更，新产品的问世等。这些变化都将影响整个组织结构，即组织结构必须去适应企业经营策略的变化。而经营策略的变化又因环境变化而产生。组织结构的变化必然牵涉到人力资源的配置。因此，对未来组织结构的预测评估应列为第一步。

①制订人力资源供求平衡计划

该计划应考虑以下3点：

● 因业务发展、转变或技术装备更新所需增加的人员数量及其层次。

● 因员工变动所需补充的人员数量及其层次，这种变化包括退休、辞职、伤残、调职、解雇等。

● 因内部成员升迁而发生的人员结构变化。

②制订人力资源征聘补充计划

征聘原则包括：

● 内部提升或向外征聘以何者为先？

● 外聘选用何种方式？

● 外聘所选用的人员来源如何？有无困难？如何解决？

● 如果是内部提升或调动，其方向与层次如何？

③制订人员培训计划

人员培训计划的目的是培养人才，它包括两方面：对内遴选现有员工，加强对员工进行产品专业知识及工作技能培训；对外应积极猎取社会上少量的且未来需要的人才，以避免企业中这种人才的缺乏。至于人员的培训内容，可包括：

● 第二专长培训：以利于企业弹性运用人力。

● 提高素质培训：以帮助员工树立正确的观念及提高办事能力，使之能担当更重要的工作任务。

● 在职培训：适应社会进步要求，以增进现有工作效率。

● 高层主管培训：进行管理能力、管理技术、分析方法、逻辑观念及决策判断能力方面的培训。

④制订人力资源使用计划

人力资源规划不仅要满足未来人力的需要，更应该对现有人力资源做充分的运用。人力资源运用涵盖的范围很广，而其关键在于"人"与"事"的圆满配合，使事得其人，人尽其才。人力资源使用包括下面几项：

● 职位功能及职位重组；

● 工作指派及调整；

● 升职及选调；

● 职务丰富化；

● 人力资源检查及调节。

（4）人力资源规划目的

①规划人力资源发展

人力资源发展包括人力资源预测、人力资源增补及人员培训，这三者紧密联系，不可分割。人力资源规划一方面是对目前人力资源现状予以分析，以了解人事动态；另一方面是对未来人力资源需求做一些预测，以便对企业人力资源的增减进行通盘考虑，再据以制订人员增补和培训计划。所以，人力资源规划是人力发展的基础。

②促使人力资源的合理运用

只有少数企业的人力配置完全符合理想的状况。在相当多的企业中，其中一些人的工作负荷过重，而另一些人则工作过于轻松；也许有一些人的能力有限，而另一些人则感到能力有余，未能充分利用。人力资源规划可改善人力分配的不平衡状况，进而谋求合理化，以使人力资源能配合组织的发展需要。

③配合组织的发展需要

任何组织的特性，都是不断地追求生存和发展，而生存和发展的主要因素是人力资源的获得与运用。也就是如何适时、适量及适质地使组织获得所需的各类人力资源。由于现代科学技术日新月异，社会环境变化多端，如何针对这些多变的因素，配合组织发展目标，对人力资源恰当规划甚为重要。

④降低用人成本

影响组织用人数目的因素很多，如业务、技术革新、机器设备、组织工作制度、工作人员的能力等。人力资源规划可对现有的人力结构做一些分析，并找出影响人力资源有效运用的瓶颈，使人力资源效能够得到充分发挥，降低人力资源在成本中所占的比率。

（5）人力资源规划的流程

一个企业必须根据企业的整体发展战略目标和任务来制订其本身的人力资源计划。一般来说，一个企业组织的人力资源计划的编制要经过5个步骤，如图6-9所示。

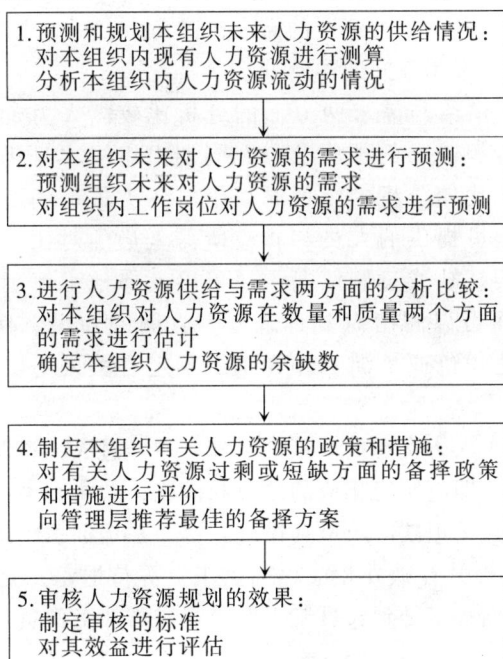

图6-9　人力资源计划的编制步骤

①预测和规划本组织未来人力资源的供给情况。通过对本组织内部现有各种人力资源的认真测算，并对照本组织在某一定时期内人员流动的情况，即可预测出本组织在未来某一时期里可能提供的各种人力资源状况。

A.对本组织内现有的各种人力资源进行测算，包括：各种人员的年龄、性别、工作简历和教育、技能等方面的资料；目前本组织内各个工作岗位所需要的知识和各个时期中人员变动的情况；雇员的潜力、个人发展目标以及工作兴趣爱好等方面的情况；有关职工的工作经验、发明、创造以及发表的学术论文或所获专利等方面的信息资料。

B.分析组织内人力资源流动的情况。一个企业组织中现有职工的流动可能有这样几种情况：第一，滞留在原来的工作岗位上；第二，平行岗位的流动；第三，在组织内的提升或降职变动；第四，辞职或被开除出本组织（流出）；第五，退休、工伤或病故。

目前，国内外企业组织对本组织人力资源供给方面进行预测的方法主要有两种：一是根据本组织各部门的管理人员以往的有关工作岗位上输入和调出信息以及在本单位内工作变动的情况进行预测性测算，这样，人力资源计划人员就可预测出组织内现有或未来某一时期内可提供的各种人员的数量。这种方法适用于相对稳定的环境或短期性的预测。二是采用随机网络模型方法。见相关词条。

②对本组织未来对人力资源的需求进行预测。经过第一步对本组织员工在未来某一时期内人力资源供给方面的预测规划，接着就要根据组织的战略目标来预测本组织在未来某一时期对各种人力资源的需求，对人力资源需求的预测和规划可以根据时间的跨度而相应地采用不同的预测方法。

③进行人力资源供给与需求两方面的分析比较。人力资源计划编制的第三步是把本组织人力资源需求的预测数与在同期内组织本身仍可供给的人力资源数进行对比分析。从比较分析中则可测算出对各类人员的所需数。在进行本组织在未来某一时期内可提供的人员和相应所需人员的对比分析时，不但可测算出某一时期内人员的短缺或过剩情况，还可以具体地了解到某一具体岗位上员工余缺的情况，从而可以测出需要具有哪一方面的知识、何种技术档次的人，这样就可有针对性地物色或培训，并为组织制定有关人力资源相应的政策和措施提供了依据。

④制定本组织有关人力资源的政策和措施。在经过人力资源供给测算和需求预测比较的基础上，组织即应制定相应的政策和措施，并将有关的政策和措施呈交最高管理层审批。解决人员短缺的政策和措施有：一是培训本组织职工，对受过培训的员工根据情况择优提升补缺并相应提高其工资等待遇；二是进行平行性岗位调动，适当进行岗位培训；三是延长员工工作时间或增加工作负荷量，给予超时超工作负荷的奖励。

⑤审核人力资源规划的效果，这一步骤包括两项内容：一是制定审核的标准；

二是对效益进行评估。

（6）人力资源规划的考评

人力资源规划是人力资源管理工作的关键性部分。如果规划制定得很糟糕，企业就可能缺少足够的员工，或者反过来，由于人员过多而不得不大量地裁员，总之企业会由此遭受到各种人员配置问题的困扰。如果人力资源管理规划制定得很好，就会获得以下方面的受益：

①高层管理者可以更多地了解经营决策中与人力资源有关的问题，加深对人力资源管理重要性的认识。

②管理层可在人力资源费用变得难以控制或过度花费之前，采取措施来防止各种失调，并由此使劳动力成本得以降低。

③由于在实际雇用员工前，已经预计或确定了各种人员的需要，企业就可以有充裕的时间来发现人才。

④在未来的发展计划中，能够有更多的机会来雇用妇女和少数群体成员。

⑤经理们的培养工作可以得到更好的规划。

各种结果只要可以衡量，都可以作为考评人力资源规划绩效的依据。评价方法之一是将某个时点的计划需求水平与届时该时点上的实际需求进行对比。显然，对于成功的人力资源规划的最有说服力的证据是，在一个较长的时期内，企业的人力资源状况始终与经营需求基本保持一致。

3.人力资源体系

人力资源管理贯彻始终的一个主题就是承认雇员是公司的一种宝贵财富，因此人力资源战略与主要商业战略之间应有某种相互作用，基于这种相互作用，应该提倡根据公司规划中的战略方向对人力资源体系进行主动干预，如图6-10所示。针对人力资源体系的主要方面能否与公司商业战略相契合这一点，人们常常会提出以下问题：雇员是否具备合适的水平，以满足公司的战略需要？人员甄选、评估和开发的方法是否对公司战略有支持作用？公司经理对待人力资源问题是否像对待本部门特有问题那样认真？以下我们将探讨人力资源体系包含的主要内容和它追求的主要目标。

（1）人力资源体系的主要内容

①战略规划：根据企业的发展战略，审视组织内外部环境，然后对整体的人力资源按组织目标进行分析后给出数量上、质量上的明确需求。其中包含工作分析和战略规划。

②人员的获取和配置。

③员工发展：包括新员工职业导向活动、员工职业发展与员工职业生涯计划和绩效管理。

④员工保障与保护：包括薪酬管理、人力资源保护和对员工的社会保险。

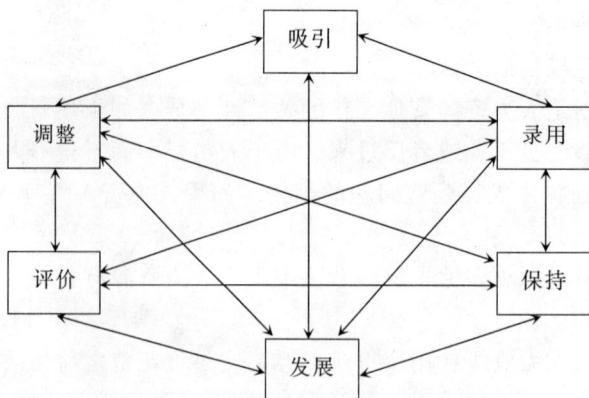

图6-10　人力资源体系

资料来源　林泽炎. 企业人力资源管理制度创新解析［J］. 武汉市经济管理干部学院学报，2002（1）.

（2）人力资源管理体系的主要目标（Armstrong，1992）

• 公司的目标最终将通过其最有价值的资源——它的员工来实现；

• 为提高员工个人和组织整体的业绩，人们应该把促进组织的成功当作自己的义务；

• 与组织业绩紧密相联、具有连贯性的人事方针和制度，是企业有效利用资源、实现商业目标的必要前提；

• 努力寻求人力资源管理方针与商业目标之间的统一；

• 当企业文化合理时，人力资源管理方针应起支持作用，当其不合理时，人力资源管理方针应促使其改善；

• 创造理想的组织氛围，激发个人创造性，培养积极向上的作风，为合作、创新和全面质量管理的完善提供适宜的土壤；

• 创造灵活的组织体系，进而帮助公司实现竞争环境下的具体目标；

• 提高员工个人在决定上班时间和职能分工方面的灵活性；

• 提供工作和组织条件，为员工充分发挥潜力提供所需支持；

• 维护和完善员工队伍以及产品和服务。

要实现这些目标，就要完善组织的人力资源管理制度，使其支持组织的战略规划。

4.人力资源管理制度

（1）人员招聘制度

人员招聘是企业人力资源管理中一个非常重要的环节，它与企业其他的人力资源管理活动之间存在着密切的关系。在员工招聘开始之前，组织需要确定工作职位空缺的性质，并在此基础上确定人力资源的需求，包括需求的数量、技术组合、等级和时间要求等。在这一环节上，人力资源规划有助于我们了解所需要的工作申请人的类型和数量，而工作分析和任务分析则有助于我们确定所需要的工作行为和申请人的个人特征。在征招到工作申请人之后要进行初选。初选是一种快速而粗略的挑选过程，可以只根据工作所需要的某一个关键性特征进行选择。随后的录用环节则比较规范，需要进行较全面的考查，如测试、个人面试、背景调查等。在录用新员工后要对其进行培训，使其了解组织政策、工作流程和各项福利待遇。最后，工作绩效评估将会提供员工工作绩效水平的信息反馈，这也是对招募和录用工作质量的最终检验。由此可见，招聘不仅影响着企业的未来，同时也影响着员工个人的未来，因此要加强对招聘过程的管理，其中包括：

①产生空缺职位，进行职位分析。企业人力资源管理人员要和空缺职位所在部门相关工作人员共同确定该职位的人员应具备的资格条件，包括专业技能、工作经验和特殊能力要求等。在确定了人员标准之后，一般要编制和填写"人员增补申请表"，并报请有关部门批准，见表6-3。

表6-3   **人员增补申请表**

申请单位		增补职务		增补人员数量	
增补原因					
备注					
应具备的资格条件	性别：（1）男 （2）女 年龄： 学历：（1）初中（2）高中（3）大专 （4）本科（5）硕士（6）博士 专业： 外语等级： 工作经验： 技能： 特长：			补充人员的工作内容	
单位主管意见	签字：_____			人力资源部门意见	签字：_____

②拟订人员招聘计划。企业中的人员处于不断的变化中，如退休、自然减员、辞职、开除等现象都会导致员工的减少。另外，随着新事业的开拓和企业规模的扩大，企业内部的人员会随着招聘而增加；同时在企业内部进行的岗位调动、提升、免职、处罚等则会导致人员结构的改变。这些变化应通过人力资源规划等手段来做到心中有数。制订招聘计划，实质上就是在拟定人员补充政策，目的在于使企业能够合理地、有目标地在中长期内将符合企业所需数量、质量和结构的人员补充在可

能产生的职位空缺上。由此，招聘计划的主要内容应包括：

- 哪些岗位需要招聘人员？招聘多少人？
- 每个岗位人员的任职资格是什么？
- 什么时候发布招聘信息？采取何种招聘渠道？由哪些人进行招聘？
- 如何进行人员测试？是否委托专业机构进行？
- 招聘费用是多少？
- 招聘的截止日期是哪日？
- 新录用人员何时报到并开始工作？

这里需要特别强调的是对招聘人员的选择要特别慎重，因为招聘人员的表现将是申请人了解组织特征的窗口，也将直接影响他们的就业决策。招聘人员除了包括组织人力资源部门的代表之外，还应包括直线经理、招聘的工作岗位未来的主管和同事。有研究显示，招聘人员的个人风度是否优雅、知识是否丰富、办事作风是否干练等因素都直接影响着申请人对组织的感受和评价。一些著名企业在选择大学校园招聘人员时，使用的选择标准包括高水平的人际关系沟通技能、对公司的热心程度、对公司与工作的了解程度以及被学生和同事信任的程度等。

③拟定招聘简章和发布招聘信息。招聘简章的基本内容有：

- 标题，如"招聘"、"诚聘"和"××单位诚聘"等；
- 招聘企业的性质和经营范围等基本情况的简介；
- 招聘职位、人数和招聘对象的条件；
- 应聘时间、地点、邮编、联系方式和联系人；
- 落款，如"××有限责任公司"。

一份优秀的招聘简章应该充分显示组织对人才的渴求和吸引力。招聘简章应突出组织的特色，引起人们的注意。

拟定好招聘简章后，就要向社会发布招聘信息。发布的方法取决于组织规模、业务内容、招聘渠道、招聘目标人员的规模和特点以及招聘预算等因素。主要的招聘信息发布方法包括以下几种：在招聘区域内张贴招聘简章、在电视和广播上发布招聘信息、在报纸和杂志上刊登招聘简章、举行新闻发布会发布招聘信息、通过人才市场发布招聘信息以及在互联网上发布招聘信息等。

④招聘渠道的选择。从大的方面讲招聘渠道包括企业外部招聘和企业内部招聘。就企业外部招聘而言，吸引招聘者的渠道很多，如利用各种传播媒介的广告进行招聘、参加人才交流会和校园招募、职业介绍机构推荐、雇员推荐和申请人自荐以及委托猎头公司等。而采用内部招聘方式的企业一般建有内部招聘系统，一旦出现职位空缺，首先在公司内部布告栏上刊登招聘广告。

组织在进行招聘时必须使潜在的工作申请人能够知道现有的工作机会，而哪些人会知道组织的工作机会与组织采用的招聘渠道密切相关。在实践中，组织可以选择多种招聘渠道，而具体如何选择将在很大程度上取决于组织的传统和过去的经验。组织要检验特定招聘渠道的有效性，原则上可以采用以下指标进行评估：

- 一定时期内吸引应聘者的数量；
- 目标人选与非目标人选的比率；
- 从招聘到录用的时间；
- 每录用一名人选的平均费用；
- 参加面试的人数；
- 以往各种渠道招聘录用的人选的任职期限、职位与业绩表现等。

⑤录用测试手段的选择。常用的测试手段包括应聘者申请表分析、笔试、面试、心理测试和情境测试、履历调查以及某些情况下的身体检查等。

（2）绩效考核制度

工作绩效考核是对员工在一个既定时期内对组织的贡献做出评价的过程。在绩效考核制度中要明确5个关键问题：

- Why，即为什么要进行绩效考核？（考核的目的）
- What，即在绩效考核中我们应该评估什么？（考核的标准）
- Who，即应该由谁来评估员工的工作绩效？（评价者的选择）
- When，即应该在什么时候或者间隔多长时间进行绩效评估？（考核的周期）
- How，即我们怎样实施绩效考核？（考核的方法）

①绩效考核的目的

员工绩效考核体系的设计和实施必须和考核的目的一致。不同的考核目的需要不同的考核标准、评价者和评价方法。因此，明确绩效考核的目的非常重要。绩效考核的目的主要有3个方面：

第一，改进绩效、促进员工个人发展。绩效考核可以为员工提供反馈信息，帮助员工认识自己的优势和不足，发现自己的潜在能力并在实际工作中发挥这种能力，改进工作绩效，同时通过绩效考核也能够发现员工需要培训的方向。

第二，薪酬管理。绩效考核结果可以为甄别高绩效和低绩效员工提供标准，为组织的奖惩系统提供依据，从而确定奖金和晋升机会在员工个人之间的分配。

第三，为组织的人事决策提供依据。通过绩效考核建立员工的业绩档案，便于组织进行人事决策，包括人员调整、工资调整、培训计划的制订和确定在招聘员工时应该重点考查的知识、能力和其他品质。

②绩效考核的标准

选取绩效考核标准的两个基本要求就是客观和可观察。实际上，可以从员工的特征、员工的行为和员工的工作结果来考核其绩效。表6-4显示的是可以作为业绩考核标准的项目。

③绩效考核的方法

根据以上对绩效考核标准类型的划分，我们可以从这种分析角度将员工绩效考核方法划分为员工特征导向的考核方法、员工行为导向的考核方法和员工工作结果导向的考核方法。

表 6-4　　　　　　　　　　　　业绩考核的标准分类

员工特征	员工行为	工作结果
工作知识	完成任务	销售额
力气	服从指令	生产水平
手－眼协调能力	报告难题	生产质量
证书	维护设备	浪费
商业知识	维护记录	事故
成就欲	遵守规则	设备修理
社会需要	按时出勤	服务的客户数量
可靠性	提交建议	客户的满意程度
忠诚	不吸烟	
诚实	不吸毒	
创造性		
领导能力		

资料来源　MILKOVICH G T，BOUDREAU J W. Human resource management ［M］. Burr Ridge，IL：Irwin，1994：170.

员工特征导向的考核方法：衡量员工个人特性，例如，决策能力、对公司的忠诚度、人际沟通技巧和工作的主动性等方面。它主要考查员工"人"怎么样，而不重视员工的"事"做得如何。

员工行为导向的考核方法：这种考核方法分为主观评价和客观评价两类。主观评价就是在对员工进行相互比较的基础上对员工进行排序，提供一个员工工作的相对优劣的考核结果。排序的主要方法包括简单排序法、交错排序法、成对比较法和强制分布法。客观评价就是对员工的行为按照评价的客观标准给出一个量化的分数和程度判断，然后再对员工在各个方面的得分进行加总，得到一个员工业绩的综合评价结果。其评价方法包括关键事件法、行为对照表法、等级鉴定法、行为基准评价法和行为观察评价法。

结果导向的考核方法：这种方法是为员工设定一个最低的工作业绩标准，然后将员工的工作结果与这一明确的标准做比较。业绩标准应该包括两种信息：一是员工应该做什么，包括工作任务量、工作职责和工作的关键因素等；二是员工应该做到什么程度，即工作标准。这种方法所依据的是目标管理过程，关注的是每位员工为组织的成功所做的贡献大小，实施的关键是目标制定，即组织、组织内的各个部门、各个部门的主管人员以及每一位员工所制定的具体的工作目标。制定的目标必须符合 SMART 原则。

④绩效考核评价者的选择

在考核体系的设计过程中，需要根据考核的目的决定合适的评价者。一般而言，评价者的候选人包括员工的直接上司、同事、下属、员工自己和客户。对于评价者的基本要求如下：

　●评价者必须有足够长的时间和足够多的机会观察员工的工作情况；

　●评价者有能力将观察结果转化为有用的评价信息，并且能够尽量减小绩效考核系统可能出现的偏差；

• 评价者有动力提供真实的员工业绩评价结果。

除此之外，由于不同评价者提供的信息来源对人力资源管理中的各种目标具有不同的意义，因而评价信息的用途也决定了评价信息的来源，即评价者的选择，见表6-5。

表6-5   评价信息的来源和用途

用途	评价信息来源				
	直接上司	同事	下级职员	自己	客户
人事决策	√	√	×	×	√
自我发展	√	√	√	√	√
人事研究	√	√	×	×	√

注：√代表合适，×代表不合适。

资料来源　卡肖. 人：活的资源——人力资源管理［M］. 张续超，等，译. 北京：煤炭工业出版社，1989：285.

⑤绩效考核的周期

员工绩效考核的周期长短受到以下几个因素的影响：

• 奖金发放的周期长短；
• 工作任务的完成周期；
• 员工工作的性质。

如果管理人员负责考核的员工数量比较多，在每次绩效考核时管理人员的工作负担就比较重，甚至会影响绩效考核的质量，因此可以采取离散的形式进行绩效考核，即当每位员工在本部门工作满一个评价周期时对这位员工实施绩效考核。

一般而言，一个重要的项目或者任务结束之后，或在关键性的结果应该出现的时候就应实施绩效考核。

（3）薪酬制度

所谓薪酬制度，就是管理者对薪酬管理的目标、任务、途径和手段的选择，也称薪酬组合方案。从理论上来讲，组织的目标和战略、组织的文化、员工工作的性质以及所需要的技能对员工的薪酬都有重要的影响。组织的薪酬制度与组织及其外部环境之间存在着一种依存关系，薪酬制度应该支持组织的发展战略。这种支持的方式是通过薪酬制度向员工发出组织期望的目标，并通过薪酬制度对那些与组织的期望相一致的行为进行激励来实现的。要建立科学、合理、有效的薪酬制度，就应该明确薪酬的含义、薪酬制度的目标和原则、薪酬制度的内容及薪酬结构。

①薪酬的含义及主要形式

美国薪酬管理专家 George Milkovich 认为：薪酬是指员工从企业得到的金钱和各种形式的服务和福利，它作为企业给员工的劳动回报的一部分是劳动者应得的劳动报酬。

薪酬是一个综合性范畴，包括企业员工的全部劳动报酬收入，不仅包括货币收入，而且包括非货币收入。它可以分为外在报酬与内在报酬。

外在报酬是指员工因受到雇用而获得的各种形式的收入，包括工资或薪水、绩效工资、短期奖励、股票期权等长期奖励、津贴，以及各种非货币形式的福利、服务和员工保护等。它的优点在于比较容易进行定性和定量分析，在不同的组织、个人和工种之间容易进行比较，但是随着工作的弹性化和丰富化，员工更加关注内在报酬。

内在报酬是指企业为员工提供较多的学习机会、挑战性工作、职业安全感，以及员工通过自己努力工作而受到晋升、表扬或受到认可与组织的重视。内在报酬的特点是难以进行清晰的定义，不易进行定量分析和比较，没有固定的标准，操作难度比较大，需要较高水平的管理艺术。

在外在报酬中，可以按工资的给付形式分为直接薪酬和间接薪酬。其中直接薪酬是指以法定的货币形式直接支付给劳动者本人的报酬，包括基本工资、绩效工资、奖金或奖励和津贴。间接报酬是指不直接支付给劳动者本人并具有一定公益性的报酬，包括福利、服务和员工保护等内容。

②薪酬制度的目标

- 吸引和保持组织需要的优秀员工；
- 鼓励员工积极提高工作所需要的技能和能力；
- 激励员工高效率地工作；
- 创造组织所希望的文化氛围。

③薪酬制度的原则

A.公平性。薪酬管理要公平，这是最主要的原则。这里的公平性包括3个层次：外部公平行、内部公平性和员工个人公平性。

外部公平性，即指组织的薪酬应与同行业或同一地区或同等规模的不同组织中类似岗位的薪酬达到基本一致。它强调的是组织之间薪酬水平的相对高低。

内部公平性，即指同一组织内部不同岗位所获得的薪酬应正比于各自的贡献。它强调的是一个组织内部不同工作之间、不同技能水平之间的薪酬水平应相互协调，这意味着组织内报酬水平的相对高低应以工作的内容为基础或是以工作所需要的技能复杂程度为基础。

个人公平性，即指同一组织中相同工作的人获得的薪酬间的比较。具体来讲，就是员工报酬水平因相关因素产生的差异应合理，如个人绩效差异、承担相同工作或技能相同的员工的资历差异等。

B.竞争性。竞争性是指组织的薪酬要能在社会上或劳动力市场上具有吸引人才的作用，能够招聘到组织所需要的人才。组织根据自己的薪酬战略、财力水平、所需人才的可获得性、想留住人才的市场工资水平等具体条件决定到底给员工何种水平的薪酬。

C.激励性。激励性是指薪酬系统对员工要有强烈的激励作用。在组织内部各类、各级职务的薪酬水平上，适当拉开差距，不能搞平均主义。

D.经济性。薪酬系统要具有竞争性和激励性，使员工感到安全，但也应该接受成本控制，即在成本许可的范围内制定薪酬。

E.合法性。组织的薪酬制度必须符合相关的政策和法规，如劳动法、最低工资立法等。

④薪酬制度的内容及薪酬结构

A.薪酬制度的内容。薪酬制度要围绕组织的经营目标及战略，综合各种因素做出决策，具体包括以下3个方面：一是薪酬成本投入政策；二是工资制度的选择，如组织是采取稳定员工收入的策略，还是采取激励员工绩效的政策，前者多与等级和岗位工资相结合，后者多与绩效工资相结合；三是工资结构和工资水平的确定。

B.薪酬结构确定的方法。薪酬结构是指组织内员工间各种薪酬比例及其构成。薪酬结构策略反映了组织在薪酬制度设计中的平等化和阶层化之间的权衡。薪酬结构主要包括：工资成本在不同员工之间的分配；职务和岗位工资率的确定；员工基本工资、辅助和浮动工资的比例；基本工资和奖励工资的调整等。员工薪酬结构的确定和调整应以最大限度地激励员工为原则。

薪酬结构的确定主要有3种方法：工作导向法、技能导向法和市场导向法。

工作导向法，也称为"岗位工资制"，即指以工作为依据设计薪酬结构，它以工作中的技能要求、工作努力程度、岗位责任以及工作环境等因素来确定工作的相对价值。该方法以工作评价为基础，而工作评价又是在工作分析的基础上进行的。因此，实行岗位工资制要求进行精确的工作分析。

技能导向法，也称为"技能工资制"，即指根据员工掌握的技能来确定工资。技能导向法包括两种：一是以知识为基础；二是以多种技能为基础。前者是根据员工所掌握的知识深度来确定工资；后者是根据员工能胜任的工作种类数目，或是员工技能的广度来确定工资。

市场导向法，即根据竞争对手的工资水平来确定本组织内部的工资结构的方法。具体做法是：首先对组织内部所有工作岗位根据其对组织目标的贡献的大小进行排序，然后对市场上与本组织有竞争关系的若干组织进行薪酬调查，根据竞争对手公司与本公司相同的工作岗位的薪酬平均水平来决定这些可比较的工作岗位的薪酬水平，再参照这些可比较的岗位的薪酬水平来决定那些不可比较的工作岗位的相应薪酬水平。

5.人力资源开发

变化，是企业发展永恒的主题，那么适应这种变化的环境则是企业生存和发展的首要任务，而人员培训与开发正在成为企业增强应变能力的必要手段。培训与开发是计划好的学习经历，是为向员工提供他们完成现在和将来的工作任务所需要的能力而设计的。培训集中于现在的工作，而开发则是员工们对未来工作的准备。培训和开发试图使员工们成为更好的雇员，这将通过使他们的知识、态度和技能产生持久的变化来实现。

（1）员工培训

培训是指企业有计划地实施有助于员工学习与工作相关能力的活动。这些能力包括知识、技能或对工作绩效起关键作用的行为。培训的目的在于让员工掌握培训项目中强调的知识、技能和行为，并将其应用于日常工作中[①]。

培训是一个包括获取技能、观念、规则和态度以提高员工绩效的学习过程[②]。

员工培训是指通过一定的科学方法，促使员工在知识、技能、能力和态度4个方面取得进步，以保证员工能够按照预期的标准或水平完成所承担的或将要承担的工作和任务。

虽然这些定义的表述方式不同，但都反映了培训的目的是改善员工知识、技能、态度从而提高工作绩效。由此可见，培训是一种投资活动，它有费用支出，同时也有预期收益。

①培训的意义

● 培训能够使员工更加认同组织文化和组织目标。

● 培训能使员工加深对岗位要求的理解，通过提高员工的分析和解决问题的能力和专业技术水平，使员工能够减少工作失误和事故，从而使个人和企业都受益。

● 培训可以提高企业开发与研制新产品的能力，从而增强企业的竞争能力。

● 当培训的结果使得下属员工完成任务的能力有所提高时，就可以减少管理成本，使管理者更好地考虑全局性的问题而不是为下属查缺补漏。

● 当企业要推行管理变革时，培训是极其有效地促进观念转变的方法，同时也为员工适应企业变革的需要做好技能上的准备。

● 培训具有激励作用，有利于提高员工的工作积极性，增强员工的归属感和成就欲。

②人员培训的步骤

关于人员培训具体如何进行，按照不同的培训模式有不同的步骤。目前典型的培训模式包括以下7种：

● 系统型培训模式；

● 过渡型培训模式；

● "国家培训奖"型培训模式；

● 持续发展型培训模式；

● 顾问型培训模式；

● 所罗门型培训模式；

● 螺旋型培训发展模式。

在此，我们选取目前国内组织采用最多的系统型培训模式做详细介绍，如图6-11所示。

① 诺伊. 雇员培训与开发 [M]. 3版. 徐芳，译. 北京：中国人民大学出版社，2007：3.
② 拜厄斯，鲁. 人力资源管理 [M]. 李业昆，等，译. 北京：华夏出版社，2002：153.

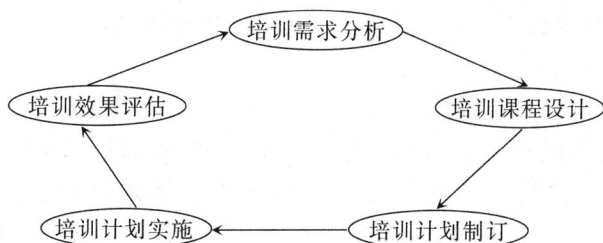

图6-11 系统型培训模式

系统型培训模式源于美国陆军教学训练所采用的方法，于20世纪60年代形成，后随着英国工业培训局的成立，这种模式以及由此衍生的许多形式得到了极大的促进和发展。

系统培训，是指通过一系列符合逻辑的步骤，有计划地实施培训。在实践中，其操作过程如下：

第一步，制定培训政策。

第二步，确定培训需求。

第三步，设计培训课程。

第四步，制订培训计划。

第五步，实施培训计划。

第六步，对培训计划的实施进行评估、审核。

从图6-11可以看出，系统模式是在对个人或组织的培训需要和培训过程进行全面调查的基础上提出来的，具有两个典型的特征：一是培训被看作一系列连贯的步骤；二是培训不仅是个阶段性过程，也是一个培训循环。它对于我们正确认识培训有很重要的指导意义：

● 它为培训者在组织内部建立规范的培训体系提供了工具，对组织内部的培训文化发展起到了较大的促进作用。

● 它使我们认识到培训活动是一种持续、连贯的行为，而不是分散的、毫无关联的，这对于提高培训的效果非常重要。

● 它提出了对培训需求的分析，虽然这种分析主要是个人和组织对培训的需求，但它使培训者树立了这样一种观念：组织内部的培训机构存在内部市场问题，培训者必须努力成为优秀的内部市场供应商。

● 它强调了对培训结果进行评估的重要性，这对完善培训职能和提高企业培训效果起到了很重要的推动作用。

当然，系统型培训模式也有其不足之处，比如它只解决了培训过程中的实际操作问题，而没有站在战略的高度说明培训职能对于企业生存发展的重要性，也没有说明培训实施过程中相关各方之间的（如培训者、受训者、企业领导者之间的）关系。无论如何，这一模式的提出和广泛运用，是培训理论发展的一个里程碑。

从国内企业的培训实践来说，它们主要是缺乏目的性、计划性和系统性。下面将重点介绍培训需求分析、培训方法选择和培训效果评估。

A.培训需求分析

培训需求分析，笼统地讲，即为帮助企业员工解决现存问题及弥补为实现组织发展目标之需的不足之处而进行的分析；具体地讲，即为解决企业培训工作的"5W2H"而进行的分析。培训需求分析的具体内容包括：谁需要培训（Who），为什么要培训（Why），需要培训什么（What），何时进行培训（When），何地进行培训（Where），如何培训（How），以及对多少人进行培训（How many）。

在我国，经理们通常认为提高下属工作绩效的有效方法就是培训，似乎工作上的一切问题都是下属能力不足、培训跟不上的结果。但事实上，下属的问题一般分为两类：一类是由于管理不善而引起的，如某些员工上班总是迟到、工作态度不认真等，即员工会做而不愿意去做，这类问题可以通过加强管理来解决；另一类是员工愿意做而不会做所引起的，例如采用了新机器或新技术后，员工现有的技能不能满足要求，这类问题就需要通过培训来解决了。如果用培训的方法来解决第一类问题，那么无论怎样修正培训内容、培训方法，也不可能解决实际问题。

进行培训需求分析的前提是了解影响培训需求的因素是什么。影响培训需求的因素大体可分为两大类：常规性因素和偶然性因素。前者主要是指在确定培训需求时需要考虑的一般性因素，而后者则是由特殊的事件决定的。二者具体的内容见表6-6。

表6-6 影响培训需求因素表

常规性因素	偶然性因素
➤社会发展环境	➤新员工加入
➤企业发展目标和经营战略	➤员工职位调整
➤同类企业培训的发展状况	➤员工工作效率下降
➤员工个人职业发展生涯设计	➤顾客抱怨投诉
➤员工考核	➤发生生产事故
➤员工行为评估	➤产品质量下降或销售额下降
➤企业资源状况对培训需求的限制	➤企业内部损耗升高，成本增加
	➤发生导致员工士气低落的事件

资料来源 刘彩凤. 培训管理［M］. 深圳：海天出版社，2002：68.

a.收集培训需求信息的方法

收集培训需求信息的方法一般有13种，具体包括：员工行为观察法、问卷调查法、管理层调查法、面谈法、关键事件法、集体（小组）讨论法、测试法、资料档案收集法、以前项目评估法、业绩考核法、顾问委员会研讨法、态度调查法、趋势研究法。

b.培训需求分析的内容

培训需求分析的具体内容可从两个不同的角度来进行分类。

根据培训需求分析所涉及员工的不同情况，培训需求分析实际上包括针对新员工进行的工作任务分析和针对在职员工进行的绩效分析两部分。

根据培训需求来分析所涉及内容的不同层次，又可将培训需求分析分为组织分析、任务分析和人员分析3项内容。

c.组织分析

组织分析即在组织的长期目标、经营战略、经营计划对员工提出新的知识和技能需求而员工素质相对不足时，决定组织中哪些岗位的员工的素质相对不足，以及在哪些方面素质不足的一种培训需求分析方法。组织分析通常包括以下内容：组织的发展目标、组织的人力资源需求、培训的组织环境评价、组织外部环境的分析等。此外，从组织微观层次来分析，随着组织的不断变化及员工在组织中个人成长的需要，即使员工目前的工作绩效是出色的，但也会因为组织内的工作调动、员工的晋升、工作内容要求变动（如引进新设备）等，而形成新的培训需求，这便是前瞻性培训需求分析。

d.任务分析

任务分析是在特定工作岗位的层次上进行的，包括查看职务描述和职务说明书，确定某个工作岗位的业绩产出标准，一个人获得这些产出所必须完成的任务，以及完成这些任务所需要的知识、技术、行为和态度等，其最终的结果是决定培训内容应该是什么。

任务分析一般分为4个步骤：

第一步，选择有代表性的工作，具体要根据组织的目标来确定。

第二步，根据该工作岗位的工作说明书或职务说明书列出基本的任务及完成这些任务所需技能、知识的清单。

第三步，工作任务和所需技能的确认：

• 可对员工的工作过程进行反复观察，特别是操作性、重复性较强的工作，以确认工作说明书中的工作任务、工作技能要求是否符合实际。

• 与有经验的雇员、离退休人员、部门主管，以及制定工作说明书的部门负责人进行访谈和观察，以对工作任务和所需技能进行进一步确认。

• 向专家或企业顾问委员会再次求证，以确定任务的执行频率、完成每一项任务所需的时间、完成任务的关键环节、完成任务的质量标准、完成任务的技能要求及规范的操作程序等。

第四步，为该工作岗位制定针对培训需求分析的任务分析表，包括已经量化的指标，如工作量要素、工作质量要求、工作技能要求、工作操作规范等内容。

e.人员分析

人员分析即从员工个人角度出发，对培训需求做出分析，其结果是决定谁应该接受培训和他们需要什么培训。人员分析在内容上可分为两个层次：首先是通过业绩评估等一系列方法来判断员工业绩差距产生的原因，判断是培训需求还是管理需求；其次是判定其是否愿意接受培训。

在了解到员工工作绩效差的原因之后，并非就要对这些在工作技能上、专业知识上、沟通技能上存在差距的员工实施培训。这是因为员工个人之间存在着巨大的差异，这也是人员分析第二层内容的必要性所在。有些员工表现出积极向上的态度，他们希望能够利用一切机会来提高自己，有强烈的求知欲；而另外一部分员工则缺乏上进心，乐于保持现状。对于后者来说，即使他们参加了培训，培训的实际效果也会非常差，而那些希望通过学习来提高自己、改变现状的员工才是真正适合的培训对象。

B.培训方法及其选择

培训方法多种多样，内容十分丰富。在实际工作中，要依据公司培训的需要和可能、培训的内容以及培训的对象等方面，合理地选择采用。不同培训方法有不同特点，其自身也是各有优劣。根据培训传授方式，可分为直接传授式培训法、参与式培训法和信息时代新兴的培训方法。

a.直接传授式培训法

直接传授式培训法是指培训者通过一定途径直接向培训对象发送培训的信息。这种方法的主要特征就是信息交流的单向性和培训对象的被动性。尽管这种方法有不少弊端，但仍有其独特作用。其具体形式主要有：课堂教学法、专题讲座法、个别指导法、影视法等。

b.参与式培训法

参与式培训法是指调动培训对象的积极性，让培训者在与培训对象的互动中学习的方法。这类方法的主要特征是：每个培训对象都积极参与培训活动，从亲身参与中获得知识、技能和正确的行为方式。主要方法有：角色扮演法、案例研究法、头脑风暴法、模拟训练法。

c.信息时代新兴的培训方法

现代社会技术进步加快，企业产品生命周期缩短，竞争加剧，这一切对员工的学习提出了更高的要求。终身学习是个人发展中不可缺少的学习方式。随着现代社会信息技术的发展，大量的信息技术被引进到培训领域。在这种情况下，新兴的培训方式不断涌现，如网上培训、虚拟培训等在很多公司受到欢迎。

C.培训效果的评估

培训效果是指在培训过程中受训者所获得的知识、技能、才干和其他特性应用于工作中的程度。培训效果可能是积极的，这时工作绩效得到提高；也可能是消极的，这时工作绩效恶化；还可能是中性的，即培训对工作绩效没有产生明显的影响，这种情况下的损失是培训经费和时间的浪费。

在对培训项目的结果进行评价时，需要研究以下问题：

- 员工的工作行为是否发生了变化？
- 这些变化是不是培训引起的？

- 这些变化是否有助于组织目标的实现？
- 下一批受训者在完成相同的培训后是否会发生相似的变化？

（2）员工职业发展

员工职业发展也称职业生涯，即一个人从参加工作开始一生中所有的工作活动与工作经历按时间顺序组成的整个过程。员工职业发展活动的主体包括个人和组织两个方面，即职业计划和职业管理。

职业计划是指员工个人确立职业目标并采取行动实现职业目标的过程，其中包括自我定位、目标设定、目标实现和反馈与修正等。首先是自我定位，即客观、全面、深入地评价自己的能力、兴趣及职业发展的要求和目的，形成一个客观、全面的定位；其次是目标设定，以自我定位、个人价值观为基础，确定长期与近期的职业目标；再次是通过各种积极的、具体的行为去争取实现目标。职业目标的实现主要依靠个人在工作中的表现及业绩，但也有为适应未来变化而进行的知识和技能的准备。最后是反馈与修正，即在实现职业目标过程中不断总结经验教训，不断反馈、修正最终的职业目标。

职业管理是指组织提供帮助员工成长、发展的计划与组织需求、发展相结合的行为过程，其主要目的在于把员工与组织的需要统一起来，最大限度地调动员工积极性，提高员工的归属感。职业管理是组织为员工设计的职业开发与援助计划，具有一定的引导性和功利性。承担职业管理工作的主要是人力资源部门和各职能部门主管。职业管理的具体内容如下：

- 通过测评对员工个人能力和潜力做出正确评价；
- 向员工提供职业发展的信息，给予公平竞争的机会；
- 为员工制订培训与发展计划，确定职业生涯路径；
- 为员工制订知识更新方案；
- 建立员工工作－家庭平衡计划；
- 为员工提供职业指导；
- 制订员工的退休计划。

①员工职业发展的路径

员工职业发展的路径根据工作性质的不同分为专业技术型与行政管理型。专业技术型员工（例如，选择工程、财会、销售、生产、人事、法律等职能性专业方向）较重视专业技术内容及活动本身，追求专业方面的成就。这类员工的职业发展有两种可能：一是技术职称的晋升及技术成就的认可；二是已任职于技术方向，但是对管理有一定兴趣的员工，可以扩大知识面，在巩固技术水平的基础上在技术部门担任管理职务。该类员工职业生涯的成功取决于其在专业上的造诣。行政管理型员工则对地位、影响力、荣誉、待遇十分重视，也善于与他人打交道。选择这种员工兴趣在于培养胜任管理工作所需的个人素质、思维能力及人际关系技巧等。这类员工的职业发展一般是先在基层职能部门工作，表现出才能与业绩后获得提升。

②员工职业发展的方向

A.横向发展：员工跨越职能边界的调动。例如，由生产部门转到营销部门。这种职业发展有利于员工扩大专业知识面并积累经验，对员工的职业生涯有重要作用。

B.纵向发展：员工沿着组织的等级层次跨越等级边界，获得职务的晋升。例如，员工从会计专业技术职务升到专业性的管理职位上，如财务部经理。

C.核心方向发展（美国组织行为专家埃德加·薛恩提出）：员工虽然未获正式授职晋升，仍处于较下层级，但通过某种非正式的联系，如在社交或业余活动中邂逅上级领导，接触后产生友谊等，容易接近组织决策的核心从而增大影响力，它是一种跨越核心圈内、外边界的运动。

组织中，员工的职业发展方向往往是混合的，即兼有横向、纵向以及核心方向的发展。

③员工职业开发的方式

A.正规教育：包括员工脱产和在职培训的专项计划，由顾问或大学提供的短期课程、在职工商管理硕士课程以及住校学习的大学课程计划。这些开发计划一般通过专家讲座、商业游戏、仿真模拟、冒险学习与客户会谈等培训方法来实施。如摩托罗拉、IBM和通用电气等许多公司都设有自己的培训与开发中心，可以为其学员提供为期1天或2天的研讨会以及长期的培训计划。

B.人员测评：是在收集关于员工的行为、沟通方式以及技能等方面信息的基础上，为其提供反馈的过程。在这一过程中，员工本人、同事、上级以及顾客都可以提供反馈信息。人员测评通常用来衡量员工的管理潜能及评价现任管理人员的优缺点，也可用于确认向高级管理者晋升的管理者的潜质，还可与团体方式结合使用来衡量团队成员的优势与不足及团队的效率和交流方式。

C.工作实践：许多员工的职业发展是通过工作实践中的积累而实现的，工作实践是指员工在工作中所遇到的各种关系、问题、需要、任务以及其他一些特征。通过这种方法来实现人力资源开发的目的是基于这样一个假设：当员工过去的经验和技能与目前的工作不匹配时，就需要进行人员开发活动。利用工作实践进行员工开发有多种方式，包括工作扩大化、工作轮换、工作调动、晋升、降级与其他的临时性工作安排。

工作扩大化：扩大现有工作内容，指对员工现有的工作进行挑战并赋予其新的责任，它包括执行某些特殊任务、在团体内角色轮换或寻找为顾客服务的新方法等。

工作轮换：指在组织的几种不同职能领域中为员工做出一系列的工作任务安排，或者在某个职能领域或部门中为员工提供在各种不同工作岗位之间的流动机会。

工作调动、晋升和降级：将员工在组织中工作层次的向上流动、水平流动和向下流动作为员工开发的手段。

开发性人际关系的建立：员工通过与组织中更富有经验的其他员工之间的互动来开发自身的技能，增加与组织和客户有关的知识，通常采用导师指导和教练辅导的方式达到这一目的。

|6.4| 协调

6.4.1 协调的内涵

协调是指根据实际需要调整事物之间的相互关系，使之配合稳定、有序。协调作为一种管理职能，是指管理者通过恰当的协调方式调整组织内外运行中各部门、各环节的相互关系，使组织运行顺畅，保证组织目标的实现，其与领导工作有着密切的关联。

协调职能是管理者通过管理的其他基本职能，比如计划、组织、人员配置、指挥和控制等，来实现的。获得组织员工个人努力与组织目标实现的协调一致性是管理成功的关键，协调不是一个独立存在的管理职能，其固有地隐含在所有其他管理职能中。

管理者就好比交响乐队的指挥，要在组织成员的活动中创建不同的节奏和统一、协调的"乐曲"。协调是所有其他管理职能的整合：

①计划中的协调。通过整合各种各样的经相互讨论和思想观点交流而形成的计划，促进协调工作，比如财政预算和购买预算。

②组织工作中的协调。把协调看作组织工作的本质。事实上，当管理者组织和分配下属的各种活动时，当管理者组织部门之间的工作时，均体现出协调的工作内容。

③人员配置中的协调。管理者应时刻牢记将具备相应教育水平和技术能力的人员安排在相应的工作岗位上，以确保正确的人做正确的工作。

④指挥工作中的协调。管理者对下属下达命令和指示的目的是保证上下级之间工作的一致性和同步性。

⑤控制工作中的协调。管理者确信，为实现组织目标，应当在实际绩效和预期绩效之间进行协调。

在组织管理活动中，协调包括两个方面的内容：一方面是组织内部的协调，指各部门之间和各成员之间的思想、目标、任务、资源等方面的协调；另一方面是组织外部的协调，如与客户、供应商、政府、竞争者之间的协调，与外部的政治、经济、技术等环境的协调。

6.4.2 协调的作用

协调职能的作用主要表现为以下4个方面：

第一，统一组织内部成员思想。无论在什么样的组织中，各成员之间的思想意识观念和水平都存在着一定的差异，比如对组织文化的认识、对组织目标的理解等。思想意识观念的差异，会直接导致各成员在工作活动中表现出的工作思想和行为与组织的目标要求相偏离。所以，协调者首先要向各相关成员深入贯彻组织目标思想，使之充分理解，保持组织内各成员的思想一致性。

第二，消除组织系统中管理过程各阶段或各环节之间的矛盾和不和谐的现象。比如，组织部门之间的职责分工，因各种原因可能导致分工不明确、职权不统一现象，一旦问题出现，各部门之间就会互相推脱、扯皮，协调者应从解决问题、处理矛盾的角度出发，通过有效的协调方式，使问题得到解决、矛盾得到化解，并从中汲取经验教训，保证同样或类似的事情不再发生。

第三，使组织的各部门和各成员之间的行为和努力方向统一到组织目标上来。在组织管理方面，一般认为部门越多出现部门之间目标不一致的可能性就越大，部门及其成员开展工作活动的目标一致性就越差。为使组织各层级的行动具有一致性，凝群聚力，保证组织目标的实现，协调者就要发挥其协调作用，将组织各层级的行动目标统一到组织目标上来。

第四，使组织内部运行与外部环境和利益相关者相统一。组织的各项管理活动均是在特定的外部环境下进行的，同时也与外部利益相关者相联系，比如供应商、客户、政府和竞争者等。当组织内部发展与外界环境的变化不一致时，当客户对组织的产品质量和技术水平有意见时，当政府的政策变化影响到组织的发展目标和管理时，协调者均应当通过协调来保持组织内部运行与外部环境和利益相关者相统一。

6.4.3 协调的基本步骤

管理者为了解决矛盾和问题，达到协调的目的，一般应遵循以下3个基本步骤：

首先，发现矛盾或不和谐的现象。矛盾或不和谐的现象会通过某种方式体现出来，管理者应具备较强的发现问题的能力，矛盾或不和谐的现象发现得越早、越及时、越准确，协调工作的开展就会越顺利。

其次，分析问题。管理者在面对协调问题时，要能够透过问题的现象看出问题背后的本质原因，这样才便于"对症下药"，提高协调的效率和效果。

最后，灵活采取措施。在找到问题的原因后，管理者应充分收集和分析解决问题的措施或手段，通过对比分析，以解决问题为目的，以"和谐"的思想为指导，合理地、多样化地采取协调措施

6.4.4 协调的原则

为提高协调工作的效率和效果，管理者应遵循以下4个原则：

首先，目的性原则。协调的目的就是促进组织目标的实现。在协调活动中，应始终贯彻执行个人利益服从集体利益、局部利益服从整体利益的思想理念。在协调决策环节，要紧紧围绕如何促进组织目标的实现选择决策方案。

其次，是非标准原则。协调工作往往涉及各部门之间、各员工之间的关系，领导职位的存在，可能成为协调工作的障碍，为了保证协调工作公平、公正和全面地进行，管理者应以事实为依据，以是非为标准，查清原因，分清责任，客观地进行协调工作。

再次，和谐原则。中国人讲究"以和为贵"，注重"情面"。在协调工作中，应

尽可能地避免冲突，采用合适的协调技巧和方法，将问题的消极影响降到最低，保证组织内部的稳定和氛围的和谐。

最后，最小化成本原则。问题的出现一定会带来人、财、物等各项成本的支出，管理者应充分考虑哪些成本是可以降低的，哪些成本是没必要支出的，以最小化成本原则解决问题。

6.4.5 协调的方式

根据处理问题的不同，协调者应选择不同的协调方式。协调方式主要有 3 种：第一，强制性的方式。在充分地分析问题的原因，找到相应的责任主体，且该问题亟待解决的情况下，可采用强制性的方式进行协调。第二，退让的方式。当责任主体不明确但有一定范围，且各责任主体之间互相推诿时，可采用互相退让的方式进行协调。第三，搁置性的方式。如果发生矛盾的双方情绪比较激动，自觉协调不可能，其他协调方式副作用比较大，可以暂且将问题搁置，等到双方平静下来之后再理性、客观地进行协调。

6.4.6 协调与协作

协调是指在实现组织的共同目标的过程中，为确保行动的一致性而进行的有序的工作努力；而协作意味着各位员工自愿通过自己的努力工作，为组织实现一个特定的目标。

尽管协调和协作含义相近，但两者有着明显的不同之处，见表6-7。

表6-7　　　　　　　　　　　　协调与协作的区别

依据	协调	协作
含义	协调是为追求共同的目标进行的有序的群体努力、工作安排和布置	协作意味着自愿的相互帮助
范围	协调比协作的范围更广，因为协调调和着整个群体努力的方向	协作是协调的一部分
过程	协调的过程是由高层管理者执行的	协作发生在组织的各个层次的员工之间
要求	协调是由员工和部门的工作共同要求的，不管是不是个人的工作	协作本质上是情感方面的，因为它要求员工自愿地工作在一起
关系	协调建立了正式和非正式的关系	协作建立了非正式关系
自由度	协调是由中央权力计划和授权委托的，是必须做的	协作依赖于个人的意愿，不是必须做的
支持	协调需要各个层面从事各种类别工作的人员全心全意地支持	没有协调的协作是无意义的，单独的协作很可能导致不平衡的发展

通过表6-7可知，协作的存在可能是协调的有效条件或必要条件，但是它并不意味着协调自然而然地源自于群体成员的自愿努力。协调必须是通过管理者有意识

地、精心计划地努力而实现。因此，我们可以总结出：没有协调的协作是无意义的，没有协作的协调是无根源的。

复习思考题

1.详细阐述相关领导理论。

2.如何成为一个优秀的领导者？

3.指挥职能对管理活动有什么意义？

4.如何构建一个有效的组织？

5.人力资源管理包括哪些工作内容？结合所学知识，请评述当前如何做好中国情境下的人力资源管理工作。

6.协调职能在管理活动中如何发挥作用？

相关案例

大数据对组织变革的影响

自18世纪工业革命以来，世界大部分国家都经历过一场工业革命。在那个时代，供给远远小于需求，生产管理的重点是对产能的管理，组织最大的成本和瓶颈是物料及设备的产能，这个时候的管理重点是物料需求及资金需求，所以，ERP作为重要的管理工具在20世纪大行其道。随着互联网技术的发展，现在已从工业化时代进入信息时代，产品供过于求，现代企业的市场竞争是谁满足客户需求的能力越强，谁就是最后的市场胜利者。所以，企业的管理将转向需求链的管理，迅速地满足客户需求，以"劫掠"到越来越不容易得到的利润成为企业的核心竞争力，在这个过程中企业与客户之间进行有效的协作沟通以求趋同。

一、大数据时代员工将更加协同

组织中容易处理的是固定流程的事情，难以处理的是随机、突发事件。在大数据时代，各方可以选择最佳方式和最佳渠道来开展互动，以一种灵活的姿态参与到工作之中，不将人与工作绑定，而是让人自主设计工作。他们可以不在同一个地点办公，通过远程访问存储系统以获得、修改和检索共享的数据文件，充分利用互补的、多样的技能和知识，达成参与者单独工作所无法实现的集体成果，从而方便将企业一线的销售人员、一线客户管理人员、客户产品设计人员、售后服务人员拽进同一事件之中，通过"协办""督办""会签""知会"等操作手段参与进来。在系统中同一个事件可以轻松地让多个领域的同事或专家参与，增加人与人之间交流的机会，利用集体智慧并根据客户的实际特点来提出有针对性的方案，提高决策的速度、效率，全方位地满足客户需求。

二、大数据时代员工绩效更加透明

社交工具的产生和广泛使用使数据量呈现出爆炸性的增长，这些数据、信息像能源、材料一样，成为可利用的资源。伴随着数据的大量累积和处理能力的不断提升，这些数据将帮助企业更好地了解和管理员工，提高企业竞争力。员工的工作自主权越来越大，员工的努力程度和积极性决定其为组织创造价值的效果。员工已成为企业一大宝贵的资源，生产过程中的这种主导性贡献因素由物向人的根本性变化，必然使现代企业管理由以财和物为中心的管理转向以人为中心的管理，即通过对人的本性、需求、动机、情感等一系列与主观能动性相联系的因素的正确认识和把握，把人力资源的管理与开发放在企业管理工作的首要位置。

人与人、人与组织之间存在某种特殊的行为模式。在大数据时代，通过协同工具的采用，有了对员工工作行为过程的监控与记录：在协同软件中的操作行为，如登录次数、登录频率、页面访问量、访问深度；对协同事件的响应行为，如发起协同数量、参与协同数量、协同响应速度等，又如修改文档、分享文件、传递讯息、行使权利等行为。除了以文本形式为主的结构化数据，企业还存储了大量的图片、音频、视频等半结构化或非结构化的数据。对这些数据的深度挖掘能还原员工的整个工作状态。他/她在工作时都在忙什么，在工作中主要与谁交往、关注什么，在工作中的信息分享行为多不多，学习行为多不多，帮助他人的行为多不多，建言行为多不多，工作的热情程度如何等，这些都可以通过挖掘员工平时不经意留下的工作痕迹得到很好的答案。就像巴拉巴西的《爆发》所认为的，人类行为的93%是可以预测的，这些日常行为记录可以将人们在工作中配合、合作、沟通、协调的情况一一反映出来，同时可以预测出员工将来的工作行为和工作结果。这些数据可以从侧面反映出该员工对其工作的喜欢程度和匹配度，帮助企业了解员工，并把员工调整到更适合的位置，充分调动其积极性，实现组织价值最大化。所以，大数据能成为帮助员工成长乐业的助力工具，而不再是员工所抵触的惩罚利器。

三、大数据时代弹性工作网络将会被广泛使用

大数据时代，深度挖掘数据，可将原本是人与人之间复杂的交往行为变得可视化，将人在企业组织中的所有联系用可视化的方式清晰呈现，用可量化的方式进行评价。它可使每个人更了解自己在工作网中的行为特征，有针对性地改善自己的网络连接状况。在网络结构中，人与人之间的联系最终归结为"认同"，若双方存在认同感，联系就会建立并加强，如果彼此不认同，则联系会减弱乃至断裂。如果组织能有效地利用以认同为基础构建起来的高密度网络，那么它的高质量协同关系的建立就是理所当然的事情。所以，人与人之间工作网的呈现使企业组织的管理者在资源调用和分配方面有据可循，找到最优的弹性工作网，有效地组合不同的人员来完成特定的任务。

举个例子：总经理想让A来负责发布会。因为A的级别高，且左右逢源，可以有效地协调研发部、市场部和销售部，但他有一个担忧：A手头还有更重要的工作，担心A负责此事不仅会分心，而且也管不到实处。于是总经理拿起工作网图寻找另一个策略。在图中他发现，如果将小张、小魏和小赵组成筹备小组，让销售部的E主管来牵头负责，也是一个很好的方案。因为E是部门中局部工作的主管，工作任务及紧急程度低于部门领导，给他加点担子是可以消化的；E还与小魏的上司D、小张都有联系；而市场部由小张协调就可以，不必占用A的精力。于是总经理这样安排："发布会筹备小组以销售部为主导，由E担任组长，小张、小魏和小赵为组员，D协作，重大事情通知给A和我。"这一决策清晰、简洁，用人得当、授权合理。A从中感受到了领导的体贴，E从中感受到了领导的器重，小张等四人也心情舒畅。

工作网的使用使人在工作中具有鸟瞰式的发现力，使任何一个决策都会有多种可能的路径供选择，这样管理将不再走独木桥式的险路，而是优中选优、有首选方案也有备份措施的可控行为。

四、培养应对大数据时代的核心能力

通过对大数据的有效利用可以归纳和找出纷繁工作中的规律性，在工作管理平台中使其功能化，真正地追求"寓道于器"。要充分实现工作网中的"弹性"特征，就必须将数据挖掘技术深入引进工作平台。未来的工作管理平台必然会以数据为基础，展现数据标引、数据呈现和智能推荐等功能。

有关调查研究表明，企业中的数据信息约有85%是非结构化信息，计算机处理这类信息的能力有限，需要培养或选择优秀人才来管理分析大数据，让数据管理与分析部门处于企业整体的上游位置，时时刻刻挖掘企业内外部的情报。同时，在当今复杂的世界，还往往需要来自不同领域的专家共同协作，利用集体智慧来解决问题。

资料来源　徐敏亚，等. 大数据对组织变革的影响［J］. 企业管理，2013（9）.

案例讨论：

1. 大数据背景对组织管理提出了哪些新的挑战？

2. 大数据背景下，领导者需要具备哪些技能？

3. 大数据背景下的管理，对组织设计提出了哪些要求？如何满足？

4. 大数据背景为组织管理带来哪些机遇？

第6章相关案例分析提示

阅读参考

1. 林新奇，方易. 探索中国人力资源开发管理的新趋势——第二届中国劳动科学博士生论坛观点摘编［J］. 中国人力资源开发，2013（11）.

2. 林新奇. 技术与战略的更美风景线［J］. 人民论坛，2011（7）.

3. 林新奇. 理念与制度：人才辈出的两个轮子——从唐太宗选才用才说开去［J］. 中国人才，2012（7）.

4. 林新奇. 人才的凝聚与流失［J］. 中国人才，2008（1）.

5. NORTHOUSE P G. Leadership：Theory and practice［M］. Thousand Oaks，CA：Sage Publications，2015.

激励辅导与监督控制

学习目标

- ✓ 理解个体行为过程
- ✓ 熟练掌握人性论、需要理论和重要的激励理论
- ✓ 理解激励的原则
- ✓ 掌握辅导的内涵、作用和分类
- ✓ 熟悉绩效辅导的内涵和原则
- ✓ 掌握监督的内涵、分类和作用
- ✓ 熟练掌握控制的内涵、特点、作用、过程和分类
- ✓ 理解并掌握战略控制理论

|7.1| 激励

7.1.1 个体行为过程

在管理活动中，管理者或领导者的实施对象无不由人来参与，如何激发和调动组织成员的积极性、主动性和创造性，使其为实现组织目标而努力奋斗，是管理者或领导者的重要工作。为了更好地激励员工，首先我们应了解员工个体行为的过程，如图7-1所示。

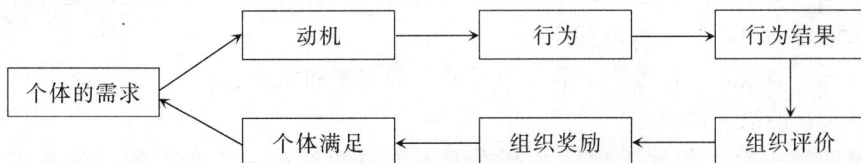

图7-1　个体行为过程

在管理活动中，个体行为的基础是个体在工作中的需求，比如对工资的需

求、对职业发展的需求、对培训机会的需求等。个体的需求诱导个体产生某种行为的动机。动机是指个体为实现特定目标而愿意付出努力的方向、大小和坚持性。动机是个体发出某种行为的内在力量，在动机的驱动下，个体表现出某种行为。因个体知识、技能和能力等的差别，并不是说个体想要完成某种任务，其就能够顺利完成。当个体顺利完成任务时，要结合组织的评价系统对其努力的结果进行评定，根据评定的结果进行组织奖励。组织奖励是否满足个体的需求，对管理者来讲至关重要。若组织奖励与个人需求相匹配，则个体会为满足下一项需求而努力工作，同时也赢得了个体对组织的信任；若组织奖励与个人需求不匹配，即使组织奖励的项目再多、程度再强，也不会令个体满意，除非个体在奖励中获得平衡，此时，就会降低个体满足需求的工作动机，影响工作任务的完成，进而影响组织目标的实现。

7.1.2　人性假说

所谓人的特性是指人通过自己的活动所获得的全部属性的综合，是现实生活中的人所具有的全部规定性。人的规定性包括两方面：自然属性，是指人类生来具有的属性，即作为自然人的形态、体质、生物构造和由生存本能而滋生的一系列本能欲望；心理属性，是对人的感觉、知觉、记忆、思维、知觉、情感、性格、能力等的总称。

1.X理论的人性假设——经济人

X理论是道格拉斯·麦格雷戈（Douglus McGregor）在总结泰勒制的基础上，以"经济人"人性假设为前提提出的一种管理理论，其核心观点是在管理中要针对"经济人"的特点，采取金钱刺激与严格控制等管理措施。

经济人人性假设的理论渊源可追溯到西方的享乐主义哲学和亚当·斯密关于交换的经济理论，但是，经济人这一概念是麦格雷戈于1960年在《企业中人的因素》一书中提出的，并提出"经济人"人性假设与人的行为是决定管理者行为模式的最重要的因素的管理假定。管理者基于他们关于人的本性的假定，按照不同的方式对人进行组织、领导、控制和激励，这种假定概括为"X理论"。其后，沙恩也对"经济人"人性假设理论进行了新的概括和分析。"经济人"人性假设理论的基本观点如下：

第一，一般人天生好逸恶劳，只要有可能，便会逃避工作。

第二，由于人好逸恶劳的本性使多数人缺乏社会责任感与进取心，总是希望获得别人的帮助而不愿意承担责任。

第三，多数人工作是为了满足自己的生理需要和安全需要，金钱与地位是刺激人努力工作的最大诱因。

第四，一般人都缺乏理性，基本上不能自我约束和自我控制，易产生盲从行为。

第五，人的行为活动在本质上是被动的，但可以通过经济刺激和强制手段，迫使他们为实现组织目标而做出适当努力。

在 X 理论的人性假设前提下，相应的管理方法主要有：其一，任务管理，将管理工作的重点放在如何提高劳动生产率、完成任务方面，企业需要建立一套任务明确、组织严密、分工具体、考核严格的管理规则。其二，强制劳动，主要通过集权化管理和运用权威手段对组织成员进行劳动监督和控制。其三，物质刺激，在激励约束机制上，主要依靠增加工资、奖金、福利等特质手段激发组织成员的劳动积极性。其四，严肃纪律，对于消极怠工者，运用罚金、记过或停职等方式进行严厉惩罚。

"经济人"人性假设在一定程度上揭示了人的劳动行为的经济需要动机，但在人性的假设上存在着明显的片面性。从整体上看，这些管理措施是与"人性化"管理的要求相违背的。X 理论目前在西方许多发达国家被认为是一种过时的理论，但其思想仍然存在。在我国的企业改革和组织管理工作中，X 理论仍有一定的使用价值。

2.行为科学理论的人性假设——社会人

20 世纪 20—30 年代，梅奥通过霍桑试验创立了人际关系理论，50 年代后该理论定名为行为科学。行为科学管理理论的人性假设是梅奥在霍桑试验的基础上提出的"社会人"。

霍桑试验提示，工人不仅仅是由金钱驱动的所谓的"经济人"，个人的态度、管理的方式、非正式组织的情绪、工人的满意程度及团队的合作关系等对工作效率都有重要的影响。梅奥在总结和概括霍桑试验的基础上提出了"社会人"的人性假设，他把重视社会性需要、轻视物质需要的人称为社会人。后来沙恩也对"社会人"人性假设进行过研究和阐述。"社会人"人性假设的基本观点如下：

第一，人的工作积极性主要是由社会性需要引起的。物质利益刺激对人的工作积极性有一定影响，但归属感、身份感、尊重感等社会心理因素对调动工作积极性有更大的作用。

第二，人际关系是影响工作效率的最主要因素。工作效率主要取决于士气，而士气的高低又取决于组织成员在家庭、群体及社会生活中各方面人际关系的协调程度。

第三，非正式组织是影响组织成员行为的一种潜在力量。在群众中，因共同的社会需求和情感而形成的非正式组织，以其特殊的价值取向、行为规范与沟通方式，潜在地影响着组织成员的工作积极性。

第四，管理者的领导方式与领导作风对激励组织成员有着不可忽视的影响。

在行为科学理论的人性假设前提下，相应的管理措施主要有：其一，满足组织成员的社会性需要，管理者不能只考虑生产任务的完成，而应关心人、体贴人、爱护人、尊重人，鼓励员工参与管理，尽可能满足员工对交往、归属、尊重等方面的社会需要。其二，建立融洽的人际关系。管理者应尽可能实行集体奖励制度，避免单纯的个人奖励，善于营造和谐的组织氛围和建立良好的人际关系。其三，因势利导做好非正式的组织工作，加强对非正式组织的研究，协调正式组织与非正式组织的关系，以形成有利于实现组织目标的合力。其四，提高组织管理者的素质。组织者要由单纯的监督者变为上下级之间的中介，善于倾听组织成员的意见，协调人际关系，运用激励手段鼓舞士气。

"社会人"假设对人性的认识无疑比"经济人"假设要进步些。它不仅看到了人具有生理的、物质的需要，而且看到了人还具有安全的、社会的需要，后一种需要比前一种需要更高级。这种看法比较深刻地提示了人的本质，因此它对于人力资源管理的影响比X理论更大，直到现在，这种观点还在人力资源管理中起着重大的作用。但我们也应看到，"社会人"的观点并不是对人的社会性的全部概括，它强调的是个体对群体的依赖关系，忽视了人同整个社会的关系。与"社会人"假设相应的行为科学管理理论注重发挥人际关系、非正式群体和领导行为在提高工作效率中的作用，但该理论忽视了人的行为的经济动因，显然具有片面性。

3.Y理论的人性假设——自我实现人

Y理论是麦格雷戈在总结马斯洛（A. H. Maslow）关于人的需要层次的研究，以及马斯洛提出的"自我实现人"概念的基础上，于20世纪50年代后期提出的一种管理理论。

所谓"自我实现人"是指人都需要发挥自己的潜力，发现自己的才能，只有把潜能充分发挥出来，人才会得到最大的满足。继马斯洛之后，麦格雷戈与沙恩等都对"自我实现人"人性假设理论进行了研究，形成了下列基本观点：

第一，一般人都是勤奋的，厌恶工作并不是人的普遍本性，如果环境条件有利，工作就如同游戏或休息一样，自然而愉快。

第二，当人的衣、食、住等最基本需要得到满足时，就会致力于获得高层次需要的满足，也就是力求最大限度地利用自己的才华与资源去实现自己的抱负。

第三，人具有可以开发的巨大潜力。大多数人都存在着解决社会或组织中各种问题所需要的想像力、创新力及其他方面的智慧潜力。在现代工业社会，人的自身潜力只得到部分发挥。

第四，在正常情况下，人会主动承担责任，力求有所作为，缺乏抱负、逃避责任并非人的本性。

第五，人具有自主性。在实现所承诺的目标活动中，人都能够自我管理、自我控制；外来的控制、惩罚不是鞭策人为实现组织目标努力工作的唯一方法。

在Y理论的人性假设前提下，相应的管理措施主要有：其一，创造适宜的工作环境。管理的责任不只是重视组织任务的完成，而是要努力创造一种良好的工作环境，包括物质、精神环境，以利于人们充分发挥自己的潜能。其二，促进组织成员自我实现。管理者的主要任务是减少和消除组织成员自我实现过程中的障碍，使其工作变得更有挑战性。其三，充分运用内在激励的方式。管理的手段不是主要依靠增加工资、提升职务、改善福利等外在激励，而是让组织成员在工作中获得知识、增长才干、发挥潜力，从而在内心得到最大的满足。其四，建立能够满足员工自我实现需要的管理制度，管理的策略是建立组织决策民主化、工作内容丰富化与工作弹性化等方面的制度。

"自我实现人"假设和 Y 理论是对"社会人"人性假设和行为科学管理理论的补充和发展。"社会人"假设与行为科学管理理论虽然看到了人的社会需求对调动工作积极性的作用，注重了在管理中满足被管理者在安全、社交等方面的社会性需要，但忽视了人的高层次需要的满足对调动工作积极性的更为重要的作用。"自我实现人"假设和 Y 理论尊重人的自我发展，强调人的主动精神，注重对人的内在激励和促进职工自我实现，较好地弥补了"社会人"假设和行为科学理论的不足，具有理论上的合理性与实践上的针对性。因此，很快在管理实践中产生了较大影响，但是这种理论只注意到了"自动人"人性实现的生理基础，忽视了"自我实现"观形成的社会制约性，忽视了人的理想、信念在一定环境下可以抵制低层次需要而服从高层次需要的作用，因此，其仍然是一种不完善的理论。

4. 超 Y 理论的人性假设——复杂人

超 Y 理论又称权变理论，其人性假设是沙恩在对"经济人"、"社会人"与"自动人"进行认真考察的基础上，于 1965 年提出的"复杂人"假设理论。其后莫尔斯和洛希对复杂人假设作了进一步研究与完善，并提出了以这一假设为依据的超 Y 理论。

沙恩、莫尔斯和洛希等人在对前人提出几种人性假设理论进行研究后认为，无论是"经济人"、"社会人"还是"自动人"，虽各有其合理的一面，但并不具有普遍适用性。因为人与人不同，且每个人的需要与潜能又随着个人年龄、知识、地位与外部环境、条件的变化而变化。因此，人不可能是纯粹的"经济人"、"社会人"或"自动人"，而是一个变化不定，只能因时、因地制宜地做出不同反应的"复杂人"。

在沙恩等人研究的基础上提出的"复杂人"假设理论有下列基本观点：

第一，人的能力与需要是复杂的。纷繁复杂的社会与千差万别的个人，决定了现实中的人能力与需要的丰富性与多变性。

第二，人在同一时间内的需要与动机是复杂的，人所处的内外环境在不断地变化，使人在同一时间内也具有多种需要与动机，由此构成错综复杂的动机模式支配着人的行为。

第三，人的需要的表现形式是复杂的。人的需要表现与外部环境密切相关，人在不同的组织或同一组织的不同部门中，可能会表现出不同的需要并获得不同的满足，一个在正式组织中受到冷落的人，可能在非正式组织中找到自己的社交需要和自我实现需要的满足。

第四，人具有对各种复杂管理模式的适应性。人能够根据自己的动机、能力和所从事的工作性质来对多种互不相同的管理模式做出反应，但没有一种万能的管理模式能够适用于一切人。

在超 Y 理论指导下的管理的方式，主要有下列特点：其一，树立权变和管理观念。管理者应注重运用权变论的观点看待管理中的人和事，把人看成是因时、因地、因事而变的复杂人。其二，采用权变管理的模式。在管理中，没有一成不变、普遍适用的管理模式，而应根据内外环境及条件的变化，采用相应的管理模式，如在任务紧迫、程序混乱、人员素质较低的情况下，就采用相对集中、严格控制的较为专制的管理模式；如在任务明确、工作有序、人员素质较高的情况下，则应采用广泛参与、适度分权的较为民主的管理模式。其三，运用权变的管理方法。由于组织中每个人需要与动机千差万别，且千变万化，因此在管理的具体方法上不能"一刀切"、简单化，而要具体问题具体分析，灵活多样地选用不同的管理方法。

"复杂人"假设理论是对"社会人"和"自动人"假设理论的综合，强调了人的需要的复杂性、多变性与满足方式的多样性。在"复杂人"假设基础上提出的超Y理论，重视对人的需要的形成、变化的复杂性的研究，强调在管理方式上必须采用"权变"的观点和方法，这在理论上是比较科学和全面的，因此，能够较为广泛地应用于西方国家的人力资源开发与管理之中。但是"复杂人"假设过分强调了差异性，忽视了人与人之间的共同性，忽视了管理的一般规律性，表明这一理论仍然存在着一定的局限性。

5.超Y理论与发展过程理论

吉里斯·阿吉里斯（Chris Argyris）是美国著名的行为科学家，他对企业中人的特性和组织的关系等问题做过较多的研究。他对管理学的主要贡献是提出了一种"个性与组织"的概念，或称为"成熟–不成熟"理论。他在1957年出版的《个性与组织》中指出，人总是处在从不成熟到成熟的连续发展过程之中。拙劣的管理就是阻碍这个过程，使人的性格不能走向成熟。良好的管理则是促进这个过程。

他的观点是：

第一，正式组织的要求和健康人性的发展是不协调的。

第二，组织中混乱和不安的程度与健康个性的发展同正式组织的要求的不协调程度成正比。

第三，上述混乱和不安将导致员工的挫折、失败、短期行为和思想矛盾。

第四，正式组织的原则导致在各个等级层次上下属感受到竞争和压力，互相攀比，甚至互相为敌，并且只追求局部目标，而不顾及更为广泛的整体利益。

总的看来，如果严格地执行上述传统管理的组织原则，员工便只能处于从属的、被动的状态，而且，越是组织下层的人员越是如此。由于员工的能力得不到充分发挥，致使个人自我实现的要求与正式组织的要求矛盾重重，引起了种种消极的后果。阿吉里斯认为，消除个性和组织间的不协调并使之协调起来的办法是：扩大员工的工作范围，使员工有从事多种工作的经验；采取参与式的、以员工为中心的领导方式；加重员工的责任，激发其责任心和创造性；更多地依靠员工的自我指挥和自我控制等。这些理论丰富了企业文化的基础性内容。

7.1.3 需要理论

1.马斯洛需要层次理论

美国最具盛名的心理学家马斯洛创立了人本主义心理学，在以弗洛伊德为代表的精神分析学派和以华生为代表的行为主义之后，形成了心理学上的"第三思潮"。他把人的需求按其重要性和发生的先后分为五个层次：

（1）生理上的需要

生理上的需要，包括维持生活和繁衍后代所必需的各种物质上的需要：衣、食、住、医、行等。这些是人们最基本、最强烈、最明显的一种需要。在这一层需要没有得到满足之前，其他需求不会发挥作用。

（2）安全上的需要

安全上的需要，如生活保障、生老病死有依靠等。一旦生理需要得到了充分满足，就会出现安全上的需要——想获得一种安全感。

（3）感情和归属上的需要

感情和归属上的需要，包括和家属、朋友、同事、上司等保持良好的关系，给予别人并从别人那里得到友爱和帮助，谋求使自己成为某一团体公认的成员以得到一种归属感等。

（4）地位和受人尊敬的需要

人们对尊重的需要可分为自尊和来自他人的尊重两类。自尊包括对获得信心、能力、本领、成熟、独立和自由等的愿望。来自他人的尊重包括这样一些概念：威望、承认、接受、关心、地位、名誉和赏识。

（5）自我实现的需要

自我实现的需要，这是最高一级的需要，它是指一个人需要做对他适合的工作，发挥自己最大的潜在能力，表现个人的情感、思想、愿望、兴趣、能力，并能不断地创造和发展。

马斯洛认为，人们一般按照上述五个层次的先后次序来追求各自的需求与满足。等级越低者越容易获得满足，等级越高者则获得满足的比例越小。据马斯洛估计，在现代文明社会中，生理上需要的满足率约为85%，安全上需要的满足率约为70%，感情上需要的满足率约为50%，受人尊敬的需要满足率约为40%，而自我实现的需要只能满足约10%。马斯洛指出人的需要有从低到高、从物质到精神、从生理到心理这一个先后不同的层次，因而促使人们在企业管理理论上进一步深化，去思考在企业的生产过程中，如何更好地从文化心理上去满足企业员工的高层次需要，从文化上对员工加以调控和引导，帮助他们实现各自的愿望，使他们能够生活在这样一个氛围中，即不仅感到自己是一个被管理者，同时也能够在感情归属、获得安全感和尊敬，以及最后的自我实现方面，都有很大的发展余地。

2.ERG理论

美国学者阿德福（C. Alderfer）提出ERG理论。所谓ERG就是生存（existence）、关系（relatedness）、成长（growth）需要的简称。ERG理论认为，生存、关系、成长这三个层次需要中任何一个的缺少，不仅会促使人们去追求该层次的需求，也会促使人们转而追求高一层次的需要，还会使人退而更多地追求低一层次的需要。任何时候，人们追求需要的层次顺序并不那么严格，优势需要也不一定那么突出，因而激励措施可以多样化。

3.成就需要理论

成就需要理论是美国学者麦克里兰（David Meclelland）及其学生于20世纪50年代提出的。他们认为人有两类：一类是高成就需要者，另一类则不是。有高成就需要的人，喜欢做难度大、有风险的工作，无论成功或失败都归因于自己的努力或不够努力，对自己的能力充满信心，相信只要尽力而为就没有办不成的事。他们是企业迅速崛起、发展和取得经济效益的宝贵资源，应该派他们去做挑战性工作，如果被放在例行的、没有挑战性的岗位上就会被埋没。麦克里兰还指出，这类具有高成就需要的人，可以通过教育和培训造就出来。

7.1.4　重要的激励理论

激励理论的基本思路，是针对人的需要来采取相应的管理措施，以激发动机、鼓励行为、形成动力。因为人的工作绩效不仅取决于能力，还取决于受激励的程度，通常用数学公式表示：

工作绩效=f（能力×激励）

1.双因素理论

美国学者赫茨伯格（Frederick Herzberg）通过对近2 000人次的问卷调查，于1959年指出，工资、职务保障、良好的工作条件和人事关系等属于保障因素，没有这种因素将引起许多不满。但是具有这种因素只能消除不满，不能引起满意感和调动积极性。工作本身及其发展前途、成就、得到赏识、赋予责任等从属于激励因素，有了这种因素就会有满意感和积极性，没有这种因素就没有满意感和积极性，但不会引起很大的不满。因此，调动员工积极性的管理措施，应该从工作本身着手。应进行工作再设计，使工作内容丰富新奇，而又使员工增强责任感和使命感。

2.强化理论

美国心理学家斯金纳（B. F. Skinner）指出，凡须经过学习而发生的操作性行为，均可通过控制"强化物"来加以控制和改造。强化方式有正强化和负强化。

正强化即用奖金、赞赏、提升等吸引员工在类似条件下重复产生某一行为；负强化即预先告之某种不符合要求的行为可能引起的后果，来避免该行为；自然消退，即对某种行为不予理睬，使之逐渐消失；惩罚，即用批评、降薪、开除等手段来消除某种不符合要求的行为。

3.期望理论

1964年美国心理学家弗鲁姆（Victor H. Vroom）提出了期望理论。该理论认为，激发的力量来自效价与期望值的乘积，换言之，推动人们去实现目标的力量，是两个变量的乘积，如果其中有一个变量为零（即目标毫无意义或毫无实现可能），激发力量也就等于零，所以某些非常有吸引力的目标，因无实现可能就无人问津。效价是企业目标达到后，对个人有何价值及其大小的主观估计。期望值是关于达到企业目标的可能性大小，以及企业目标达到后兑现个人要求可能性大小的主观估计。这两种估计在实践过程中会不断修正和变化，发生所谓的"感情调整"。管理者的任务就是要使这种调整有利于达到最大的激发力量。因此，期望理论是过程型激励理论。

4.公平理论

1956年美国心理学家亚当斯（J. S. Adams）提出"报酬公平理论"。他认为，只有公平的报酬，才能使员工感到满意和起到激励作用。报酬是否公平，员工们不是只看绝对值，而是进行社会比较，和他人比较，或进行历史比较，和自己的过去比较。报酬过高或过低，都会使员工心理上紧张不安。报酬过高时，实行计时工资制的员工会以提高产量、改进质量来消除自身的不公正感，实行计件工资制的员工则将产量降低而把质量搞得好一些；报酬过低时，计时制员工便同时用降低产量和质量的办法来消除不公正感，计件制员工则以降低质量、增加产量的办法来维持收入。

5.波特-劳勒的期望激励理论

波特和劳勒对激励问题进行了大量富有成效的研究，为组织行为学的发展做出了重要贡献。劳勒提出了与弗鲁姆相似的期望理论模型：

激励=Prob（E → P）×Prob（P → O）×价值

其中：Prob 表示概率；E 表示努力；P 表示绩效；O 表示结果。

劳勒认为激励的第一个因素是个人觉得自己的努力可能产生绩效的概率有多大；第二个因素是他觉得他的绩效产生正面或反面结果的概率；第三个因素是他对结果所赋予的价值。劳勒的理论与弗鲁姆的理论是一致的，但是劳勒的模型更简单清楚而实用。

在期望理论的基础上，1968年劳勒和波特在《管理态度与工作绩效》一书中提出了著名的波特-劳勒激励模式。在这一模式中，他们指出：一个人努力的程度是由工作所获得回报的价值和个人感到努力后可能获得回报的概率所决定的，而一个人的工作绩效主要依赖于努力程度，同时还依赖于个人能力、个人"角色认识"（即对自己工作方向、规范的认识）以及所处环境的限制。一个人的满意度取决于所获回报和个人认为应获回报的一致性，如前者大于或等于后者，会提高个人满意度，反之则会降低个人满意度。同时一个人最后得到的满意程度又将影响以后的价值判断。此外，一个人作出的成绩与效果（绩效）一方面直接影响他自以为应得的报偿，另一方面也会影响到今后对该项工作的期望值。

7.1.5 激励的原则

为更好地发挥激励的作用，应遵循以下原则：

1.长期激励与短期激励相结合的原则

在实施激励过程中，激励的时效性是很重要的，管理者要及时进行激励，否则会降低激励的效果。比如对于日常的工作，如果员工在某项任务上表现突出，管理者或领导者应及时给予员工激励，以显示对此次表现的认可。对于组织核心骨干人员，领导者应给予长期的激励，比如目前盛行的股权激励、合伙人激励等。领导者应组合对员工实施长期和短期激励，这样才能激发员工的积极性，才能留住人才。

2.物质激励和精神激励相结合的原则

物质激励往往能够带来直接的激励效果，比如给表现优秀的员工加薪、发奖金等。但物质激励容易出现瓶颈，如果员工一直表现很出色，并且每次都会得到组织给予的物质激励，则员工就会对物质激励产生疲倦感，此时应对员工进行精神激励，比如在公开场合给予表扬，在组织范围内公布优秀人员名单等。对于任何员工来讲，物质激励和精神激励都要组合采用。

3.正激励和负激励相结合的原则

给予员工表扬、奖金、绩效加薪、职位晋升等正向激励的同时，也应该对表现不合格的员工进行负向激励，比如降薪、降职、减少培训机会、公开批评等。负向激励和正向激励相结合，能够鼓励先进、鞭策后进，也表现出管理公平性；否则，会给员工传递"工作干不好，也无损失"的错误信号，影响优秀员工的工作积极性。

4.个体激励和群体激励相结合的原则

组织中个体行为的活动离不开群体的支持，员工具有什么样的工作态度、处事方式、工作思维等，无不受到群体行为的影响。在实施个人激励的同时，应考虑对群体进行适当的激励。比如中国"预警机之父"王小谟个人得到国家奖励时，其整个研发团队也获得了奖励。

5.内在激励和外在激励相结合的原则

内在激励是指与工作本身相关的激励，比如工作丰富化、工作多样化、弹性时间工作制等；外在激励是工作之外的激励，比如盛行的员工支持计划，为员工子女提供教育，为员工提供医疗保障等。外在激励能够增强员工的归属感，提升员工对组织的情感承诺。内在激励和外在激励相结合，有助于降低员工流失率。

|7.2| 辅导

7.2.1 辅导的内涵

辅导是指对他人进行帮助、指导、引导或教育的过程。管理学中，我们将辅导职能定义为，为使员工能够按照先前的工作计划完成工作任务而对其进行的心理、知识、技能和业务等方面的帮助、指导、引导或教育。辅导的目的包括两个方面：一方面是指导员工完成工作任务；另一方面是指导、引导员工克服困难，提升员工的工作技能和能力，丰富其工作经验。辅导不仅包括对工作业务的辅导，而且还包括对员工的心理、知识、技能方面的辅导。

现代人本管理理论指出，组织应该将员工作为一个有情感、有思想的个体对待，而不是只会完成工作任务的工具，管理中要以员工的需要为出发点，以关心员工的工作和生活为原则，通过人文关怀和情感投入来提升员工在组织中的归属感、存在感。在目前快速发展的经济社会中，工作强度日益增大，工作节奏不断加快，员工很容易出现思想或心理负担和工作压力。所以，对员工进行心理辅导，帮助其化解压力，引导其将压力变为工作动力，对现代组织管理来讲至关重要。

每一位员工都有其优缺点，领导者用人的最高境界就是"用人长处、避人短处"以顺利实现组织目标。但实际工作中很难做到这一点，不可避免会出现员工在所从事的工作上，表现出知识、技能、经验等方面的不足，这时领导者就应该根据自己的工作经验，通过详细的工作内容讲解和完成任务的方法、技巧的辅导来帮助员工提升完成任务的知识、技能和能力。

7.2.2　辅导的作用

辅导作为管理工作中的重要职能，发挥着以下4个方面的作用：

第一，为组织目标的实现提供保障。辅导能够指导、引导、帮助员工克服在工作中遇到的困难和障碍，能够提高员工对完成工作任务的信心，有助于个人目标和组织目标的实现。同时，通过有效的辅导，员工能够从中体会到组织对自己的重视和关心，有助于提升员工对组织的情感投入和工作投入，激发员工的工作积极性、主动性和创造性，从而为组织目标的实现提供了坚实的人力保障。

第二，有助于提升员工的工作能力。领导者对员工进行辅导的过程就是对员工的知识、技能和能力等进行培训的过程。员工通过辅导学习并经过工作实践锻炼，能够快速提升业务能力，积累工作经验。有效的辅导能够避免员工走弯路，提升工作效率。

第三，有助于营造知识共享的氛围。对于整个组织来讲，实现组织共同目标是每位员工的责任，通过辅导职能的发挥，为员工提供相互交流、相互学习的平台，有助于组织建设知识共享的氛围，促进组织能力的提升。

第四，有助于提升组织的凝聚力。领导者对员工进行辅导的过程，就是与员工进行沟通的过程。通过有效的沟通，有助于领导者与员工建立良好的情感关系，从而促进整个组织凝聚力的提升。

7.2.3　辅导的分类

根据辅导是否正式，可分为正式辅导和非正式辅导。正式辅导是指组织明文规定需要实施的辅导，比如新员工入职后，人力资源部要求用人部门负责给新员工指定辅导老师；非正式辅导是指员工在工作中遇到困难时，领导者或其他员工帮助其克服困难的辅导，比如财务部A员工在在处理财务表格时，对Excel的使用不熟练，B员工将自己的使用技巧传授给A员工。

根据辅导的内容不同，可分为业务辅导和心理辅导。业务辅导主要是指为提升员工在业务方面的知识、技能、能力或经验等方面的辅导；心理辅导是指为消除员工在工作中的压力、心理负担等方面的辅导。

根据辅导的目的不同，可分为教授性辅导和开发性辅导。教授性辅导是指辅导者向被辅导者传授知识、技能或经验，使其通过所学的知识、技能或经验解决实际问题；开发性辅导是指辅导者通过引导或指导的方式，开发员工的创造力，使其通过思考、研究加深对问题的理解，进而解决问题。

7.2.4　绩效辅导的内涵及原则

在管理活动中，绩效辅导是重要的辅导内容，也是提高员工绩效水平的重要手段。绩效辅导包括绩效计划制订辅导、计划实施辅导、绩效控制辅导和绩效提升辅导4个方面的内容。领导者应指导员工如何制订计划，怎样制订切实可行的计划，实现计划目标需要考虑哪些问题、需要做哪些工作，绩效实施过程中的困难如何克服，怎样对绩效计划实施监控保证其按时、按质、按量实现等。在绩效考核结束后，绩效辅导作为绩效管理过程中的重要环节，领导者应将考核结果反馈给员工，并与员工一起分析绩效表现较差方面的原因，帮助员工改变工作行为、提升工作技能，避免下次出现同样的问题，最终为绩效目标的实现提供保障。

一般认为有效的绩效辅导应遵循以下3个原则：

首先，目的性原则。绩效辅导的目的就是实现任务目标、提升员工工作能力。绩效辅导的过程就是员工进行沟通的过程，沟通的过程就是信息传递的过程。在实践中，很多员工对绩效辅导的目的不理解，在绩效辅导时，应让员工充分理解辅导的目的，避免员工对绩效辅导的误解，影响辅导的可接受性。同时，在绩效辅导时，也应该紧紧围绕辅导的目的开展。

其次，注重沟通技巧原则。在绩效辅导时，如果沟通者的沟通环境、沟通方式、沟通语言等运用不恰当，很容易让员工误解为绩效辅导就是追责和批评的行为，此时就不利于绩效辅导的实施，影响绩效辅导的效果。

最后，恰当选择辅导方式原则。绩效辅导的形式多样，可以单独进行辅导，也可针对出现同一问题的员工进行集体辅导；可以通过面谈辅导，也可通过视频或邮件等方式辅导。管理者应根据实际情况和辅导的内容不同选择合适的方式。比如各部门负责人在制定部门战略时，均与组织战略有所偏差，此时高层领导者就应该采用集体辅导的形式对各部门负责人进行战略思想解读和宣贯辅导。

|7.3|　监督

7.3.1　监督的内涵

《辞海》对"监督"的解释是"古之遣将，上设监督之重，下设副二之人"，意思是指古代在派将领带兵打仗时，在其身边安排副职，来负责监察将领执行皇帝命令的情况[①]。现代管理学中，监督是指对管理过程中的各环节和要素进行监视和督促，保障流程的正常运转，掌控计划的落实情况，并最终实现组织的目标。监督的

---

① 辞海编辑委员会. 辞海（缩印本）［M］. 上海：上海辞书出版社，1980：1688.

范围比较广，比如管理活动、人的行为、固定资产使用、制度的执行情况等。监督的目的是使行为结果实现预定的目标。

7.3.2 监督的分类

监督职能从不同的视角有着不同的分类，一般有以下几种分类：

根据监督的主体不同，可分为上级监督、平级监督和下级监督。上级监督是指员工的上级为了使其能够按时按质地完成任务而实施的监督，可以是直接上级，也可以是间接上级；平级监督是指处于同一层级的员工之间的互相监督；下级监督是指处于领导职位上的员工受到其直接下属或间接下属的监督。

根据监督内容的不同，可分为重大问题决策监督、重要干部任免监督、重要项目安排、大额度资金运作等监督（"三重一大"）。1996年第十四届中央纪委第六次全会公报提出，我党对党员领导干部在政治纪律方面提出的四条要求的第二条纪律要求是，凡涉及"三重一大"事项，必须由领导班子集体做出决定。

根据监督是否有跨度，可分为直接监督和间接监督。比如央企集团公司对成员单位人事任免的监督是直接监督，中组部则通过集团公司对央企成员单位的人事任免进行间接监督。

根据监督主体是组织内部还是外部，可分为内部监督和外部监督。内部监督是指组织内部成员对组织管理的监督，外部监督主要是指外部媒体、供应商、竞争者和客户等的监督。

根据监督频率和时间是否固定，可分为日常监督、定期监督和不定期监督。日常监督是指在工作过程中时刻进行监督，实际操作中很难实现；定期监督指在固定的时间进行监督检查；不定期监督是指没有固定的时间，随时都可能对工作进行检查。

7.3.3 监督的作用

从监督的内涵可知，监督职能至少发挥着以下4个方面的作用：

第一，保证组织目标的实现。监督是通过监督主体对监督客体实施不断的监察，防止在实现组织目标的过程中出现管理偏差，如果出现偏差能够及时发现，并予以改正；同时通过督促来促进被监督者为实现组织目标而努力认真工作，保证组织目标的实现。

第二，提高被监督者的自觉性。监督职能的存在能够使被监督者意识到自己的行为受到各方的监管，如果出现问题，能够直接追求其责任。无形之中被监督者的自觉性就会提高，避免工作失误和作风问题。

第三，有助于促进被监督者提高解决问题的能力。监督职能的存在，致使被监督者在实施任务过程中，会积极主动发挥主观能动性和创造性去寻求办法避免问题的出现或解决问题。

第四，有助于提升员工对组织工作的满意度。组织全员参与监督，使得员工成为组织管理的主体，提升了员工对组织管理公平性的认知，能够调动员工的工作积极性，增强员工主体责任感，提升其对组织工作的满意度。

|7.4| 控制

7.4.1 控制的内涵及特点

管理学中，控制是指对所有工作活动根据预先设定的标准进行衡量，发现偏差，并进行矫正，使工作活动能按照预先制定的目标进行，确保组织目标的实现。控制的对象可以是组织内的所有活动，可以是人、物、事等。控制衡量工作活动并发现偏差是以预先设定的衡量标准为前提的，实际工作活动与衡量标准的不一致就体现出偏差的存在。控制过程就是发现偏差，并分析出现偏差的原因，从而采取矫正措施，以使工作活动按照计划进行或对工作计划进行调整，确保实际工作活动与工作计划相一致的过程。

控制就像是汽车的方向盘，使组织朝着预先设定的方向前进。组织经常对工作业绩进行考核，就是将组织实际的前进方向与预先设定的方向进行对比，检查方向的一致性。控制体系的建立为工作活动在偏离可接受的范围时，及时得到调整，确保工作活动向着正确的方向前进。

从定义可以看出，控制工作包括3个基本的要素：控制标准、偏差信息、矫正措施。控制标准是预先设定的工作计划标准，具体是指怎么样才算是完成任务，是检查和衡量实际工作的基础和依据。如果没有控制标准，就没有与实际工作进行对比的对象，控制工作就无法进行。偏差信息是指实际工作情况与预先设定的控制标准之间的偏离信息。发现、掌握并理解偏差信息是控制的重要过程，如果没有得到偏差信息，控制工作也就无法继续进行。矫正措施是在充分调查研究偏差信息的基础上做出的调整决策，并得到实施，可以对工作活动进行调整，也可以对工作计划进行调整，最终保证实际工作情况与工作计划的一致性。

控制工作作为管理的重要职能，表现出以下5个方面的特点：

（1）全体性。控制工作是一个系统工程，一方面需要组织全体成员的参与，因为控制工作是每位员工的职责；另一方面控制工作涉及组织管理的各个方面。确保各部门、各成员工作之间协调有序，并按照预先计划进行是管理工作的重要任务，为此需要掌握各部门、各成员的各个环节的工作和过程并予以控制。

（2）对人的依赖性。管理工作的重点对象是对人的管理，管理的执行也是由人来完成的。管理控制作为保证组织目标实现的重要职能之一，其活动的实施也离不开人，也离不开对人的控制。

（3）动态性。管理工作时刻与内外部环境发生着信息交互，环境具有不确定性并且随时都可能发生变化，这就决定着管理控制的标准、偏差信息和采取的矫正措施不能是固定不变的，应为适应环境的变化进行动态调整。

（4）目的性。管理工作的目的是实现组织目标。控制作为管理的一项职能，其也具有确保组织目标实现的目的性。控制工作在实施过程中的各个环节，都要以实现组织目标为最终目的。

（5）过程性。管理控制是为实现组织目标而进行的管理工作中的一个过程，它的各项活动都是为实现目标而提供服务。换句话说，不是为了控制而进行控制。

7.4.2　控制

控制工作在为组织目标的实现提供保障的同时，还发挥着以下3个方面的作用：

1.提升员工能力

由控制工作的特点可知，控制工作是全体员工的职责，并由员工来实施、完成。员工作为实施控制工作的主体，要通过深刻领会和把握组织目标的内涵和方向，依据工作计划制定控制标准，在工作实施过程中对工作的实际情况进行监督，这要求员工具有发现工作偏差的洞察力，并依据偏差信息提出切实可行的矫正措施。在整个过程中，员工的计划能力、发现问题的能力以及解决问题的能力均会得到相应的提升。

2.防止偏差积累造成不可扭转的局面

在实际工作中，偏差的存在是不可避免的，偏差造成的危害也是不可估量的。控制工作的实施，应确保工作活动的各个方面和阶段均与工作计划相一致，任何时刻出现不一致，就要及时分析原因，并采取措施进行矫正，避免偏差的积累，防止因偏差积累造成不可扭转的复杂局面。

3.降低成本

在组织管理活动中，管理者最为关心的问题就是收入与支出的比例问题，一般都会将最大可能地提高收入和降低支出作为财务管理的目标，从而最大可能地获得利润。

7.4.3　控制的过程

控制工作的过程包括6个步骤：

1.分析工作计划

工作计划是组织管理活动的重要基础，为员工开展工作指明了方向。开展控制工作，首先要对工作计划进行深入的分析，明确计划的时间节点，工作任务的数量、质量和成本要求等。

2.制定控制标准和偏差的可接受范围

控制标准是控制工作的依据，没有标准的控制就像"无头苍蝇"找不着方向，不会带来任何工作效果，而且还可能影响正常工作的顺利进行。控制标准要依据工作计划制定，工作计划是制定控制标准的基础。控制标准要与工作计划相对应，对任务完成的时间、数量、质量和成本都要明确规定。实际工作开展情况与控制标准往往会有出入，要在确保能够实现组织目标的基础上，分析、确定偏差可接受的范围。

3.对比实际工作情况与控制标准确定偏差信息

通过衡量工作的实际完成情况，将其与控制标准进行对比，找出二者之间的差距。对比的结果可能是实际执行情况落后于标准，也可能远远超出标准。无论是哪种偏差，均应该明确指出偏差所在，确定偏差信息。

4.分析偏差原因

在找出偏差信息之后，分析偏差原因是重点工作，只有找到造成偏差的直接和本质原因，才能有的放矢地采取措施，真正地矫正偏差，调整偏差方向。分析偏差原因要以事实为依据，坚持客观、理性、公平和公正的原则。

5.采取矫正措施并实施

找出偏差原因之后，应根据实际情况，灵活选用、实施适合的矫正措施，切记避免采取无效的矫正措施，否则既解决不了当前的偏差，还可能造成更大的偏差。矫正措施一般是针对工作活动的，如果明显是因为工作计划要求过高或过低，则应该适时适当地对工作计划进行调整。

6.评估控制效果并总结

控制过程的最后一个环节就是对控制的效果进行评估，如控制工作是否保证了组织目标的实现，控制工作的各个环节有哪些优点和缺点，并对其进行总结分析，为下一步更好地开展控制工作提供经验。

7.4.4　控制的类型

根据不同的划分标准，控制可分为不同的类型。下面介绍两种基本的分类：

1.根据控制的过程，可分为前馈控制、现场控制和反馈控制

前馈控制，是指在工作开始之前的控制，发挥着"防患于未然"的功能。前馈控制要求管理者在工作开始之前，详细深入地分析工作过程中可能发生的偏差，正确评估发生偏差的原因，在工作开展之前提出相应的措施予以规避，对管理者的经验和预测能力要求较高。

现场控制，是指在工作进行过程中的控制。在工作开展过程中，管理者根据预先确定的工作计划、控制标准和偏差的可接受范围对各项工作结果进行监督管理，及时发现偏差，通过引导、指导的方式与员工一起分析偏差的原因并采取相应的矫正措施。

反馈控制，是指在工作结束之后进行的控制。管理者根据反馈信息的偏差程度采取相应措施，使工作实际结果与给定目标的偏差保持在允许的范围内。反馈控制类似于"亡羊补牢"的意思。因反馈控制是事后的控制，很容易给组织造成重大的损失。

这三类控制手段一般不单独使用，而是利用其互补性，共同实现控制的目的。

2.根据控制所采用的方式，可分为集中控制、分散控制和分层控制

集中控制，是指在组织内建立集中的控制中心实施的控制，通过控制中心对各项工作活动进行监督、把控，它适用于规模较大的组织。集中控制不利于信息的及时传递，表现出滞后性。

分散控制，是指将控制权力授权给各个部门，由部门进行的控制。分散控制有助于信息的快速传递，能够根据反馈信息及时矫正偏差，但分散控制可能存在部门目标与组织目标相偏离的风险。

分层控制，是集中控制和分散控制的结合。分层控制包括两个方面的内容：一方面，各部门有能力实施高水平的控制工作；另一方面，整个组织分为若干层次，通过上一级部门对下一级部门进行控制。

7.4.5 有效控制的原则

有效控制一般是指以比较少的人、财、物等资源将组织中的各项活动处于控制之中，一旦某项活动出现偏差，能够及时发现并采取合理的纠正措施，使损失降到最低。进行有效的控制应遵循以下几个方面的原则：

1.与组织计划相适应的原则

控制的目的是实现组织计划，保证组织计划按照预先的安排完成。计划是控制工作的基础，为进行有效的控制指明了方向。比如，控制标准的制定以及偏差可接受范围的确定，均应在保证不影响组织计划按时按质完成的情况下进行。因此，控制工作必须要与组织计划相适应。

2.控制关键点的原则

任何工作都不可能完美无缺，都可能存在一定的风险和失误，控制工作也一样。有效控制要求在控制工作过程中分清控制工作的主要矛盾和次要矛盾，矛盾的主要方面和次要方面，抓住控制工作的关键点，保证关键的环节或任务不出差错，从而达到控制的目的。

3.关注例外的原则

有效控制在重视关键点控制的同时，还应全面、充分考虑例外控制的原则。例外事件是不常出现的，经常被管理者忽视，一旦例外事件出现，又没有做好事前的控制，很可能会给组织造成很大的损失。关注例外事件应多角度、全面地对控制的对象进行评估和预测，对最好的结果和最不好的结果都充分考虑，时刻做好处理突发事件的准备。

4.成本-收益原则

任何管理活动都会产生一定的成本并带来一定的收益，控制工作也不例外。无论是分析工作计划、制定控制标准、确定偏差可接受的范围等，均需要付出成本。由于偏差的矫正，保障了管理活动的顺利完成，控制工作也会带来一定的收益。因此，为实现有效控制，管理者应进行成本-收益分析，确保收益大于成本。

5.灵活性原则

控制工作的目的就是发现偏差、矫正偏差，确保管理活动能按照预先的计划进行。但是在实际管理活动中，往往会出现意想不到的突发事件、不可抗力的因素，致使工作进展与原计划相偏离，这就要求控制具有灵活性，不能将整个控制过程运行得过于死板，同时也应做到对控制工作的控制。

7.4.6 战略控制

1.战略控制的概念

企业战略管理中的一个基本矛盾是既定的战略同变化着的环境之间的矛盾。企业战略的实施结果并不一定与预定的战略目标相一致，产生这种偏差的原因很多，主要有3个方面的原因：

第一，制定企业战略的内外环境发生了新的变化。在外部环境中出现了新的机会或意想不到的情况，企业内部资源条件发生了意想不到的变化，使原定企业战略与新的环境条件不相配合。

第二，企业战略本身有重大的缺陷或者比较笼统，在实施过程中难以贯彻，企业需要修正、补充和完善。

第三，在战略实施过程中，受企业内部某些主客观因素变化的影响，偏离了战略计划的预期目标。如某些企业领导采取了错误的措施，致使战略实施结果与战略计划目标产生偏差等。

如果对以上企业活动与预定的战略目标偏离的情况不及时采取措施加以纠正的话，企业的战略目标就无法顺利实现，要使企业战略不断顺应变化着的内外环境，除了使战略决策具有应变性外，还必须加强对战略实施的控制。

战略控制主要是指在企业经营战略的实施过程中，检查企业为达到目标所进行的各项活动的进展情况，评价实施企业战略后的企业绩效，把它与既定的战略目标与绩效标准进行比较，发现战略差距，分析产生偏差的原因，纠正偏差，使企业战略的实施更好地与企业当前所处的内外环境、企业目标协调一致，使企业战略得以实现。

战略实施的控制与战略实施的评价既有区别又有联系，要进行战略实施的控制就必须进行战略实施的评价，只有通过评价才能实现控制，评价本身是手段而不是目的，发现问题实现控制才是目的。战略控制着重于战略实施的过程，战略评价着重于对战略实施过程和结果的评价。

2.战略控制过程的基本特征

企业战略的相对性使得战略控制是一个动态过程，它具有如下特征：

（1）渐进性。

一般来讲，总体战略是逐步演变而成的，并在很大程度上是凭借直觉得到的。虽然人们可以经常在平时的点滴想法中发现一些十分精炼的正规战略分析内容，但真正的战略却是在企业内部的一系列决策和一系列外部事件中逐步发展的，是最高层管理班子中的主要成员有了对行动的新的共同的看法之后才逐渐形成的。在管理得法的企业中，管理人员积极有效地把这一系列行动和事件逐步概括成思想中的战略目标。另外，管理部门基本上无法控制的一些外部或内部的事件常常会影响企业未来的战略决策。从某种程度上来说，突发事件是完全不可知的。再说，一旦外部事件发生，企业也许就没有足够的时间、资源或信息来对所有可能的选择方案以及其后果进行充分和正规的战略分析。

认识到以上问题之后，高级经理们经常有意识地采用渐进的方法来进行战略控制。他们使早期的决策处于大体上形成和带有试验性质的状态，可以在以后随时复审，在有些情况下，企业和外界都无法理解变通办法的全部意义。大家都希望对设想进行检验，并希望有机会获悉和适应其他人的反应。

为了改善战略控制过程，其逻辑要求而且实践也证明：通常最好是谨慎地、有意识地以渐进的方法加以处理，以便尽可能地推迟做出战略决策，使其与新出现的必要的信息相吻合。

（2）交互性。

对企业战略来说，最起码的先决条件是要有一些明确的目标，以便确定主要的行动范围，在这一问题上做到统一指挥，留有足够的时限以使战略有效。要使公众形成对自己有利的观点和采取行动需要很长的时间，而这需要积极地、源源不断地投入智力和资源。战略控制要求保持高质量的工作效果、态度、服务和形象等有助于提高战略可靠性的因素。由于许多复杂因素的影响，必须对战略进行适当的检验、反馈，使其动态发展，注重信息收集、分析、检验，以便唤起人们的意识，扩大集体的意见，形成联合和其他一些与权力和行为有关的行动。

（3）系统性。

有效的战略一般是从一系列的制定战略的子系统中产生的。子系统指的是为实现某一重要的战略目标而相互作用的一组活动或决策。每一子系统均有自己的、与其他子系统不相关的时间和信息要求，但它又在某些重要方面依赖于其他子系统。在通常情况下，每一子系统牵涉到的人员和班子各不相同，但这些不同的班子一般并不组成分立的单位以单独实现战略目标。相反，许多高级经理们通常都是这类班子的兼职人员。他们每人都要制定出一个子系统的战略，并在制定的过程中请不同的辅助小组参加。

3.战略控制的内容与作用

对企业战略的实施进行控制的主要内容有：

（1）设定绩效标准。根据企业战略目标，结合企业内部人力、物力、财力及信息等具体条件，确定企业绩效标准，作为战略控制的参照。

（2）绩效监控与偏差评估。通过一定的测量方式、手段、方法，监测企业的实际绩效，并将企业的实际绩效与标准绩效对比，进行偏差分析与评估。

（3）设计并采取纠正偏差的措施，以顺应变化着的条件，保证企业战略的圆满实施。

（4）监控外部环境的关键因素。外部环境的关键因素是企业战略赖以存在的基础，这些外部环境关键因素的变化意味着战略前提条件的变动，必须给予充分的注意。

（5）激励战略控制的执行主体，调动其自我控制与自我评价的积极性，以保证企业战略的实施切实有效。

企业战略的控制在战略管理中的作用主要表现在以下几个方面：

（1）企业战略实施的控制是企业战略管理的重要环节，它能保证企业战略的有效实施。战略决策仅能决定哪些事情该做，哪些事情不该做，而战略实施控制的好坏将直接影响企业战略决策实施的效果好坏与效率高低，因此企业战略实施的控制虽然处于战略决策的执行地位，但对战略管理是十分重要的、必不可少的。

（2）企业战略实施的控制能力与效率的高低又是战略决策的一个重要制约因素，它决定了企业战略行为能力的大小。企业战略实施的控制能力强，控制效率高，则企业高层管理者可以做出较为大胆的、风险较大的战略决策，若相反，则只能做出较为稳妥的战略决策。

（3）企业战略实施的控制与评价可以为战略决策提供重要的反馈，帮助战略决策者明确决策中哪些内容是符合实际的、是正确的，哪些是不正确的、不符合实际的，这对于提高战略决策的适应性和水平具有重要作用。

（4）企业战略实施的控制可以促进企业文化等企业基础建设，为战略决策奠定良好的基础。

4.战略控制的条件

企业战略控制需要一定的条件，主要如下：

（1）必须要有战略规划。企业战略控制是以企业的战略规划为依据的，战略规划越明确、完整和全面，其控制的效果就有可能越好。

（2）健全的组织结构。组织结构是战略实施的载体，它具有能够具体地执行战略、衡量绩效、评估及纠正偏差、监测外部环境的变化等职能。因此，组织结构越是合理、明确、全面、完整，控制的效果就有可能越好。

（3）得力的领导者。高层管理者是执行战略控制的主体，又是战略控制的对象，因此要选择和培训能够胜任新战略实施的得力的企业领导人。

（4）优良的企业文化。企业文化的影响根深蒂固，如果有优良的企业文化能够加以利用和诱导，这对于战略实施的控制是最为理想的，当然这也是战略控制的一个难点。

5.影响战略控制的因素和趋势

在制定和实施战略的过程中，必须同时考虑现有的定量分析因素、信息上的缺陷因素、不确定性因素、不可知因素以及人类心理因素等。在这些因素中，有一些是企业的内部特点，正是这些特点才使同一行业中的各个企业有所差异。另一些因素由于受到行业性质和环境的制约，则使一个行业中的企业战略较为相似。

无论何种行业，尽管各种因素的影响力度不同，但影响战略控制的因素可以分为3类：需求和市场、资源和能力、组织和文化。这3类因素在现代企业中呈现如下趋势：

（1）更加重视质量、价值和顾客满意。不同的需求驱动因素（如便利、地位、风格、属性、服务等）在不同的时间和地点扮演了不同的角色。现代的顾客在做出购买决策时更加重视质量和价值。一些卓有成效的公司致力于提高质量，同时降低成本。它们的指导思想是持续不断地用更少的成本提供更多的东西。

（2）更加重视关系建设和竞争导向。现代企业关注于培养顾客的忠诚度，从交易过程转向关系建设，和企业的关联者保持和谐融洽的状态。

（3）更加重视业务流程管理和整合业务功能。现代企业从管理一系列各自为政的部门转向管理一系列的基本业务流程，企业组成跨部门的工作团体管理这些基本流程。

（4）更加重视全球导向和区域规划。现代企业的边界日益扩张，无国界经营成为发展潮流。当企业进入国外市场时，必须转变传统风气去适应当地的影响力量。企业必须从全球化的角度进行战略思考，但战略计划和实施却是区域化和当地化的。

（5）更加重视战略联盟和网络组织。一旦企业全球化，它们就会意识到无论它们多么大，它们已经失去了保证成功的某些资源和能力。考虑到完整的价值链，它们认识到了和其他组织进行合作的必要性和重要性。高层管理者把越来越多的时间用于设计战略联盟和网络组织，以此形成竞争优势。

（6）更加重视权势架构及其影响。任何组织都存在利用权势实现个人或集团利益的现象，在许多时候，企业的战略决策就是由权势决定的。现代企业面临的复杂环境决定了人们在目标、价值观念、利害关系、职责和认识上的分歧，同时彼此对对方有控制权，在某种程度上依赖对方。

企业战略制定出来之后，企业必须将战略构想、计划转变成行动。在转化的过程中，企业要注意3个相互联系的重要阶段：①战略操作化。企业利用年度目标、部门战略以及沟通等手段，使战略最大限度地变成可以具体操作的业务。②战略制度化。企业通过组织结构、资源配置等方式，使战略真正进入企业的日常生产经营活动之中。③战略评估与控制。战略是在变化的环境中实施的，企业只有加强对执行过程的评价与控制，才能适应环境的变化，完成战略任务。这一阶段的任务主要是建立控制系统、监控效益和评估偏差、协调与反馈等3个方面的内容。

复习思考题

1.如何在组织管理中对员工进行激励？

2.如何理解辅导职能？

3.如何理解监督职能？

4.控制职能的作用是什么？如何进行有效的控制？

5.怎样实施有效的战略控制？

相关案例

中国航信：研发人才激励与保有

中国民航信息集团公司（简称中国航信）专业从事航空旅游信息服务，所运营的计算机数据库及网络系统被誉为中国民航健康运行的神经，其安全性直接影响民航乃至国家经济正常运行。

作为一家专业从事信息服务的科技型企业，专业研发人才队伍的建设是企业核心竞争力持续发展的动力源泉。几年来，中国航信大力加强和改进人才引进工作，逐步探索建立市场化的收入分配机制，着力培育高层次专业研发人才，健全了研发人才的激励和保有机制。

一、突出激励机制的薪酬绩效改革

中国航信从2009年7月起开始推进公司岗位薪酬绩效改革，研发人才的岗位薪酬绩效管理作为改革的重中之重率先试行推进。

1.四步走，建立金字塔形人才结构

第一步，规范岗位设置，梳理研发人才岗位职责。在不同的细分专业领域下，基于工作层次、工作量的区别，中国航信将研发人才序列岗位划分为资深、高级、中级、初级4个层次，明确了各层级岗位职责、工作内容、任职要求、关键绩效产出等，并以岗位说明书形式确认。

第二步，进行岗位评估，形成科学的研发人才岗位职级。在岗位设置合理、岗位职责明晰的基础上，对各层级岗位按任职要求、工作难度、贡献度等4个因素、10个维度进行量化评估，最终确定岗位价值，并整体平衡后形成中国航信研发人才职级图谱。

第三步，确定研发人才岗位编制和人才结构。为保证高层级岗位的相对价值，同时考虑人才结构优化和梯队建设需要，企业确定了各层级岗位的人才编制比例，形成金字塔形人才结构。

第四步，建立研发人才内部流动机制。发布实施《员工岗位管理办法》，确定"能上能下、双向选择、竞争择优"的人岗匹配原则，用人单位采取竞争上岗、岗位胜任度评估等形式，综合运用考试、考察、测评等手段开展研发人才入岗工作。

2.以岗定薪，宽带薪酬，年度调薪

在新的专业研发人才岗位体系下，年龄、学历、工作经验成为入岗的基本条件，而岗位价值则是决定员工薪酬标准的必要条件。以岗位改革成果为基础的薪酬改革首先将岗位价值转换为薪酬等级，岗位价值高则薪酬等级高，岗位价值低则薪酬等级低，强调"以岗定薪"的付薪理念。继而基于薪酬现状分析结果，参照行业市场薪酬水平和企业人工承受能力定位各个等级的薪酬标准。同时，引入宽带薪酬概念，各个薪酬等级标准不是"点"，而是"区间"——这与传统薪点工资制有本质区别，意味着在相同研发人才岗位上，薪酬可以因胜任度（包括绩效表现、能力等）不同而变化。换言之，员工只要工作努力、获得了业绩和能力的提升，即便岗

位不晋升也能够实现涨薪，并且50%的薪酬幅宽足够大，涨薪的幅度可以满足未来相当长一段时间的需要。这种做法解决了以往专业研发人才薪酬增长只能通过职位的晋升才能实现的问题，也更适合研发人才的特点。

薪酬体系确定后的关键工作步骤是新旧体系的过渡，也就是薪酬套改。公司制定了"尊重历史、面向未来、小步快跑、渐进优化"的薪酬套改指导方针，经过"两年三调"使入岗后薪酬低于所在薪酬区间下限的研发人才2年内进入区间，引导薪酬资源增量，根据岗位价值进行分配，优化了薪酬结构。

薪酬改革的另一突出贡献是建立了科学合理的职工工资正常增长机制——年度调薪。年度调薪以员工业绩表现为基础，以个人薪酬所在区间位置为参考，通过技术手段实现"业绩越好、薪酬越低则涨薪越多；业绩越差、薪酬越高则涨薪越少（甚至不增长）"。

3.KPI法与经营管理实际相结合

中国航信尝试将研发人才关键绩效指标（KPI）法与企业经营管理实际进行有效结合。

一是做好上下衔接，确保企业战略目标，特别是技术创新方面的目标分解落实和责任的层层传递；二是坚持按岗考核，针对不同研发岗位科学合理地确立业绩考核指标，突出分类指导，不断增强考核的导向性、针对性和实效性。

当绩效结果应用到浮动薪酬上之后，专业研发人才奖金系数根据不同考核结果拉大了差距，相同岗位考核结果从A到D奖金系数差距达60%，强化了业绩导向激励。

二、推行特殊津贴制度

企业薪酬改革激发了企业内部活力，但专业研发人才竞争的主战场在高科技行业市场。为此，中国航信积极探索多元化激励方式和有针对性的激励措施，研究制定了《一线技术骨干津贴制度》，并从2013年起推行实施。津贴制度具有以下特点：

一是目标群体明确。严格规定了一线技术骨干的基本条件，即在公司关键生产领域具有较高的理论水平和丰富的实践经验，在公司产品研发、技术创新一线有重要影响和突出贡献。

二是严格限制总量。首批一线技术骨干人数比例控制在公司总人数比重的5%以内，各所属单位分配比例根据人员结构、重点任务等情况严格核定。

三是骨干评选过程公开、公正。企业专门成立评审委员会，根据"着眼能力、注重业绩、强调贡献"的原则评审一线技术骨干人选。评审过程有职工代表参与，且对评审结果进行公示。

四是强调动态管理。明确一线技术骨干资格有效期为1年，期满后重新评定，并确定了严格的退出机制。骨干津贴标准实行分档管理，经与市场薪酬水平对比测算确定，可部分弥补骨干技术人才现有的薪酬与行业市场标准的差距。

三、发挥非薪酬因素，感情留人

1.建立职工帮扶机制

中国航信定期开展"送温暖、送凉爽"活动，在困难较多的地方召开现场协调会，解决研发人才实际问题。企业建立了职工关爱互助基金，组织女职工加入"民航女职工大病互助基金"，针对病患员工、孕产员工、困难员工等群体，开展不同形式的慰问活动。每年企业在薪酬福利、社保、安全生产、子女就学等方面直接帮扶上百名研发人才。

2.实施职工关爱计划

启动"心健康·新旅程"职工关爱计划（EAP）。聘请专业机构为研发人才提供心理诊断、指导、培训和咨询等服务。根据专业研发人才的特点和需求，专门订制了"关爱指南针、关爱大本营、关爱福利社、关爱面面观"等项目，涵盖职工心理咨询、培训讲座、危机干预、宣传促进等内容，用专业的手段帮助专业研发人才梳理价值观、社会观，提高自我认知，掌握情绪管理及压力应对技巧和方法，树立良好的职业心理健康意识，创造和谐健康的企业氛围。

3.整合实施一揽子福利计划

企业引入补充医疗保险、企业年金等福利项目，整合完善成为一揽子针对研发人才的福利计划并予实施。在实施过程中注意加强宣传，通过多种渠道向研发人才解释福利计划的内容、成本、作用以及和竞争企业的对比情况等。据调查，企业专业研发人才对员工福利计划一直保持较高满意度。

资料来源　崔志雄．中国航信：研发人才激励与保有［J］．企业管理，2014（9）．

案例讨论：

1.请查阅中国航信详细资料，了解其基本情况。

2.中国航信是怎样针对科研人才进行激励的？

3.中国航信对科研人才的激励实践运用了哪些激励理论？

4.中国航信的激励实践能取得哪些效果？

第7章相关案例分析提示

阅读参考

1.林新奇．中国人事管理史［M］．修订版．北京：中国社会科学出版社，2004．

2.林新奇．游戏化管理在现代企业中的开发与应用［J］．管理学家：学术版，2013（9）．

3.林新奇，和美．高管与员工薪酬倍差的国际比较［J］．企业管理，2015（2）．

4.林新奇，朴载贤，和美．韩国三星集团内部薪酬倍差的案例分析［J］．企业管理，2015（5）．

复盘反馈与管理创新

学习目标

✓ 理解复盘的内涵和作用，并熟练掌握复盘的过程
✓ 熟悉反馈沟通的内涵
✓ 熟练掌握绩效反馈沟通和绩效面谈的内容
✓ 理解管理改进的内涵及其与管理创新的区别
✓ 熟练掌握管理创新的内涵、影响因素和模式
✓ 理解并掌握管理创新的过程

8.1 复盘分析

8.1.1 复盘的内涵

复盘是一个"围棋"术语，主要是指棋手在本局棋结束后，对本局过程重新推演一遍，复演该局的每步记录，以便分析局中招法的优劣和得失经验。我国企业家柳传志将"复盘"作为"一种学习方式"，并指出复盘就是一件事做完了以后，无论成功与否，都要再重新演练一遍，分析当时的目标是什么、环境怎么样、怎么做的战略、怎么执行的、最后的结果怎样等；同时复盘分析的应用需要保持"开放心态，坦诚表达，实事求是，反思自我，集思广益"5种态度。

复盘的最终目的是通过事情的重新演练，研究分析出其中得失和成败的原因，并从中找到事情的发展规律，以便为以后同样或类似的工作提供借鉴指导。复盘是对过往事情进行研究的一种方法，是一种方法论。

8.1.2 复盘的作用

复盘作为一种学习的方式和方法论具有以下3个方面的作用：

第一，有助于沉淀成功经验。在工作中，组织成员经常会根据环境、政策的变化和工作的实际需要等采取新的工作方法和措施。这些新的方法和举措，经过时间的检验会表现出其优劣性，通过复盘分析，将整个过程进行重演，并通过认真仔细地分析研究，可以更加深入地总结成功的经验，并通过制度、规定等方法加以固化，使之成为常态性的工作指导思想和方法，有助于不断地提高工作水平，从而推动工作向着良性的方向发展。

第二，有助于从根本上解决问题。在工作中，因受到各种主客观因素的影响，工作出现偏差在所难免。通过复盘，能够将失败的地方重新再现，有助于我们深刻的分析问题，找出问题产生的根本原因，以便"对症下药"，从根本上解决问题。

第三，有助于把握工作规律，实现工作创新。工作效率和工作效果如何，很大程度上依赖于我们对工作规律的把握。无论是在当前全球一体化的国际形势下，还是在我国经济发展的新常态下，都给我们的工作带来了新的挑战，对把握工作规律的需求更加紧迫。通过复盘分析，我们能够从过去的工作经验中把握工作规律，根据工作实际需要进行工作创新。

8.1.3 复盘分析的步骤

为了有效地进行复盘分析，一般应遵循以下4个步骤[①]：

1.回顾目标，即当初的目的或期望的结果是什么

首先，我们要分清目的与目标的不同，正确的目的能保证目标的方向；清晰而适配的目标能更好地分解和保障目的的实现。其次，确定目的之外，最好能确定出可量化的目标或具有里程碑性质的标志。无量化或可考核的目标，很难保证目的的实现，也难与结果对照评估。最后，事前所提目的、目标不清晰，复盘时追补清晰，便于本次对照，提高下次定目标的准确度。

2.评估结果

对照原来设定的目标找出这个过程中的亮点和不足。第一，要与原定的目标相比较，客观分析意料外的重要亮点或不足。第二，我们应清楚地认识到，亮点与不足同样重要，不能弱化亮点，"过分谦虚要不得，忽略真本事更遗憾"。第三，应尽可能多引入外部典型事实样本，让我们的结果评估视野更广阔、结论更客观。

3.分析原因

事情做成功的关键原因和失败的根本原因，包括主观和客观两方面。在分析成功因素时，多列举客观因素，精选真正的自身优势去推广；在分析失败原因时，多从自身深挖原因，狠挑不足补短板，包括要谨慎检视是否因当初目的、目标定立有误才导致的失败，否则原因分析可能围绕着错误的目的、目标展开，事倍功半。

4.总结经验

总结经验包括体会、体验、反思、规律，还包括行动计划，需要实施哪些新举

---

① 周自强，郭志强. 复盘：科技初创企业一把手的修炼 [EB/OL]. [2016-11-25]. http://www. iceo. com. cn/com2013/2013/0618/267969. shtml.

措，需要继续哪些措施，叫停哪些项目。一方面总结经验时要谨慎，总结规律更要小心，不能刻舟求剑，把一时一地的认识当成规律；另一方面总结经验规律要尽可能退得远，寻求更广泛的指导性，尽量不局限于就事论事。

|8.2| 反馈沟通

8.2.1 反馈沟通的内涵

在反馈沟通中，我们首先规定反馈者是收讯者，被反馈者是发讯者。反馈沟通是指在沟通过程中，收讯者在接收到发讯者的信息后，通过对信息的解码和理解，进而对发讯者进行信息反馈的过程。反馈沟通是整个沟通过程的一个环节，其目的就是收讯者将想要反馈的思想和信息反馈给发讯者并使其能够理解。发讯者在发出信息后，收讯者进行信息反馈互动，这样才能保证沟通的反复进行，二者才能互相交流想法和意见，达到沟通的预期目标。在某种意义上讲，发讯者和收讯者是相对于一次单项沟通的情况而言的，在互动沟通中，发讯者就是收讯者，收讯者也是发讯者。

8.2.2 绩效反馈沟通

绩效反馈是使员工了解自身绩效水平的绩效管理手段，他通过考核者与被考核者之间的沟通，就被考核者在考核周期内的绩效情况进行面谈，在肯定成绩的同时，找出工作中存在的不足，探讨如何改进。

绩效反馈沟通除了告知员工考核结果，还包含4个方面的内容：第一，具体说明员工在考核周期内的绩效状况，最好能够对照相应的标准举出实例来说明；第二，与员工探讨取得如此绩效的原因，对绩效优良者予以鼓励，对绩效不良者帮助其分析原因，并一起制订改进措施和相应的培训计划；第三，针对员工的绩效水平告知将获得怎样的奖惩，以及其他人力资源管理决策；第四，表明组织的要求和期望，了解员工在下个绩效周期内的打算和计划，并提供可能的帮助和建议。[①]

8.2.3 绩效面谈沟通

绩效面谈沟通是绩效反馈沟通的重要沟通方式。绩效面谈是管理者与员工之间共同针对绩效考核结果所做的检视与讨论。绩效面谈沟通首先要做好绩效面谈的准备工作；其次要把握好绩效面谈的原则；最后要形成绩效改进项目。

1.绩效面谈的准备

（1）管理者应做的准备。在进行绩效面谈之前，管理者必须准备好面谈过程所需的各种资料并充分熟悉这些材料，包括对员工绩效进行评估的表格、员工日常工作表现的记录及平时收集的绩效相关信息等。

---

① 林新奇. 绩效管理技术与应用［M］. 北京：中国人民大学出版社，2012：192.

管理者还必须做好面谈程序上的准备。首先，要计划好如何开始、采取什么样的方式开始面谈，这取决于具体的谈话对象和情境。其次，要计划好绩效面谈的具体过程，以便更好地控制面谈过程。最后，要计划好在什么时候结束面谈以及如何结束面谈。

（2）员工应做的准备。

第一，准备表明自己绩效的资料和证据。员工需要充分地准备好表明自己绩效状况的事实依据。完成得好的工作任务需要以事实为依据说明具体在哪些方面做得好，完成得不好的工作任务也需要以事实为依据说明理由。

第二，准备好个人的发展计划。绩效面谈注重现在的表现，更注重将来的发展。

第三，准备好向管理者提出的问题。绩效面谈是一个双向交流的过程，不但管理者可以问员工一些问题，员工也可以主动向管理者提出自己所关心的问题。

2.绩效面谈的原则

第一，建立和维护彼此之间的信任关系。面谈双方都必须摆正自己的心态，开诚布公，坦诚沟通，营造互相信任的沟通氛围。

第二，鼓励下属说话。要让下属得到充分表达的机会，把真实的想法说出来，并且鼓励员工说出他们在工作中存在的困难，以及需要主管提供的帮助。

第三，避免对立和冲突。在面谈过程中双方可能会有不同的见解，但主管应争取员工的理解，同时也应多站在员工的角度考虑问题，尽量避免激烈的对抗和冲突。

第四，优点和缺点并重。员工的优点和缺点都应在反馈面谈中找出来，不能由于员工绩效很好、优点很多就掩盖他的缺点，也不能由于员工有比较明显的缺点就抹杀他的优点。

第五，以积极的方式结束面谈。要设法使员工带着积极的情绪结束面谈，最好是使员工受到鼓舞，振奋精神，增强工作中的干劲，而不要让员工将消极、不满的情绪带到工作中去。

3.绩效改进项目

绩效改进项目是根据考核结果对员工的绩效进行分析，挑选并最终决定加以提高的绩效项目。这些有待发展的项目可能是现在水平不足的项目，也可能是现在水平尚可，但需要更高水平的项目。改进项目都来源于未达到标准的或应该进一步提高的绩效项目，但并非所有不良绩效或有待改进的绩效都是改进项目。

首先，这些改进项目要有可改进性，即这些绩效的产生是由于员工自身能力、行为和工作流程安排的不当造成的。如果是因为员工自身以外的因素，特别是企业内环境和战略目标变更或资源分配不当等因素造成的，就不应该列入改进项目。其次，改进项目有选择性。由于企业资源有限，并非所有的不良绩效或有待改进的绩效都要加以改进，至少在优先顺序上是有区别的。最后，改进项目具有意愿一致性，即它不仅仅是企业认为应该改进的，还应该是员工也认为必须加以改进的项目。

应就几个方面进行沟通，在这些沟通的基础之上形成绩效改进计划：第一，改进项目目前的水平和期望达到的水平。第二，发展这些项目的方式。将某个有待改进的项目从目前水平提高到期望水平有多种方式，例如培训、自我学习、他人帮助改进等。第三，确定达到目标的期限。管理者和员工通过沟通，应就预期在多长时间内能够将有待改进的项目提高到期望水平达成共识。[①]

| 8.3 | 管理改进

改进是指改变现有的状况，使其有所进步。管理改进，顾名思义，指在管理方面的进步，是以现有的管理为基础，采用科学的方法和技巧，进一步提升管理效率和管理效果的过程。管理改进一般不会对现有的管理思想、方法和模式带来颠覆性的冲击，而是仅仅在现有基础上的管理进步。

管理改进不是"无中生有"，而是借用组织外先进的、科学的管理方法或思想，结合组织的实际情况变通处理并进行应用，以提高组织的管理效率和效果。比如全面质量管理，日本企业对其应用最佳，但该方法并不是起源于日本，而是由美国质量管理专家朱兰博士首次提出的，日本企业通过对全面质量管理的引进、使用和发展，在产品质量方面已取得了优秀的效果，并为日本企业赢得了竞争优势，日本企业的全面质量管理就是在质量管理方面的重大改进。

在当今管理理论界和实践界，往往将管理改进和管理创新混为一谈，两者有一定程度联系但是也有着显著的区别。管理创新有助于管理改进，管理改进并不一定是管理创新。因为管理创新强调的是创造一种新的管理方法或思想，管理改进则是在原有的管理基础上而实现的管理进步，一方面管理改进可借助于管理创新的成果来实现，另一方面管理改进也可以通过自身管理方法或思想的变通来实现。根据熊彼特的创新理论可知，当采用一种新的生产方法或获得一种新的原材料供应来源时，管理改进和管理创新是等价的。

管理改进与管理创新的关系可以用图 8-1 表示。

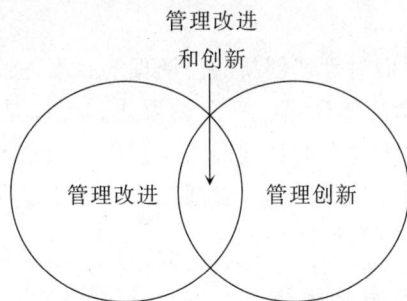

图 8-1　管理改进与创新的关系

---

① 林新奇. 绩效管理技术与应用 [M]. 北京：中国人民大学出版社，2012：193.

|8.4| 管理创新

8.4.1 管理创新的内涵

奥地利经济学家熊彼特在其1912年出版的《经济发展理论》一书中首次提出创新理论，其认为创新就是采用一种新的生产方法、开发一种新的产品、开辟一个新的市场、获得一种新的原材料供应来源以及实现任何一种新的组织。创新包括两个方面的内容：一种是以技术为对象的技术创新；另一种是以制度为对象的制度创新。本书认为创新是指在前人或他人已经发明或发现的基础上，进一步做出新的发明、新的发现，提出新的见解，创造新的事物，开辟新的领域，解决新的问题等产生新事物的活动。创新最本质的特征是追求"新"和追求"第一"，只要是第一个出现，都属于创新的范畴。

管理创新是制度创新的一种。直到20世纪80年代，才由美国学者 Ray Stata 明确提出管理创新的问题，他认为管理创新是企业发展的真正瓶颈，从而引起了人们对管理创新的重视和研究[①]。

对于管理创新的内涵，不同的学者有着不同的理解：

Damanpour 等认为，管理创新是指组织实施团队生产、供应链管理或质量管理系统等新管理实践或理念而产生的组织结构或过程变化。

Abrahamson 认为，管理创新是组织为了协调输入和输出而实行的组织结构和文化的变革。

Birkinshaw 等认为，管理创新是指发明和实施一种全新的管理方法、过程、结构或技能以更好地实现组织目标的过程。

Hamel 等认为，管理创新是对传统管理原则、流程和实践的明显背离，或者是对惯常的组织形式的背离，这种背离极大地改变了管理工作的方法。

Mol 等认为，管理创新就是企业为提高组织绩效而引进新管理实践的过程。

Lynch 认为，管理创新就是员工培训、倾听员工心声、工作设计和报酬共享。

由此可见，目前学者们对管理创新的内涵理解并不一致，管理创新并无统一概念，但这些管理创新概念均体现出"新"的思想，可以是在原有管理基础上的创新，也可能是创造一种原来没有的管理形式、方法和理念。因此，本书认为管理创新是指为实现组织目标而在管理理念、管理方法、管理过程、管理技能、组织结构和管理制度等方面进行的创造性活动。

8.4.2 管理创新的影响因素

影响管理创新的因素很多，主要包括组织文化、制度、技术条件、员工等。

---

① 苏敬勤，林海芬. 管理创新研究视角评述及展望 [J]. 管理学报，2010 (9).

1.组织文化

组织文化是组织在长期发展过程中所积累、沉淀下来的令组织成员所共同认可的价值观念和行为规范。良好的组织文化有助于鼓励创新行为，较容易获得创新成果。比如，在学习型组织文化里，员工能够改变自我的心智模式、能够自我超越、具有系统思考的思维，组织内部有着共同的愿景、共同的学习氛围，这些条件有利于组织内部员工在互相沟通交流和学习过程中产生思想碰撞，有利于激发员工的创新思维，进而表现出创新行为。再比如，重视创新的组织文化往往比不重视创新的组织文化更能取得创新成果。

2.制度

组织制度规范了组织成员的思考和行为准则，一方面保证了组织的运行有条不紊，另一方面往往会限制员工的行为或思想创新。员工的创新行为是有目的性的，其会为满足自己的需求而进行创新性的思想并实施创新行为，这就要求组织在制定制度时，应尽可能地考虑制度对创新人才的激励性。

3.技术条件

技术条件是指在技术方面取得突破，开发出一种新的技术，并被广泛应用。但组织的管理创新也离不开技术的支持。比如,在互联网、大数据时代，人力资源管理理念和方式、方法均得到很大的创新，人力资源业务合作伙伴理念、网络招聘方式、人力资源信息系统等均体现了人力资源管理方面的创新，但这种管理创新在一定程度上是离不开技术的进步和技术条件的支持。

4.员工

组织的创新是由组织员工实现的。员工自身的经验、素质、专业知识、需求和创新思维等对员工的创新行为有很大影响。如果员工在所从事的工作领域缺乏经验、并且专业知识素质也不强，其很难表现出创新行为。如果员工"无所求、无所欲"，并没有想从工作中获得什么，其也不可能表现出创新行为。即使员工具备创新的素质，也有创新的动机，如果没有创新的思维，其很难有创新的思路、想法，更不可能实现创新。因此，员工在工作中表现出创新行为的基础是具备一定的素质条件、工作经验、创新的动机以及创新的思维。

8.4.3 管理创新的模式

管理创新一般有两种模式：需求拉动型模式和技术推动型模式。

1.需求拉动型模式

管理活动不可避免地经常处理管理过程中出现的问题，在现有的管理能力和水平下，如果不能解决面临的管理问题，此时就需要人们在管理工作中进行创新，创造出新的管理方法和技能来破解难题和困境，以便使组织的管理活动能正常运行，最终实现组织目标。比如，目前我国处于"经济转型"和"经济新常态"时期，现有的很多国有企业组织结构不适应当前经济环境的发展，这就要求管理者从实际出发，充分结合国有企业管理规范，对组织结构进行创新调整，以适应环境的需要。

2.技术推动型模式

在知识经济、全球化、信息化时代，知识的更新速度空前之快，信息科技的发展颠覆性地冲击着传统的工作模式。先进的科学技术引进企业后，推动了管理模式的创新。比如，计算机信息技术的发展与进步，推动着办公自动化工作模式的建立，不断地代替传统的纸质办公模式，"无纸化办公"的创新工作理念不断形成。

8.4.4 管理创新的过程

管理创新过程包括水平和垂直两个维度，如图8-2所示。水平维度的创新过程有4个阶段：首先，激励，它是引导个体考虑管理创新的促进因素和必要条件。其次，发明，它是为解决新出现的管理实践问题而进行的试验性初始行为。再次，实施，它是在管理实践中验证发明的行为。最后，理论化和标识，它是一个社会化过程。为管理创新的合理性提供基础，通过此过程使组织内外的个体意识到并在实践中证实管理创新。

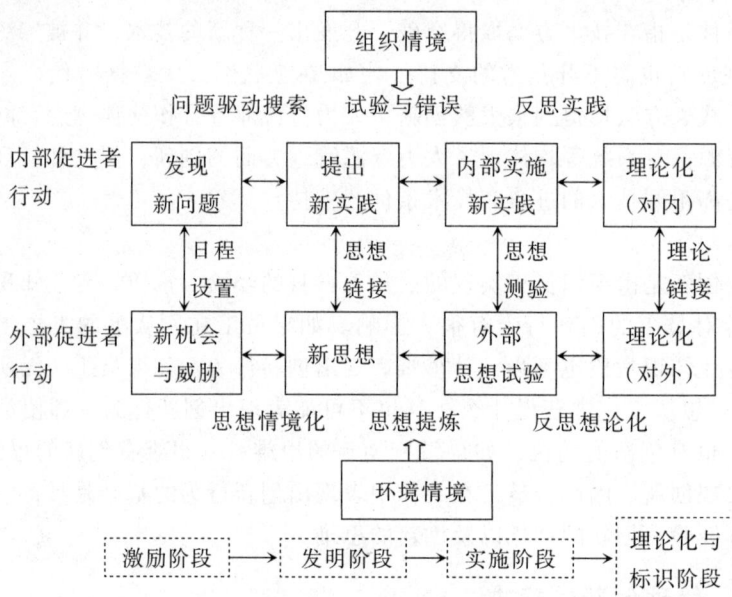

图8-2 管理创新过程

资料来源 苏敬勤，林海芬. 管理创新研究视角评述及展望［J］. 管理学报，2010（9）.

在垂直维度上，有两个群体塑造管理创新的过程：一是内部促进者，他们是组织内部主动开展创新的员工，对管理问题产生兴趣、提出想法、进行试验性探索，从而证实并实现管理创新；二是外部促进者，他们类似于管理智囊团、企业顾问，为企业提供独立的管理咨询，对企业的管理实践很有兴趣，影响管理实践的发展，能够提出新的有效的管理思想，形成新的管理实践。外部促进者在管理创新中扮演重要的角色，因为他们在管理创新的不同阶段，能够提供合理性、专业性的建议。

1.激励阶段

激励阶段是引导、激励员工进行管理创新的前提和促进因素。本阶段需要解决的问题是"在什么条件或情况下，高层管理者认为现存的管理实践不能满足他们的需求"，这个问题很难回答。因为，不仅很难确定在什么条件下高层管理者会寻求管理创新，而且很难具体说明在哪些情况下高层管理者不选择现有解决问题的方法。

（1）内部促进者。他们首先考虑的是管理创新的需求。现有理论已经表明，新的管理实践的需求取决于是否发现新的问题，也就是当前组织绩效和潜在绩效之间的差距。如果管理者认为这种问题能够通过组织内部管理创新进行解决，其就会针对问题搜索相关信息、进行分析；如果管理者认为该问题在组织现有的能力水平下很难解决，其就会发挥外部创新推动者的智囊作用，借助外力解决问题。可能是直接引进外部的先进方法或技术，也可能与外部推动者进行日程设置，由其对问题进行研究分析。

（2）外部促进者。他们进行管理创新一方面是发现了管理实践对其造成的威胁或有新的机会。当外部促进者现有的管理思想不能满足组织管理实践中新出现的问题时，这些新的问题就会对外部促进者的管理咨询功能带来威胁，就会激励他们进行管理创新。另一方面，内部促进者如果决定将组织内部的管理问题委托给外部促进者，这也会给外部创新推动者带来新的管理创新机会。无论是哪一方面驱动外部促进者进行管理创新，其都会将管理思想与管理实践问题相结合，开启思想情境化的过程。

2.发明阶段

发明阶段涉及的是提出什么样的方法解决管理中的新问题。此阶段要求管理创新者针对问题进行充分、深入分析，从而从本质上解决问题。

（1）内部促进者。如果管理者认为新问题能够通过组织内部的管理创新进行解决，其就开始了提出新实践的研究分析过程。首先复盘分析问题出现的整个过程，进而找到该问题出现的直接原因、间接原因和本质原因，最后提出新的管理实践。

（2）外部促进者。外部促进者在实施管理创新过程中，根据出现的新的管理问题，对现有管理思想理念的适用性和缺陷性进行分析，从而发现原有的管理思想理念在指导管理实践中的不足，为解决新的问题提出新的管理思想，并对管理思想进行提炼，形成管理理论。

3.实施阶段

实施阶段是将新提出的管理实践和管理思想在实践中进行检验的过程。如果证明能够解决实际的问题，则进行管理创新的下一阶段；如果新的管理实践和管理思想通过验证，仍不能解决新的问题，则会返回上一阶段，进一步对问题进行分析，重新提出新的管理实践和管理思想。在实施阶段，内部促进者实施管理活动，对提出的新的管理实践进行验证，也是对外部促进者提出的新的管理思想进行检验的过程。

4.理论化和标识阶段

当新的管理实践和新的管理思想得到验证后，内部促进者应对新旧管理实践重新进行反思，找出新旧实践成与败的原因，加深对管理实践的深层次理解，进而内化成管理理论，以便指导以后的管理实践。外部促进者在此阶段也应该深刻反思新旧管理思想的优劣和思想形成的原因，并将新的管理思想提炼成新的管理理论，以便对外部的管理实践活动提供指导。内外部促进者均应将新的管理理论向其他组织进行推广，使其得以借鉴，赢得公共认可，以便提高整个管理实践界的管理效率和效果。

整个管理创新过程，不是单一方向的流程，而是一个复杂的、交互的且具有反馈回路的管理创新过程。内部促进者与外部促进者时刻进行着信息的交换和互动，其新的管理实践和管理思想不断地在实践中得到验证，最终实现解决新的管理问题的目的。

管理创新过程的每一个环节或过程均是在一定的环境和组织情境下进行的，离开了特定的情境，管理创新就是纸上谈兵，很难起到实际作用。除此之外，管理创新可以是有目的性的解决新的管理问题的创新；也可能是在管理实践或管理思想研究中偶然产生的，进而在实践中得到应用的创新。

复习思考题

1.请针对你认为自己做得比较成功的一件事进行复盘分析。

2.如何进行有效的绩效反馈沟通？

3.怎样理解管理改进与管理创新的区别和联系？

4.在大数据和知识经济时代，如何进行管理创新？

相关案例

华为的理念创新

华为的理念创新最核心的是"核心价值观"创新——以客户为中心，以奋斗者为本，坚持艰苦奋斗，坚持自我批判。

华为从创立之日到今天，关注的核心点是华为价值观的形成、实施、长期不懈的传播。华为"核心价值观"包含四句话，其中前三句话是一个闭环的系统。

第一句话是"以客户为中心"，讲的是价值创造的目的。华为的一位顾问写过一篇文章《为客户服务是华为存在的理由》，任正非在题目上加了两个字，变成《为客户服务是华为存在的唯一理由》。就是说，除了客户以外，没有任何人、任何体系可以给公司持续地带来价值。28年以来，华为持续进行组织变革，但变革只有一个聚焦点，围绕着以客户为中心这个方向进行变革。华为的任何一级管理者，包括任正非，到全世界出差，不能坐飞机的头等舱，如果坐头等舱，多出来的钱需要自费。这是任正非和华为各级管理者的道德自觉吗？当然不是，这是一种价值趋向，即整个组织的所有神经末梢、任何人，所有的劳动和奋斗，所有的组织成本都只能围绕客户这样一个方向。华为没有专为领导人使用的专车、司机，在国内任何地方，多数情形下，任正非出差不是自己开车就是打出租车，上飞机没有人送，下飞机没有人接，经常自己拉着一个行李箱去坐出租车。作为企业领袖或者创始人的任正非，必须通过严格的自我约束形成表率——公司支付的成本是要用于客户，而不是用于各级管理者。

第二句话是"长期坚持艰苦奋斗"，这是中华民族的传统精神。令笔者印象深刻的是华为的新生代员工。笔者去南非地区、中东地区与华为员工交流。在最艰苦地区奋斗的大多是80后、90后员工。在非洲的80后员工用很快乐、阳光的语调，向笔者讲述了他们在艰苦环境下艰苦奋斗的故事。在非洲工作最大的体会是什么？他们说，最大的体会是，我们30多个人，每个人都得过疟疾。有人5年内得了4次疟疾。有一个85后的员工，主动要求到一个由3个岩石小岛构成的小国工作。只有一个人常驻，每天只有一小时有电，没有水。这个小伙子去了以后就在门口挖了个坑，用坑来积雨水，用来每三四天洗一次澡。正是这个年轻人，在那坚守了3年。从总部临时派到南非区的管理者、技术支持的同事，都会遵守一个默契，任何人到那里出差都不住酒店，要跟在这里坚守的员工住在一起。类似这样艰苦奋斗的故事非常多。

那么华为依靠什么机制来驱动一代代的华为人，在28年里面向客户长期艰苦奋斗？相当重要的一点是，华为选择了"以奋斗者为本"的价值评价和价值分配准则。过去100多年来，西方经济学的主流思想在价值分配上更多地倾斜于资本方的利益。华为所选择的"以奋斗者为本"的价值评价和分配的理念，某种程度上是重大的经济现象的创新。笔者所著的《下一个倒下的会不会是华为》这本书的英文版出版后，笔者和美国、英国的一些学者有过一些交流。英国学者比较认同华为"向劳动者优先分配"，或者说"价值分配更多地向劳动者倾斜"的理念。美国就有著名学者质疑，说这种理念虽然牵引了华为20多年的快速发展，但这种理念是社会主义的，这种社会主义理念在全球范围内都很少有成功的先例，所以华为"向劳动者优先分配"的价值分配理念还有待时日去证明。

华为之所以能发展到今天，"劳动者普遍持股制"的确产生了核能效应，不过这仅是华为成功的要素之一。华为成功的核心要素还是"以奋斗者为本"的价值理念。

华为的价值理念首先肯定的是劳动者，是面向客户需求的奋斗者、贡献者。在对华为100多位高级干部访谈的过程中，笔者获得了另外一个启示——华为的28年，是不断对劳动者进行识别的28年。如果仅仅是一个劳动者，也不是华为理想的员工角色，华为所谓的劳动者是有贡献的劳动者，是面向客户需求为公司创造价值的人。华为不断从劳动者中识别谁是"奋斗者"。

除了财富分配过程中的"劳动者分配优先"，还有物质激励，这里最核心的是权力的激励。28年以来，华为始终坚守以责任结果为导向的考核机制，按照实际贡献选拔干部。任正非有很多形象化、军事化的语言，比如"上甘岭上选拔干部"。华为的干部不是培养出来的，是从"上甘岭"上打出来的。在干部晋升方面，是基于多种标准来选拔干部，还是基于简单的一元标准来选拔干部？华为坚守的是简单的一元标准：干部是打出来的，将军是从上甘岭上成长起来的。有一次，任正非在深圳总部主持一个会议，让笔者去旁听。在会议期间，任正非不厌其烦地讲这样几句话：在座的哪一位没有在一线干过？机关里没有在一线干过的不要去主持变革，不要参与变革的方法论设计，这种设计是要误人、误事，会害了公司的。

简单地说，华为的财富、权力分享机制，都是基于一个核心——面向客户的显性和隐性需求为组织创造价值的人，才可以获得更多的奖金、提薪和配股，以及晋升的机会。

我们知道，一个好的理念随着时空条件的变化，也会发生扭曲和变形，乃至于变质。为什么28年来，华为能够始终坚持价值观不走样地落地和实施？很重要的一点是"长期坚持自我批判"。华为不倡导互相批判，更多地强调自我批判，而且是不能夸大，不能为了过关给自己扣帽子，要实事求是并且有建设性。

华为已经成为全球通信企业的领导者，成长起来的华为很有可能走上很多大组织的老路——大而傲，大而封闭，大而惰息。

从去年开始，以华为财务和投资部门为先导发动的部门的自我批判，在整个公司炮声隆隆。华为有个内部网站叫"心声社区"，是全球大公司里最开放的内部网站之一。在这个内部网站，可以看到对公司各级领导，甚至对任正非的尖锐批评，也能看到对公司重大决议的尖锐批评。随着财务和投资部门的自我批判，公司高级领导有五六个人发表了文章，也主动进行自我批判。华为所讲的自我批判，不是简单地否定，核心是纠偏，是建设性的自我纠偏。

华为的核心价值观，或者说观念的力量、文化的力量、精神的力量，是构成华为成为全球大公司以及28年发展史的最核心基础。

华为理念创新的第二个方面是，不在非战略机会点上消耗战略竞争力量。

28年来，华为没有做过资本化的运营，既不是上市公司，也没有做过任何规模性的并购。过去近20年，华为围绕公司核心目标和方向，只做了针对核心技术的小规模并购，涉及十几家公司，其中只有一家公司人数超过100人。华为也没有做过多元化运营。

从创立至今，华为只在攻击大数据传送管道这个城墙口投入全部战略资源。华为每年用500亿元左右的研发投入，500亿～600亿元的市场和服务的投入，聚焦于管道，饱和攻击，终于炸开了这座城墙，在大数据传送技术上达到世界领先。在华为的战略家眼中，随着大数据越来越扩张，管道会像太平洋一样粗。华为今天真正进入到了蓝海市场，在管道领域已经全面领先，但华为还要持续密集地在管道战略上加大投入。

战略资源的长期、密集、高度的聚焦，"饱和轰炸一个城墙口"，今后还会持续地聚焦同一个目标，这也是任正非讲的"针尖战略"。但很清晰的一点是，"精神制胜、观念制胜"是基础。

华为的价值观，包括华为的自我批判、自我纠偏机制，更多的是向中国共产党学习的结果，中国共产党的理论思想体系影响了几代人，今天的商业组织能够从这个巨大的思想理论宝库中汲取很多商业管理经验。

华为理念创新的第三个方面是，把能力中心建立在战略资源聚集的地方，开放式创新，站在巨人的肩膀上发展。

华为在全球有16个研究所，主要分布在欧洲、日本、美国、加拿大、俄罗斯、印度等。为什么要做这样的研发布局？因为要充分运用不同区域的资源要素优势，这也是华为今天能够在技术上领先的根本原因。这里需要特别强调两点，华为创新是开放的创新，而不是关起门来的创新，华为从来不讲自主创新，而是站在巨人的肩膀上去发展。华为在欧洲的研发战略布局，使华为受益匪浅。华为手机终端业务为什么能在最近五年快速发展？这和华为欧洲研究所，特别是法国研究所的贡献有很大关系。同时，华为的日本研究所在材料研究方面，也给终端的发展提供了重要支撑。

从2015年开始，华为进一步加大在美国的基础研发布局。全球科技创新的资源主要还是集中在美国，尤其是基础创新的人才资源。由于华为的崛起和欧洲公司的发展，美国通信设备公司基本都衰落了。由于商业组织的衰落，美国的通信基础研发也衰落了。我们看到一个惊人的数据，从2007年至今，美国的大学没有贡献过一篇关于通信的基础研究论文。华为很敏锐地意识到这一点，所以华为要利用美国高校里通信研究的资源，加大和美国高校的合作，加大对它们的支持与投资。过去20年，华为与全球200多所大学合作研发，与个人或者研究所、研究室合作。今后华为会将相当大的比重投入到美国的大学，目的就是利用全球不同区域的战略资源进行开放式创新。

华为从过去的追随者，发展成为今天的领导者。做追随者是相对容易的，做领导者就要肩负起责任，对未来做出判断和假定。爱立信总裁曾在某个场合很不客气地说，假如爱立信这盏灯塔熄灭了，华为将找不到未来的方向。任正非的回答是："我们一定不能让爱立信、诺基亚的灯塔熄灭；同时，我们也要在未知的彼岸竖起华为的灯塔。"这句话背后的理念是：与竞争对手开展开放式的创新、联合进行创新，与竞争对手共同对未来的不确定性进行探索和假定。

资料来源　田涛. 华为的理念创新与制度创新［J］. 企业管理，2016（3）.

案例讨论：

1.请查阅华为的详细资料，了解其基本情况。

2.华为为什么进行理念创新？

3.华为采取了哪些创新的理念？发挥了什么样的作用？

4.结合管理创新的过程，分析华为的理念创新是如何实现的。

第8章相关案例分析提示

阅读参考

1. 林新奇. 创新型人才的两个条件 [J]. 中国人才，2008（7）.

2. 林新奇. 中国人事管理的传统与变革 [J]. 中国人才，2007（17）.

3. 柳传志. 复盘是最好的学习方式 [J]. 中国人力资源开发，2013（24）.

4. NIEVES J.Outcomes of management innovation：An empirical analysis in the services industry [J]. European Management Review，2016，13（2）：125-136.

第三篇　管理实践与理论发展

西方早期管理实践与理论

学习目标

✓ 了解西方早期的管理实践
✓ 熟练掌握西方早期的管理理论
✓ 理解西方古典时期管理理论与实践的联系

|9.1| 西方早期管理实践

西方管理实践有着悠久的历史，早在古埃及时期人们就开始了对管理实践的初步探索，金字塔的建造就是古埃及探索管理实践的鲜明体现。古巴比伦王国时期，制定并颁布了《汉谟拉比法典》，用制度来为管理实践服务。在古希腊、古罗马时期，生产力水平得到一定程度的发展，人们的思想水平也在不断提升，在国家管理方面，不断涌现出"选举制度""公民大会""十二铜板法"等大量比以前较为先进的管理制度，但仍然是基于农业生产为主的朴素的管理实践。直到欧洲中世纪和文艺复兴时期，随着生产力的发展使得手工业从农业中分离出来，贸易逐渐形成，城市不断兴起，人们开始建立真正意义上具有企业性质的银行、工厂，对管理水平的要求不断提高，积累了丰富的管理实践。比如威尼斯造船厂的开设，政府对工厂的管理表现出了先进的管理水平，其最早实行的成本控制管理实践，对后期的成本会计制度有着深远的影响。

17 世纪到 18 世纪，英、法等国的资产阶级革命取得的胜利扫除了生产力发展的障碍，为机器大工业的发展提供了基础条件。18 世纪下半叶到 19 世纪末，是资本主义管理理论的萌芽阶段。18 世纪 60 年代开始的英国工业革命，给资本主义生产带来了深刻的变化，以手工劳动为基础的工厂手工业逐渐被以机器大工业为基础的工厂制度所代替。这种在新的技术基础上进行的社会化的生产方式把管理的必要性和重要性提到了前所未有的高度，从而引起人们对管理理论的探索。一些企业主和有志于管理研究的学者成了早期资本主义管理理论的开拓者。不过，由于资本主义早期阶段还没有出现专业的管理者阶层和管理学家，对企业的管理主要是靠企业主个人的经验和习惯，因而在这一阶段，有关管理方面系统的、专门性的著作不多，这一时期的管理思想大都散见于其他学科的著作中，而且往往带有工厂手工业管理的痕迹。

西方早期的管理实践，大部分属于经验管理。经验管理是指企业管理者凭借个人的直觉和以往的经验进行管理。在这种管理方式下，企业生产经营活动的各个环节都没有一定的计划和程序，工人的操作也没有一定的规范，都是凭借个人的经验，采取他们自己认为正确的方法，选择自己认为适当的工具进行。总之，一切都没有基于客观规律而建立起来的准则可以遵循，都是放任自流的。

|9.2| 西方早期管理理论

西方早期的管理实践，为管理理论的形成打下了扎实的基础。因早期专门性的管理著作不多且比较散，没有形成系统化的管理理论，本节主要介绍有代表性的5位学者的管理思想理论。

1.亚当·斯密的管理理论

亚当·斯密于1776年发表的《国民财富的性质和原因的研究》，不仅为古典政治经济学的理论体系奠定了基础，其中的一些理论观点对后来管理思想的发展也产生了深远的影响。其中，亚当·斯密阐述的分工理论和利己主义的人性观就对以后的管理理论产生了重要影响。斯密提出分工是提高劳动生产力、增加国民财富的重要源泉。斯密的分工理论包括企业内部生产过程中工人之间的操作分工和社会范围生产的行业分工两个方面。一切社会化生产的管理，都离不开科学的分工，因此斯密的分工理论对于企业生产经营过程的管理，还是社会范围内生产过程的管理，都是一条重要的基本原理。斯密在该书中，把资本主义社会看成是一个人们相互交换的联合体，认为交换是"人类的本性"，而人们交换的动机都是利己主义的，因此利己主义也是人类的本性。斯密提出的利己主义观点对后来的西方管理思想产生了很大的影响。人既是管理的主体又是管理的客体，作为管理主体——管理者，他的人生观会决定他追求的目标和为实现目标所可能采取的行为。另一方面，一个管理者对被管理者人性方面的基本认识，又决定着他对于被管理者所采取的基本态度，决定着他的管理行为。

2.让·巴蒂斯特·萨伊的管理理论

让·巴蒂斯特·萨伊是亚当·斯密的学生，于1803年出版了《政治经济学概论》，该书虽然是经济学方面的著作，但也涉及了很多管理理论。在这部著作里，他把管理列为生产要素之一。他认为企业要进行生产，必须有以下3类人的活动：第一类人是科学家，第二类人是企业家，第三类人是工人。萨伊把企业家的经营管理活动看作同工人的操作活动一样，是企业生产过程的一个必要因素。萨伊还分析了企业家应当具备的条件，如筹措资本的能力、组织产销活动的管理知识、企业家的精神品质等。他的理论中关于企业家所应具备的各种条件的论述、关于经营阶层的形成以及关于经营者阶层成员素质的要求、选拔、配备和培训等理论和方法，对后来的管理理论都产生了很大的影响。

3.查尔斯·巴贝吉的管理理论

查尔斯·巴贝吉是英国著名的数学家、机械学家，既是计算机研究的先驱者，也是管理研究的先驱者。他曾用10年的时间考察了英国和欧洲大陆的工厂管理问题，于1832年出版了《论机器和制造业的经济》一书。巴贝吉的研究涉及广泛的管理问题，但首先仍是分工。他指出，决定能否经济生产的最重要的原则是分工原则，并详细解释了实行专业分工之所以能提高生产效率，带来经济利益的原因。他的贡献还在于他分析了分工对节省工时费用的作用，提出了按分工原则雇用工人，支付劳动报酬的办法。巴贝吉从调和劳资关系的目的出发，研究工厂的报酬制度，提出了一种利润分享与奖金办法。巴贝吉还是工组研究的先驱者，他在英国机器大工业建立的初期，对这种新的生产方式的各个主要方面的管理问题几乎都进行了开创性的研究，并且显然对后来的科学管理的确立产生了多方面的影响。他的分工理论进一步丰富和发展了斯密的思想，他致力于谋求劳资双方共同利益的实现，实际便是后来泰勒提出的"心理革命"的基本思想。他关于工作研究的基本设想同泰勒的工作研究十分相似，他提出建议研究工厂管理的有关领域，则几乎包括泰勒管理的各个主要方面。

4.安德鲁·尤尔的管理理论

安德鲁·尤尔是英国的化学家、经济学家，他在工厂制度建立的早期阶段就重视对管理人员的教育培训，于1835年发表了《工厂哲学：或论大不列颠工厂制度的科学、道德、商业经济》。在这部著作里，他指出，每个工厂都有3个有机的系统，即机械系统（生产的技术过程）、道德系统（工厂的人事管理）、商业系统（产品的销售和资金的筹措）。在这部著作中他提出了工厂手工业和工厂制中两个不同分工的论述和关于建立工厂纪律法典的主张。

5.罗伯特·欧文的管理理论

罗伯特·欧文是空想社会主义的代表者，也是在管理上有卓越成就的企业家。他当过店员、经理，后于1800—1829年之间经营棉纺厂。在这期间，他对工厂管理进行改革试验。他主张必须改善对人的管理，重视人的因素在生活中的作用。同时，他还主张运用教育和感化的方法管理工人，否定惩罚的方法。

|9.3| 西方早期管理理论与实践的联系特点

西方早期管理理论均形成于古典时期传统经验性的管理实践，尚未形成系统化、科学化的管理理论。一方面，当时劳动生产力水平低下，对管理水平的要求也不是很高，有代表性的管理实践经验不多；另一方面，管理效果的好坏一般归结为管理者个人的素质，管理理论对管理实践因素的总结比较单一。除此之外，早期的管理理论认为工人都是有惰性的、爱偷懒的，在管理方式上采用家长式、专权式的管理。

复习思考题

1.西方早期的管理实践对西方早期管理理论的形成有哪些影响？

2.请详细阐述西方早期具有代表性的管理理论。

3.怎样理解西方古典时期管理理论与实践的联系特点？

相关案例

中外早期管理思想之间的差异

中外早期管理思想各自具有自己"民族的精神标记"，不同的特征和内容来源于不同的历史条件和社会背景，主要包括地理环境、物质生产方式和社会组织形态。这就决定了中外早期管理思想具有差异性。主要表现为以下5个方面：

1.重农与重商

在对待农业和商业的态度上，中西方管理思想上的差距很大。重农抑商是古代中国思想家的主导观点。这是由中国大陆性的自然地理环境和连续稳定的历史文化因素决定的。《管子》中认为，农业是富国富民的本事、本业，"粟者，王之本是也，人主之大务，有人之途，治国之道也"。商鞅认为，要想使国家富强，只有通过发展农业来实现，"壹之农，然后国家可富"，"民不逃粟，野无荒草，则国富"。韩非提出，"富国以农""仓廪之所以实者，耕农之本务也"。商鞅说，"农之用力最苦，不如商贾技巧之人"，这样便会诱使人们纷纷避农经商。这些传统思想在中国的历史发展中产生了极大的负面影响，阻碍了商品经济在中国的发展，至今在人们的思想中仍然存留着轻商的痕迹。与此相反，国外早期管理思想，特别是西方早期管理思想中有很大比例体现在发展商贸上。作为西方管理思想源头的古希腊，其地理环境与中国则大不一样。它有漫长的海岸线，内陆交通极不方便，因而只能向外拓展以求发展，使商业和航海业发达。事实上，所有法律都带有商业管理的性质，涉及出售、契约、合伙、协议、期票、借贷、租赁、转让、抵押、遗产、奴隶等各个方面。10世纪后，西欧各国的城市如雨后春笋般发展起来。在交通要道、关隘、渡口亦即城堡或教堂附近，逐渐兴起集市。许多行商成为坐商，手工业也聚居其地，因此便出现了商业和手工业日趋活跃的城市。城市的发展反过来促进了工商业的繁荣，城市居民的自由身份吸引了大批的农奴和庄园的手工业者，他们纷纷奔向城市使城市人口迅速增加，规模越来越大，带动了城市的进一步繁荣。随着市民阶级的产生，工商业的发展，社会对知识文化的需求不断增长，大学纷纷诞生，进而拉动了社会的进步。商业功不可没，重商、经商成为占上风的社会价值取向。

2.重义与重利

重义、轻利思想在中国古代管理思想中占主导地位。孔子认为："君子喻于义，小人喻于利。"把重义与重利作为判断君子、小人的标准。董仲舒提出："正其谊不谋其利，明其道不计其功。"宋儒将义利称为"天理""人欲"，主张"明天理，灭人欲"。孟子提出"何必曰利？亦有仁义而已矣"。当然，墨子、荀子则主张义利并重，强调求利的合理性。重义、轻利的思想在中国思想舆论中一直占上风，致使人们以谈利为耻，想利谋利而不敢言利。然而，在西方早期管理思想中，重功利始终是主导的价值取向。商业的发达和人员的频繁往来，使西方人在管理活动中一开始就较少关心"义"，他们重利益，讲功效，追求现实的成功。苏格拉底的门生色诺芬（Xenophon）在他的《家庭管理》（又称《经济论》）一书中提出了管理水平优劣的判别标准。他认为，检验管理水平高低的标准就是看财富是否得到增加。为了获取最大的经济利益，他们办工厂、经商、发展贸易。在"文艺复兴"的推动下，资本主义生产关系先后产生于意大利的佛罗伦萨、威尼斯、热那亚、米兰和那不勒斯等城市。在这些城市里已经出现了资本主义的手工工场和银行业。

3.重德育与重宗教

关于用什么手段来调整人的思想的问题上，中国古代思想家是非常理智的。商代以前的统治者都要靠宣扬宗教迷信和上帝的权威来控制人们的思想。到了西周时期，从农业社会孕育出来的经验理性，以及从商朝的灭亡中感悟到的"天命靡常"，使无神论思想开始产生。重人事轻鬼神，把管理活动放在实实在在的人间事务上，讲求入世，不重出世；重视德育，轻视宗教。提出用"德"弥补天命思想的不足。管子提出，"夫政教相似而殊方"，政令与教化是国家管理的两种不可缺少的手段。孔子提出用"德""礼"来教育和约束人。孔子是一个典型的无神论者，他说："未能事人，焉能事鬼，未知生，焉知死。"荀子提出了"天有常道，地有常数"的唯物主义思想。东汉王充则认为："人，物也，物，亦物也；物死不为鬼，人死何故独能为鬼。"不信鬼神，以德治国的思想至今在我国仍居主导地位。而国外早期管理思想中，以宗教控制人是最基本的手段。宗教在古埃及的生活中起支配作用，希伯来人最善于利用宗教来控制人。即使到今天，宗教一直是控制西方人思想的重要力量。

4.重求同与重求新

重求同是中国早期管理思想的重要特点。中国地大物博、自给自足的地理及经济生活特点使得中国的管理活动获得了一个天然的"隔离机制"，管理体制和思维方式一直保持着自己的特色，没有发生过大的断层、交融与更新现象，长期以来一直稳定地延续下来，使中国的传统管理思想中凸显出求同性。孔子毕生致力于"克己复礼"；董仲舒甚至把封建统治制度——"道"与"天"联系起来，提出"道之大原出于天，天不变，道亦不变"。中国的早期思想家在政治上始终强调统一稳定，主张协同，追求和谐的境界；在思维方式上重问古、重求同、重继承，反对离经叛道、排斥标新立异，非常强调思想行为的统一和继承祖宗的规矩与习俗。与此不同，西方早期管理思想十分强调开拓创新。标新立异是希腊文化的一个特征，它一方面表现为对知识和智慧的追求，形成了求知的科学方法（如形式逻辑）。科学方法对管理的影响是十分明显的。这种探究知识的榜样以后成为泰勒、吉尔布雷思和其他许多著名管理学者的最终目标。另一方面在经济社会管理方面进行过多种形式的试验，特别是城邦形式复杂的奴隶制民主管理制度，这种"城邦提供了自由讨论的实践经验，并证明了我们称之为协商式管理的价值"。苏美尔人创造出一种类似当代"公司"的组织；古罗马人创造了类似工厂的生产方式和股份有限公司；意大利人在10世纪就组建了行会。

5.重整体与重个体

以人为本是中外早期管理思想中的共同点。然而，对这里的"人"的理解是不同的。中国早期管理思想家对为本之"人"指的是民，主要是相对国家、君主而言的，即整体的人。中国早期管理思想家的以"人"为本实为以"民"为本，是对整体的人而言的。至于个体的人应该"存天理，灭人欲"，与君与国相比个体的人必须"忘我"，把国家和整体的利益放在首位。西方早期管理思想家对"人"的理解主要是指个体的人，或者说是指每一个人。文艺复兴给西方社会带来了民主、自由、创新的气息，人的个性得到了一定的发挥，政治、法律、经济等社会生活的各个方面都充满了新的生机。以人为本的思想主要体现在对人的个体的尊重和个性的认可，个人主义成为西方道德的核心。人们普遍重个人利益、轻整体利益、淡化情感影响。

资料来源　赵瀚清. 中外早期管理思想比较与借鉴［J］. 社会科学战线，2011（1）.

案例讨论：

1.中外早期管理思想除了上述材料所表述的差异之外，还有哪些差异？

2.结合上述材料，阐述中外早期管理思想出现差异的原因。

3.中外早期管理思想的差异对当下中国的管理实践有哪些启示？

第9章相关案例分析提示

阅读参考

1.林新奇. 绩效革命三十年［J］. 企业管理，2008（8）.

2.小乔治. 管理思想史［M］. 孙耀君，译. 北京：商务印书馆，1985.

3.隆瑞. 世界著名管理学家管理法则全书［M］. 北京：中国对外翻译出版公司，2001.

现代管理实践与理论发展

学习目标

✓ 了解现代管理实践的发展历程
✓ 熟练掌握科学管理理论
✓ 熟练掌握人本管理理论
✓ 熟练掌握文化管理理论
✓ 理解现代管理理论与实践的联系特点

|10.1| 现代管理实践的发展

19世纪末20世纪初，工业革命的发生推动着社会生产力不断地发展进步，管理活动也越来越复杂，仅凭经验和主观臆断来进行管理已满足不了组织实际管理的需要。于是许多人在前人的基础上开始对管理问题进行全面、深入的研究，试图将当时先进的科学技术方法引入生产和管理活动中，以提高劳动生产效率。泰勒就是运用科学的试验方法总结出科学的管理理论来提高劳动生产率的代表，开启了科学管理之先河。但泰勒把工人看作只会操作机器、完成任务的工具，没有考虑到人的主观因素对生产和管理的影响。随着科学管理理论在管理实践中逐渐暴露出其不适应性，人们开始再次思考如何才能提高生产效率。梅奥通过对霍桑工厂进行一系列的管理试验表明，工人是社会人，有自己的情感，他们会积极主动地进行工作，而不是只会操作机器的"机器人"，进而提出了行为科学理论。在行为科学理论的指导下，管理实践得到了进一步的发展。

第二次世界大战后，科学技术迅猛发展，生产能力迅速提高，国际国内市场竞争更加激烈，跨国公司和大型企业的产生对管理实践提出了更高的要求，为解决面临的新的管理问题，很多实践者和管理学家开始了管理理论的进一步探索，从而形成了管理科学学派、决策理论学派、企业行为学派、战略管理学派、经验主义学派、系统理论学派和权变理论学派等，产生了管理理论学派的丛林现象。20世纪70年代石油危机爆发后，西方工业发达国家尤其是美国经济长期低迷，受到了日本经济的严重挑战，美国管理学界重新审视自己一直引以为豪的管理理论和方法并开始探索日本企业成功的秘密。在日、美企业管理的比较研究中，人们终于发现了日美企业管理的根本差异，发现了在管理中文化因素的巨大作用，开始了企业文化理论的研究和实践。

随着世界经济的进一步发展，国际化程度不断加深，新技术、新产品不断涌现，市场不断开放，企业竞争的范围也进一步由地区与地区、国与国的市场拓展到全球市场，市场的同质性大大降低。这种新的竞争势必促进企业应变能力逐步提高和升级，企业组织结构势必由传统的金字塔集权制改变为分权的横向网络型组织结构。原来承担上下级层次间信息沟通联络的中间环节——中间管理层将日益减少；内部分工和由内部分工带来的控制和反控制、协调和反协调的内耗将被扬弃，从而创造了最短的信息流。这种组织结构意味着员工素质大大提高，他们逐步养成了有独立处理问题的管理能力；也意味着组织的分权趋势，组织成员可以在自己的职责范围内直接处理事务。与此同时，为了适应快速变化的市场环境，企业的不同职能部门日益融合，企业内部的科层界限和职能、业务界限日益模糊，从而更强调企业内部各群体目标的协作与配合，团队精神成为企业活力的源泉。

新经济时代，科技的迅速发展和信息网络化，使市场需求更加个性化，使产品更新更为快捷，这就使时间成本成为知识经济时代最重要的成本概念。以速度求效益的知识经济，企业文化为分权管理铺平了道路。

|10.2| 现代管理理论的发展

10.2.1 科学管理

科学管理是相对于传统的经验管理而言的。科学管理是不依个人的经验和主观的臆断行事，而是按客观规律即依通过对事实的调查和实验而得出的科学结论行事，科学管理遵循基于客观规律判定的原则、程序、方法。

管理学的诞生有一个令人难忘的时刻：弗雷德里克·泰勒手拿跑表，对一个名叫施米特的铲装工人的操作进行分解试验。泰勒对施米特的每一个操作细节都做了具体规定，如铲的大小、铲斗重量、堆码、铲装重量、走动距离、手臂摆弧及其他操作内容。他使用一只跑表对所有操作进行了细致、准确的测量，通过对无效部分的去除和对技术的改进，使施米特的劳动生产率由每天 12 长吨（1 长吨=2 240 吨）增至 47.5 长吨。

泰勒第一次拿出他的跑表是在 1881 年，这也就意味着管理学的历程已经超过了 100 年。尽管有这么长的时间，可以断言，我们并没有找到有关经营企业、管理员工和造就绩效的唯一妙方。现代管理史仿佛一架钟摆，一时在"科学管理之父"

泰勒的驱使下摆到一个极端，一时又被人本管理的手所牵动，摆向完全相反的另一端。

聪明的公司决不拘泥于一端；它们吸取科学管理和人本管理的精华，进而合成崭新的管理方法。换句话说，目前是一个修正的时代，泰勒的理论正在经受重新评估，为的是寻找一种更具人本色彩的经营之道。

泰勒的科学管理就是将操作分为最基本的机械元素并进行分析，尔后再将它们最有效地加以组合。泰勒一直是人本主义者憎恨的对象，他们指责他的科学管理方法将工作"非人化"，并把管理变成了简单的衡量。但自从泰勒的思想在企业中扎根，人类对于高效率的胃口似乎就再难满足。泰勒的跑表，他的"时间-动作研究"，他坚信任何工作场所的任何操作活动都只有"唯一最佳方式"的执行，所有这一切彻底改变了员工和经理人员的工作生活。

科学管理演示了工作要素的可辨识性和可重复性，泰勒声称"我们不要求为我们工作的人有什么主动性。我们要求他们的只是服从我们给他们的命令，干我们要他们干的活，而且要尽快干好"。尤其是他赤裸裸地向工人宣讲："我雇你们来是为了用你们的体力和操纵机器的能力。至于用头脑，我们另外雇了人。"泰勒的研究者罗伯特·凯尼杰在《唯一最佳方式：弗雷德里克·温斯洛·泰勒与效率之谜》一书中说得切中要害："任何想对自己的工作拥有一定发言权的人都不会愿意让泰勒成为他的老板，因为泰勒主义的本质是高层经理对于下属的工作实施绝对控制。"

而泰勒主义从某种意义上说符合那个时代的要求。20世纪早期的美国劳工绝大多数未受过教育，不善表达自己，也对工厂体系不习惯。对他们来说，严格规定的工作步骤是切实有用的。泰勒对劳动培训形成了巨大的影响。德鲁克认为，正是由于美国把泰勒的方法系统地运用于工人培训上，它才能开展战时生产，最终打败日本和德国。"现代史上所有早期经济大国——英国、美国、德国，都是通过在新技术领域居领先地位而崛起的。战后的经济列强首先是日本，然后是韩国、中国台湾地区、中国香港地区、新加坡，都把自己的兴起归功于泰勒的培训。它使这些国家和地区能很快就让基本上仍是工业化前的、低工资的劳动力拥有世界级的生产力。战后时期，泰勒的培训成了经济发展唯一真正有效的手段。"

"科学管理之父"泰勒出生在美国费城一个富裕的律师家庭，他18岁考入了哈佛大学，后因眼疾和神经性头痛而辍学，当了一名机械工。泰勒在不到10年的时间里，由一名普通工人升为工长、总技师、总工程师。他于1911年出版了《科学管理原理》一书。

1.科学管理的主要内容

科学管理的中心问题是提高效率。泰勒认为，要制定出有科学依据的工人的合理的日工作量，就必须进行工时和动作研究。方法是选择合适且技术熟练的工人，把他们的每一个动作、每一道工序所使用的时间记录下来，加上必要的休息时间和其他延误时间，就得出了完成该项工作所需要的总时间，据此定出一个工人合理的日工作量，这就是所谓工作定额原理。

为了提高劳动生产率，必须为工作挑选第一流的工人。所谓第一流的工人，泰勒认为："每一种类型的工人都能找到某些工作成为第一流的，除了那些完全能做好这些工作而不愿意做的人。"在制定工作定额时，泰勒是以"第一流的工人在不损害其健康的情况下维护较长年限的速度"为标准的。要使工人掌握标准化的操作方法，使用标准化的工具、机器和材料，并使作业环境标准化，这就是所谓标准化的原理。泰勒认为，必须用科学的方法对工人的操作方法、工具、劳动和休息时间的搭配，机器的安排和作业环境的布置等进行分析，消除各种不合理的因素，把各种最好的因素结合起来，形成一种最好的方法，他认为这是管理当局的首要职责。

实行刺激性的计件工资报酬制度。为了鼓励工人努力工作、完成定额，泰勒提出了这一原则。这种计件工资报酬制度包含3点内容：①通过公式研究和分析，制定出一个有科学依据的定额或标准。②采用一种差别计件制的刺激性付酬制度，即计件工资率按完成定额的程度而浮动，例如，如果工人只完成定额的80%，就按80%的工资率付酬。③工资支付的对象是工人而不是职位，即根据工人的实际工作表现而不是根据工作类别来支付工资。泰勒认为这样做，既能克服消极怠工的现象，更重要的是能调动工人的积极性，从而促使工人大大提高劳动生产率。

把计划职能同执行职能分开，变原来的经验工作法为科学工作法。所谓经验工作法是指每个工人用什么方法操作，使用什么工具等，都由他根据自己的或师父等人的经验来决定。泰勒主张明确划分计划职能与执行职能，由专门的计划部门来从事调查研究，为定额和操作方法提供科学依据，制定科学的定额和标准化的操作方法及工具。

实行职能工长制。泰勒主张实行职能管理，即将管理的工作予以细分，使所有的管理者只承担一种管理职能。泰勒认为这种职能工长制有3个优点：对管理者的培训所花费的时间较少；管理者的职责明确；由于作业计划已由计划部门拟订，工具与操作方法也已标准化，车间现场的职能工长只需进行指挥监督，因此非熟练技术的工人也可以从事较复杂的工作，从而降低整个企业的生产费用。后来的事实表明，一个工人同时接受几个职能工长的多头领导，容易引起混乱。所以，职能工长制没有得到推广。但泰勒的这种职能管理思想为以后职能部门的建立和管理的专业化提供了参考。

2.科学管理的实质

在知识历史中很少有这种案例：一个人真正所说的和所做的，与人们认为他曾说的和曾做的，是如此不一致。为什么泰勒会被如此歪曲？之所以有这种歪曲，是因为泰勒远远超出了他的时代，没有人或只有很少人能倾听他的理论，更不用说理解他所说的和所做的。他一次又一次地告诫我们，恐吓管理是反生产力的。他的学说有时听起来像麦格雷戈（McGregor），有时像阿吉里斯（Argyris）——因为他不断地批评公司不把工人当人看；有时候他的学说听起来更像赫兹伯格——用今天的说法就是他很关心生活质量。泰勒在听证会上试图首先阐明的是什么不是科学管理，然后才说什么是科学管理。科学管理不是一种有效率的方法，不是任何一种获得效率的手段，也不是一串或一批有效率的方法；科学管理不是计算成本的新制度，不是支付工人工资的新方案，不是一种计件工作制，不是一种奖金制度，不是一种付酬制度，也根本不是一个支配工人的计划；科学管理不是拿着秒表观察一个人的工作并记下他的情况，不是工时的研究，不是动作研究或对工人动作的分析；科学管理不是印制一大堆表格并将表格发给一些人，而且说"这就是你们的制度，照着办吧"；它不是分工工长或职能工长制，也不是在谈及科学管理时，一般人所能想到的任何管理方法。科学管理要求在任何一个具体机构中工作的员工，进行一场全面的心理革命——要求他们在对待工作同伴和雇主的义务上，进行一场全面的心理革命。科学管理也要求管理者——工长、监工、企业所有者以及董事会，在对待管理部门的同事、对他们的工人和所有日常问题的责任上，进行一场全面的心理革命。没有双方这种全面的心理革命，科学管理就不存在。科学管理的实质，就是伟大的心理革命。

但这是泰勒在1910年以前讲的话，年代太久远了，很少有人听说过。相反，直到今天，人们所听到的大多是泰勒断言"科学管理不是什么"的一些说法。但是泰勒也犯了一个不可饶恕的过错，他曾暗示：生产力与体制没有什么关系，而与岗位、任务和工作有关。经济不是通过资本主义或社会主义而获得，它是通过生产力获得的。泰勒谈及业主的职责，但从未提及他们的权利。他也谈及工人的责任，但从未提及他们被剥削。换句话说，泰勒根本不相信体制能起什么作用，他也从未期望由于体制的改变，能带来什么翻天覆地的变化。他的革命是心理革命，而不是社会革命。这完全与1910年那个时期的最崇高信仰唱反调，也与当今世界上最盛行的信仰唱反调。如果泰勒的学说不是那么成功，那么他的这种论调也无大碍。但是，他的学说无论在哪里都很适用。生产力成倍地增长，工人的实际工资急剧上升，工作时间减少，工人的体力、精神压力减小。同时，销售收入和利润提高，而产品价格降低了。泰勒的学说越成功，盛行的意识形态对他就更敌对。此外，泰勒是历史上第一位真正认真研究过劳动的人，这就是他的历史重要性。在漫长的历史长河之中，人们自然都探讨过这一主题，但是没有人认为劳动值得如此严肃的研究。泰勒充分地意识到这一点："这个国家的教授憎恨对一些日常生活琐事使用科学这个词。"教授们相信创造力，泰勒相信系统化。

泰勒在《科学管理原理》的开头便明确地宣称："管理的主要目的应该是使雇主实现最大限度的富裕，也联系着使每个雇员实现最大限度的富裕。"泰勒说："资方和工人的紧密、亲切和个人的协作，是现代科学和责任管理的精髓。"从此可以看出科学管理的实质是在一切企业和机构中的工人们的一次完全的思想革命，也就是工人在对待他们的工作责任、对待他们的同事、对待他们的雇主的一次完全的思想革命。同时，也是管理方面的工长、厂长、雇主、董事会在对他们的同事、他们的工人和对所有的日常工作问题责任上的一次完全的思想革命。没有工人与管理人员双方在思想上的一次完全的革命，科学管理就不会存在。

科学管理的实质，在于寻找这样一条途径或一种方法，使资本家阶级的利益同工人阶级的利益都能得到满足，从而使双方"用和平代替斗争"，达到消除阶级对立、实现阶级调和的目的。而这种方法或途径便是建立一种新的管理体制，使第一流工人乐于以最高的速度工作，并使每个工人都有可能像第一流工人那样高速地工作，使每个人能充分发挥他的最佳能力。因此科学管理的实质也可以说是一种良好的组织、良好的管理体制。当然建立一种良好的组织、良好的管理体制对那些习惯于在旧的体制下工作的人来说也需要经历一个思想转变过程，因而也可以说是另一种思想革命。科学管理要求人们用科学知识代替个人见解或个人的经验知识，否则就谈不上科学管理，也就是说人们必须摒弃传统的凭个人经验的管理，而使之纳入科学的轨道。

3.科学管理的原理

泰勒把科学管理归结为4条原理：

第一，对工人操作的每个动作进行科学研究，用以代替老的单凭经验的办法。也就是建立科学的操作方法。

第二，科学地挑选工人，并进行培训和教育，使之成长；而在过去，则是由工人任意挑选自己的工作，并根据其各自的可能进行自我培训。也就是要求科学选择和不断培训工人。

第三，与工人密切协作，以保证一切工作都按已发展起来的科学原则去办。也就是要求科学地指导和控制工人的操作，使科学方法和工人的操作结合起来。

第四，在资方与工人之间分配工作和职责。资方把自己更胜任的那部分工作承揽下来。在过去，几乎所有的工作和大部分的职责都推到了工人身上。也就是要求工人与管理人员之间科学地进行职责分工。

泰勒按照上述科学管理的4条原理，规定了一系列具体的管理制度和方法。归纳起来，这些制度和方法主要包括作业管理和管理组织2个方面。

（1）作业管理

泰勒认为要取得作业的高效率，以达到高工资与低劳动成本结合的目的，应该科学地规定作业标准和作业条件，实行刺激性的工资制度。其中，作业标准和作业条件必须通过时间研究和动作研究才能确定下来，而这种刺激性的工资制度也就是差别计件工资制。

（2）管理组织

泰勒认为为了保证科学的作业制度和方法的顺利实施，必须对企业的管理组织加以改革。泰勒在管理组织方面进行的第一项改革，是按照职能分工的原理，对计划职能和执行职能加以明确划分，并相应地设立计划管理机构。在旧的管理体制下，全部管理职能和作业职能都是由工人承担的。全部工作便只能凭他们个人的经验去干，而难以按科学规律办事。泰勒认为为了使作业管理科学化，就必须合理地进行职能分工，即"由一种人去预先做计划，而由另一种人去处理工作"。

泰勒在管理组织方面进行的第二项改革，是按照职能分工的原理，对管理职能进一步加以划分。他主张必须废除旧的军队式的直线组织形式，而代之以职能式的组织形式。在旧的军队式的组织形式下，生产现场的每个管理人员都要承担全面的、繁杂的管理工作。如果把管理工作按其性质的不同分门别类，由具有不同才能的人分负其责，则比较容易胜任工作。这样，便可以在较短时间内培养出一批得力的职能工长。他在管理组织方面进行的第三项改革，是按照职能分工的原理，对管理职能中常规事项与非常规事项加以划分，实行管理的例外原则。

4.科学管理的基本思想

泰勒一贯主张以一种工业化的和谐关系，来代替工业时代的福利制度，以及当时的工厂里建立在恐吓基础上的相互信任关系。他要从三个方面做出根本改变：第一，大幅度地提高工资。泰勒要求管理层将科学管理引进管理实践之中，系统地研究工作和任务。他曾说："提倡高工资，也是最有效管理的基础。"他相信以正确的方法做事而带来的生产力的提高，也使得工资的提高成为可能，同时促使人们走上富裕之路。泰勒坚信，工人应该得到由于科学管理使得生产力提高所带来的全部好处，不管这种好处是提高工资，还是缩短劳动时间。然而，泰勒并不认为经济利益本身能起什么激励作用。他的预见后来都得到人际关系学派和赫兹伯格研究的印证：高工资本身并不能带来所谓的激励作用。但是，对低收入的不满却会严重挫伤并摧毁员工的积极性。当然，当时的泰勒并不知道激励（motivation）一词，该词直到20世纪20年代以后才得到广泛应用。第二，要消除因不正确的劳动方式而造成的肌肉拉伤和身体损坏。他不止一次地指出，科学管理可以减轻身体劳动的强度，并使人维持体力；传统的工作方式，会使人的身体受到不同程度的损伤、拉伤，造成能力的下降以及精力的耗散。第三，科学管理能给管理者提供各种方法，最充分地发展员工的人格，以期建立工业时代的人与机器的和谐。泰勒曾在美国国会听证会上说道："在管理层中应逐渐形成这种职责，就是要潜心研究员工的性格、人格和工作绩效，以期找到他的弱点；但更重要的是，找到员工在其他领域发展的可能性，然后，尽可能系统地、有计划地培养、帮助并教授这个工人掌握这一领域的技能。并且，尽可能地给予这个工人各种提升的机会，最终能使他的个人能力和秉性得到充分发挥，同时为他所服务的公司提供最高、最有意义和最有价值的工作成果。"科学择人和育人并不是一次性的行为，而应是长期的任务，也应是管理层需要不断深入探讨的一个主题。他最有意义的创新之一，是他坚持在每一个引进科学管理的工厂中委派一些专职发现工人优势的人员，并帮助培训工人提高能力，变得更有责任心，以承担更大的工作任务。他一再强调需要丰富工作内容，而不要将工作局限为一种简单的重复性劳动。他还强调管理的职责是去发现一个人适合干什么，然后，确保他能做好这类工作。泰勒认为除了那些极少数有能力但不愿去做工作的人之外，可以为每个工人找到他可以成为头等工人的工作。管理层的工作就是确保他们能得到超越自己的机会。第四，科学管理意味着消除老板。那些在旧的管理模式中被称为老板者，在科学管理模式中变成了员工的公仆，他们的职责就是时刻等待时机，用各种方式帮助他们的员工。

和我们以往所读到的有关泰勒的描述恰恰相反，泰勒既不关心盈利也不关心成本，他所关心的就是今天人们所说的生产力。他认为，问题十有八九出在管理层，仅有十分之一来自员工一方。他反复不断地讽刺某些高层经理人，因为他们拒付工人高出现行工资标准的那一部分钱，并且反对引进科学管理体系。那个时代的大多数管理者认为他是"危险的激进分子"和"制造麻烦的人"，而不让他进入工厂。泰勒非常相信团队精神。泰勒同样没有像大家所想象的那样，想将控制权完全掌握在管理层的手中，将工人与管理完全剥离开来。相反，他所主张和所身体力行的是，在新型管理体系之下，工厂每一个人所做的任何一个行动或一件工作，都是在管理方所采取行动之前和之后进行的……首先工人做一些事情，接着管理方的人做一些事情，然后工人再做一些事情。由于双方默契、紧密地配合，事实上根本不会出现任何严重的问题。泰勒坚信，科学管理是管理层和工人的共同合作。最后一点，泰勒与生产流水线根本没有关联。有充足的理由可以相信，泰勒会强烈反对这种生产流水线，并认为它是拙劣的管理。它违背了他倡导的基本原则：激发员工个体的主动性，加强团队合作精神，最重要的是发现、培训和开发个人潜质，找到员工最适合的工作位置。

科学管理首先体现了专业分工，即根据每个工人的体力和智力的具体条件，合理地进行劳动分工，以施展他们的特长，使其充分发挥出自己的最佳能力。另一方面是管理职能的分工，即把管理职能从生产活动中分离出来，以受过专门训练的人担任这种管理职能，同时对管理人员进行分工，使每个管理人员都只执行某一项或某几项管理职能，使最高经营者阶层只承担企业例外事项的处理，以提高管理效率。其次，体现了最优化思想。在标准的生产条件下，寻求一种最优的工作方法，达到最优的生产效率。再次，标准化思想。科学管理所体现的标准化主要是指操作方法的标准化、作业量或作业速度的标准化以及作业条件的标准化。最后，"经济人"的思想。泰勒同亚当·斯密一样都认为人的行为动机是追求个人的经济利益。泰勒主张实行差别计件工资制度，用高工资的诱因来刺激工人提高生产效率。

10.2.2 人本管理

人本管理，顾名思义，就是以人为中心的管理，是在管理过程中树立以人为中心的管理理念，建立以人为中心的管理模式，采取以人为中心的管理手段，调动人的积极性，激发人的创造性，为管理的高效运作提供动力和保证。

人本管理的理论依据源于行为科学，通常仅以人的行为为研究对象，应用于管理之后，对传统的管理观念产生了巨大的影响。主要表现在由原来的以"物"为中心的管理转变为以"人"为中心的管理。由原来的强制性"监督"管理发展到诱导性的"激励"管理。由原来的"独裁"管理发展到"民主"管理。诚然，现代企业的发展离不开先进的技术、完善的设备和现代化管理手段。但这些仅仅是相对的条件，因为再先进的技术、设备和管理手段最终都要靠人来发挥技能。

人本管理阶段又可以称为"行为科学"阶段。由于泰勒等人创立的"科学管理"理论，仅把人看作是一种"经济人"。工人追求高工资，企业家追求高利润，并且过分强调严格用科学方法和规章制度来实施管理。不论是前期泰勒等人提出的科学管理方法，还是后期马克思·韦伯等人提出的行政组织理论，其共同点都是强调科学性、精密性和纪律性，而把人的情感因素放到次要地位，把工人看作是机器的延长——机器的附属品，因而在很多企业激起了人的强烈不满和反抗。在这种情况下，一些管理学家也开始意识到，社会化大生产的发展需要有一种与之相适应的新管理理论，于是行为科学便应运而生了。

西方管理学中的行为科学理论，在早期叫人际关系学说，它诞生于20世纪20年代，以后发展成行为科学理论，在60年代中叶，又发展成组织行为学。

"行为科学"一词，有广义和狭义之分。管理学中的行为科学一般指狭义的概念，即把行为科学理解为运用心理学、社会学等学科的理论和方法来研究工作环境中个人和群体行为的一门综合性学科。

早期的行为科学侧重于"社会人"的论述，关心的是员工的社会性方面需求的满足，后期的行为科学侧重于"自我实现人"的研究。其核心都是以"人"为本。它关心的是员工在其工作中能否自我实现，有无成就感和自我满足的目标追求。人本管理的相关理论和主要思想汇总见表10-1。

表10-1　　　　　　　　　人本管理的相关理论和主要思想汇总[①]

理论名称	代表人物	主要思想
社会人假说	梅奥	企业员工是"社会人"，而不仅仅是"经济人"；企业中存在着"非正式组织"；作为一种新型的企业领导，其能力体现在提高员工的满足程度，以提高员工的士气，从而提高劳动生产率
X-Y理论	麦格雷戈	X理论认为：多数人天生懒惰，尽一切可能逃避工作；多数人没有抱负，宁愿被领导、怕负责任，视个人安全高于一切。Y理论认为：一般人并不天生厌恶工作；多数人愿意对工作负责，并有相当程度的想象力和创造才能
需要层次理论	马斯洛	人有5个层次的需要：生理上的需要，安全上的需要，感情和归属上的需要，地位和受人尊敬的需要，自我实现的需要
超Y理论	莫尔斯和洛希	Y理论并不一定比X理论优越；应该根据不同的情况，决定采用X理论还是Y理论来管理
"成熟－不成熟"理论	阿吉里斯	正式组织的要求和健康人性的发展是不协调的；组织中混乱和不安的程度与健康个性的发展同正式组织要求的不协调程度成正比；上述混乱和不安将导致员工的挫折、失败、短期行为和思想矛盾；正式组织的原则导致各个等级层次上下级感受到竞争和压力，互相攀比，甚至互相为敌，并且只追求局部目标，而不顾及更为广泛的整体利益
激励理论	赫茨伯格、阿德福、麦克里兰、斯金纳、弗鲁姆、亚当斯、波特和劳勒	对应的理论为：双因素理论、ERG理论、成就需要理论、强化理论、期望理论、公平理论、期望激励理论。激励=Prob（E→P）×Prob（P→O）×价值，Prob表示概率，E表示努力，P表示绩效，O表示结果

----

① 详细内容见第7.1节。

行为科学的进一步发展，也深入到人的群体研究的领域。群体理论的代表人物有霍曼斯、卢因、布雷德福等人。

1.四要素及八要素论

心理学家霍曼斯（G. C Homans）在20世纪50年代提出了群体组成的四要素理论。他认为，任何一个群体都是由活动，相互作用——信息沟通和行为响应，思想情绪——群体成员的态度、感受、意见、信念、思维过程和群体规范四种要素组成的系统。

在此基础上，有些行为科学家还提出八要素理论。认为有八种要素影响到群体，这八要素分别是：

（1）成员的共同性。共同性——特别是共同目标和共同利益越多，群体的凝聚力也就越大。

（2）群体规模的大小。群体的大小与凝聚力成反比。

（3）群体与外部的关系。群体与外部越隔离、外部对群体的压力越大，则群体的凝聚力就越大。

（4）成员对群体的依赖性。群体越能满足个体需要，即个体越依赖群体，则群体凝聚力越大。

（5）群体的地位。有光荣称号，或有较高技术水平，或有富于挑战性工作，或有较多经济报酬，或有较多晋升机会，或有较多自由而不受太严厉监督的群体，其凝聚力一般较大。

（6）目标的达成。凡能达成目标的群体，其凝聚力较大。

（7）信息的沟通。信息越畅通的群体，凝聚力越大；而肃静沉闷的大办公室，分散在一条长装配线上工作的小组、噪声大的工厂，由于信息不易沟通会降低凝聚力。

（8）领导的要求与压力。领导越强调成员应遵守组织规定，群体的凝聚力也就越大。

2.群体动力论

美籍德国人库尔特·卢因（Kurt Lewin）在1938年提出了"群体动力理论"。该理论认为，一个人的行为（B），是个体内在需要（P）和环境外力（E）相互作用的结果，可以用函数式B=f（P，E）来表示。

所谓群体动力论，就是要论述群体中的各种力量对个体的作用和影响，卢因及其后继者通过实验研究，发现了以下群体动力的存在和作用：

（1）群体领导方式动力。群体的领导方式不同，表现为专制型、民主型、自由放任型，其成员的行为表现也不同。对若干名10岁左右的男孩所做的试验表明：在专制型群体中，成员的攻击性言行、引人注目的出风头行为、使用"我"（而不是"我们"）的频率、推卸责任、做给领导看的行为、对群体活动缺乏满足感，都显得很突出；在民主型群体中的表现则相反，而且同一个成员一旦从专制型群体调入民主型群体，其行为就立即起变化。

（2）群体组织形式动力。卢因及其后继者发现，在欧洲战场上被德国俘虏的美国士兵，反抗情绪和逃跑率都很高；而在朝鲜战场上被中国俘虏的美国士兵，反抗情绪和逃跑率都很低。心理学家薛恩（E. Schein）在1956年对此进行研究，认为这种行为反差是由群体组织形式造成的。在中国战俘营中，看守人员与战俘的伙食、医疗条件平等，战俘经常调动而组成新的战俘群，有意识地让被俘士兵管理被俘军官，战俘被提审后不再回原来的战俘群。在纳粹德国的战俘营中，组织管理方法与中国相反。战俘营的组织形式不同，导致了战俘行为的不同。这一现象在企业管理领域也有借鉴意义。

（3）群体结构性质动力。威尔逊等人将36名大学生分成两组进行试验，甲组成员都是以安全需要为优先需要，而自尊需要较低的学生；乙组则是注重自尊需要，而安全需要较低的人。结果表明，甲组在平等型群体中的生产率低，而在层次型群体中的生产率高；乙组的生产率高低则正好相反。可见，成员行为取决于个人需要类型和群体领导方式如何搭配。

（4）群体公约动力。卢因在20世纪40年代曾就公约改变人们行为态度的有效性做过一系列试验，如怎样改变美国家庭主妇不喜欢用动物内脏做菜的习惯。试验结果表明，群体的公约规则，比一般性的宣传说服，更能改变群体成员的行为。

（5）群体多数动力。社会心理学家阿奇（S. E. Asch）于20世纪50年代通过多次实验证明：对于用来做实验的问题，如群体中只有一个成员故意给出错误回答，就会产生群体压力，被试者接受错误答案的次数达13.6%；若有3个成员故意答错，被试者接受错误答案的比率就上升为31.8%。

另一些行为科学家在此基础上还就群体凝聚力和生产率的关系进行了研究，他们指出，群体凝聚力与生产率受控于群体目标和组织目标是否一致。如果一致，群体凝聚力高固然会使生产率有极大的提高，但即使群体凝聚力低也能提高生产率；如果不一致，则群体凝聚力高反而会使生产率下降，群体凝聚力低则对生产率不会产生明显的影响。

3.敏感性训练理论

美国学者利兰·布雷德福（Leland Bradford）认为，可以在类似实际工作环境的实验室中组成训练团体，提高受训者对于自己的感情和情绪，提高自己同别人的相互影响关系的敏感性，进而改变个人和团体的行为，达到提高工作效率和满足个人需要的目标。

10.2.3 文化管理

1.什么是文化管理

20世纪80年代到90年代中期，企业管理有了很大发展，管理理论的深入主要体现在比较管理学和管理哲学的进一步发展。如果说20世纪80年代以前的管理理论都侧重于技术方面管理的话，那么，进入80年代后，管理理论强调的重点是"公司文化"或"企业文化"，并一度出现了"企业文化热"。这也是当时企业管理实践发展的必然要求。在这一时期，由于跨国公司的出现，母公司必须研究各子公司所在国的民族文化（如价值观念、社会风俗习惯，政治制度、经济水平、科学教育文化水平等），研究适用于子公司所在国的有效的管理模式、管理方法。

企业文化管理战略虽然产生于美国，但其思想根源却在日本。第二次世界大战以后，日本经济以惊人的速度增长，引起了美国企业界和管理学界的关注。日本在科技方面比美国差，资源贫乏，为什么经济会高速增长？美国最终从管理学上找到了答案：日、美在管理方面有很大不同——美国管理过分强调诸如技术、设备、方法、规章、组织结构、财务分析等"硬"的东西；而日本企业认为管理工作的关键是企业通过对全部员工的教育包括领导的身体力行、以身作则，树立起共同的信念、目标和价值观，产生一种"大家同心协力共赴目标"的氛围。

美国人从日本管理中找到这些差别后，又深入到美国的企业去调查研究。在对美国经营得非常成功的若干企业进行调查研究的基础上，企业管理学界认为，这些成功的企业也同样普遍重视"软"的因素，都是把企业文化作为公司的立脚点。因此，他们得出结论：企业文化是管理的核心，是管理成败的关键因素。从此，企业文化管理便在全球普遍兴起了。可以看到，受日本管理思想的影响，加上美国人对自身管理实践的检讨和反思，才产生了现代管理中的"公司文化"或者"企业文化"。企业文化所涉及的不是具体的管理方法问题，而是对管理要素的认识问题，属于高层次的管理理论问题。在"企业文化"管理战略这个层次上，管理的目标不是具体的管理制度、管理方法，而是强调在生产管理中要关心人、尊重人、信任人，强调"团队精神""整体观念"和员工的"主人"意识。

文化管理阶段事实上可以描述成为企业文化理论逐步发展的阶段。作为在管理理论基础上发展起来的企业文化理论，是对原有管理理论的总结、创新而形成的。它从一个全新的视角来思考和分析企业这个经济组织的运行，把企业管理和文化之间的联系视为企业发展的生命线。企业管理从技术、经济层面上升到文化层面，是管理思想发展史上的一场革命，它给企业管理带来了勃勃的生机和活力。

2.主要理论

（1）文化管理的核心

文化管理的核心是什么？威廉·大内总结说，文化管理的核心是使工人关心企业。

威廉·大内是美籍日裔学者，加利福尼亚大学管理学教授。他从1973年开始研究日本公司的企业管理方法，认为面对日本的挑战，美国应当从日本成功的经验中吸取有益的成分。他经过长期研究，写出了他自认为是"阐述处理日本企业管理和美国生产力中根本性问题的书"——《Z理论——美国企业界怎样迎接日本的挑战》。

一次，大内为他的两名攻读博士学位的研究生安排了一次与某公司副总经理会晤的午餐会。这家公司是美国最受尊重的、规模最大的公司之一，它的名字经常出现在"最佳管理的十家公司"的名单里。午餐会是为了给这两位未来的管理学家提供一个向客人提问的机会。这位客人的地位和经验使他能够对这些问题具有独特的洞察力。讨论了许多问题之后，这两位研究生把他们的兴趣概括在一个问题中："据您看来，美国企业在20世纪90年代里将要面临的关键问题是什么？"客人的回答是："关键问题不是技术或投资，也不是规章制度和通货膨胀，关键问题是我们如何对这一事实做出反应——日本人比我们更懂得怎样管理企业。"

美国通用汽车公司的"别克"部派出一组工程师和经理前往日本，访问他们在东京的经销商。美国的许多观察家对日本的成功虽然感到惊羡，却断定日本是一个不能向之学到多少东西的国家。然而，"别克"访问团却做出了不同的结论。他们认为，日本获得成功的办法也可以在密歇根州弗林特市行得通，因而着手设计自己的模式。"别克"最终装配厂当时是全公司（美国通用汽车公司）效率和质量最低的工厂之一。他们以这个厂为试点，以近似日本的管理方式重新设计对该厂的管理。不到两年，该厂的效率和质量在全公司范围内已经上升为第一名。改革通用汽车公司内问题成堆的"别克"厂的管理思想，被大内提炼、概括为 Z 理论。他向人们昭示：使工人关心企业是提高生产率的关键。

大内在分析了美国占多数的 A（America）型组织和 J（Japan）型组织之后，提出了他所设计的"Z 型组织"模式。其特点是：实行长期的、终身的雇佣制，使员工在职业有保障的前提下，更关心与自身前途关系重大的本企业的长远利益；相对缓慢的长期考核和逐步提升制度；对人才的培养采取"非专业"的方式，以使他们适应各种工作；在管理控制的含蓄与明确之间保持一种平等；采取集体研究与个人决策相结合的"统一思想式"的决策方式；在员工中贯彻平等主义原则，使他们在不受监督的情况下可以自主地酌情处理问题。

为建立一种"Z 型组织"，大内提出必须建立一种"Z 型文化"，他在《Z 理论——美国企业界怎样迎接日本的挑战》一书的最后一章明确提出：一个公司的文化由其传统和风气所构成。此外，文化还包括一个公司的价值观，如进取、守势、灵活性，即确定活动、意见和行动模式的价值观。一家 Z 型公司的所有领域或方面，从其战略到人事，没有不为这种文化所涉及的，即使产品也是由这些价值观所决定的。他清楚地认识到，一个经济组织不仅是一种经济的产物，同时也是一种社会文化的产物，反过来，它又对文化产生巨大影响，因此企业的经济文化是一个双向互动的过程。

（2）杰出的企业有卓越的文化

20世纪80年代初，美国哈佛大学教育研究院的教授泰伦斯·迪尔和麦肯锡咨询公司顾问爱伦·肯尼迪在长期的企业管理研究中积累了丰富的资料。他们在6个月的时间里，集中对80家企业进行了详细的调查，写成了《企业文化——企业生存的习俗和礼仪》一书。该书在1981年7月出版后，就成为最畅销的管理学著作之一。后又被评为20世纪80年代最有影响的10本管理学专著之一，成为论述企业文化的经典之作。它用丰富的例证指出：杰出而成功的企业都有强有力的企业文化，即为全体员工共同遵守，但往往是自然而然约定俗成而非书面的行为规范；并有各种各样用来宣传、强化这些价值观念的仪式和习俗。正是企业文化——这一非技术、非经济的因素，导致了这些企业的成功。企业文化影响着企业中的每一件事，大至企业决策的产生、企业中的人事任免，小至员工们的行为举止、衣着爱好、生活习惯。在两个其他条件都相差无几的企业中，由于其文化的强弱，对企业发展所产生的后果就完全不同。

迪尔和肯尼迪把企业文化整个理论系统概述为5个要素，即企业环境、价值观、英雄人物、文化仪式和文化网络。

企业环境是指企业的性质、企业的经营方向、外部环境、企业的社会形象、与外界的联系等方面，它往往决定企业的行为。

价值观是指企业内成员对某个事件或某种行为好与坏、善与恶、正确与错误、是否值得仿效的一致认识。价值观是企业文化的核心，统一的价值观使企业内成员在判断自己行为时具有统一的标准，并以此来选择自己的行为。

英雄人物是指企业文化的核心人物或企业文化的人格化，其作用在于作为一种活的样板，给企业中其他员工提供可供仿效的榜样，对企业文化的形成和强化起着极为重要的作用。

文化仪式是指企业内的各种表彰、奖励活动、聚会以及文娱活动等，它可以把企业中发生的某些事情戏剧化和形象化，以生动地宣传和体现本企业的价值观，使人们通过这些生动活泼的活动来领会企业文化的内涵，使企业文化能够"寓教于乐"。

文化网络是指非正式的信息传递渠道，主要是传播文化信息。它是由某种非正式的组织和人群，以及某一特定场合所组成，它所传递出的信息往往能反映出员工的愿望和心态。迪尔和肯尼迪把企业文化分为4种类型：强人文化；拼命干、尽情玩文化；攻坚文化；过程文化。

（3）科特的企业文化观

科特和詹姆斯·赫斯克特在他们1992年合著的《企业文化和经营》一书中对企业文化进行了深入的讨论。

他们研究发现，根据文化的不同特性可分为两个层面：在较深层次的不易察觉的层面，文化代表着企业共同的基本价值观念。这些价值观念是一个人类群体所共有的；即使这一群体中成员不断更新，文化也会得到延续和保持。在不同的企业组织中，这些企业生活重要的观念差异极大。有的企业，人们认为金钱万能；有的企业，人们强调技术革新或企业员工之间的和睦融洽。在这一文化层面，企业的改革难度极大。究其原因，部分在于企业成员没有真正认识到那些使他们凝聚在一起的企业价值观念。而在较易察觉的层面，文化体现了企业的行为规范或经营风格。新聘用的员工在同事们的鼓励下，会自觉效仿这些行为方式或经营风格。譬如，我们说一个劳动群体中的人们一贯"辛劳勤奋"，一个群体中的人们一贯"待人热诚"，另一个群体中的人们穿着刻板保守。在这一层次上的文化，改革起来虽然很难，但并没有上面所述的基本价值观念层面文化的改变那么艰难。

第一层次的企业文化，称之为"共同的价值观念"，是深层次的。稳定的企业禀赋，是难以改革的。第二层次的企业文化，即部门行为规范，是浅层次的、易变化的。

（4）"7S"框架

20世纪70年代以来，企业普遍关心管理的效益问题，尤其是关心战略、组织结构与管理效益的关系问题。为了弄清这些关系，美国麦肯锡咨询公司组织了两个研究小组：一个是战略研究组，任务是检查美国管理学界关于战略的想法对不对；另一个是结构研究组，任务是搞清楚什么样的组织结构最有效。

工商企业史学家阿尔弗雷德·钱德勒于1962年写过《战略与结构》一书，提出了结构要紧跟战略的论断。到1977年，美国管理学界已普遍认为钱德勒的这一论断是放之四海而皆准的至理名言。因此战略和结构是美国研究得很多、应用得很广的管理学范畴。

人们把结构概括为5种类型，即集权结构、分权结构、模拟分权结构、矩阵结构和系统结构。

集权结构也叫集权的职能性结构，权力集中在总经理一级，只有总经理才能使生产、研究与发展、销售、供应与财务等活动取得协调。副总经理只负责某一方面的工作，权力小，责任也轻，各个部门的积极性受集权影响而较难发挥。分权结构也叫分权的"联邦式"结构、"事业部制"。这种结构是使总部和下属单位都有真正的职权，总经理坐镇总部，决定企业的主要目标，组织人力资源，选拔、训练并考核未来的领导人员，制定评价工作效率的标准等。各个副总经理所负责的单位，是按不同的产品来划分的，也是一个自治性组织，对生产、工程、销售、采购、会计、人事有全面的协调权力。模拟分权结构一般按生产程序、地区或其他标准分成许多"组织单位"。这些单位被当作独立核算、自负盈亏的机构，产品在企业内部转移时要按内部价格结账、计算利润，以此来促进经营管理的改善。矩阵结构也叫"规划-目标"结构。这是为了加强企业内部各部门与规划项目之间的协作，把管理中的垂直联系和水平联系，集权与分权结合起来而建立的一种组织结构。其办法是在垂直的领导系统中，从各单位抽出人员组成临时或长期工作小组，以完成一定的规划为目标。系统结构是矩阵结构的推广和延伸，是为了完成一个共同的大目标而从范围很广的各个完全独立的单位抽调人力、物力建立起来的组织结构。

美国企业界和管理学界都十分重视通过改变组织结构来提高劳动生产率。20世纪50年代和60年代出现了分权结构的浪潮，20世纪70年代出现了矩阵结构式管理。美国麦肯锡咨询公司的结构研究组就是为了搞清结构与经济效益的关系而成立起来的。该小组走访了美国和欧洲的十来所工商管理院校的学者，发现尽管仍有少数几位研究者继续在组织结构上做文章，但很多人对于摆弄战略和复杂的矩阵结构不放心，指出它只是整个管理有效性问题的一小部分。

麦肯锡咨询公司的结构研究小组经考察和研究得出结论：任何一种明智的管理都涉及7个变量，这7个变量分别是：结构、战略、体制、人员、作风、技巧、共有价值观。

美国哈佛大学的安东尼·阿索斯和斯坦福大学的理查德·帕斯卡尔在上述理论的基础上对比了日本企业和美国企业在管理上的区别，特别是对比了日本松下公司及其优秀领导人松下幸之助和美国国际电话电报公司及其领导人哈罗德·吉宁之间的区别，认为松下公司和国际电话电报公司最主要的区别不在它们的整体战略上，因为它们的战略非常相似。区别也不在矩阵式的组织结构上，因为两家的组织结构几乎完全相同；更不在于制度，两家公司均有非常详细的计划和会计报表。而真正的区别在于管理作风、人事政策以及最重要的精神和价值观上。美国企业家重视硬件，而日本企业家不但重视硬件，更重视诸如共有价值观、作风、人员、技巧等软件因素。

阿索斯和帕斯卡尔认为，日本企业家总是反复向员工宣讲共有价值观、企业基本信念的重要性，指出它是大公司最为保密的秘密武器，并尽心尽力地使员工个人目标同化于企业目标，建立起全体员工共享的价值观。美国企业家却往往拒绝触及更高一级员工做出脑力和体力贡献，认为不能干涉员工的个人生活和基本信念是天经地义的。即使在某些方面和日本松下电器公司很相似的美国联合航空公司，也没有深入地以精神价值观作为号召，没有用细致入微的同化过程来团结员工。

在阿索斯和帕斯卡尔看来，美国传统文化重视自我的价值，忽视集体的价值，认为自我是宇宙的中心。而日本则相反，比较重视集体的价值，认为自我是成长的障碍，而不是可以依赖的一个支撑力量，因而要求个人行为与集体活动一致，并在企业生活中对谦虚和自我克制给予很高的评价。企业文化学者、企业问题专家、麦肯锡咨询公司的托马斯·彼得斯和小罗伯特·沃特曼认为，超群出众的企业必然有一套独特的文化品质，这种文化品质使它们脱颖而出。在《成功之路——美国最佳管理企业的经验》一书中，彼得斯和沃特曼提出了革新性文化的 8 种品质。这 8 种品质分别是：贵在行动；紧靠顾客；鼓励革新、容忍失败；以人促产；深入现场，以价值观为动力；不离本行；精兵简政和辩证处理矛盾。

第一，贵在行动。这有两层含义：一是强调"组织的流动性"；二是提倡"企业实验精神"。"出色企业的组织是流动性的，灵活可变的。"这表现在管理人员经常走出办公室搞"巡视管理""周游式管理""看得见的管理"，在无拘无束、随随便便的气氛中与各类人员广泛接触、交流信息、研讨问题。巡视管理是一种丰富多彩的信息交流活动，它既能促使人们采取更多行动、进行更多实验、学习更多东西，又能更好地保持联系。出色的企业贵在行动，其最重要和最明显的表现，就是它们愿意去把事情试出来。

第二，紧靠顾客。这主要表现在对服务的执着，对质量的执着，开拓合适的市场和倾听用户的意见。把售后服务当成法宝，认为推销工作是在货物售出后才开始的，而不是在此前。因此，每当顾客回来要求服务，就给顾客把事办得尽善尽美，而不是抱着"银货两讫，各不相干"的态度。对用户的每一条意见都给予迅速答复。如国际商业机器公司坚持必须在 24 小时之内给予答复，拉尼尔公司坚持 4 小时之内必须对所有意见做出答复。高级管理人员必须深入到管理第一线，越过中层而直接同那些负责回答用户来信的下级专业人员定期碰头。经常开展巡回上门服务和短期现场服务，一旦产品在用户使用过程中出了毛病，就立即派出专家去帮助处理。服务不惜代价，如愿意花上几百美元专门派上一辆卡车，给用户送去只值30美元的产品。因为出色的企业是靠用户和市场来驱动的，而不是靠技术来驱动的，对用户所提出的每项建议，从用户自身的立场来看，都应该是最为经济实惠的。坚持百分之百合格的质量和可靠性，否则产品就不出厂。要以量体裁衣的方式来为用户服务，要善于倾听用户意见。

第三，鼓励革新，容忍失败，这里所说的"革新"是干出新的特色。让企业中最宝贵的人才——革新闯将发挥更大的作用。出色的企业结构安排就是从创造革新闯将出发的。尤其是将体制故意设计得有些"漏洞"，使那些到处去物色东西的革新闯将们得以有空子可钻，搞到所需的资源，把事情办成。出色的企业里有对革新起促进作用的信息沟通制度，即非正式的，程度非常强烈的，有具体物质手段支持的，通过自发性的及时检查来监控的信息沟通制度。

第四，以人促产。优秀公司总是把普通员工看作提高质量和生产率的根本源泉，把员工当作同伴来看待，待之以礼，尊重他们。而不是把资本支出和自动化作为提高生产率的主要源泉。

第五，深入现场，以价值观为动力。出色的企业是依靠有连贯性的价值观体系来驱动的，这些价值观几乎总是用定性的而不是定量的词汇来表达的，并都带有树立这套价值观体系的领导人个性的标记。领导人所能做出的最大贡献，就是阐明企业的价值观体系，并给它注入生命力。这就要求企业领导人既是思想能手，又是行动能手。要靠企业领导人躬亲实践他想要培植的那些价值观，诚恳踏实地、持之以恒地献身于这些工作，并应辅之以非比一般的坚韧精神去加强这些价值观。

第六，不离本行。出色的企业不依靠购买和兼并其他企业来搞多种经营，因为所买进来的企业具有不同价值观而很难实现各部门间的协同配合，如果企业无所不包，向四面八方出击，就难以形成统一的宗旨。当然，不是说出色的企业只是生产少数几样产品，只是强调它们必须坚持以自身的专长技术作为贯彻所有产品的共同轴线，而不去搞自己不知道怎样去经营的行业。作为一般规律，经营绩效最佳的企业主要是通过内部发生的多样化来获得进展，有时出色的企业也搞些购并，但应以可控制得住为原则，如果控制不住，还不如及早甩手。

第七，精兵简政。出色的公司一是结构简单，二是班子精悍，这两项品质是互相紧密地纠缠在一起的，并且是自我完成性的。组织形式简单了，办事所需的人力也就少了。优秀的企业管理体制可以用三根支柱来描述：符合业务高效率需要的稳定性支柱，即保持一种简单而又始终如一的基本组织形式；符合经常性革新需要的创业精神支柱，建立以创业精神的多少及贯彻执行情况为基础的测量考核制度；符合避免僵化需要的打破旧习俗，即能定期改组。

第八，辩证地处理矛盾。出色的企业既有宽松的特性，又有严格的特征。灵活的组织结构，允许自愿参加的革新活动，强调以一种宽松自由的方式从事广泛的试验活动。但是又需认真奉行共有价值观，强调极其频繁的信息沟通和快速的反馈，避免使不协调的、严重偏离主流的情况发生。做到既严格控制，又坚持让普通员工享有自主权和发挥创业精神、革新精神。

出色的企业能做到这一点，实际上靠的是"信念"，靠的是价值体系。他们把执行纪律和自主这对矛盾统一起来：自主是纪律的产物，纪律——共同信奉和遵守的价值观，使人们产生出信心，这种信心是根植于人们对确有价值的东西所抱的坚定期望。出色企业的规章都带有积极色彩。这些规章涉及的是质量、服务、革新等问题，它们的重点在于建立，在于发展，而不是抑制。

出色的企业总是既集权，又分权的：一方面把自主权一直下放到车间或产品开发组；另一方面，对于它们所珍视的为数不多的核心价值观来说，它们又是狂热的集权主义者。人既有物质的需要，又有精神的需要。出色的企业把这二者很好地统一在一起，既给员工以工作的意义，又给他们以物质的满足，既向员工交代任务，又给他们一种自尊感。

出色的企业能很好地处理短期利益和长远利益的矛盾，它们有一套长期适用的价值体系，其内容是高质量、革新精神、不拘形式、为用户服务以及重视人等，并且依靠每个员工每时每刻的行动来支持这些价值观。

在彼得斯和沃特曼之前，帕斯卡尔和阿索斯已提出了日美典型企业在共有价值观、人员与人事政策、作风、技巧这4个软件因素上的差异，指出美国的典型企业的失误在于忽视了软件因素，但是并没有告诉它们怎样抓软因素的建设。要使一个企业领导切实抓好软件因素，是一件十分复杂的事情。正如彼得斯和沃特曼所说，这好比要设计一座高水平的桥，要比理解为什么许多桥的设计都失败了要困难得多、所要干的事也多得多一样。他们认为，一个具有革新性精神的企业，不仅要在生产那些在商业上有利可图的产品上有不同凡响，在对环境中各种变化不断做出反应方面也应有自己的特色。企业的环境变化了，顾客的需求变化了，竞争对手的技术提高了，公众的情绪波动了，国际贸易中各方力量重新组合了，政府的法规变动了，这都需要企业及时调整、转向，以适应这些变化。所谓革新性，就是要创造一种新的文化，跟上社会前进的步伐。

20世纪90年代，"知识经济"成为最流行的名词，这个名词首先是由"富人俱乐部"在巴黎正式提出来的，随后又提出网络经济、新经济的概念。1997年11月，美国《商业周刊》主编斯蒂芬·谢波德界定了新经济的概念，认为新经济有6大特征：实际国内生产总值大幅增长，公司运营利润上涨，失业率低，通货膨胀率低，进出口总额占国内生产总值（GDP）的比例上升，GDP增长中高新技术的贡献上升。这说明，知识经济时代、网络时代，经济的动态性、竞争性、创新性、快速增长性大大加快，这使得企业文化也随之发生深刻的变化。传统经济靠的是劳动（体力）、资本和自然资源的投入，新经济的发展靠的是知识创新、技术创新，而知识创新、技术创新的首要条件是企业文化的创新、观念的创新。

在传统经济时代，企业一般靠自身的资源来建立竞争优势，靠产品经营、资本经营创造企业效益。而新经济时代的到来，信息网络化和经济全球化，使企业面对一个全新的竞争环境和经营形势。它以企业内外软硬资源要素为基础，以创新文化、创新机制为动力，以实现社会责任为条件，以整体优化、优势互补、聚变放大为手段。它的特征主要表现在以下几个方面：

第一，管理目标不受传统的资源概念的约束，强调可持续发展目标的可延伸性。

第二，强调信息、知识、特别是人才、企业理念、企业内驱力、企业环境等软件要素的主导作用。

第三，管理系统和组织系统明显打破传统的企业边界和等级制金字塔结构（不管你是什么等级、互相之间没有谁大谁小的问题，都是平等的，是一种服务和支持，领导不是凌驾于员工之上的官僚），系统界限趋于模糊，组织结构趋向网络化。

第四，柔性管理、模糊控制、管理创新、机制创新将成为新企业文化的实质内容。

新经济时代的企业文化之所以发生这样的变化，是因为生产方式发生了巨大的变化。在工业经济时代，由于产品竞争和垂直型组织分别成为市场竞争和企业组织中的主导形式，科层制度等级森严，企业管理的执行通常是上级向下级下达任务，除最高管理层外，企业中的大多数员工都处于被动完成上级指派任务的地位，考核个人业绩的好坏带有领导的主观色彩，并在此基础上决定下属的职位升迁。这样，企业内部的人际关系很容易造成人为的亲疏、任人唯亲，个体竞争不是凭知识和能力而是凭关系和奉承拍马，在这种制度和文化中，加上有限的升迁机会，不少人为了获得个人的优先地位而不得不牺牲道德人格，员工之间经常出现不合作现象，很难形成真正意义上的团队精神。

|10.3| 现代管理理论与实践的特点

现代管理理论的发展离不开现代管理实践的推动作用，现代管理实践能力不断提升也离不开现代管理理论的指导，二者相互依赖、相互促进。现代管理理论主要有以下10个方面的特点：

1.强调系统化

系统化就要求人们要认识到一个组织就是一个系统，同时也是另一个更大系统中的子系统。现代管理理论运用系统思想和系统分析方法来指导管理的实践活动。

2.重视人的因素

人是生活在客观环境中的，管理的主要内容就是管人。重视人的因素，就是要注意人的社会性，对人的需要予以研究和探索，在一定的环境条件下，尽最大可能满足人们的需要，从而保证组织目标的实现。

3.重视"非正式组织"的作用

重视"非正式组织"的作用也就是在不违背组织原则的前提下，发挥非正式群体在组织中的积极作用。这主要是因为非正式组织是人们以感情为基础而结成的集体，这个集体有约定俗成的信念。

4.广泛地运用先进的管理理论和方法，以利于管理水平的提高

5.加强信息工作

现代管理理论强调通信设备和控制系统在管理中的作用，所以如何采集信息、分析信息以及有效、及时、准确地传递信息和使用信息，以促进管理的现代化，成为现代管理理论的重要研究课题。

6.把"效率"和"效果"结合起来

7.重视理论联系实际

现代管理理论来自人们的实践，把实践归纳总结，找出规律性的东西，并将其不断发展。

8.强调"预见"能力

社会是迅速发展的，客观环境在不断变化，现代管理理论强调运用科学的方法进行预测，以保证管理活动的顺利进行。

9.强调不断创新

管理就是创新。现代管理理论认为管理者应该利用一切可能的机会进行变革，从而使组织更加适应社会环境的变化。

10.强调权力集中

为了进行有效的管理，现代管理理论认为组织中的权力应趋向于集中。管理者通过有效的集权，把组织管理统一化，以达到统一指挥、统一管理的目的。

复习思考题

1.描述现代管理实践的发展历程。
2.详细阐述科学管理理论的内容及其重要性。
3.详细阐述人本管理理论的内容及其重要性。
4.详细阐述文化管理理论的内容及其重要性。
5.你是怎样理解现代管理理论与实践的联系特点的？

相关案例

埃登斯从监视员工的每个动作中获利

"控制"是罗恩·埃登斯最喜欢说的词之一。"这是一个被控制的环境"在提及他的电子银行系统公司时他说。

在完全砖制的房子里，一排一排的女职员坐在排列整齐的操作台前，拆开信封，进行分类，并填充控制卡。而控制卡将记录下打开信封的数量以及操作时间。被关在"笼子"里的人们，每分钟必须完成3个信封的工作，旁边的工人则通过计

算机控制着一定的工作节奏，以完成每小时 8 500 次的工作总量。

工作室里十分安静，门窗是关着的，谈话和喝咖啡是被禁止的，操作台上不允许摆放任何宗教或装饰图片。埃登斯在楼上的办公室里，坐在监视器前，监视着布置在工作室里的 8 台摄像机。"有些操作有些延误，"他边说边冷冷地将摄像聚焦到工作台上，"我基本可以看清某些人一天的工作是怎样做的。我们保持大量的控制，控制和规则是这一行业的全部。"埃登斯先生的公司属于一种小型有偿服务公司。许多公司和慈善机构把组织内部的文件工作，委托给 EBS（Electronic Banking System）这样的公司，由这些公司将捐赠项目传递给其他组织，如反对酒后驾车的母亲联合会、多里斯动物保护组织、绿色和平组织以及国际妇女协会等。

EBS 顺应了当前的趋势。当前看似白领工作，而选择余地很小、工资较低的工作日益增多。哈格斯坦诚曾在 1970 年前后遭受了工业社会解雇大潮的剧烈冲击，很快地这类工作的出现把城镇变成了一个这类工作的集中地。多数工作是临时性的，而且工资大大低于原有制造业。在 EBS 中的新工人工资最少的只有 4.25 美元/小时，其他多数在 6 美元/小时左右。这类遍布主要城市的工作似乎是历史性的周期循环。在工业革命过程中，农场主的女儿们到城镇的丝织厂工作；今天美国的邮政业中，许多具有一定自制力和技术能力的妇女，成批地加入这种工厂，加工纸张而不是布料。而凑巧的是，EBS 恰恰建立在一个旧服装加工厂里。

"未来的办公室同过去的工厂一样。"巴巴拉·佳森说，他曾撰写了《电子剥削工厂》和其他一些关于现代工作场所的书。"现代化工具的应用把 19 世纪的工厂带回到现代的白领工作中。"

弗雷德里克·泰勒的动作时间研究理论就是一例，他缔造了 19 世纪 90 年代的电话、计算机和摄像机这类监督工人的方法，并以此严密地监视工人，比领班用计时表控制更要严格。

"工作本身需要严密地监控。EBS 中的工人们经手数以千计的美元现金或支票，"埃克森说，"摄像可以帮助避免可能发生的偷窃行为。严密的保安措施可以使参观的客户放宽心。如果秩序混乱，顾客会认为管理不善，担心会丢失东西。"1983 年以前，他曾从事国际枪支协会的财务主管工作。

严格的监控同时也帮助 EBS 控制了生产率和剔除不能坚持高效工作的工人。"这是一举多得的监控。"埃登斯提及监控时说。他的桌上摆满了计算机打印出来的、记录着每一个数据录入员输入的精确的成本。他还记录员工每天的出错频率。工作室就像一个巨大的考场。工作台整齐排列，多数管理者们站在前面较高的平台上监督员工，另有些喜欢在员工后面监督。"如果你想观察别人，从后面监督更容易。因为他们不知道你在看着他们。同时，吊在天花板上的、装有摄像机的装置也在进行监督。"

埃登斯说："这不是专制，而是一种冷静的管理态度。"但另一方面，对工作监控的研究表明，监控会造成一种不利于健康的紧张氛围，令工人感到压抑，易患与压力有关的疾病。同时监控会产生类似惩罚的效果，如组织将其作为解雇的依据，从而使工人为此产生胁迫感。

在EBS建立工会组织失败后，国际劳动关系协会对EBS提出书面抗议，集中声讨其对工人构成的威胁、询问和监视。作为庭外协议，EBS恢复了一个被解雇工人的职位，并且贴出一份通告，表示将在下次工会选举中杜绝非法行为。但是，第二次工会选举同样以失败告终。

提及对劳动者的不公平待遇时，埃登斯说"一派胡言"，对于监督造成的压力，他说："当他们知道工作被监督时，会产生压力感，这是动物本能的表现！我不会为此道歉。"

埃登斯对他推行的过于苛刻的工作规则同样不感到愧疚。提及禁止与工作无关的谈话的规定，他说："我不会向聊天的人付工钱。"对于封闭的窗户，他说："我不想让他们向窗外张望，会影响工作，会出现差错。"

这些集中管制地区的确创造了高生产率，但使工人感到孤独和不自由。有些人试图效仿学校图书馆里的孩子那样打破周围静寂的环境，"只要你保持你的头不动，而低声喃喃而语，多数情况下，监工们是不会听到的。"一个女职工在午餐休息时说。她感到很孤独，十分怀念以前做服务小姐的那种工作。"工作是你的社会生活，尤其是当你有了孩子以后。"一位27岁的母亲说，"而这里很难有机会了解别人，因为你不能说话。"

吃午饭时，工人们在工作室外的停车场上围成一圈，讲个不停。"我们有些人午餐吃得不多，因为你嚼得越多说得就越少。"一个员工说。在午餐前后漫长的工作时间里，没有其他的休息时间，不允许工人们喝咖啡或吃东西，只可以吃些硬糖作为点心。

新技术分割开来的劳动者，重复着如EBS这样的工作，完全抹杀脑力工作原有的多样化和技能化特征。牢笼里的工人们一味地开信封、分类；那些统计部门计算数据；数据录入员录入别人手中的信息。如果他们出现错误，计算机就会用刺耳的声音提醒他们，并将"输入错误"显示在荧光屏上。

"我们不需要员工思考，计算机会帮他们思考。"埃登斯说，"他们无须做决定。"这使工作显得简单乏味。在工作室里，一位员工说，他工作时望着与平常无异的信封，装着可能是关于捐献者正在减少等一类的报告。或是做些智力游戏，"自己思量着，A类放在这儿，B类放在那儿，C类在另一边儿——就像宾果游戏。"她说，有时觉得自己好像一部机器，尤其当她填写控制卡时，列出每一批信封到位和完工时间，并在标有"操作员"位置上填写她的工号——3173。"这就是我。"她说。

巴巴拉·安妮·威尔，一个电脑录入员，工作时也以同样的方式对待乏味的操作。在输入捐赠者的名字和地址时，她想象这些人的形象，尤其是那些特别的名字，"比如菲特兹小姐，"她笑着说，"她可能是一位非常肥胖，带有很重的口音在马路上大喊大叫的女人。"她又拿起另一份说："道利斯·安吉若斯，她也许带着单片眼镜，坐在拥挤的马海毛沙发上喝茶。"

威尔女士生活在一个冷淡笼罩着的世界。像EBS中多数员工一样，她必须迅速地完成低收入工作，以便养育孩子。比如这个星期五，她在晚上4点钟完成8小时的工作以后，只能回家待上几个小时，然后再回公司上从半夜到次日凌晨的晚班。否则，她不得不在星期六加班，来完成一星期的工作。她说，"只有这样，我才能在周末照顾孩子们。"

也许一些员工发现在工作之后很难从中解脱。对于工作时间，史密斯小姐说她丈夫经常埋怨她，因为她时常在半夜里弄醒他。"我在睡觉时手会不自觉地乱动。"她说，在做打开信封时的动作。她工作室的伙伴，凯瑟琳小姐说她的未婚夫有另外一种反感："他在我下班以后躲避我2个小时，因为我会不停地说话——我需要说话。"同时，她无法容忍一件家务事，"我无须付邮资，因为我不愿去打开另外任何一封信，"她说，"我不愿理会邮箱里的信件。"

资料来源　王毅捷. 管理学案例100［M］. 上海：上海交通大学出版社，2003：4-6.

案例讨论：

1.罗恩·埃登斯使用的是哪一种管理理论？

2.罗恩·埃登斯使用该管理理论的基础是什么？

3.你怎样理解罗恩·埃登斯的管理方法的适应性？

4.在现代信息化和知识化盛行的时代，针对材料中涉及的工作性质，如何管理员工以获得最大效益？

第10章相关案例分析提示

阅读参考

1.林新奇. 中国企业家成长的文化生态研究［J］. 中国人民大学学报，2007（5）.

2.林新奇. 刘邦人才战略的成与败［J］. 中国人才，2008（9）.

3.泰罗. 科学管理原理［M］. 胡隆昶，等，译. 北京：中国社会科学出版社，1984.

4.熊勇清. 管理学100年［M］. 长沙：湖南科学技术出版社，2013.

附录1　管理及管理学在亚洲的移植与发展

迄今为止，作为一种实践活动，一般认为管理的进化经历了经验管理、科学管理、人本管理和文化管理等若干阶段。但是由于管理总是与人相结合，管理与管理学不可分离，作为对管理的认识，人们的理解又深刻影响着管理实践。

彼得·德鲁克曾说，各大国的管理学不尽相同，它受本国传统的强大影响：美国的竞争对手关系的传统；欧洲大陆的重商主义的传统；日本的家族传统；英国的俱乐部传统等。那么管理概念是否具有跨越国界的可转移性？斯蒂芬·罗宾斯认为，欧美的管理概念适用于绝大多数讲英语的国家，但是在印度、中国等东方及发展中国家则必须修正。

管理学的发展进程，印证了管理学家们的上述论断。

现代管理学于19世纪末20世纪初在欧美产生、形成和发展，对于推动西方的工业化、现代化发挥了不可估量的巨大作用。传到东方以后，它与东方的传统文化相融合，在亚洲移植、落地。迄今为止，管理学在亚洲的移植经历了5个阶段：翻译输入阶段（进口学问）；传播套用阶段（囫囵吞枣）；检证疑问阶段（两张皮时代）；概念探索阶段（提出新概念）；独创理论阶段（提出新理论）。

第一阶段，翻译输入阶段（进口学问）：输入，启蒙，言必称欧美，具有崇拜性，表现为注重翻译与演讲。

第二阶段，传播套用阶段（囫囵吞枣）：吞食，消化，学科独立，逐渐形成体系，开始具有指导性，表现为注重调查与咨询。

第三阶段，检证疑问阶段（两张皮时代）：渗透与摩擦并存，开始关注共同研究，表现为注重研究式咨询。

第四阶段，概念探索阶段（提出新概念）：发掘现场理论，重视本国传统。

第五阶段，独创理论阶段（提出新理论）：由重视群体到强调个体、本土化理论的国际性。管理学在亚洲移植的5个阶段具体见表10-2。

表10-2　　　　　　　　　　**管理学在亚洲移植的5个阶段**

阶段	表述	特征	方式	例证
第1阶段	翻译输入阶段（进口学问）	输入，启蒙，言必称欧美，崇拜性	翻译与演讲	书店管理学图书的比较
第2阶段	传播套用阶段（囫囵吞枣）	吞食，消化，学科独立，形成体系，指导性	调查与咨询	咨询业的兴起与小咨询公司的活跃
第3阶段	检证疑问阶段（两张皮时代）	渗透与摩擦并存，共同研究	研究式咨询	大学管理学院与咨询公司的分流
第4阶段	概念探索阶段（提出新概念）	发掘现场理论，重视本国传统	企业专题研究的兴盛；在国际上出现亚洲管理研究热	日本—东南亚—中国
第5阶段	独创理论阶段（提出新理论）	由重视整体到强调个体，本土化理论的国际性	具有世界意义的本国管理学理论与管理学家的出现	日本的野中裕次郎教授的知识创造企业理论；中国未来的管理学诺贝尔奖

在引进西方管理理论较早的日本，其发展的具体进程被日本著名的管理学家金井寿宏（1997）用图10-1描述如下：

管理（组织理论）研究的步伐 　　　　　　　　　　　　　　　　　　　（实务界）

| 第1代：欧美理论的输入 | 先进研究的输入与启蒙；
学科独立与体系化 | 指导的对象 |

| 第2代："普遍原理"在日本的应用
与验证，以及日本特有概念的创造 | 知识创造（野中裕次郎）；
超扩张（伊丹敬之）；
组织认识论（加护野中男） | 调查的对象 |

| 第3代：构筑来自于管理第一线的
理论 | 实地研究；
恢复使用日语词汇 | 共同研究的伙伴 |

| 第4代：对于个人的深入记述 | 精神分析生活史 | 组织中的每一个人 |

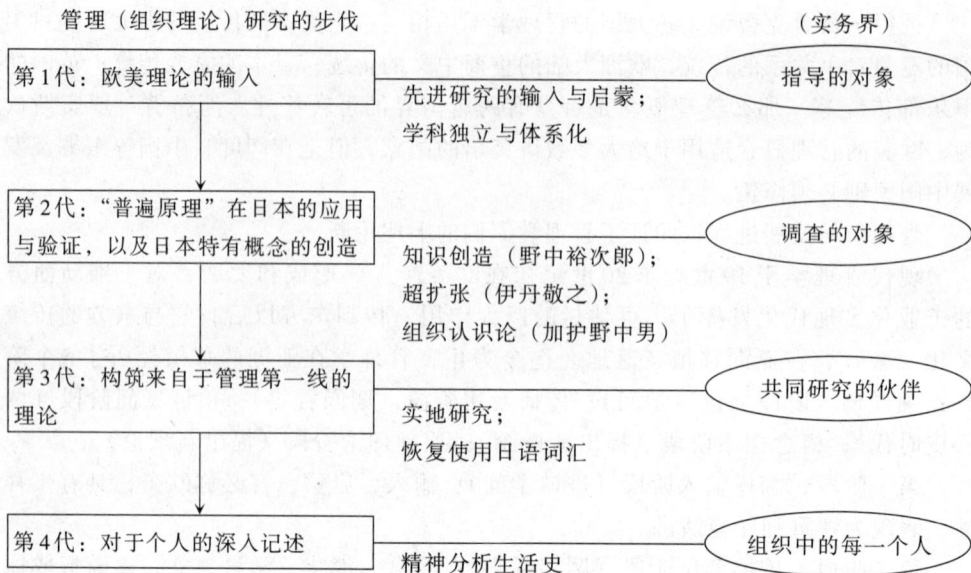

图10-1　日本管理（组织理论）研究的进化过程

　　但是，有一点我们不能忘记，那就是彼得·德鲁克所指出，"日本的管理并没有西方化，它吸取了管理学思想，拼命抓住工具和技术，时时都在侧耳倾听。但日本在使用管理学及其概念、工具和技术时都保留着日本的风格"。融合管理技术与管理文化以引导管理国际化，一直是日本努力解决的管理课题，但是并不成功。尽管如此，日本的管理在迈向国际化的道路上，毕竟是进步了不少。

　　在中国，中国式管理理论具有悠久的传统，至今已经有数千年的历史了。但是，中国传统的管理理论历来以政治管理为中心，重视对人的管理，把管理视为艺术，并未形成一门科学。进入当代，管理仍然停留在传统的阴影之中，计划经济不需要现代管理学则是众所周知的事实。改革开放以后，在浮躁的现实面前，中国管理以及管理学的幼稚化更是难以避免。但是无论如何，从总体上看，20世纪90年代开始的中国的管理则经历了"第2阶段，传播套用阶段"，人们在吞食、消化西方管理的同时，开始注重调查与咨询，出现学科独立，逐渐形成体系，并对企业具有指导性。迈进21世纪以来，中国管理逐渐进入了"两张皮时代"（检证疑问阶段），虽然渗透与摩擦并存，但也开始进行共同研究，注重研究式咨询。现在，在某些地方，我们则开始出现了提出新概念、发掘现代理论、重视本国传统的现象，进入了"第4阶段，概念探索阶段"。

　　不可否认，随着中国经济的发展，中国的管理开始融入国际化的时代潮流。在改革开放的30多年中，中国的管理水平有了很大提高。但是，这种提高是初步的。从国际竞争力角度而言，中国的管理还需要深刻革新，即无论从管理机制上，还是从文化上，都需要全面、系统的改革。而所有的这些也恰恰表明，中国管理正处在一个急剧整合与提升的进化过程之中。

　　资料来源　林新奇.管理国际化及在亚洲移植五阶段说［J］.当代财经，2003（11）.林新奇.国际人力资源管理实务［M］.大连：东北财经大学出版社，2012：3-5.

附录2 管理创新"25年周期进化说"

《光明日报》编者按：

经济发展方式转变呼唤着管理创新，尤其是人力资源管理创新，而人力资源管理创新则进一步促进了经济发展方式的转变。

本文作者林新奇教授通过对中、日、美等国家的经济发展方式转变与人力资源管理创新之间关系的系统研究，发现并提出了"25年周期进化说"。虽然在严格的意义上讲，这还是一个假说，但是以此作为一个参考视角来观察、分析我们面临的许多经济管理现象，展望未来发展可能需要探讨解决的问题，却具有一定的启发意义。

一、假说的提出

迄今为止，关于经济发展与管理周期的研究，大多从经济、投资的角度来论述，而且带有某种循环往复的宿命性。与此相反，笔者通过对中、日、美等国家的经济发展与管理创新之间关系的历史考察，尤其是经济发展方式转变与人力资源管理创新之间关系的系统研究，发现了一个值得重视的、带有规律性的现象，即"25年周期进化说"规律：随着经济发展方式的转变，出现了一个阶段又一个阶段的人力资源管理创新的高潮，其周期大概是每隔25年进化一次，如图10-2和图10-3所示。

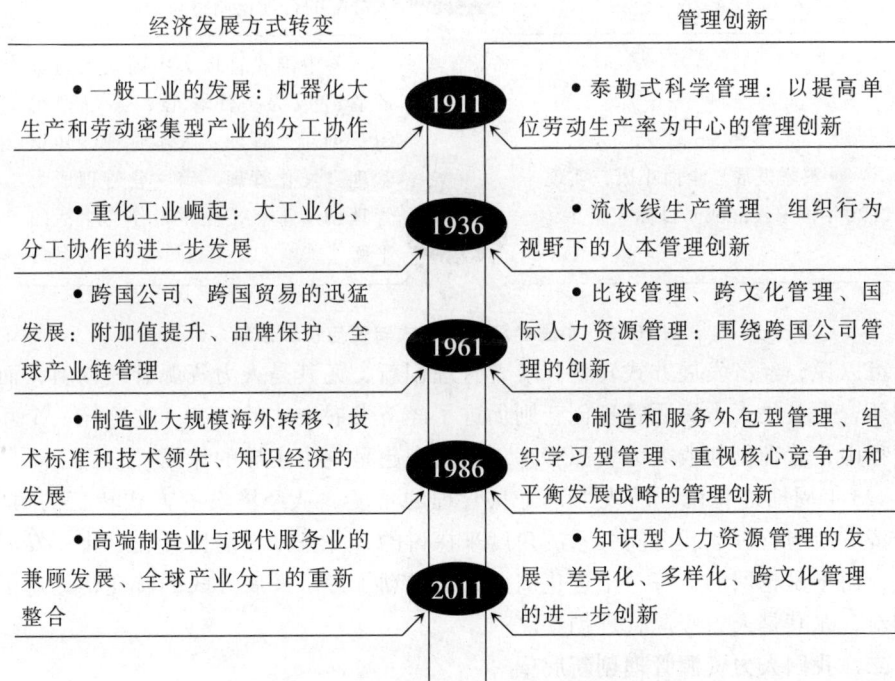

经济发展方式转变		管理创新
• 一般工业的发展：机器化大生产和劳动密集型产业的分工协作	**1911**	• 泰勒式科学管理：以提高单位劳动生产率为中心的管理创新
• 重化工业崛起：大工业化、分工协作的进一步发展	**1936**	• 流水线生产管理、组织行为视野下的人本管理创新
• 跨国公司、跨国贸易的迅猛发展：附加值提升、品牌保护、全球产业链管理	**1961**	• 比较管理、跨文化管理、国际人力资源管理：围绕跨国公司管理的创新
• 制造业大规模海外转移、技术标准和技术领先、知识经济的发展	**1986**	• 制造和服务外包型管理、组织学习型管理、重视核心竞争力和平衡发展战略的管理创新
• 高端制造业与现代服务业的兼顾发展、全球产业分工的重新整合	**2011**	• 知识型人力资源管理的发展、差异化、多样化、跨文化管理的进一步创新

图10-2 美国经济发展方式转变与管理创新

经济发展方式转变　　　　　　　　　　　管理创新

• 全国解放，从战争到和平：计划经济，苏联模式，重工业优先发展　　**1949**　　• 低工资、高就业，统筹分配，低流动、高稳定的工作与分工，家长制、集权制、平均主义、单位所有制

• 提出四个现代化目标；引入商品经济，实现改革开放　　**1974**　　• 打破大锅饭、铁饭碗、铁交椅，有限的市场竞争机制，拉开收入差距，先富光荣论

• 国企改革、股份制、全球经济一体化、加入WTO。从出口导向到扩大内需　　**1999**　　• 优化组合、竞争上岗，福利货币化，绩效工资，劳资关系纠纷的发展及其解决机制的探索，实现成果共享、双增长的管理创新、关键发展的可持续性

• 实现全面的工业化、城市化和现代化，进入中等发达国家行列　　**2024**　　• 全面的市场化、规划化和国际化的管理创新。人才强国战略的全面实施，劳动力流动从动荡到内敛，劳资关系趋于稳定，实现跨国管理、收入分配的合理化调整与创新

• 科学发展、全面小康，实现2020年国家发展战略目标　　**2049**　　• 中国式管理、中国式人力资源管理成为关注核心，学习型组织、创新型管理、人本管理、知识管理、文化管理、跨文化管理成为管理创新重点，注重工作与生活的平衡

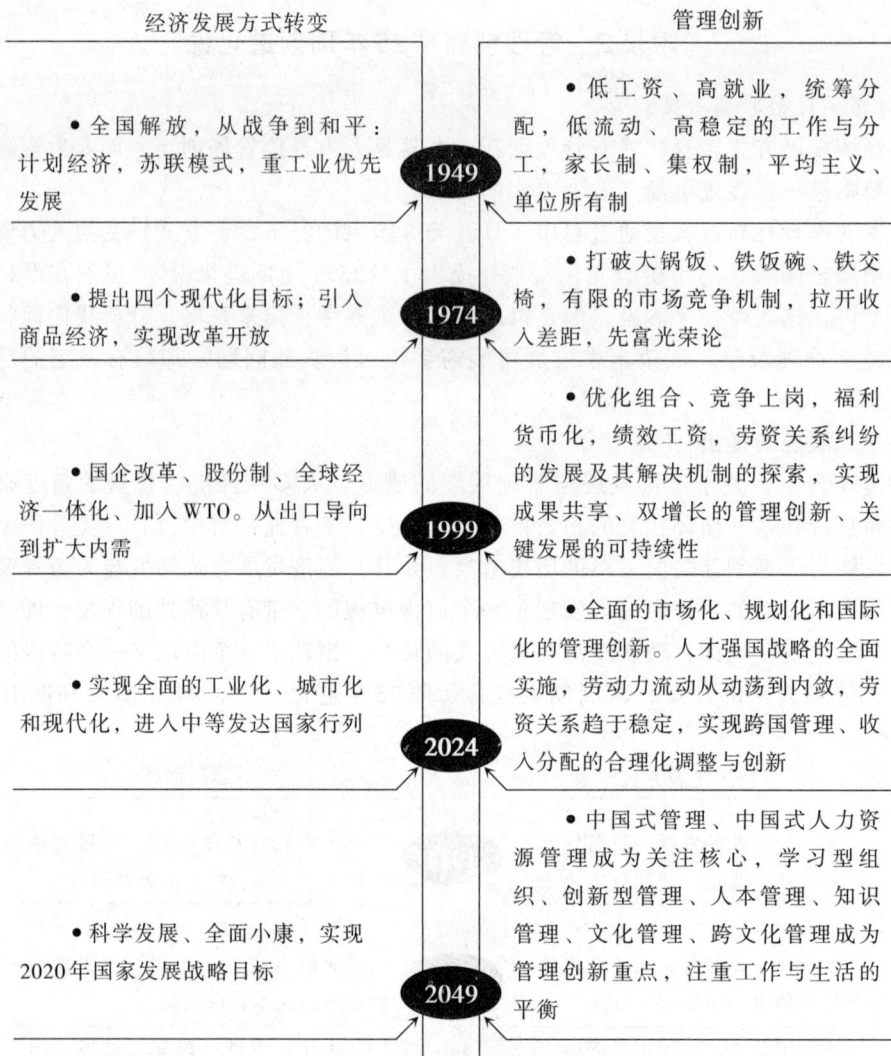

图10-3　中国经济发展方式转变与管理创新

可以说，经济发展方式转变呼唤着管理创新，尤其是人力资源管理创新，而管理创新，尤其是人力资源管理创新则促进了经济发展方式的转变。在这样一个互动的过程中，管理创新或人力资源管理创新越来越呈现出主导的作用。

"25年周期进化说"的观点，是从管理的角度、从经济发展方式转变的角度、从经济发展与管理创新之间关系的角度来探讨的，并且是逐级提升、进化、发展的观点，而不是轮回的。每一个进化周期，都推动了经济发展方式的转变，促进了管理创新，尤其是人力资源管理创新。

二、我国人力资源管理创新展望

改革开放30多年，中国成为一个"世界的工厂"，一个出口导向型的制造业大国，一个外资与合资企业的"乐园"。但是无论经济如何发展，一个不容回避的客

观事实是：这里的管理尤其是人力资源管理所遵循的，几乎都是效率优先的传统管理原则和基本模式。而这种原则和基本模式，尽管曾经被证明是有效的，但是却不符合以人为本的时代潮流，在发达国家已经被逐步地变革和完善。

近年沸沸扬扬的企业"民工荒"、劳资纠纷和要求涨薪等社会现象，不是偶然出现的现象，而是历史的必然，反映了中国社会经济和管理发展正在进入一个新的历史阶段，应该引起高度的关注。

以"25年周期进化说"来考察和分析中国的经济发展及其未来走向，我们也许可以得到以下一些启示：那就是改革开放30多年，或者新中国成立60多年以来的发展，我们一直在摸索经济发展方式及其转变，而未来经济发展方式的转变，首先将带来一场管理创新，特别是人力资源管理的创新。也就是说，未来我国管理创新尤其是人力资源管理创新将从微观层面转移到更高的战略层面，从技术层面逐渐向文化层面过渡，适应经济发展方式的转变，推动经济发展方式的转变。这是一个时代的呼唤，一个历史的潮流。

三、发展方式与管理科学的互动

1911年，以美国管理学家泰勒的《科学管理原理》出版为标志，诞生了现代管理科学，至今已100多年了。100多年来，关于管理理论与管理实践的相互关系及其发展特点与规律，各国学者做了许多探讨，提出了不少有趣的富有启发性的观点。

1939年，美籍奥地利人、著名经济学家约瑟夫·阿洛伊斯·熊彼特融合前人的观点，以"创新理论"为基础首次提出在资本主义经济发展过程中同时存在着长、中、短"三种周期"的理论。"长周期"（"长波"）即为"康德拉季耶夫"周期，"中周期"（"中波"）即为"朱格拉周期"，"短周期"（"短波"）即为"基钦周期"。熊彼特沿袭了康德拉季耶夫的观点，把近百余年来资本主义经济发展过程进一步划分为3个"长波"，而且用"创新理论"作为基础，以各个时期的主要技术发明及其应用，以及生产技术的突出发展作为各个"长波"的标志。对于经济周期性波动，熊彼特用"创新"来解释，这里的"创新"包括两个方向：技术性的创新和组织与制度性的创新。

1992年，美国管理学家斯蒂文·巴利与罗伯特·孔达发现：一个多世纪以来，理性主义（或科学管理）与非理性主义（或人文主义）的管理思潮交替成为管理学界的主流意识形态，每二三十年轮流坐一次庄。斯蒂文·巴利与罗伯特·孔达还发现，管理思潮的交替与宏观经济状况息息相关：当经济一路凯歌往上走时，理性主义占上风。当经济萎靡不振时，则非理性主义占上风。如1929年的大萧条成全了人际关系学派，第二次世界大战以后的狂飙突进则让理性管理风光一时。20世纪80年代日本的崛起，又掀起了一场企业文化运动。

资料来源　林新奇.经济发展方式转变与人力资源管理创新联系紧密——学者提出"25年周期进化说"[N]. 光明日报，2011-05-18.

LIN X. Theory of 25 - year - cycle evolution: A hypothesis about the relationship between the transition of economic development mode and the human resource management innovation [J]. International Journal of Innovation and Economic Development，2015，1（2）：20-28.

附录3　人生跑圈论——个体生命发展的"25年周期进化说"

一、"人生跑圈论"的时代背景

当前，随着我国经济进入中高速发展的"新常态"时期，依靠"人口红利"进行发展的时期已然结束，2014年我国在国际收入平衡表的资本项中首次出现"逆差"，意味着我国人口年龄结构逐渐进入到转型的关键阶段，社会总人口老龄化越来越严重：自1996年以来，我国0~14岁少年人口占总人口的比例是逐渐下降的，由1996年的26.4%下降至2015年的17.6%；而65岁以上人口占总人口的比例却是逐年上升的，由1996年的6.4%上升至2015年的10.5%（如图10-4所示）。同时，伴随着城镇户籍制度和土地制度改革的不断深入，我国城市适龄可用劳动人口远远少于理论可用劳动人口，这也就导致了"刘易斯拐点"的提前出现。我国劳动年龄人口峰值的提前出现，也在一定程度上降低了我国人口的活力。这一系列的问题，导致我国劳动力成本迅速飙升，经济发展前景堪忧。因此，立足于我国人口结构的现状，充分发挥现有人口的效用，也就显得尤为重要。

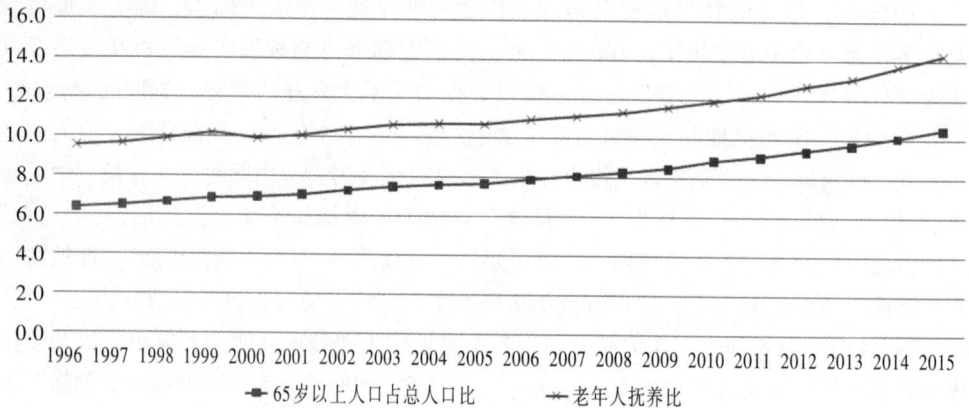

图10-4　1996—2015年中国老年人口占比变化图

迄今为止，国内外学者关于个体生命周期的研究，大多是从生理学、心理学等角度来研究，同时带有某种循环往复的宿命性，具有一定的局限性。时间生物学认为：一切生物体乃至植物体的生命都是随着生命昼夜交替、四季更迭的，都有一定的周期性规律。德国柏林的医生威廉弗里斯和奥地利心理学家赫乐曼斯沃博达通过长时间的观察研究，提出了人体生物钟理论，认为一个人的体力自其初始之日算起有一个以23天为周期的"体力盛衰周期"；人的精神和情感状态有一个以28天为周期的"情绪波动周期"。若干年后，奥地利生物学家阿尔弗雷德特尔切尔教授发现人的智力也存在着一定的周期，即从初始之日起以33天为一个周期的"智力强弱周期"，这3个周期也就是生物学上常讲的"人体生物钟"，又被称为"PSI周期"（PSI是英文 Physical（体力）、Sensitive（情绪）、Intellectual（智力）的缩写）。这里需要注意的是人体生物钟的运行是具有一定循环反复的规律，其运动轨迹成正弦曲线的规律，每一个运动周期内都有各自的低潮期、高潮期和临界期，一个周期的结束意味着一个新周期的开始。一般来讲，当个体恰好处于每个周期的高潮期的时候，就极有可能是其效率最高的时候，也是最容易表现出超乎寻常的能力的时候。

　　英国爱丁堡大学神经发育生物学专家 Price 研究发现：人的大脑尤其是控制想法和冲动的前额叶皮层组织成熟一般需要25年（据英国《每日邮报》2013年8月19日报道）。美国经济研究机构国家经济研究局（NBER）通过比较历史上伟大的发明家和诺贝尔奖得主的事业巅峰期发现：一个科学家和发明家才能发挥的黄金期是35岁以后，30多岁是一个人人生中创造力最为旺盛的时候，如图10-5所示。此外，世界卫生组织（WHO）公布的《世界卫生统计2015》报告，全球人口的平均寿命较以往出现了较大幅度的增加，与1990年相比，世界人口平均寿命增加了6岁，已经达到71岁。

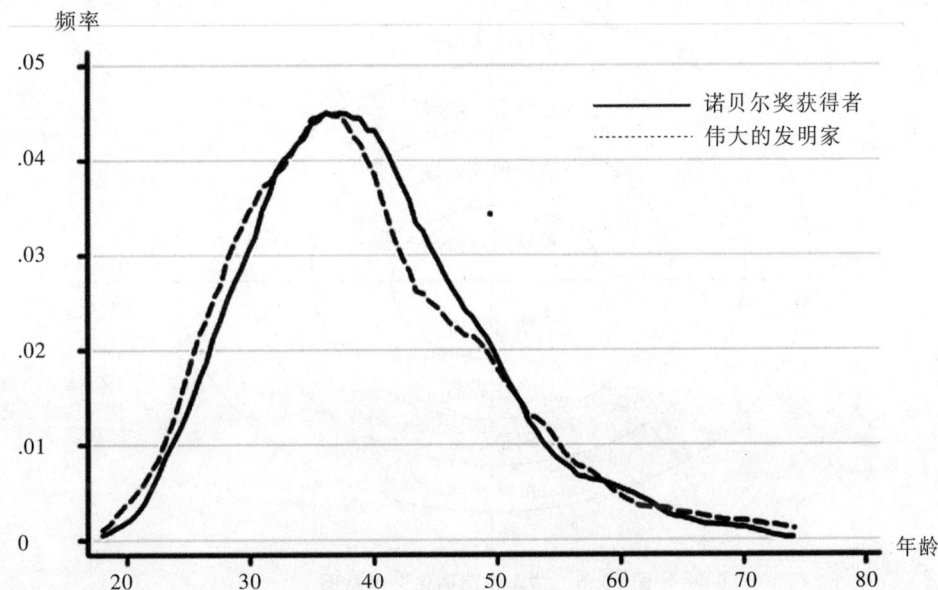

图10-5　伟大发明家和诺贝尔科学奖获得者达到事业巅峰的年龄分布图

　　在此背景下，本文从管理学的视角，基于"25年周期进化说"的基本观点，从个体生命发展的层面，探求个体生命发展的基本规律，尤其是针对每个生命周期的特征，提出相应的个体生命发展周期及其相对应的管理策略，以期为个体生命在一种涟漪式扩散与螺旋式上升的过程中，可以依照不同的周期或圈位对自己的目标、方向、速度、心态等进行定位与调整，帮助个体把握当下、展望未来、管理自我，同时也为个体与组织进行人力资源开发、职业生涯规划、市场竞争与流动等提供借鉴。

二、"人生跑圈论"的核心内容

人生百年，岁月悠悠。个体的生命周期从母亲怀孕开始，经过胎儿—婴儿—幼年—少年—青年—中年—壮年—老年等阶段，这些阶段构成生命的循环，即生命周期。本文认为，个体生命发展按照大约 25 年周期递进一圈，人生就像一个不断"跑圈"的过程（如图 10-6 所示）：从出生到 25 岁是人生第一圈，一个学步并助跑的过程，其特点是学习、兴奋与积累；26 岁到 50 岁是人生第二圈，一个从慢跑到奔跑的过程，其特点是加速、专注与成熟；51 岁到 75 岁是人生第三圈，一个从奔跑到慢跑或健步行进的过程，其特点是逐步减速、调整与欣赏；从 76 岁到 100 岁，是人生第四圈，一个从健步行进到稳步行走的过程，其特点是沉稳、乐观、平和。一般而言，人生能够跑进第四圈，基本可以算是成功状态；如果能够跑进第五圈，即 101 岁及其更远，则是幸运了。

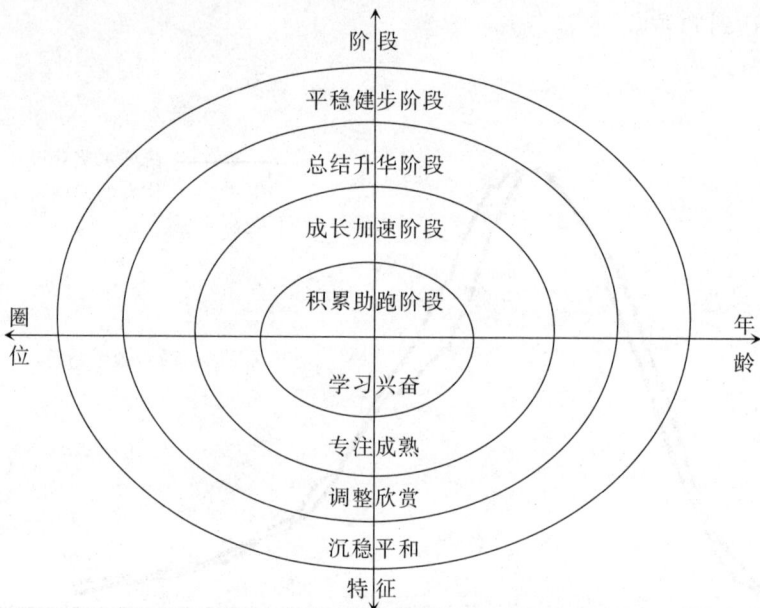

图 10-6 "人生跑圈论"示意图

（1）第一圈（0～25 岁）——积累助跑阶段：一个学步并助跑的过程，其特点是学习、兴奋与积累。

该阶段是个体成长并为走入社会而进行准备的阶段，是从幼年向成人过渡的时期。所谓"人生不能输在起跑线上"，主要就是指的这个时期。在该阶段中，个体生理特征逐渐成熟，需要完成个体生命周期内的生物性特征积累，在生理与心理两方面完成蜕变。

在个体认知发展方面，该阶段的个体经过不断学习和积累，应该具备抽象思维的能力，具有良好的智力和良心逻辑，能够在自身独立人格和关注他人意见之间形成良好的平衡，即具有独立的人格。同时可以运用逻辑思维的方式，借助"假设—演绎""归纳—总结"等方式，不断拓展自身的知识范围，对未知事物进行独立的判断和分析。

在个体情绪管理方面，该阶段的生命个体的共情和协调情感反应得到了发展，个体大脑经过25年的不断成长，在生理上已经发育完全，前额叶皮层是一个与想法和控制冲动有关的关键部位也已经完备，要求自我独立的意识变得非常强烈，但是现实往往与自我预期存在着较大差距，这也就导致该阶段的个体容易陷入到严重的心理矛盾当中，个体与环境的冲突明显。

在个体社会行为方面，经过该阶段的不断学习，个体应该具备较完善的个人技能，为未来职业生涯的发展奠定基础。同时逐渐意识到不同道德评价标准之间的矛盾，对已经存在的各式各样的社会准则不再盲目的遵从，意识到根据自身的实际进行灵活的变通适用，逐渐形成自身相对稳定的价值判断和评价标准，形成自身的世界观、人生观和价值观，逐渐摆脱"繁文缛节"的束缚，按自己的道德评价标准进行行为的选择，处理各种社会关系。

在个体家庭生活方面，该阶段的个体在生命周期发展中，逐渐与同龄人形成较为一致的价值判断，与传统的家庭关系渐行渐远，同时在该阶段选择合适的配偶组建新的家庭。该阶段的个体容易接受同龄人的行为准则，并努力尝试融入到同龄人的群体当中，与传统的家庭文化相比，同辈人所形成的群体文化具有更大的影响力。

学习积累阶段作为个体生命周期的基础性阶段，一般具有较低对抗风险的能力，在其成长过程中极易遭遇环境的不适应及相关各种问题。该阶段个体的自主意识逐渐增强，希望通过与父母、老师等相关人员进行平等的交流，逐渐成为具有独立意识和行为控制的主体。为了使该阶段个体更好地发展，社会各相关群体需对其进行充分保护和引导，在其成长的过程中提供全方位、全过程的支持，以保证其在该阶段形成良好的体质与人格，为顺利"跑入下一圈"奠定坚实的基础。

（2）第二圈（26～50岁）——成长加速阶段：一个从慢跑到奔跑的过程，其特点是加速、专注与成熟。

成长加速阶段是个体职业发展最重要的阶段，是"人生跑圈"中的加速过程，所以也是兼具吃力和精彩的过程。在该阶段中，个体的生命特征、生理机能达到高峰，心智能力最强，具有了完备的独立人格与能力，产出效率相对也最高。

在个人心理方面，该阶段的个体需要完成对自我心态的不断调整，克服急躁、浮躁等不良情绪，逐渐完成向专注、成熟的心态过渡，同时逐渐回归现实，脚踏实地，工作与生活的诸多不切实际逐渐消退，也要有充足的斗志来面对生活、工作中的种种挑战，耐心地发现机会、创造机会和把握机会，同时也要做好充分的思想准备，不断解决生活中随时出现的问题和挑战，不怕失败。提高自身解决问题的能力，形成更丰富多彩的职业生涯。

在个体社会行为方面，处于职业发展阶段的个体，其所应承担的社会角色越来越多，其个体的影响力逐渐扩大，要不断凭借个体所形成的知识储备和经验总结，完成自身的职业使命，干出一番事业，形成自身的核心竞争力，使自己能够脱颖而出，不断提升自身的职业地位和社会影响力。

在个体家庭生活方面，该阶段的个体一般要完成以自身为主体的新家庭的组建，逐渐演变成为家庭生活的主心骨，在家庭生活中需要既扮演父亲或母亲的角色，又扮演儿子或女儿的角色，还扮演丈夫或妻子的角色，多重角色带来的不适应，以及繁杂的家庭生活带来的疲惫感往往使该阶段个体身心俱疲，对家庭生活产生"厌倦心理"。同时，该阶段个体对自身形成相对明确的期望，对下一代的期望普遍较高，对年轻人（即处于"人生跑圈"中第一圈）的关爱度较高，有利于为他们的人生奠定坚实的基础，也有利于代际之间的和谐发展。

成长加速阶段作为个体职业发展中最精彩的阶段，也是个体生命周期中最为自我的阶段，埃里克森在"个体发展模型"中指出：该阶段的个体需要重点关注的问题是"自我中心主义"怪圈，要学会与社会中的其他人建立起亲密友好的社会关系，形成与他人的良性互动，避免出现"难以自拔"的孤独感。这也就要求我们要在发展自我、提高自我能力的同时，充分关注他人，关注自我与他人的关系，形成"人人为我，我为人人"的价值体系。虽然个体具有独特性，每个人的职业发展阶段都是不一样的，而且由于受到个性特点、适应能力、职业选择等诸多因素的影响，每个个体的职业生涯周期都不一致，而且每个个体的职业生涯发展也会分为不同的小阶段，在这每一个阶段上，个体在组织中的态度和行为也会发生变化，但总的来说，成长加速阶段是个体职业发展与生命周期中最为精彩的阶段，只要我们每个个体都对自身有充分认识，构建自身的核心竞争力，并依据核心竞争力对自身的职业生涯有一个准确的定位和规划，不断修正职业发展目标，那么每个个体都将拥有一个丰富精彩的职业生涯。同时，组织也要根据处于不同阶段员工的具体特征，有针对性地不断调整组织的人力资源管理系统，以求建立起符合组织员工群体心理需求的人力资源管理开发策略。

总之，成长加速阶段的个体需要重点关注的问题是"自我中心主义"的怪圈，需要学会与社会中的其他人建立起友好的合作关系，形成"被爱"与"爱他人"的良性互动，同时由于成长加速阶段是"人生跑圈"中个体职业发展最重要的阶段，必须对自身与环境具有充分的认识，对自己有明确的定位，不断修正和调整自己的发展目标和速度，逐渐形成自身的核心竞争力，这对组织的人力资源开发与管理也是同样重要的。

（3）第三圈（51～75岁）——总结升华阶段：一个从奔跑到慢跑或健步行进的过程，其特点是逐步减速、调整与欣赏。

总结升华阶段也可以称为春华秋实阶段，是个体生命周期中的收获阶段。经过前2个阶段的积累，个体的生命周期进入到成熟阶段，人生阅历相对比较丰富，应该是站在高处欣赏人生美好景致的阶段。但是需要注意的是，该阶段也是个体生命周期中最疲劳的阶段，容易出现种种问题，需要适当地开始调节跑圈的速度和节奏。

在个体心理方面，该阶段的个体随着阅历的丰富，心态趋于稳定，能够埋藏内心的想法不轻易外漏，能够根据客观实际和自我感受合理地表达自身情绪，含蓄而有力量。同时，个体充分认识到他人的存在，个体思维行为已经成熟，自我意识明确，能够合理地处理好理想世界与现实生活之间的差距。思维能力较强，能够有规划、有步骤地完成对客观世界的主观认知，能够选择合适的时机，实现个体人生的目标。

在社会行为和家庭生活方面，该阶段的个体社会地位变化较大，往往处于职业生涯末期，面临着自身角色的转变。同时，在家庭生活方面，该阶段的个体后代一般处于职业生涯阶段，两代人之间的心理有着明显的差异，后代个体的人生观、世界观和价值观往往与自身对其期望不一致，该阶段的个体应该清醒地认识到这种现实状况，充分尊重子女的独立人格，给予其自身发展的自由。

在身体机能方面，进入该阶段的个体身体形态逐渐发生变化，隐蔽性疾病逐渐显露，同时由于自身惰性的作祟，个体的运动量明显不足，身体机能下滑明显。"身体是革命的本钱""健康是人生的第一财富"，该阶段的个体应该重视饮食的科学性和合理性，应该形成良好的生活习惯，应该坚持运动，形成良好的卫生习惯，健康生活。

对于该阶段的个体来说，由于其时间的相对短缺，知识更加重要，同时由于身体机能等生物特征的下滑，该阶段个体的绩效产出率下滑相对比较严重。对于该阶段的个体，企业应该充分运用非物质激励的方法鼓励他们，减少个体自身评价的负面性：一是参与激励，通过职工代表大会、联谊大会等形式的社交性活动鼓励该阶段个体积极参与决策；二是授权激励，该阶段个体一般具有丰富的工作经验，独立工作能力较强，不希望也不需要被干预过多；三是情感激励，人类是唯一具有情感的生物，对于该阶段个体来说，情感尤其是亲情尤为重要。

相关研究指出：35岁以后，生命个体的肌肉力量每年下降1%~2%，40岁以后的生命个体机能会普遍减退。春华秋实的阶段个体生理机能不断下滑，而且因生理机能衰退带来的心理变化对个体来说影响更大。作为社会人的个体应该积极主动地接触社会，不断更新自身的知识体系，充分利用自身的经验，不断提升自己。同时要积极参加运动，尽量控制生理机能退化带来的疾病，为个体发展奠定良好的生物学基础。

（4）第四圈（76~100岁）——平稳健步阶段：一个从健步行进到稳步行走的过程，其特点是沉稳、淡泊、乐观、平和。

从个体生命的角度来讲，能进入到平稳健步阶段本身就是一种成功，也是个体生命周期中相对比较沉稳、淡泊、乐观、平和的一个阶段。

平稳健步阶段的第一要务就是要保养身体，尽可能地延长高质量的寿命区间。一般来讲，随着年龄的不断增加，身体就像机器一样由于长期的运转，难免会出现"零部件"的磨损，抵抗力难免会下降，身体也会出现这样那样的问题，所以该阶段的个体应该充分认识到健康的重要性。延年益寿，注重休息，自然成为该阶段个体的第一要务。一般来讲，休息有两种状态：一种是盲目、消极的休息，这种状态的个体沉溺于吃喝玩乐，迷醉于物质生活之中，这种休息状态对于个体生命来说不仅毫无益处，反而有害；另外一种休息是合理、积极的休息，这种状态的个体对于自身生活有品质的追求，根据自身的身体状态参与一些自己喜欢的娱乐活动，从事一些符合自身爱好的事情。

从个体的社会角色上看，该阶段的个体所承担的社会角色不再像前几个周期内个体的角色连接和转换，而逐渐成为一种不可逆转的角色中断和丧失，个体生命角色逐渐从职业角色转换到家庭角色，从主导角色转换到依赖角色，这也就导致该阶段个体的角色越来越单一，所承担的社会属性越来越单薄，社会关系网逐渐缩小，因此该阶段个体要想更好地适应该阶段的生活，必须主动地去调整自身状态，学会适应自身的角色变化。"积极老龄化"理论认为：个体在进入到老年时，不仅要保持身心健康，还要积极地参与到社会建设。该理论强调，我们不能盲目地将老年人边缘化和隔离化，将老年人纯粹地定义为弱势群体，要充分地认识到老年人在家庭、社区和国家发展中的作用，将其视为社会进步的重要推动力量，让老年人"老有所学，老有所乐"。

前瞻产业研究院发布的《2015—2020年中国老年健康服务行业发展前景与投资机会分析报告》显示，截至2015年底，我国国内65岁以上人口数量达到1.38亿人，占总人口比达到10.5%，未富先老的迹象在我国日益明显，老龄化现象趋于严重。也许，开发老年人才资源是解决我国人才不足的可选途径之一。

总之，对于平稳健步阶段的个体来说，首先要清楚地认识到自身角色身份的转变，通过科学合理的方式来预防和解决角色转换带来的心理问题；其次要充分认识到家庭角色的重要性，与家庭成员多沟通、多了解，积极接受新的思想和知识；再次要"老有所学、老有所乐"，结交一些志趣相投的朋友，结交自己想结交的朋友，做自己感兴趣的事；最后要充分认识到健康的重要性，密切关注自身的健康状况，保持一个健康的体魄。

总体而言，人生能够顺利跑进第四圈，基本就可以算是成功状态；如果能够平稳地步入第五圈，即101岁及其更远，则可以算是很幸运和满足了。

从生物学的角度上看，随着医疗水平的不断进步和生活方式的更加健康，进入100岁以后的个体数量近年来逐年上升。美国疾病预防控制中心（CDC）一项最新研究显示：自本世纪以来，美国百岁老人数量从2000年的50 281人增至72 197人，增长近44%；中国老年学学会公布的统计数据显示，截至2014年6月30日，全国健在的百岁老人已达58 789人，比2013年同期增加4 623人，增长近10%。可以说，进入该阶段的生命个体已经对生活中的种种事物本质有了比较彻底的认知。从人性的角度看，该阶段个体已经回归到最简单和原始的状态，理性的生活态度已经渗透到个体生命中的每一个细胞当中。对于该阶段个体来说，需要做的就是：关注健康，享受生活，回归自然，天人合一。

三、总结和启示

人生百年，路途漫漫；乐跑健步，风花雪月。人生跑圈论——个体生命发展的"25年周期进化说"认为人生是个体不断成长与发展的动态过程，将个体生命当作伴随着人生及其生态环境变化不断进取、开发与自我管理的过程，包括学习积累、成长加速、总结升华、平稳健步等若干个阶段，或助跑，或加速，或专注自身，或欣赏风景。所谓生命百态，无限风光，只看自我把握。这里值得一提的是，个体生命在某一阶段中所形成的相对稳定的状态可能会给其接下来的那个阶段的发展提供方向和指引，或者会在一定时间内将个体生命锁定在与之相对应的社会关系中。这是一种路径依赖，有好也有不好，因为稳定可以保证个体生活的相对稳定，降低出现意外风险的可能性，但是变化也可能导致创新，促进个体生命的灿烂与升华。

本书特别强调个体生命发展不是一种宿命的过程，而是一种涟漪式扩散与螺旋式上升的过程，人在其中可以依照不同的周期或圈位对自己进行目标、方向、速度、心态等的定位与调整，以此帮助个体把握当下、展望未来、管理自我；同时也为个体与组织进行人力资源开发、职业生涯规划、市场竞争与流动等提供借鉴。所以，"人生跑圈论"可以看作一个生命坐标、一套导航地图，或者就是一个人生运动的跑步指南。

其具体管理上的启示意义如下：

（1）对个体发展的启示：当今社会对于个体的要求越来越多，不仅要求个体要具备更为丰富的知识和文化体系，还要求个体要具有强烈的自我意识，要"一专多能"，要自我学习、自我管理、自我监督。基于"人生跑圈论"的核心内容，对于个体生命发展，我们可得到如下启示：

人生目标管理方面："学习积累"阶段的个体，首先要明确自身的目标，在认识个体目标的过程中，个体要逐渐明确自身的价值所在，同时要不断调整人生的方向和审视自己的目标，个人目标的设置一般要遵循"SMART"原则，保证目标确立的科学性。"成长加速"阶段的个体处于自身职业生涯阶段，该阶段个体要对自身的优劣势有明确的判断，根据外部环境的变化以及行业的发展趋势不断修正自身的目标，选择正确的发展道路。"平稳健步"和"总结升华"阶段的个体处于职业生涯末期或者已经结束，都面临着退休或者已经退休的生活，要及时找到自身新的生活目标，继续为社会作贡献，实现新的人生理想。

身体健康管理方面：首先，在整个人生历程中，我们要根据自己身体的客观条件，建立起自身的生活作息习惯，使其适应不同发展阶段的发展诉求；其次，建立起良好的运动习惯，良好的身体条件是一切活动的基础；最后，要培养个人良好的饮食习惯，科学搭配，保证营养均衡。

心理健康管理方面：首先，个体要尤其重视在不同阶段中工作与家庭之间的平衡，对自身情感和精力进行合理的分配，尤其是处于"成长加速"阶段的个体，其虽然处于家庭生活的核心位置，但由于其也处于职业发展的关键期，面临的工作压力相对较大，容易忽视个体"家庭角色"的承担，工作与家庭关系容易偏颇；其次，个体要采用合理的方式舒缓压力，形成自身所独有的减压方式，轻装上阵。最后，要充分利用自身所拥有的社会资源，构建良好的工作业务关系和社会人际关系，维持自身相对稳定科学的心理和生理状态。

自我管理方面：不同阶段的个体要对自己有一个基本的认知，要正确地认知自身的世界观、人生观和价值观，形成一个良好的个人自我管理习惯，要充分认识和了解自身的优势与劣势，尤其是对于"学习积累"阶段的个体来说，其要通过不断的实践，充分认识到自身的特长、兴趣和爱好，要全面、客观地认识自己，选择更适合自己的人生道路，从而为人生接下来的阶段奠定基础。对于"成长加速"阶段的个体来说，其要通过尽可能多地收集与自身职业发展相关的信息，对于职业发展过程中的相关因素有着正确的认知，充分利用组织中的有利资源，不断自我激励，克服所遇到的种种困难，实现自身职业目标和人生价值。"总结升华"和"平稳健步"阶段的个体要充分认识到终生学习的重要性，不断鼓励自己自觉学习、终身学习，"活动老、学到老"，要养成一个自我反思的行为习惯，促进自身不断地发展和完善。

（2）对组织人力资源开发的建议：人力资源是组织中最重要的资源，组织必须充分重视组织成员的作用，根据组织成员在"人生跑圈"中不同阶段的诉求，配套相应的开发和管理策略：

"学习积累"阶段的成员经过前期一段时间的学习一般刚刚进入组织，组织和成员之间并没有建立起稳定的关系，组织的人力资源开发重点应该是组织内各部门主管和人力资源相关人员帮助其成员，根据成员自身的兴趣爱好、知识状况和职业取向，确定成员的职业生涯规划。同时，该阶段组织成员因刚进入组织，其工作满意度、组织公民行为、工作投入都比成长加速阶段的个体要低，其较高水平的离职倾向也就导致该阶段个体的离职率较高，因此组织应该重点关注该阶段的组织成员，加强以员工需求为导向的培训，以帮助该阶段个体更好地适应新环境、新工作和新组织。

处于"成长加速"阶段的成员一般已经完成了职业目标探索阶段，处于工作发展的黄金阶段，但也会面对不同的挑战，工作热情逐渐消退甚至泯灭。对于组织来说，要建立科学规范的晋升机制，帮助员工逐步实现职业目标；同时要重点关注热情消退的成员，不断帮助组织成员保持激情，走出低谷。同时要加强组织成员绩效的管理，不仅要建立科学合理的绩效考核体系，不断激励员工绩效水平的提升，还要建立完善的薪酬管理体系，将员工绩效水平与薪酬高低相关联，鼓励员工不断提高自身绩效。组织还应该为该阶段员工拓宽其自身职业发展的空间，建立起跨职能水平式、螺旋式的职业发展路径，延迟"职业高原"的到来，更好地激励该阶段员工。

"总结升华"和"平稳健步"阶段的组织成员一般处于职业生涯末期，客观来讲都在准备或者已经进入到自己的退休生活，职业发展诉求逐渐降低，针对不同阶段个体的个性化诉求，组织应该为成员提供情感上、心理上的关怀，降低成员因角色转变带来的心理失落感，要充分发挥该阶段个体专业知识技能"外溢"的功能，帮助其更好地完成职业生涯的终结。同时也要充分重视该阶段员工的价值，可以通过设立专门的薪酬计划，将他们放在"顾问""咨询者""老师傅"的位置，鼓励他们为组织内处于其他阶段的员工提供指导，充分发挥他们的经验优势和社会资源，引导他们在组织中发挥更大的作用，充分发挥他们的价值，促进组织绩效的不断提升。

　　资料来源　林新奇，苏伟琳. 人生跑圈论——个体生命发展的"25年周期进化说"[N]. 中国科学报，2016-11-28.

第四篇　管理技术开发

目标管理技术

学习目标

✓ 了解目标管理的诞生与发展
✓ 理解目标管理的内容与特点
✓ 熟练掌握目标管理的操作流程
✓ 熟练掌握目标管理的实践评价

目标管理技术自诞生以来，一直被世界各地的企业广泛使用，在实践中也取得了良好的效果。无论是对企业目标的实现，还是对员工的激励均起到了积极的促进作用。本章主要从目标管理的诞生与发展、目标管理的内容与特点、目标管理的操作流程以及目标管理的时间评价 4 个方面进行阐述。

|11.1| 目标管理的诞生与发展

一般认为目标管理（management by objective，MBO）源自德鲁克于 1954 年在《管理实践》中最先提出的"目标管理"概念。德鲁克认为，"凡是工作状况和结果直接、严重地影响企业的生存和发展的部门，目标管理都是必需的"，其后又提出"目标管理和自我控制"的主张。

德鲁克指出，并不是有了工作才有目标，而是相反，有了目标才能确定每个人的工作。所以"企业的使命和任务，必须转化为目标"，如果一个领域没有目标，这个领域的工作必然会被忽视。因此管理者应该通过目标对下级进行管理，当组织最高层管理者确定了组织目标后，必须对其进行有效分解，转变成各个部门以及个人的分目标，管理者根据分目标的完成情况对下级进行考核和奖惩。

德鲁克还认为，目标管理就是先由企业制定在一定时期内期望达到的理想总目标，然后由各部门和全体员工根据总目标确定各自的分目标，并积极主动设法使之实现的一种方法。

目标管理是建立在目标设置理论（Theory of Goal-setting）的基础上的。

从20世纪30年代起，心理学家就开始了对目标的研究。梅斯（Mace，1935）是研究不同类型目标对任务绩效的影响的第一位学者，但他们的研究被人们忽视了，只有瑞安（Ryan）和史密斯（Smith）在其工业心理学教材中引用了梅斯的研究。洛克（E. A. Locke）在前人研究的基础上，于1968年正式提出了目标设置理论。瑞安[1]指出："人类行为受有意识的目标、计划、意图、任务和喜好的影响。"此后，基于瑞安的"有意识的目标影响行为"这一观点，大量学者进一步研究了目标和任务成绩水平之间的关系，使目标设置理论的内容日趋丰富、体系日趋完善[2]。目标设置理论认为，明确而具体的目标能够提高工作绩效；困难的目标，一旦被人们接受，会比容易的目标带来更高的工作绩效；有反馈比无反馈能够带来更高的工作绩效。

目标的具体化本身就是一种内在的推动力，如"将销售量提高10%"，而不是"努力提高销售量"。而且，在可能的情况下，还应有一个执行目标的时间限制，如"在以后6周内，降低3%的成本"。

目标应具有挑战性并可能达到。如果目标被接受，那么困难目标比简易目标会带来更好的绩效。相反，如果员工发觉目标无法达到，他们就不会接受这些目标。追求一个永远达不到的目标，员工也不会获得成就感。对自信心或能力不足的员工应给予其比充满自信和能力强的员工更容易达到的目标。

目标还应该确保反馈。管理人员必须保证为员工提供精确的反馈，以便员工了解他达到目标的程度以及存在的差距，并按此调整努力程度或策略。最近的研究表明，反馈是促进工作的必要条件，而不仅仅是充分条件。定期反馈的一种有效方法就是通过图标描绘出某一时间的工作情况。

目标管理概念提出后，在美国迅速流传。时值第二次世界大战后西方经济由恢复转向迅速发展的时期，企业急需采用新的方法调动员工积极性以提高竞争力，目标管理的出现可谓应运而生，并很快为日本、西欧国家的企业所仿效，在世界管理界大行其道。20世纪70年代初，美国白宫引入目标管理，使这种新兴技术步入了公共管理领域。在日本，20世纪60年代，原日本电信电话公社、十条制纸、住友金属矿业等企业就引入了这一管理制度。在经历了1965年、1975年两次目标管理热之后，1990年日本又掀起了目标管理的新热潮。中国认识目标管理的时间相对较晚，在20世纪80年代，目标管理才引入中国企业。

|11.2| 目标管理的内容和特点

目标管理不仅仅是关注组织中员工个人绩效管理过程的一个通用名词。通常，它还是一个目标设定的过程，可以通过这个过程为组织、部门、部门经理及员工建

---

[1] RYAN T A. Intentional behavior [M]. New York: Ronald Press, 1970: 10–18.
[2] 杨秀君. 目标设置理论研究综述 [J]. 心理科学, 2004 (1).

立目标。目标管理不是一个员工行为的衡量工具，它只是试图衡量员工的有效性，或其对组织成功和目标实现的贡献（Campbell et al.，1970）。目标管理只不过是一门技术，该技术有助于管理者与员工针对企业目标进行交流和沟通，也可以设定个人及企业的目标，同时可以通过它建立一个有效的薪酬和激励系统以及监督反馈系统（John A. Sinpson，MAI，1993）。

目标管理的定义有很多种。在回顾主要目标管理专家的著作后，麦康基（McConkie，1979）认为目标管理一般可定义为：它是一个管理过程，即为了追求相互认可的目的和目标，由上级和下属参加的协商和确立组织目标的过程；这些目的和目标是明确的、可衡量的、有时间限制的，并且要融入行动计划；进步和目标的实现在绩效考核阶段是可衡量和可监控的，这个阶段应集中于共同确定目标的绩效标准上。理查德·斯蒂尔斯（Richard Steers）在《组织行为导论》（Introduction to Organizational Behavior）中将目标管理定义为：目标管理是一个过程，在这个过程中，组织员工协力工作，确立共同的目标并互相协调以实现这些目标。

具体而言，所谓目标管理，乃是一种程序或过程，它使组织中的上级和下级一起协商，根据组织的使命确定一定时期内组织的总目标，由此决定上下级的责任和分目标，并把这些目标作为组织绩效考核和考核每个部门和个人的绩效产出对组织所做贡献的标准。

彼得·德鲁克认为，任何组织的目标和部门以及个人的目标必须步调一致。虽然企业每个成员所做贡献各不相同，但是他们的努力必须全都朝着同一方向，他们的贡献都必须融成一体，以产生整体的业绩。与其他管理模式相比，目标管理具有以下特征：

（1）目标管理是参与管理与自我控制相结合的管理形式。在管理过程中，目标的实现者即目标的制定者，通过上下协商，制定出企业各个部门乃至每个员工的分目标；员工参与了目标制定过程，而且在承诺目标的同时被授予了相应的权利，这无疑调动了员工的自我控制性和工作主动性。

（2）从目标管理的整个实施过程来看，它要求注重"统一"。一方面，它强调工作和人的统一。管理者要不断地挖掘员工本身所具有的自我实现的欲望，让员工从工作中获得生存的价值，更好地达成目标。另一方面，它强调个人目标和组织目标的统一。

（3）注重成果第一的方针。目标管理注重以制定目标为起点，并且以目标实施的最终考核为终结，工作成果是评定目标完成情况的标准。由于目标管理在一开始就制定了一套完善的目标考核体系，因此能够按照员工的工作成果如实地评价一个人[①]。

11.3 目标管理的操作流程

彼得·德鲁克在1954年出版的《管理的实践》一书中提出了"目标管理和自

---

① 帕卡德. 惠普之道［M］. 贾宗谊，译. 北京：新华出版社，2004.

我控制"的主张，认为"企业的目的和任务必须转化为目标。企业如果无总目标及与总目标相一致的分目标来指导员工的生产和管理活动，则企业规模越大，人员越多，发生内耗和浪费的可能性越大"。概括地说，目标管理就是让企业的管理人员和一般员工亲自参与工作目标的制定，在工作过程中实行"自我控制"，并努力完成工作目标的一种管理机制与制度，其主要原则如下：

（1）企业的目的和任务必须转化为现实可操作的目标，并且要由单一目标评价，变为多目标评价。

（2）必须为企业各级各类人员和部门制定目标。如果一项工作没有特定的目标，这项工作就不会做好。

（3）目标管理的对象要包括从领导者到员工的所有人员，大家都要被目标控制与管理。

（4）实现目标与考核标准的一体化，即按实现目标的程度实施考核，由此决定升降奖惩和工资的高低。

（5）强调充分发挥各类人员的创造性和积极性。每个人都要积极参与目标的制定、展开和实施。领导者应允许下级根据企业的总目标设立自己参与制定的目标，以满足"自我成就"的需求。

（6）任何分目标，都不能离开企业总目标而自行其是。在企业规模扩大和进行部门重组时，不同部门有可能会片面追求各自的目标，而这些目标未必有助于实现满足用户需要的总目标。企业总目标往往是摆好各种目标的位置，实现综合平衡的结果。

从本质上来说，目标管理要求管理人员与每一位员工共同制定一套便于衡量的具体工作目标，并定期与员工审查他们的目标完成情况。要想建立一套实用的目标管理计划，你需要与下属员工一起共同制定目标，并定期向他们提供反馈。不过目标管理通常是指一种复杂的、涵盖整个组织的目标设立和评价体系。

要想实施目标管理，必须执行以下流程：

（1）制定组织目标。为整个组织制订一年的工作计划，确定组织相应的目标。

（2）制定部门目标。接下来，各部门负责人在了解组织的目标（比如将利润提高20%）之后，与上级共同制定本部门的工作目标。

（3）讨论部门目标。部门负责人就本部门的目标与下属人员展开讨论（一般是在全部门的会议上），并要求员工初步订立自己的个人目标。换言之，部门中的每一位员工都要考虑，自己如何才能为本部门目标的实现做出贡献。

（4）界定预期成果（制定个人目标）。部门负责人与下属人员共同制定短期的个人绩效目标。

（5）绩效审查。部门负责人对每一位员工的实际工作绩效与他们事前制定的员工个人工作目标进行比较。这一步骤能让考核者找出为什么未能达到既定的绩效目标，或为什么实际达到的绩效水平远远超出预先设定的绩效目标。这一步骤不仅有助于决定对于培训的需求，还有助于确定下一绩效考核周期的各级绩效指标。

（6）提供反馈。部门负责人与下属员工一起讨论和评价在目标实现方面所取得的成就，并制定新的绩效目标，以及为达到新的绩效目标而可能采取的新战略。凡是已成功实现其绩效目标的被考核者都可以参与下一考核周期新绩效目标的设置过程。而那些没有达到既定绩效目标的被考核者，在与其直接上级进行沟通、判明困难的出现是否是偶然现象、找出妨碍目标达成的原因并制定相应的解决办法和行动矫正方案后，才可以参与新一轮考核周期绩效目标的设置[①]。

前 4 个步骤，实际上是上下级共同确定各个层级所要达到的绩效目标。在实施目标管理的组织中，通常是上级考核者与被考核者共同制定目标。目标主要指所期望达到的结果，以及为达到这一结果应采取的方式、方法。

|11.4| 目标管理的实践评价

目标管理具有如下优点：

第一，目标管理使组织各级主管及成员都明确了组织的总目标、结构体系、组织的分工与合作及各自的任务。一方面职责的明确，使得主管人员也知道为了完成目标必须给予下级相应的权利，而不是大权独揽，小权也不分散。另一方面，许多着手实施目标管理方式的公司或其他组织，通常在目标管理实施的过程中会发现组织体系存在的缺陷，从而帮助组织对自己的体系进行改造。一旦各部门及员工知道他们需要完成的目标是什么，就可以把时间和精力投入能最大限度地实现这些目标的行为中去。

第二，目标管理对组织内易于度量和分解的目标会带来良好的绩效。对于那些在技术上具有可分性的工作，由于责任、任务明确，目标管理常常会起到立竿见影的效果。

第三，目标管理调动了员工的主动性、积极性和创造性。由于强调自我控制、自我调节，将个人利益和组织利益紧密联系起来，因而提高了士气。目标管理实际上也是一种自我管理的方式，或者说是一种引导组织成员自我管理的方式。在实施目标管理的过程中，组织成员不再只是做工作、执行指令、等待指导和决策，组织成员此时已成为明确规定目标的单位或个人。一方面，组织成员参与了目标的制定，并取得了组织的认可；另一方面，组织成员在努力实现工作目标的过程中，虽然目标已定，但是如何实现目标则是自己决定的事。

同时，目标管理本身也是一种控制的方式，通过目标分解后的实现，最终保证组织总目标实现的过程本身就是一种结果控制的方式。实行目标管理并不是目标分解下去便没有事可做了，事实上组织高层在目标管理过程中要经常检查、对比目标，进行评比，如果有偏差就及时纠正。从另一方面来看，一个组织如果有一套明确的可考核的目标体系，其本身就是进行监督控制的最好依据。

此外，目标管理还促进了员工及主管之间的意见交流和相互了解，改善了组织

① 德斯勒. 人力资源管理 [M]. 吴雯芳，刘昕，译. 北京：中国人民大学出版社，2007：334.

内部的人际关系。

同时，目标管理也有其局限性和问题。由于目标管理的一些局限性和实际操作的成功率不高，很多组织在实施过程中遇到了很多困难，因此现在运用目标管理的组织并不多，即使运用目标管理也是经过改进后再使用。更流行的是将平衡计分卡和目标管理结合使用。概括而言，目标管理的局限性有以下7个，有些是方法本身存在的，有些则是在运用中引起的。

第一，对目标管理的理论及其应用环境认识不够。目标管理看起来简单，但要把它有效地付诸实施，则要了解目标管理的整个体系：目标管理是什么；它怎样发挥作用；为什么要这样做；它在评价管理工作成效时起什么作用；参与目标管理的人能得到什么好处等。

第二，容易出现目标不明确的情况。目标管理中制定明确的目标是关键，这个明确的目标不是一个遥不可及的梦想，而是可以做到的。制定目标时要遵守SMART原则，而且目标还要细分到每个职能部门、每个人，现实中的情况是很多组织实行了目标管理，而组织成员对目标没有清晰的认识，仅仅停留在口号上，没有明确的努力方向。

第三，目标管理实施过程中往往沟通不足。沟通是有效执行目标管理的前提，但现实中这个环节往往被管理者忽视，尤其是与下属的沟通，管理者很少把时间用在跟一线员工的沟通上。比如，英国的一家面包店实施目标管理时，由于缺乏与底层的沟通，包装设备落后于生产设备，产生了瓶颈效应，导致实施目标管理并没有提高产量，后来了解到事情的真相后，首席执行官决定将与一线人员谈话列入每个星期的安排工作。

第四，目标的短期性。现在考核的周期一般都很短，几乎所有实行目标管理的组织中，所确定的目标都是短期的，很少有超过一年的，常常是一季度甚至更短。强调短期效应容易导致管理者和员工为了达到目标而损害组织的长期利益。

第五，缺乏灵活性。目标管理要取得成效，就必须保持其明确性和肯定性，如果目标经常改变，就难以说明它是经过深思熟虑和周密计划的结果，这样的目标就是没有意义的。但是，计划是面向未来的，而未来存在许多不确定因素，这又使得必须根据变化了的实际对目标进行修正。然而修订一个目标体系与制定一个目标体系所花费的精力相差无几，结果可能迫使主管人员不得不中途停止目标管理的过程。

第六，片面关注财务指标，缺乏非财务方面的指标。现代企业的发展不仅应关注财务上的增长，而且应关注非财务方面的发展，如社会贡献度、员工满意度、客户满意度等，而目标管理缺乏对这些方面的强调。

第七，目标管理比较费时间。制定目标、衡量员工在目标实现方面的进展状况、向员工提供反馈等，这些工作会导致评价者每年必须在每一位员工身上至少花费几个小时的时间，而这通常超出了以前在对员工的工作绩效进行评价时所花的时间。

复习思考题

1.简要阐述目标管理的诞生与发展过程。

2.结合所学知识，思考目标管理在实施过程中应注意哪些事项。

3.对比目标管理的优缺点，在实施目标管理过程中如何克服其缺点？

4.结合目标管理相关知识，你怎么看待"反绩效考核"现象？

相关案例

南阳卷烟厂的递进式目标管理

河南中烟工业有限责任公司南阳卷烟厂（简称南阳卷烟厂）始建于1950年，2007年，河南中烟工业有限责任公司对下属8家卷烟厂实施一体化重组，南阳卷烟厂成为河南中烟工业有限责任公司下属生产厂之一，从具有产供销功能的独立法人，转变成为以生产加工为主的卷烟加工制造企业。基本职责是按照公司下达的生产计划组织生产，保质保量完成卷烟指令性生产任务。

在烟草专卖管理体制下，卷烟生产企业无法通过扩大产量的方式增加效益，只能通过强化内部管理，提高产品质量，降低生产成本等方式提高管理效率，不断提升企业的经营业绩。南阳卷烟厂作为一家具有近60年厂龄的烟草工业企业，存在管理目标制定得比较保守，目标管理的创新力度不够，指标的先进性、挑战性不强等问题。面对烟草行业快速发展的改革重组形势，南阳卷烟厂在硬件条件不占优势的前提下，必须扬长避短，狠抓内部管理，继续发挥自己已有的管理优势，主动拉高标杆，以目标管理为引导，努力打造行业优秀卷烟工厂。为此，从2007年起，南阳卷烟厂在狠抓企业内部管理的基础上，大力实施创新突破举措，创造并实施了卷烟生产企业以业绩持续提升为核心的递进式目标管理。

树立一流管理意识，明确企业发展目标

2007年年初，南阳卷烟厂决定从战略管理的角度，实施管理转型。在对行业5年发展规划进行充分研究、分析的基础上，制定了南阳卷烟厂管理创一流战略，发布实施了"争创行业优秀卷烟制造工厂"的战略目标。战略目标明确了南阳卷烟厂未来3到5年发展战略目标、战略规划等。为南阳卷烟厂跻身行业优秀卷烟制造工厂先进行列提供战略导航作用，也为工厂实施目标管理改革，顺利实现既定的竞争（对标）目标、战略（管理）目标提供导向支撑。

管理创一流发展战略的落实，必须有与之相适应的管理目标去支撑。南阳卷烟厂通过分解、落实发展战略，进一步确立企业未来发展目标。在目标制定时不仅要保障上级公司下达目标的完成，还要分析管理的强项与弱项，重点关注、落实上级公司核心竞争力评价体系所掌控的目标，体现企业的个性管理特色，确立企业重点管理目标；将企业管理创一流发展战略通过目标管理这个平台去分解、落实，将一流管理理念和管理战略分解为具体的目标，融入厂管理目标，确立为竞争（对标）目标及战略（管理）目标。

建立三级递进式目标体系

为提升企业的管理水平，增强核心竞争力，促进企业快速发展，南阳卷烟厂自2007年起实施对标管理，建立以完成河南中烟公司下达的年度任务为基础的责任制目标，挑战省内先进企业的对标目标，争创行业一流、打造行业优秀卷烟工厂的战略目标的三级递进式目标体系。

1.依据企业实际和发展战略，确立目标设置的原则

其内容主要包括：必须完成上级公司下达的任务；突出重点目标，即突出上级公司核心竞争力评价体系所掌控的目标，提出管理的个性化和竞争优势，在目标管理时按照不同权重区别对待；体现先进性目标，通过跟踪分析省内、行业先进企业的目标管理状况，不断丰富、完善南阳卷烟厂三级目标体系；体现发展战略，将行业、省级公司及本厂的发展战略，融入厂管理目标，确立战略目标；体现管理的传承性，以往实施的方针目标管理和责任制管理等多项管理方式，坚持有选择性地继承和不断创新、完善。

2.实施对标管理，建立三级目标体系

在实施对标管理过程中，南阳卷烟厂突出实现目标三个层次的递进性，在建立健全责任制目标体系基础上，选取省内先进企业对标，建立对标目标。再在对标目标基础上，制定争创行业一流、打造行业优秀卷烟工厂的战略目标，由责任制目标向对标目标、再向战略目标逐级递进。其内容主要包括：实行责任制目标与对标目标相结合；实行对标目标与战略目标相结合；实行短期、中期和长期目标相结合的目标体系。

3.对各项目标进行科学量化，确定三级目标值

第一，南阳卷烟厂通过获取省内及行业先进企业的目标信息，及时筛选、查找省内、行业先进企业所实现的指标，确立自己的对标目标和战略目标。第二，按照时间关系确定目标值，使目标管理具有很强的阶段性、针对性。第三，按照纵向的空间关系确定目标，是直线式的厂长负责制目标确立方式，是一种自上而下的确定方式。按照横向的空间方式确立目标，把目标在这些部门中横向展开，目标实现部门之间是横向的、平行的协调关系。第四，南阳卷烟厂发布实施了"目标挑战管理法"，规定除了企业可以自上而下定指标外，职工自己也可以自行确定指标，实行自上而下与自下而上相结合、灵活机动的目标管理方式，发动职工充分参与到实现目标的工作中来，最大限度地增强职工主人翁意识和主观能动性。

分解落实三级目标

1.分解落实三级目标，建立直线宝塔式的分目标体系

在将目标按照时间、空间关系不同，逐层、逐级分解的基础上，对目标进行协商与沟通，在协商基础上，自下而上对目标进行修订、完善，使目标网络纵向无断路，横向无短路，在按照目标实现时间的不同分解后，反馈至各个职能部门，由各个职能部门按照目标实现时间的不同，进行横向分解、平衡后确定，最后报综合考核办备案。

2.构筑打造行业优秀卷烟制造工厂共同愿景，引导职工积极实现目标

针对职工主动参与目标管理的重要性和对标目标、战略目标实现的艰巨性，南阳卷烟厂从构建愿景导航系统入手，通过组织构筑打造行业优秀卷烟制造工厂共同愿景战略目标的提炼、培育，构筑企业发展的共同愿景，以愿景的驱动力量，来助推目标管理改革的顺利实施。

强化组织领导，实施动态管理

1.加强组织领导，发挥领导作用

南阳卷烟厂成立以厂长为组长、各位副厂级领导为副组长，各部室、车间负责人为成员的活动领导小组，同时下设综合协调办公室。强调领导要亲力亲为，这样，厂级领导和各部门负责人在各自所分管的工作中能够坚定地做改革的领导者、组织者和执行者。南阳卷烟厂建立领导协调联动机制，注重能力意识的教育培训，形成全员参与。

2.实施差异化、动态化管理

由于受企业硬件条件和一些历史因素的限制，如南阳卷烟厂使用燃煤锅炉，清洁能源利用比例仅为10%（先进企业使用燃油、燃气锅炉，清洁能源利用比例达到100%等），南阳卷烟厂有一些目标无法与先进企业比。因此，南阳卷烟厂充分面对现实，结合行业发展形势，对各类目标进行全面客观的分析、评价，对目标实现的难易性进行科学判定，对各项管理实施差异化管理，区别对待，重点突出质量管理、成本控制等传统管理优势，保障该类对标目标、战略目标的实现。

3.强化薄弱环节管理

南阳卷烟厂在对目标实现情况开展数据收集、统计分析的基础上，全面开展目标实现情况的跟踪。通过分析找出薄弱环节，针对一些徘徊不前、完成效果较差的目标，由职能部门及时组织诊断研讨会议，必要时组织相关的攻关活动协调解决，将阻碍目标实现的问题消灭在萌芽状态，保障目标顺利实现。同时，建立健全目标跟踪修正机制，定时召开目标实现情况的工作会议，通过对目标实现情况进行数据统计、分析和跟踪，及时与先进企业对标，对不适宜的目标，通过规范的程序进行调整，做到及时修正责任制目标，适时调整对标目标，定时评审、完善战略目标。

健全激励约束机制，增强内部动力支撑

1.创新考核方式，完善激励措施

南阳卷烟厂按照目标实现的不同期限进行考核。按照月度、季度、年度目标等短期、中期和长期目标所实现的时间期限不同，分别组织对不同时段、不同阶段的目标进行检查、收集和考核；按照目标在纵向、横向的空间关系分解情况，分别组织自上而下考核；建立部门目标自查和横向监督管理机制；实行职工自我申报考核，充分提高职工实现目标的积极性和自觉性；坚持以激励为主的目标考核方式，充分挖掘职工完成目标的潜能，提高职工实现目标的自觉性和主观能动性。

2.实行"双维"绩效考核，增强管理活力

南阳卷烟厂将"绩效工资与考核得分"在"物质与精神"两个维度上激励，既

在个人经济利益上体现，又在岗位个人绩效方面进行综合考核、评价。以"激励促提升、创新求发展"为目的，每月对职工上月各项工作完成及表现情况进行奖罚，奖罚同时折合为分数纳入个人绩效考核，参与二次绩效工资的分配和职工年终的综合考评，构成"双维"考核。通过实施"双维"考核，增强职工"高起点定位工作、高标准谋划工作、高质量完成工作"的意识。

3.注重宣传发动，形成实现目标的共识

南阳卷烟厂通过广泛宣传、提高认识、动员会议、开设专栏、阶段简报、定期通报等形式，将改革的重要性和必要性以及本单位工作计划、进度及时全面地进行宣传，在全厂范围内营造了一个人人参与、人人重视、人人支持目标管理改革的良好氛围。在开展思想引导教育活动的同时强化团队精神，形成工作合力，实现一流目标需要有一个强有力的执行团队去支撑。

4.建立绩效管理数据库，提供数据支撑

为了使目标管理和绩效考核工作程序化、规范化、数据化，南阳卷烟厂以三级目标管理为基础，在充分吸收以往方针目标管理和绩效管理成功经验的基础上，建立与三级目标相对应的企业绩效管理数据库。数据库涵盖目标管理和绩效考核2个方面。通过逐步完善责任制目标、对标目标和战略目标指标数据库及与之对应的绩效考核数据库，理顺管理流程，提高管理效率，使目标管理与绩效管理程序化、规范化、数据化，为实现三级目标提供翔实的数据支撑。

完善保障措施，助推目标顺利递进

1.搭建金牌榜创建竞赛舞台，实现经验共享

南阳卷烟厂通过举办各类竞赛，设立厂级目标完成金牌榜、积极申报省级卓越绩效金牌榜等活动，大力吸引广大干部群众参与到厂里的目标竞赛、争创目标金牌活动中，全面提高干部职工的争先创优意识。自2007年以来，全厂各部门共举办和参与上级的生产、质量、节能降耗等竞赛活动89次，共有1 036人次参加，获得省级前三名69个，创厂内纪录125个。通过举办各类竞赛，在全厂上下掀起"比、学、赶、帮、超"的竞赛热潮，形成有效竞争、持续改进的良好氛围。

2.建立容许失败的目标管理文化

南阳卷烟厂坚持正面激励，对标目标、战略目标实现了，企业就按照规定，在不同的考核时段，对涉及的部门及职工及时兑现物质和精神上的激励。同时，建立帮扶机制。在职工开展攻关活动中，根据职工的需要，积极给予职工技术和资金等方面的支持。即使职工所开展的某项攻关活动失败了，企业也会积极安慰职工，由相关的职能部门积极帮助职工分析失败原因，让职工在哪里跌倒就从哪里爬起来，鼓励职工继续努力。通过建立容许失败的目标管理文化，使职工放开身心大胆去实践，从而淡化目标管理活动的行政性、压抑性，最大限度地增强自我管理、自我控制和全员参与意识，激发职工实现目标的积极性和主观能动性，促进各类目标顺利实现。

3.加强创新管理，为管理创新和技术创新提供机制和动力保障

首先，实施制度和机制创新，激发工作活力，通过制定和实施"创新管理实施

办法"等管理文件，加大创新考核力度，实行部门创新效果与部门目标考核相结合的薪酬管理模式，充分调动广大干部职工参与创新的积极性，使创新工作成为日常工作的一部分，以创新推进企业管理水平的改善与提高。其次，开展经常性的技术创新实践活动。积极推行设备轮修和点检制，把提高设备有效作业率、提升设备连续运行水平等作为设备管理的重点课题，不断提升设备技术水平，促进产品质量和工作质量的提高。

4.加大技术投入，提升技术与装备水平

南阳卷烟厂大力实施设备技术改造，针对企业设备技术改造的一些遗留问题，及时上马设备，填平补齐，先后投资8 000多万元，实施制丝在线改造工程、提升加香加料精度工程、数据采集系统功能完善工程等一系列改造项目，完善设备的控制和保障功能，提升设备的自动化控制水平，为实现目标提供技术保障。同时，优化管理流程，提高效率、降低物耗，提升过程控制水平，实现产品提质降耗、降焦减害和节能降耗，增强企业对不断变化的卷烟市场的适应能力。

建立持续改进管理机制，促进三级目标持续提升

1.建立目标管理评价体系和目标管理递进式改进系统

自2007年以来，南阳卷烟厂在建立新的目标管理体系的同时，逐步探索建立与目标实现有效衔接的目标管理评价系统。实施定性与定量相结合的方法，围绕目标实现和对标结果，对目标数据进行综合收集、分析与评价，系统、客观、真实地掌控生产厂的目标管理现状和与先进企业的差距，查找和改进管理问题及不足，持续改进，不断前进。同时，建立管理反思机制，利用目标管理评价分析平台，及时、全面诊断与先进企业之间的差距及存在的问题，并建立管理反思平台，及时将先进企业的成功经验与本厂做法、先进企业指标与本厂指标进行对比。南阳卷烟厂通过建立目标管理递进式改进系统，建立持续改进、动态管理机制，使目标管理关注点落在目标的持续改进和管理水平的持续提升上。

2.构建缺陷和弱项管理数据库，建立目标管理循环改进机制

为了实现追赶行业一流企业的战略目标，强化弱项管理，南阳卷烟厂针对目标管理评价体系以及日常对标分析所发现的缺陷，建立管理缺陷库。第一，出台制度、完善组织，保障缺陷管理的顺利实施，并充分利用媒体工具，开展缺陷管理制度和意义宣传，在企业内部形成强化缺陷管理和追求零缺陷管理的共识；第二，强化管理分工，实施缺陷分级管理，由不同职能部门分别建立缺陷库，实施缺陷分级、分类管理；第三，建立缺陷数据收集、分析机制，通过管理评价分析、数据的定期收集与分析，及时掌控各类缺陷分析数据资料，查找、确认内部管理方面存在的隐性缺陷和显性缺陷；第四，建立缺陷管理工作流程，使缺陷管理步入科学化、规范化、常态化的轨道；第五，将缺陷库信息共享和更新，同时对缺陷管理信息实施动态管理，及时更新，不断完善，充分发挥缺陷库在企业内部管理方面的导向和辅助作用。

据统计，2008年年末，在河南中烟工业有限责任公司考核的生产计划完成

率、产品质量抽检率等26项责任制目标（含临时目标和加分项目标）中，南阳卷烟厂完成责任制目标26项，完成率达到100%。在河南中烟工业有限责任公司参与排序的22项工作中，南阳卷烟厂的现场管理、在线质量评价、物耗指标等16项工作位居河南中烟前三名。生产成本和管理费用累计降低1 650.3万元。

资料来源　河南中烟工业有限责任公司南阳卷烟厂. 南阳卷烟厂的递进式目标管理［J］. 企业管理，2010（7）.

案例讨论：

1.请查阅南阳卷烟厂相关资料，了解其基本情况。

2.南阳卷烟厂是如何克服目标管理的缺点而发挥其优点的？

3.南阳卷烟厂是如何实施目标管理的？

4.南阳卷烟厂实施目标管理对其发展起到了什么作用？

第11章相关案例分析提示

阅读参考

1.林新奇. 绩效管理技术与应用［J］. 北京：中国人民大学出版社，2012.

2.许一. 目标管理理论述评［J］. 外国经济与管理，2006（9）.

3.LEVINSON H. Management by objective：A critique ［J］. Training and Development Journal，1972，26（4）：410-425.

4.MIO C，VENTURELLI A，LEOPIZZI R. Management by objectives and corporate social responsibility disclosure：First results from Italy ［J］. Accounting，Auditing & Accountability Journal，2015，28（3）：325-364.

|第 12 章|

管理沟通技术

学习目标

✓ 了解沟通的定义和重要性
✓ 理解沟通的过程和层次分类
✓ 理解有效沟通中的障碍
✓ 熟练掌握进行有效沟通的方法
✓ 理解跨文化沟通的原因
✓ 熟练掌握跨文化沟通的方法和技巧

我们已经知道，所谓管理，是人们对系统中人、财、物等基本要素的管理。那么，人们的管理活动又是如何实现的呢？我们说，管理活动是以信息为媒介来实现的，是通过信息的传递来进行的。信息传递必有发讯者和收讯者，发讯者或收讯者为了某种目的而使信息从发讯者向收讯者传递就是信息沟通，或简称沟通。因此，沟通在管理中处于十分重要的地位。可以说，没有沟通就没有管理。在企业管理中，研究沟通的本质以及沟通的规律性，并利用这些规律来管理企业，这就是信息理论在管理中的应用。本章主要对沟通的定义、沟通的重要性、沟通过程、沟通的层次与分类、沟通的方法、沟通障碍和克服技巧以及如何进行有效的跨文化沟通进行全面阐述，以帮助人们提高沟通管理的能力。

|12.1| 沟通的定义

沟通是信息的交换和意义的表达，也是人与人之间传达思想观念，表达感情的过程。常见的沟通定义有两种：

第一，沟通是人们通过符号或工具，有意识或无意识地影响他人认知的过程。

第二，沟通除了思想与观念交换的过程外，它的最高目标是凭借反馈的手段达到彼此了解与意义分享的境界。

本书将沟通（communication）定义为信息在人与人之间的传递。它是一种通过传递观点、事实、思想、感受和价值观而与他人相接触的途径。其目标是使接收者理解信息的含义。当沟通有效的时候，它在两个人之间建立了一座桥梁，使他们能够共享情感和知识。通过运用这座桥梁，双方能安全地跨越因误解而使人隔绝的鸿沟。

|12.2| 沟通的重要性

一般来说，沟通总是涉及至少两个人——传播者和接收者。单独的一个人不可能进行沟通。只有靠一个或更多的接收者才能完成沟通。但这种对接收者的需要却往往被那些向员工发出信息的管理者所忽视。他们往往以为，当信息发出去后，就已经沟通完了；而实际上这只是沟通的开始。管理者可能发出了成百条信息，但如果没有被员工听到、读到或理解，就谈不上沟通。沟通在于接收者理解了什么，而不在于传播者说了什么。

沟通的重要性是不言而喻的。组织不可能没有沟通而存在。如果没有沟通，员工就无法了解同事的工作进度，管理者就无法输入信息，主管和团队领导者们就无法发出指令。没有沟通，工作协作就不可能，组织就会因此而解体。之所以不可能有协作，还因为人们无法通过沟通表达自己的需要和对他人的感受。所有沟通都会或多或少地影响到组织。沟通有助于所有基本的管理职能——计划、组织、领导和控制——的实现，从而使组织能实现自己的目标并迎接各种各样的挑战。

在管理学的实践中，沟通的重要性直到20世纪80年代之后才被广泛提出。我们知道，科学管理面对的是可直接观察到的活动，而双向交流面对的是不可直接观察到的活动，它是以提高生产效率为目的、以员工的参与为手段来实现的。

韦伯定义的官僚组织的权力结构是纵向的，注重于任务执行的有效性。随着管理的复杂化，必须要加入横向的协调系统，协调系统常用的工具有规则、程序、流程、制度、协商、会议，它们都是刚性的，只能解决80%的常规工作，在实际中，工作不能界定得很清楚，因为工作是一个连续的过程，专业化程度的高低对于生产效率的高低有直接的影响。

从图12-1可知，专业化程度越高或越低都会引起效率的下降。专业化分工程度越高，人性就越低，员工心理成本就越高，效率因此就越低，这时双向沟通就是最好的解决方法。有效沟通的意义在于：

- 通过沟通可以增强员工的亲密感和责任感；
- 通过沟通可以创造一个协调、和谐的合作气氛；
- 通过沟通可以由归属感产生积极性，从而产生更高的效率；
- 通过沟通可以制定目标、协同工作，加强纪律和责任心；
- 通过沟通开发个人的技能，增进了个人与企业的共识。

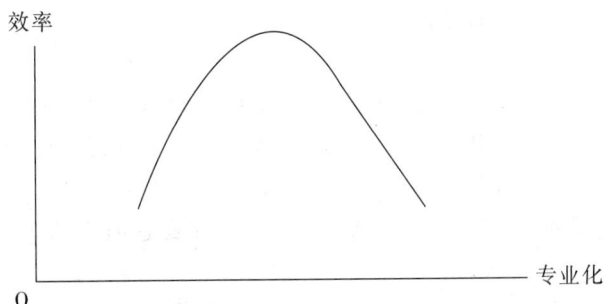

图12-1 效率与专业化之间的关系

如果沟通是有效的，它就能促成更高的绩效和工作满意感。人们能更好地理解自己的工作并得到更多参与感。开放式的沟通往往好于受到限制的沟通。如果员工知道组织面临的问题，并且明确管理层将怎样处理问题，他们通常都是会合作的。

在管理概念里，沟通能力属于领导力的范畴。沟通能力是软技能，包括了解自己和他人的能力、激励他人的能力、说服能力、号召力以及团队精神等。

|12.3| 沟通过程

沟通要被传达和被了解，发讯者必须送出讯息，而收讯者必须了解讯息。沟通不限于口语，也可以是memos、E-mail、公布栏、非口语的符号或讯息。为了实现沟通的效果，发讯者首先要为自己想表达的思想感情选择合适的方法并进行编码；然后将编码信息通过合适的沟通渠道传递给收讯者；收讯者接到编码信息后对其进行解码并加以理解；最后将收讯者的思想情感反馈给发讯者。在整个沟通过程中均存在着干扰沟通效果的障碍。

沟通过程如图12-2所示。

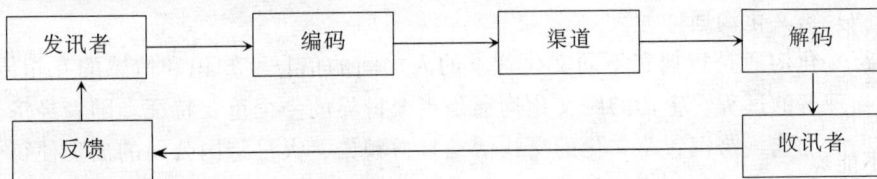

图12-2 沟通的过程

|12.4| 沟通的层次和类别

1.沟通的层次
由于沟通是一个十分复杂的社会现象，有些学者便把它分成不同的层次来加以讨论。

（1）个人内部沟通
所谓个人内部沟通，是指单独的个人身心内的沟通行为，例如，对信息的认知、理解、记忆、思考和分析等都属于"独省"的内心活动。换句话说，个人内部沟通是个体内部信息加工的过程。

（2）人际沟通

人际沟通是指两个人之间的沟通行为，也称为双向沟通。人际沟通主要是在面对面的情况下进行的，但也可以是在非面对面的情况下进行，比如打电话或者写信等，可以在不同的空间利用声音或文字来互通信息。在人际沟通中，由于任何一个参与者都有得到反馈的机会。因此，这种沟通方式是所有沟通类型中最有说服力的。

（3）小团体沟通

小团体沟通是指在3人以上20人以下的小团体中，成员之间彼此有很多机会进行面对面的沟通。小团体沟通主要是讨论沟通的结构与网络、成员间彼此的冲突及解决方法等。一般来说，组织内部召开的会议就属于这类沟通。

（4）公众沟通

公众沟通是指在以某种目的而聚合的人群之间所进行的沟通活动。譬如演讲会、音乐会、电影、教学或展览会等，这种形式的沟通允许参与者的反馈，但公众容易受情绪感染，因此，其反馈有时容易走向极端。

（5）组织沟通

组织沟通是指在大型的团体内进行的沟通行为，它的目的在于达成个人与组织的共同目标，使彼此获益。组织沟通所探讨的重点包括组织沟通的网络、模式及组织的领导行为和决策等。

（6）大众沟通

大众沟通是指通过大众传播媒介所进行的沟通活动，它的意义包括3个方面：大众媒介组织制造大量的信息；这些信息是公开的、即时的；受众对这些信息通常没有什么积极的反应，如果有，也是缓慢的、不直接的、缺乏效率的。

（7）跨文化沟通

跨文化沟通是指拥有不同文化背景的人之间的信息、知识和情感的互相传递、交流和理解的过程。密切的跨文化沟通是当今世界的一个重要特征。随着经济全球化进程的加速，跨国、跨文化的交往活动日益频繁，大量跨国公司的出现使得劳动力的文化背景多元化趋势日益明显，跨文化交流变得日益重要。

以上7种沟通方式并不是绝对的，它只是强调了沟通的不同方面。这种划分方式把沟通从个体到团体的各个层次都包括进去了，因此，只能说是从某个角度来看是合理的。

2.沟通的类别

除了以参与沟通活动的人数多寡来区分沟通层面外，还可以根据沟通活动中表达信息的方式，把沟通分为言语沟通与非言语沟通两种。

所谓言语沟通，是指运用语言文字来传达信息的活动。虽然每个人都会有共同认可和共同理解的语言，但是，任何一种文字都包含内涵和外延两部分意义。在不同的情景下，这两部分意义会有所变化，从而给沟通带来一定的困难或障碍。

所谓非言语沟通，从狭义上讲，除了言语之外的任何身体上的沟通符号，如姿态、声调或面部表情等，都算非言语沟通。从广义上讲，除了身体语言外，还包括其他环境因素，如沟通情境内的物理环境、家具摆设以及文化背景等。有人将非言语沟通的范围划分成下列7种：

（1）体态语言

体态语言通常包括身体的姿势、身体各部位的移动、面部表情和目光接触等。

（2）身体特征

体态语言主要是指身体上动态的部分，而身体特征主要是指沟通活动中静态的部分，譬如身体的发式、肤色、体态及身体的气味等。

（3）触摸行为

有些学者把触摸行为归入身体言语，但有些学者认为它应该独立出来自成一类。触摸行为包括拥抱，爱抚及其他特殊的接触动作。

（4）音调语言

音调语言包括音质、声调、语气、节奏等。

（5）空间语言

空间语言是人际交往和认识用于感觉所需要的空间，它包括适用于情侣及夫妻的亲密距离（15～45厘米），好朋友间的个人距离（35～120厘米），管理人员与职工间或教师与学生间的社会距离（120～350厘米），在公开场合与政治或知名人物保持的公众距离（350厘米以上）。此外，一个人在某一个情景下长时间下来也会拥有自己固定的领域或空间。

（6）装饰物品

在特定空间内用不同的装饰物品表达着不同的情感。比如，在客厅内摆放各种各样的经典花瓶，表达着个人喜欢收藏花瓶；摆放字画，表示个人喜欢书法等。

（7）环境因素

不同的天气环境代表着不同的心情，不同的生存环境反映着不同的成长经历。

根据沟通的方向，沟通可分为正向沟通和反馈沟通。正向沟通是指发讯者为了向收讯者传递思想、情感或信息的沟通；反馈沟通是指收讯者为对自己所理解的思想、情感或信息向发讯者进行反馈而进行的沟通。

沟通还可以分为面对面的面谈沟通和背对背的非面谈沟通。

|12.5| 沟通的方法

1.口头沟通

在组织中，口头沟通是最常采用的沟通管理（64%）。口头沟通的好处是快速传递和立即回馈。所以，口头讯息可以很快地传遍一群人，但是，口头沟通是很容易被扭曲的。谣言（grapevine）：我们都想把知道的事与他人分享，所以，好消息很快地传开，坏消息传得更是快。谣言是非正式的沟通管理，具有3项特色：第一，不是管理者所能控制的；第二，被认为是比正式的沟通管理更为可靠的信息来源；第三，满足群体内的自利需求。谣言正确吗？在开放的组织中，谣言可能是相当正确的；在权威的文化中，谣言可能不太正确，但部分还是真实的。谣言无法制止，很多管理者转而加以利用。

2.书面沟通

书面沟通是有形的、有证据的、持久的。通常发讯者和收讯者都持有一份文件。书面用语比口语用语更清楚、合逻辑。但书面讯息较费时，延迟回馈，甚至可能根本无法得到回馈。书面讯息无法保证收讯者一定收到、阅读和了解。

3.身体语言和说话的音调

身体语言（body language）：手势、脸部表情和身体的其他动作。说话的音调（verbal intonation）：强调某些词句。研究显示，口头沟通的讯息约有55%来自脸部表情和身体动作、38%来自音调，只有7%来自实际使用的语言字汇。

4.电子媒体

今天的人们依赖很多复杂的电子媒体来沟通，如微信、QQ、移动电话、声控计算机、电子邮件等。

|12.6| 有效沟通的障碍及克服技巧

12.6.1 有效沟通的障碍

在沟通中，有可能存在着一些阻碍沟通顺利进行的因素，称为沟通障碍。沟通障碍有3种类型：个人障碍、物理障碍和语义障碍。

1.个人障碍

个人障碍（personal barriers）指由于人的感情、价值观或者不好的倾听习惯而产生的沟通障碍，另外还包括人们在受教育程度、种族、性别、社会经济地位和其他方面的差别引起的沟通障碍。个人障碍在工作中是普遍存在的。

个人障碍常常与人们之间的心理距离（psychological distance）（一种感情上的距离）有关。如果一个人对另一个人的说话方式很反感，就会使两个人之间产生心理距离。几乎在所有的沟通中，感情就像是知觉的过滤器，看到的和听到的实际上都是感情上愿意接受的东西，所以沟通实际上是由期望所引导的。另外，人们所沟通的实际上是对客观事实的解释，而不是客观事实本身。如果沟通双方的知觉比较近似，沟通就会更为有效。

2.物理障碍

物理障碍（physical barriers）指在人们沟通的环境中存在的障碍。一个典型的物理障碍是突然出现的干扰噪音盖过了说话的声音。其他物理障碍包括人和人之间的距离、墙或干扰无线电信号的静电。当物理干扰出现时，人们通常会意识到，并会采取措施予以补偿。物理障碍要转换为积极的因素，可以通过生态控制（ecological control），传递者使环境发生改变从而影响接收方的感受和行为。比如，整洁的环境、开放式的办公环境等都会影响来访者的知觉。

沟通双方要维系适当的物理距离。这种对空间分离的研究被称为心距学（proxemics），它探讨文化内部及不同文化中有关人际空间的不同行为与感受。了解和观察有关各类（亲密关系、朋友关系、工作关系或陌生人等）不同关系的普遍做法是十分重要的，而这些习惯必然也反映了文化之间的差异。因此，信息传递者应当了解文化规范以及接收方的偏好，并努力理解和适应它们。

3.语义障碍

语义学（semantics）是有关语言含义的科学。几乎所有的沟通都是符号的沟通，是使用有特定含义的符号（文字、图画和动作）实现的。这些符号必须被接收者解码和解释。语义障碍（semantic barriers）是由我们沟通所使用的符号自身的局限性而产生的。符号通常都有多种含义，我们在沟通时需要从中选择一种含义。有时我们会因选择了错误的含义从而导致误解，这样还可能会导致感情障碍，使沟通更加困难。

当来自不同文化的人进行沟通时，语义障碍造成的问题就更加严重。沟通双方不仅要能够理解对方语言的字面含义，还必须在特定的情景下解释词句以及他们的表达方式（语音、语调以及相应的非语义姿势）。正在形成的全球经济一体化要求所有敏感的管理者在跨文化沟通时克服语义障碍所带来的额外负担。

12.6.2 克服沟通障碍

为克服沟通障碍，可以采用以下方法：

1.利用反馈
检查所传达或所接收到讯息的正确性。

2.简化语言
利用收讯者能够了解的语言。

3.主动倾听
聆听讯息的全部意思，不预加判断或诠释，或者想着接下来我该说什么来回应。

4.控制情绪
意识到情绪高涨时不要沟通，等到冷静下来时再沟通。

5.注意非口语的线索
动作比语言更具沟通力，所以，动作和语言要一致。

|12.7| 跨文化沟通

无可争议，国际化和全球化已经成为世界各国企业关注和竞争的焦点。面对势头凶猛的国际化和全球化浪潮，作为企业的高层管理者应该如何应对？很重要的一点是要积极培养国际化人才，而国际化人才应具备最基本的素质就是跨文化沟通能力。

12.7.1　跨文化沟通的障碍

目前，跨国公司经营的最大障碍之一，正是不同民族、不同文化背景的人之间产生的沟通问题。沟通过程的基础是信息的传递与理解，但是由于文化差异，一个信息在一个国家的含义与在另一个国家的含义是不同的。例如，意大利的服装商贝纳通1989年在世界范围内发起了一场广告运动，主题是"贝纳通的联合颜色"，广告描绘的是一位黑人妇女正喂哺一个白人婴儿。该创意曾在法国获奖。让贝纳通公司大为吃惊的是，广告受到美国人权组织的抨击，指责它们宣扬种族优越论，贝纳通公司不得不收回广告并且解雇了它的广告代理商。因此，国际营销组织需要考虑的一个关键问题就是沟通障碍。文化沟通障碍表现在以下几个方面：

1.消费习惯方面的障碍

市场营销学有一个经典故事：有两个不同企业的推销员到了一个小岛推销鞋子，他们看到的情形是这个岛的居民不穿鞋，因此，甲推销员发了一封电报回企业，说明在这里卖鞋子没有市场，然后启程回去了。乙推销员也发了一封电报回企业，说这里的人们不穿鞋，所以有一个很大的潜在需求，他留下来开发市场。人们讲述这个故事时，都是否定甲推销员的保守观念而称赞乙推销员的市场眼光和开拓精神。但是，笔者认为，了解文化人类学观点的人对此案例可能有不同的解释：甲推销员对市场的看法是正确的，因为由价值观、宗教信仰、生活习俗、时空观念等构成的文化要素会影响人们的消费习惯，而这些习惯并不能轻易改变。另一个相似的故事是，100多年前，一个英国商人来到中国推销商品，他对中国市场作了一些了解，发现中国人通常是不戴睡帽的，市场上也没有这种商品，所以他很乐观地说："只要一个中国人买我一顶睡帽，我就成为百万富翁了。"但是一个世纪过去了，中国人还是没有戴帽睡觉的习惯。可见，我们不能用自己的标准来衡量他人的欲望和需求。在沟通的过程中，消费者会根据自己的需要、动机、经验、背景及其他个人特点有选择地去听或去看信息，解码的时候，消费者还会把自己的兴趣和期望带进信息之中。

2.广告信息传播方面的障碍

广告传达的信息与消费者的期望产生共鸣，才是有效的，否则就会产生沟通的障碍。全球标准化广告在世界范围内使用相同的广告信息明显有着成本上的优势，但是，这类广告不能在所有国家或地区有效地传播信息。因为在一个国家反应良好的广告，在另一个国家可能会受冷落。

3.语言沟通障碍

每一种语言都有其特有的俚语及习惯用语，如果不知道他人的语言风格，就会导致沟通障碍。例如，Coca-Cola最初进入中国市场的时候，中文名称曾译为"苦口蝌蚪"，后来才改为可口可乐。

语言沟通障碍具体表现在以下两个方面：

第一，语义造成的障碍。因为有些词汇无法在两种文化中进行互译。而且，在不同的语言中，词汇的意义也不同。

第二，认知差异造成的障碍。例如，"瞎子摸象"的故事所说的，不同的文化在看待同一个事物时，他们所看到的、所感受到的可能是完全不同的东西。其实，使用不同语言的人实际上看待世界的方式也不一样。总之，文化差异的存在使得跨文化沟通变得不容易。

12.7.2　克服跨文化沟通障碍的策略

从国际商务活动和企业管理的角度，我们如何改善跨文化沟通的问题呢？

1.培养跨文化的理解力

通常，对任何民族文化差异的了解都是不容易的，尽管对中、美、日文化这一主题，你可以找到几百篇文章和几十本书对其进行了阐述。如果你还要了解丹麦的文化呢？普遍的看法是，你应该和来自那个国家的人进行交谈。然而，有证据表明，这种做法收效甚微。为什么呢？在一个国家中土生土长的人，到成年人时基本上是以一种程序化的方式进行交流活动，他们知道应该怎样来做，但是他们通常不知道如何把自己的文化明了地解释给其他人。因为文化与人的关系就如同鱼和水的关系。鱼总是在水里生活但是常常不在意水的存在。同样，文化是隐含的，大多数人并没有确切地意识到他们的民族文化是如何塑造他们的。很多迁入另一个不同的文化中的人之所以感觉到挫折，其原因之一就是当地的居民常常不会有效地向外来人解释他们所具有的独特的特点。所以，我们要避免只站在自己文化的立场对别人的言行进行解释和评价，只有这样才能减少偏见和歧视。企业在制定市场目标和开展营销活动时，必须把自己置身于消费者的立场，从对方异国文化的角度上思考问题，要把对市场的理解作为假设放到实际中去进一步的检验，以保证你的理解是准确的。

2.采取适应性营销策略

应该把每个国家都作为一个不同的市场单独对待，对不同的文化采取灵活而务实的营销策略。

（1）产品设计要重视文化心理特征，以适应不同文化的消费者群体的偏好。因为当文化不同时，其差异主要体现在人们的品位上。任何产品都有一些与物理特征同等重要的心理学特征，而不同的文化有各自看重的心理学特征。例如，汽车的样式反映了不同的文化特征。德国人的品位在本质上是根深蒂固的，所以奔驰汽车的设计变化慢，一旦改变，必须小心平衡，这是他们理性、严谨的民族性格所致。日本人的汽车习惯是放在一面墙的前面展示，因为日本的街道狭小，所以，大多数日本人是习惯于从特写的、部分的角度观察汽车，汽车的可见组成部分对眼睛很有吸引力。美国人的汽车习惯是放在以大自然为背景的情景中展示，追求的是全景而不是部分。所以他们设计的车在距离20~30英尺的远处看是最漂亮的。还有，西方人喜欢汽车内饰有肌肉般的光滑感，而日本人则讨厌他们的汽车内饰有动物的特征，他们无法接受西方人对皮革的偏爱，当日本人迫于市场压力在汽车内饰中采用皮革时，他们首先除去了它的气味———西方人认为这是皮革装饰中最吸引他们的地方。

（2）确定消费者对产品或服务质量的期望。不同的消费者有着不同的需求欲望，那些能最大限度满足他们消费偏好的产品就将被认为是质量最好的产品。如果消费者确信一种产品或一项服务能不断地给他提供一定满意度的效用，那他就会认为那是一种优质产品。但是，人们对于产品或服务的概念有很大的主观性。尤其是服务的质量以及顾客的满意程度具有明显的文化倾向。不同文化背景决定着服务的提供者和消费者对需求内容的期望和认同值，决定着他们怎样沟通和交流些什么，他们注重哪些东西又如何做出相互反馈。如果他们的期望得到了满足，他们便认为服务不错，但是如果所提供的服务没有能够满足他们文化印记的期望，他们将对接受服务的经历没有印象，或对提供服务的企业感到不满。另外，某一社会中能够被人们接受的服务，可能在另一个社会被认为是不可能接受的，或者某个社会对其接受的程度不尽相同。例如，一家强调服务速度的建筑设备企业一直自豪地称自己能在从施工现场得到订单之后不超过2小时准时发货，这项特殊服务虽然增加了成本，但是在欧洲，竞争使迅速发货成为必要，这家企业在欧洲市场是生意兴隆的。然而，在美国市场上它的产品价格处于不利的竞争地位，因为对于美国消费者而言，价格比时间的效用重要得多。

（3）制定有效的价格战略。消费者愿意支付的价格取决于产品所体现出的价值及消费者实际得到的价值。这些消费者价值常常与文化风俗有关。收入水平、文化习惯和消费者偏好在国与国之间是不同的，所有这些因素都会影响消费者对某一产品的渴望，并因而使任何两个国家或两种文化都必定产生不同程度的差别。因此，对于两个不同国家或文化中的相同产品，两个不同的价格也许会被需求和接受。例如，从美国某个大企业进口的商品的价值通常被认为比从发展中国家进口的同类商品价值要高，所以，许多西方国家的品牌能以较高的价格销售，这种价格与质量的价值关系可看作一种产出国效应。人们要为某些国家生产的商品支付额外费用，而对其他国家生产的同样质量、规格的商品却不同样接受。总之，每一种文化对定价策略及其应用的方法都有着自己的偏好。如果某个公司想避免对产品的过高或过低定价，它必须使产品的价格和它传送的价值相称。

（4）重视广告信息的有效转播。广告通常深深根植于地方文化，因为不同文化对于信息沟通的反应方式是不同的，理解这点对广告制作很重要。例如，日本文化背景下的广告设计思路是从感情上吸引观众，以创造愉快气氛，所以广告画面的特征是色彩明亮，使人在视觉上感到悦目，其广告是情感化、建设性和间接的。而西方国家的广告有更多的语言和更直接的信息，而且更注重逻辑。因而，确定一个广告是否能成功，有以下的要素：广告信息对人们的经验必须是有意义的；广告信息必须与消费者的期望和抱负产生共鸣；广告信息必须没有冒犯一个民族社会中的禁忌或敏感问题。此外，我们还可以从包装、谈判、推销等方面分析不同文化背景下的消费者所具有的不同的感知方式。只有在尊重不同文化的基础上，不断加强对消费者的了解，才能突破文化差异造成的障碍，相互进行有效的沟通，使企业在国际市场营销的竞争中取得成功。

在一个具体的国际企业组织中，文化冲突的产生原因主要有：种族优越感、不恰当地运用管理习惯、不同的感性认识、沟通误会、文化态度等。管理，对世界上大多数管理者而言，与其说是一门科学，不如说是一门艺术，真正有效的管理是根据当时当地的情况而进行管理，国际企业组织的管理更是如此。如果一位国际企业中的经理自认为自己的文化价值体系优越，坚持以自我为中心的管理观对待与自己不同文化价值体系的员工，必然会导致管理失败，甚至遭到抵制，这类例子在中国的外资企业中并不鲜见。不同的文化背景、语言与习俗，会形成不同的文化态度和感性认识，还会造成沟通上的误会。

12.7.3　跨文化沟通的技巧和原则

有效的跨文化沟通的结果应当是文化融合。跨文化企业管理者要做到以下几点，才能真正让两种或多种文化的精髓相融合：

1.端正文化态度

文化态度是决定一位跨文化人力资源管理者在跨文化企业中管理、经营是否有效的关键。如果一位跨文化人力资源管理者不熟悉或不能正确理解这一点，往往会由于文化冲突而影响跨文化企业的人力资源管理者与东道国员工的和谐关系，从而加大管理者与员工的社会、人际距离，影响企业内部上下级的沟通与协作，造成管理困难。跨文化管理者应认识到文化差异不是用来使人沮丧或局促不安的，而是以另一种文化做事的方式。发生跨文化误解时，一定要放慢脚步来想想自己和对方的文化规则及滤镜。这样，你会渐渐有退一步海阔天空的感觉；你也能因此抛开无力感，重新掌握自己的方向。

2.语言沟通

语言是文化的一种直接表现形式。民族语言同民族文化之间有着千丝万缕的联系。在跨文化沟通中，语言交往的相通或相歧，往往是由不同文化的共同性或特异性所致。当对方不说我们的语言时，我们除了在口头表达时注意表达清楚、缓慢，尽量说简单句、多重复、多用主动语态之外，还可以借助非口头表达手段：手势、示范、书面总结等，尽可能多用照片、图形、表格、幻灯片等。在和对方进行语言沟通时，要经常停顿，给他人以理解的时间，不要急于打破沉默，一开始如果不能肯定的话，要假定双方之间存在差异，在语言表达完之后，不要认定他们理解了，先假定他们不理解，再检查其理解程度，例如，让他们将他们所理解的解释给你听。

3.知己知彼

（1）知己，即了解自己，识别那些我们大家都具有的态度、意见和倾向性的简单行为，这些态度不仅帮助我们决定说什么，也有助于决定我们听取别人说什么。隐藏在内心的先入之见，是引起跨文化沟通诸种问题的重要原因。此外，知己还包括去发现我们对世界其他部分进行描绘所得出的种种印象，即我们如何进行沟通。要想改进沟通，了解别人对我们的反映，我们就必须获得他人怎样感知我们的某些观念。如果对怎样表现自己，对个人的和文化的传统风格都有着相当明确的了解，我们就能更好地理解他人的反应，在从一种沟通情景进入另一种沟通情景时就能够在沟通方式上做出必要的调整。

（2）知彼，即一方面学习、接近对方的新文化，一方面善于"文化移情"，理解他文化。文化移情要求人们必须在某种程度上摆脱自身的本土文化，摆脱原来自身的文化约束，从另一个不同的参照系（他文化）反观原来的文化，同时又能够对他文化采取一种比较超然的立场，而不是盲目地落入到另一种文化俗套之中。据报载，许多跨国公司的总裁把中国的《孙子兵法》背得滚瓜烂熟，并能熟练地运用到商业运作中去。此即为"知彼"也。

4.跨文化培训

一些西方管理专家提出，跨文化培训是人力资源发展的重心所在。跨文化企业应通过有效的培训，培养目光长远、能适应多种不同文化并具有积极的首创精神的经理人员。跨文化培训的主要内容有：文化认识、文化敏感性训练、语言学习、跨文化沟通及处理跨文化冲突的技巧、地区环境模拟等。跨文化培训的主要目的在于：减少驻海外经理可能遇到的文化冲突；促进当地员工对公司经营理念及习惯做法的理解；维持组织内良好稳定的人际关系；促进企业内信息的畅通及决策过程的效率；加强团队协作精神与公司凝聚力。

5.文化适应和变革

经营者不仅存在着对东道国的文化学习和适应问题，而且在很多情况下为了达到自己的商业目的可能会对东道国文化的某些方面进行变革。在进行文化适应或变革时，必须有如下几种考虑：第一，面对多元文化并存的情况，经营者首先考虑的是如何适应当地文化的问题，这是多方能够顺利合作的前提，只有对不同文化引发的问题达成共识，才能有效开展下一步工作。第二，要考虑到东道国对文化变革的容忍程度或抗拒程度。不同文化都或多或少地存在不同程度的排外情绪，对于不同文化的介入，难免采取一种谨慎的态度。经营者对东道国文化的某些方面，如语言、风俗习惯、重要集团的重大利益等抵触情绪较大的领域，应采取学习和适应的态度，而对一些抵触情绪较小的领域，特别是消费者的购买方式和员工的工作方式等，应通过渗透与引导，逐步使之朝有利于本企业经营的方向变革。如肯德基、麦当劳在全球卖出食品的同时，也输出了本国的文化，都或多或少地影响了东道国的饮食习惯。第三，经营者还应对东道国文化变化的方向、过程与速度有一个清晰、明确的认识。只有这样，才能更适应东道国的文化，减少文化差异对公司经营的影响程度，进而有的放矢地对东道国的文化施加影响。

6.建设"合金"企业文化

在达到文化共性认识的基础上，根据环境的要求和公司战略的要求建立起公司的共同经营观和强有力的公司文化，同时通过文化的微妙诱导，使个体与集体相律动，如同一群人随着音乐起舞而不会相互碰撞。这样可以不断减少文化摩擦，使得每个职员都能够把自己的思想与行为同公司的经营业务和宗旨结合起来，增强企业的文化变迁能力。

在罗宾斯编著的《组织行为学》一书中，提出了跨文化沟通的4条原则：

第一，没有证实相似性之前，先假设有差异。大多数国人常常自认为别人与自己非常相似，但实际情况并不如此。来自不同国家的人常常是非常不同的。因此，在未得到证实之前，应先假定你们之间有差异，这样做会减少犯错误的可能性。

第二，重视描述而不是解释或评价。相对描述来说，对某人言行的解释和评价更多是在观察者的文化和背景基础上进行的。因此，你要留给自己充分的时间根据文化因素调整你的角度进行观察和解释，在此之前不要给予任何判断。

第三，移情。传递信息之前，先把自己置身于接受者的立场上。发送者的价值观、态度、经历、参照点是什么？你对他的教育、成长和背景有什么了解？试着根据别人的原本面貌认识他。

第四，把你的解释作为工作假说。当你对新情境提出一种见解或站在对方一国文化的角度上思考问题时，把你的解释作为一种工作假说对待，它还有待于更进一步的检测。仔细评价接收者提供的反馈，看看他们能否证实你的假设。对于重要决策，你还可以与文化背景相同的同事一起分析检查，以保证你的解释是准确的。

复习思考题

1.阐述沟通的意义和过程。
2.如何进行有效的沟通？
3.什么是跨文化沟通？
4.如何进行有效的跨文化沟通？

相关案例

案例一

中石油管道局ERP实施沟通案例

中国石油天然气管道局作为中国石油集团公司工程建设ERP系统的推广单位，于2009年6月17日正式启动ERP推广实施工作，实施范围包括局属22家核心业务单位，实施模块有：财务管理（FICO）、销售管理（SD）、项目管理（PS）、采购与库存管理（MM）及设备管理（PM）。在各实施单位222个关键用户、20个外部顾问及14个内部顾问的团结协作和共同努力下，历经蓝图设计、系统实现、上线准备、系统切换等几个阶段，于2010年8月8日实现ERP系统上线运行。项目在实施的过程中根据管道局ERP建设涉及单位多、用户多、业务模块多的特点，重点加强了一系列沟通管理。

沟通是一个软性指标，所起的作用不好量化，但对整个项目成败的影响往往是隐性的，也是最重要的，尤其对于信息系统项目。项目成功的3个主要因素分别为：用户的积极参与、明确的需求表达、管理层的大力支持。而这3个要素全部依赖于良好的沟通技巧，特别是非信息技术人员。ERP项目实施的过程也是管理变革的过程，有一定的难度和复杂性，涉及面广，涉及的人多，包括高层领导、最终用户、项目组成员、咨询服务公司等。确保实施成功的经验之一就是做好沟通工作，沟通是否有效、渠道是否顺畅直接关系到项目的成败。管道局ERP项目部通过制订完善的沟通计划，使用多种沟通技巧，启用多样化的沟通原则确保项目顺利实施。

一、制订沟通计划

1. 建立联系人列表

此ERP项目立项后，项目部首先确定了项目的所有联系人，包括项目部成员、各单位选派的作为今后ERP实施应用的关键用户、内外部顾问等。制作了联系人列表，列表信息包括人员姓名、所属部门、邮箱、座机、手机、职能等，把联系人列表发布在ERP系统门户网站，及时更新，并建立沟通反馈机制，任何沟通都要保证到位、没有偏差。

2. 规范编制项目文档

编制项目文档模板，包括用户培训文档、会议记录、工作报告、项目文档（需求、设计、编码、测试、开发）等，集中存放在局域网文件服务器相应目录下，设定相关文件维护人及信息读写权限，使文档管理规范化。

3. 应用内部通信工具

在项目实施过程中，主要应用中石油cnpc内部邮箱、管道局ERP系统门户网站、ERP运维平台、CPP捷时通等通信工具。其中，ERP运维平台在中石油工程建设板块中仅供管道局一家使用，不仅可以对用户问题进行分模块提报、分发、处理，还可以对问题进行跟踪反馈。到目前为止，管道局已在ERP运维平台解决处理问题1 000余个，加快了沟通效率，降低了沟通成本。

二、多样化沟通原则

通过对项目干系人的分析，项目部将沟通对象重点划分为3类：高层领导（决策层）、最终用户、外部咨询顾问。由于这3类沟通对象在项目中的影响和作用不同，则分别采用了不同的沟通原则与他们进行沟通。

1. 与高层领导的沟通

沟通原则：了解战略意图、汇报项目情况、寻求决策支持。

高层领导是整个ERP项目的最终决策层，其决策直接关系到项目的顺利实施与成功，但领导并不直接参与项目建设，对项目的认识与了解不深。那么，如何在短时间内提供正确的信息以便其决策，是沟通的重点。他们采取了定期汇报的方式，当项目的某个阶段将要进行时，提前向高层领导发出通知，明确告之该项目阶段将要进行的活动内容及其要达到的阶段目标、可能会遇到的困难和风险、是否需要高层领导的支持；当项目的某个阶段正在进行时，及时向高层领导汇报遇到了哪些困难和风险、出现了哪些问题、需要做出哪些决策，使高层领导真正做到直接领导、直接控制、直接协调，以保证项目的顺利进行。

2.与最终用户的沟通

沟通原则：充分交流、通力合作、换位思考。

ERP项目建设大而复杂，最终用户是项目的需求提出者和系统使用者，与最终用户的沟通主要存在于用户培训、数据准备和系统并行阶段。

（1）用户培训阶段。此阶段全局共有2 950个最终用户需要培训，人员众多、工作量巨大，且最终用户的培训内容基本限于操作部分，由于其对系统实现的原理不了解，认为软件的操作复杂，对ERP的实施存在许多疑问。因此，他们采取了由各单位关键用户分模块培训本单位最终用户的方法，以最容易接受的方式向最终用户进行知识转移，保证了培训效果。

（2）数据准备阶段。ERP项目建设是全局多单位、多部门协同完成的工作，即需要销售、采购、项目管理、设备管理、财务等部门用户共同协作才能完成，但是最终用户往往认为项目建设不是自己的事，配合力度差，尤其是在有些问题的业务性质不是很明确的情况下，针对部门用户相互扯皮推诿的现象，项目部采取的措施是首先得到高层领导的认同和支持，再由高层领导到各单位采用动员会议的交流方式，明确各部门和个人的任务范围和具体任务，要求各部门和个人必须在规定时间按照质量要求完成指定任务。将业务部门的最终用户推向ERP项目建设的前沿，以增强其主人翁意识。

（3）系统并行阶段。最终用户由于缺乏使用系统的积极性，加上对ERP的认识不深，把ERP理想化，认为其无所不能，从而期望值过高，但在实际应用中感觉有许多不满意之处，进而产生怨言和抵触情绪。遇到这种情况，项目部制定了月结考核打分评比制度，每月对各单位在ERP系统中所做业务量、数据录入准确率、关账后物料凭证数、项目创建准确性、设备管理、财务管理等多方面进行打分排行。定期组织月结会议，听取用户意见及建议，进行换位思考，并按照打分排行情况对相应的单位发放奖金以资奖励，调动用户使用系统的积极性，增强项目责任感。

3.与外部咨询顾问的沟通

沟通原则：相互学习、知识融合、成果共享。

与外部咨询顾问的沟通难点主要存在于项目系统实现阶段前，因为各单位关键用户对SAP软件的实施方法、原理缺乏认识；而外部顾问对管道局的业务缺少了解，造成沟通不畅，换言之，双方不能用共同的语言进行交流。他们采取了双向培训的方式，即关键用户与外部顾问互为老师，相互学习、取长补短，使SAP软件与管道局业务顺畅结合，为ERP的成功实施及日后的深化应用打下了基础。

主动、良好的沟通是做好项目管理工作，以及更好地实现项目目标的重要前提，管道局ERP项目在科学的项目管理知识体系的引导下，通过周密的沟通管理规划与实施，最终在2010年11月1日实现了ERP系统及FMIS融合系统单轨运行，管道局成为中国石油集团公司工程建设板块首家实现 ERP 单轨运行的单位，有力地提升了企业的决策支持效率和管理水平，提高了企业的竞争力。

资料来源 邓羽，朱建新，蒋岳.ERP 项目之沟通管理——中石油管道局 ERP 实施沟通案例[J]. 企业管理，2011（6）.

案例二

割草的男孩

割草的男孩出价 5 美元，请他的朋友打电话给一位老太太。电话拨通后，男孩的朋友问道："您需不需要割草工？"

老太太回答说："不需要了，我已经有割草工了。"

男孩的朋友又说："我会帮您拔掉花丛中的杂草。"

老太太回答："我的割草工已经做了了。"

男孩的朋友再说："我会帮您把草与走道的四周割齐。"

老太太回答："我请的那个割草工也已经做了，他做得很好。谢谢你，我不需要新的割草工。"

男孩的朋友便挂了电话，接着不解地问割草的男孩说："你不是就在老太太家割草吗？为什么还要打这个电话？"

割草男孩说："我只是想知道老太太对我的工作是否满意。"

资料来源 瑞元. 割草的男孩[J]. 品质·文化，2012（8）.

案例讨论：

1.请查阅、了解中石油管道局的基本情况。

2.针对案例一，以沟通过程模型为基础，画出 ERP 项目实施沟通流程图。

3.案例二表现出哪些沟通不畅的问题？

4.案例二对案例一有哪些启示？

第 12 章相关案例分析提示

阅读参考

1.林新奇. 国际化组织如何管理驻外人员[J]. 中国人才，2008（17）.

2.贝尔，史密斯. 管理沟通（英文影印版）[M]. 北京：中国人民大学出版社，2004.

3.路德洛，潘顿. 有效的沟通（英文影印版）[M]. 北京：中国人民大学出版社，1997.

4.VERCIC D，ZERFASS A. A comparative excellence framework for communication management [J]. Journal of Communication Management，2016，20（4）：270-288.

现场管理技术

学习目标

✓ 理解现场管理的内涵
✓ 熟悉5S管理的起源与发展
✓ 理解5S为何是企业管理的重要基础
✓ 熟练掌握5S的具体内容和操作方法
✓ 熟练掌握推行5S的原则和具体步骤

| 13.1 | 现场管理的内涵

现场管理从字面意思上来看是指对现场的管理，包括从事生产经营活动的各种场所，比如公司园区、车间、仓库、运输路线、办公室以及销售场所等。但现场管理一般是指在生产现场中对人员、机器、材料、工具、流程、方法等各项生产要素进行规范的、有效的管理。现场管理是一种可以操作的、现实的管理方法，有助于实现产品质量和服务质量的稳定及可持续提高。通过科学的现场管理不仅可以有效地解决生产秩序混乱、浪费现象严重、生产现场人员素质不高和生产环境脏乱差的问题，还可以提升企业的竞争力、提高企业经济效益等。

现场管理有很多种方法或技术，比如：标准化管理，是指将企业各种各样的规定、规章、规则、标准等形成文字使其标准化，用以提高工作效率；目视管理，是指利用形象直观而又色彩适宜的各种视觉感知信息来组织现场生产活动，提高劳动生产率；看板管理，是指将管理的对象进行可视化、透明化的管理方式；精益管理，是指采用精细化管理思想，以最小的成本投入获得最大收益的管理方法；六西格玛，其实践者称为"黑带"，这听起来有点像武术，但其实是一项以数据为基础，追求几乎完美无瑕的质量管理方法。

5S管理是采用最为普遍的现场管理技术，以下内容将对5S管理进行详细阐述，以便对现场管理进行详细、深入的理解。

|13.2| 5S管理的起源与发展

5S是指整理（seiri）、整顿（seiton）、清扫（seiso）、清洁（seikestu）、素养（shitsuke）这五个单词，因为这五个单词日语中罗马拼音的头一个字母都是"S"，所以统称为"5S"。有的公司根据企业进一步发展的需要，在原来5S的基础上又增加了节约（save）及安全（safety）这两个要素，形成了7S；也有的企业再加上习惯化（shiukanka）、服务（service）及坚持（shikoku），形成了10S。但是万变不离其宗，所谓的7S、10S都是从5S衍生出来的。

5S管理又称5S活动，起源于日本，一般指的是现场管理。5S概念的意思是：整理——将工作场所中所有的物品都区分为必要的和不必要的两种，必要的留下来，不必要的物品彻底清除掉；整顿——必要的东西分门别类在规定的位置摆放整齐，明确数量，加以明确标示；清扫——清除工作场所内的一切脏污，并防止脏污的再次发生，保持工作场所干净亮丽；清洁——将上面3S的实施制度化、规范化，打造敞亮、清洁的环境，彻底地贯彻执行并不断地维护和提升；素养——所有员工都养成良好的习惯，一起依规定行事，坚持晨会和晚会制度，培养积极向上的工作和生活态度，实现内外和谐。

20世纪80年代以后，5S管理被逐渐介绍和推广到世界各国，人们一般都把5S管理仅仅看作现场管理的一种手段或方法，至多会与产品质量和服务质量相联系。但是，5S管理其实更是企业文化的一种重要载体，是企业文化建设的强大推进器，因为企业文化建设中涉及的基础管理内容主要体现在物质文化层面和制度文化层面，所以在具体运作中，5S管理是将企业文化与基础管理相结合的最佳连接点，其实现形式可以从企业的现场管理、产品质量管理、基层员工管理等几个方面来考察。

|13.3| 5S是企业管理的重要基础

13.3.1 5S的内涵及功用

1.5S的内涵

日本企业普遍认为，实现优质管理，创造更大的利润和社会效益是一个永恒的目标。而优质管理具体说来，在以下几个方面有独到之处：Q（quality，品质）、C（cost，成本）、D（delivery，交期）、S（service，服务）、T（technology，技术）、M（management，管理）。

Q：品质是指产品的性价比的高低，是产品本身所固有的特性，好的品质是赢得顾客信赖的基础，5S能确保生产过程的迅速化、规范化，能十分有效地为更好的品质打下坚实的基础。

C：随着产品的成熟、成本趋向稳定，在相同的品质下，谁的成本越低，谁的产品竞争力相应地就越强，谁就有生存下去的可能。5S可以减少各种浪费，避免不平衡，大幅度地提高效率，从而达到成本的最优化。

D：交期。为了适应社会的需要，大批量生产已转变为个性化生产——多品种而又少批量生产。只有机动灵活的生产才能适应交期的需要，交期体现了公司适应能力的高低。5S是一种有效的预防方法，能及时地发现异常，减少问题的发生，保证准时交货。

S：众所周知，服务是赢得客源的重要手段，通过5S可以大大地提高员工的敬业精神和工作乐趣，使他们更乐于为客人提供优质的服务。通过5S还可以提高行政效率，可以让顾客感受到快捷和方便，提高顾客的满意度。

T：未来的竞争是科技的竞争，谁能够掌握高新技术，谁就更具备竞争力，而5S通过标准化来优化、累积技术并减少开发成本，能加快开发的速度。

M：只有通过科学化、效能化的管理，才能够达到人员、设备、材料、方法的最优化和综合利润最大化，5S是实现科学管理的最基本要求。

2.5S的功用

根据对日本企业的调查，在没有推行5S的工厂，每个岗位都有可能会出现各种各样不规范或不清洁的现象，如垃圾、油漆、铁锈等满地都是，零件、纸箱胡乱搁在地板上，人员、车辆都在狭窄的过道上穿插而行。这样轻则找不到自己要找的东西，浪费大量的时间；重则导致机器破损，如不对其进行有效的管理，即使是最先进的设备，也会很快地加入不良器械的行列而等待维修或报废。

所以，员工在这样杂乱不洁且无人管理的环境中工作，极有可能越干越没劲，要么得过且过，过一天算一天，要么就是另寻他途。对于这样的工厂，即使不断地引进很多先进的管理方法也不见得会有什么显著的效果，要想彻底改变这种状况就必须从简单实用的5S管理开始，从基础抓起。

5S管理不仅能改善生活环境，还可以提高生产效率，提升产品品质、服务水准。将整理、整顿、清扫进行到底，并且给予制度化等，这些都是为了减少浪费，提高工作效率，也是其他管理活动有效展开的基础。

5S的主要功用如下：

（1）让客户留下深刻的印象；

（2）节约成本，实施了5S的场所就是节约的场所；

（3）缩短交期；

（4）可以使我们工作场所的安全系数提高；

（5）可以推进标准化的建立；

（6）通过5S可以极大地提高全体员工的士气；

13.3.2　5S的适用范围

1.多种层面都可以实施5S活动

5S是现场管理的基础，但5S并非仅仅是企业或工厂才要做的活动。事实上，个人、家庭以及社会等多种层面都可以实施5S活动。

2.电脑文件目录的例子

查看你自己或者摆放在公司各部门科室的电脑，你会发现硬盘上的文件混乱不堪，到处是随意建立的子目录、文件。有些子目录和文件，除非打开看，否则不知道里面到底是什么，而且文件的版本种类繁多，过时文件、临时文件、错误文件或者一个文件多个副本的现象，数不胜数。

电子化的过程中，如果把手工作业环境里"脏、乱、差"的恶习带进来，危害是巨大的。电子"垃圾"可以让你的工作效率大打折扣；不断冒出来的文件查找、确认、比较工作，会浪费大量的工作时间。

一般来说，时间、版本、工作性质、文件所有者，都可以成为文件分类的关键因素。对一个逐步使用电脑、网络进行生产过程管理和日常事务处理的公司而言，如何处理好纸质文件和电子文件的关系，是养成良好的"电子化办公"习惯的重要内容。

3.习以为常的一些现象

在许多公司里，长久以来大家对这样一些现象习以为常：想要的东西总是找不着；不要的东西又没有及时丢掉，好像随时都在"碍手碍脚"；车间里、办公桌上、文件柜里、计算机里，到处都是这样一些"不知道"——不知道这个是谁的，不知道是什么时候放在这里的，不知道还有没有用，不知道该不该清理掉，不知道这到底有多少……

在这种情况下，你如何确保产品的质量？如何确信电脑里的数据是真实的？如何鼓舞士气，增强员工的荣誉感和使命感？墙上还贴着一个落满灰尘的标语："视用户为上帝，视质量为生命"。

|13.4| 5S管理的具体内容和操作方法

13.4.1 整理

整理，就是要明确每个人、每个生产现场（如工位、机器、场所、墙面、储物架等）、每张办公桌、每台电脑，哪些是有用的，哪些是没用的、很少用的或已经损坏的。整理就是把混在好材料、好工具、好配件、好文件中间的残次品、非必需品挑选出来，该处理的处理，该舍弃的舍弃，将混乱的状态整理成井然有序的状态。5S管理是为了改善企业的"体质"，整理也是为了改善企业的"体质"。

1.整理的具体内容

整理就是将必需品与非必需品区分开，必需品摆在指定位置挂牌明示，实行目标管理，不要的东西则坚决处理掉，在岗位上不要放置必需品以外的物品。这些被处理掉的东西可能包括原辅材料、半成品和成品、设备仪器、工模夹具、管理文件、表册单据等。

2.整理的目的

（1）改善和增加作业面积；

（2）现场无杂物，行道通畅，提高工作效率；

（3）减少磕碰等机会，保障安全，提高质量；

（4）消除管理上的混放、混料等差错事故；

（5）有利于减少库存量，节约资金；

（6）改变作风，提高工作情绪。

3.整理的要点

（1）对每件物品都要看看是否必要，是否非这样放置不可；

（2）要区分对待马上要用的、暂时不用的和长期不用的；

（3）即使是必需品也要适量，将必需品的数量降到最低程度；

（4）在哪儿都可有可无的物品，不管是谁买的，有多昂贵，也应坚决处理掉；

（5）必需品是指在这个地方不需要的东西，在别的地方或许有用，并不是"完全无用"的意思，应寻找合适的位置；

（6）当场地不够时，不要先考虑增加场所，要整理现有的场地，也许会发现竟然还很宽绰。

13.4.2 整顿

整顿，就是要对每个整理出来的"有用"的物品、工具、材料、电子文件，有序地进行标识和区分，按照工作空间的合理布局，以及工作的实际需要，摆放在"伸手可及""醒目"的地方，以保证"随用随取"。

整顿，就是能在30秒内找到自己要找的东西，将寻找必需品的时间缩短为零：

• 能迅速取出；

• 能立即使用；

• 处于能节约的状态。

1.整顿的具体内容

整顿就是要把需要的人、事、物加以定量、定位。通过前一步整理后，对生产现场需要留下的物品进行科学合理的布置和摆放，以便用最快的速度取得所需之物，在最有效的规章、制度和最便捷的流程下完成作业。

生产现场物品的合理摆放有利于提高工作效率和产品质量，保障工作安全。这项工作已发展成一项专门的现场管理方法——定置管理。

2.整顿的目的

（1）将寻找的时间减少为零；

（2）有异常（如丢失、损坏）能马上发现；

（3）其他人员也能明白要求和做法，即其他人员也能迅速找到物品并能放回原处；

（4）不同的人去做，结果是一样的（已经标准化）。

3.整顿活动的要点

（1）物品摆放要有固定的地点和区域，以便于寻找，消除因混放而造成的差错；

（2）物品摆放地点要科学合理。例如，根据物品使用的频率，经常使用的东西应放得近些（如放在作业区内），偶尔使用或不常使用的东西则应放得远些（如集中放在车间某处）；

（3）物品摆放目视化，使定量装载的物品做到过目知数，摆放不同物品的区域采用不同的色彩和标记加以区别。

4.整顿遵循"三要素"原则，即场所、方法、标识

（1）放置场所：

- 物品的放置场所原则上要100%设定；
- 物品的保管要定点、定容、定量；
- 生产线附近只能放真正需要的物品。

（2）放置方法：

- 易取；
- 不超出所规定的范围；
- 在放置方法上多下功夫。

（3）标识方法：

- 放置场所和物品原则上一对一标识；
- 现物的标识和放置场所的标识；
- 某些标识方法全公司要统一；
- 在标识方法上多下功夫。

同时，整顿还要遵循"三定"的原则，即定点、定容、定量。定点，放在哪里合适；定容，用什么容器、颜色；定量，规定合适的数量。

13.4.3　清扫

清扫，就是做彻底的大扫除，将岗位保持在无垃圾、无灰尘、干净清洁的状态下。清扫，就是发现问题，及时纠正。

"清扫"与大家习惯说的"大扫除"有所不同。"大扫除"只是就事论事地解决"环境卫生"问题，而"清扫"的落脚点在于发现垃圾的源头，在进行清洁工作的同时进行检查、检点、检视。

1.清扫的具体内容

把工作场所打扫干净，设备异常时马上修理，使之恢复正常。生产现场在生产的过程中会产生灰尘、油污、铁屑、垃圾等从而使现场变脏。脏的现场会使设备精度降低，故障多发，影响产品质量，使安全事故防不胜防；脏的现场更会影响人们的工作情绪，使人不愿久留。因此，必须通过清扫活动来清除那些脏污，创建一个明快、舒畅的工作环境。

2.清扫的目的

（1）对自己的责任区域都不肯去认真完成的员工，不要让他担任更重要的工作；

（2）到处都干净清洁，客户满意，员工心情舒畅；

（3）在清洁明亮的环境里，任何异常，包括一颗螺丝掉在地上都可以马上发现；

（4）设备异常在保养中就能发现和得到解决，不会在使用中"罢工"。

3.清扫活动的要点

（1）最好能分配每个人应负责清洁的区域。分配区域时必须绝对清楚地划清界限，不能留下没有人负责的区域（即死角）。

（2）自己使用的物品，如设备、工具等，要自己清扫，而不要依赖他人，不增加专门的清扫工。

（3）对设备的清扫，着眼于对设备的维护保养。清扫设备要同设备的点检结合起来，清扫即点检；清扫设备时要同时做设备的润滑工作，清扫也是保养。

（4）清扫也是为了改善。当清扫地面发现有飞屑和油水泄漏时，要查明原因，并采取措施加以改进。

13.4.4 清洁

清洁的基本含义是"如何保持清洁状态"，也就是如何坚持下去，使清洁、有序的工作现场成为日常行为规范的标准；将整理、整顿、清扫进行到底，并且制度化；管理公开化、透明化。

1.清洁的具体内容

清洁就是"整理""整顿""清扫"之后的日常维持活动，即形成制度和习惯。

清洁的目的是：整理、整顿、清扫之后要认真维护，使现场保持最佳状态。清洁，是对前三项活动的坚持和深入，从而消除发生安全事故的根源。创造一个良好的工作环境，使职工能愉快地工作。

2.清洁活动的要点

（1）车间环境不仅要整齐，而且要做到清洁卫生，保证工人身体健康，提高工人劳动热情。

（2）不仅物品要清洁，而且工人本身也要做到清洁，如工服要清洁，仪表要清洁，及时理发、刮胡须、修指甲、洗澡等。

（3）工人不仅要做到形体上的清洁，而且要做到精神上的"清洁"，待人要讲礼貌，要尊重别人。

（4）要使环境不受污染，需进一步清除浑浊的空气、粉尘、噪声和污染源，消灭职业病。

（5）领导的言传身教、制度监督非常重要，每位员工随时检讨和确认自己的工作区域内有无不良现象，如有，则立即改正。

（6）在每天下班前几分钟（视情况而定）实行全员参与的清洁作业，使整个环境随时都维持良好状态。实施了就不能半途而废，否则就又回到了原来的混乱状态。一时养成的坏习惯，要花十倍的时间去改正。

13.4.5 素养

素养，就是对于规定了的事，大家都认真地遵守执行，即"陶冶情操，提高修养"，自觉自愿地在日常工作中贯彻5S基本准则和规范，约束自己的行为，并形成一种风尚。典型例子就是要求严守标准，强调团队精神，养成良好的5S管理的习惯。

1.素养的具体内容

素养就是培养全体员工良好的工作习惯、组织纪律和敬业精神。每一位员工都应该自觉养成遵守规章制度、工作纪律的习惯，努力创造一个具有良好氛围的工作场所。

如果绝大多数员工能够将以上要求付诸实践的话，个别员工就会抛弃坏的习惯，转向好的方向发展。

2.素养的目的

努力提高人员的素养，养成严格遵守规章制度的习惯和作风，这是5S活动的核心。没有人员素质的提高，各项活动就不能顺利开展，即使开展了也坚持不了。所以，抓5S活动，要始终着眼于提高人的素质。

（1）革除马虎之心，养成凡事认真的习惯（认认真真对待工作中的每一件"小事"）；

（2）养成遵守规定的习惯；

（3）养成自觉维护工作环境清洁明了的习惯；

（4）养成文明礼貌的习惯。

3.素养活动的要点

（1）学习、理解并努力遵守规章制度，使它成为每个人应具备的一种修养；

（2）领导者的热情帮助与被领导者的努力自律是非常重要的；

（3）需要人们有更强的合作精神和职业道德；

（4）互相信任，管理公开化、透明化；

（5）勇于自我检讨与反省，为他人着想，为他人服务。

近年来随着人们对这一活动认识的不断深入，有人又添加了"坚持、习惯"等2项内容，分别称为6S或7S活动。

| 13.5 |　推行5S管理的原则和具体步骤

5S管理的要点，或者说难点，并非仅仅是纠正某处错误，或者打扫某处垃圾；5S管理的核心是通过持续有效的改善活动，塑造一丝不苟的敬业精神，培养勤奋、节俭、务实、守纪的职业素养。最后2个"S"，即清洁和素养其实是公司文化的集中体现。很难相信，谁会对一个到处都是垃圾、灰尘的公司产生信任感；也很难想象，员工会在一个纪律松弛、环境不佳、浪费随处可见的工作环境中，产生巨大的责任心，并确保生产质量和劳动效率；更不用说在一个"脏、乱、差"的企业中，信息系统会发挥巨大的作用。所以，开展5S活动是非常重要的，而且必须不断地、持之以恒地推行。

13.5.1　开展5S活动遵循的原则

1.自我管理的原则

良好的工作环境，不能单靠添置设备，也不能指望别人来创造。应当充分依靠现场人员，由现场的当事人自己动手创造一个整齐、清洁、方便、安全的工作环境，使他们在改造客观世界的同时，也改造自己的主观世界，产生"美"的意识，养成现代化大生产所要求的遵章守纪、严格要求的风气和习惯，因为自己动手创造的成果，也容易保持和坚持下去。

2.勤俭办厂的原则

开展5S活动，要从生产现场整理出很多无用之物，其中，有的只是在现场无用，但可用于其他的地方；有的虽然是废物，但应本着废物利用、变废为宝的精神，该利用的应千方百计地利用，需要报废的也应按报废手续办理，并收回其"残值"，千万不可只图一时痛快，不分青红皂白地当作垃圾一扔了之。对于那种大手大脚、置企业财产于不顾的"败家子"作风，应及时制止、批评、教育，情节严重的要给予适当处分。

3.持之以恒的原则

开展5S活动，贵在坚持。为将这项活动坚持下去，首先，企业应将5S活动纳入岗位责任制，使每一部门、每一人员都有明确的岗位责任和工作标准；其次，要严格、认真地搞好检查、评比和考核工作，将考核结果同各部门和每一人员的经济利益挂钩；最后，要坚持PDCA循环，不断提高现场的5S水平，即要通过检查，不断发现问题，不断解决问题。因此，在检查考核后，还必须针对问题，提出改进的措施和计划，使5S活动不断地开展下去。

4.以人为本的原则

5S活动的核心和精髓是素养，如果没有职工队伍素养的相应提高，5S活动就难以开展和坚持下去，所以，要注重在活动中培养和提高员工的素养，把制度建设、日常工作与人的整体素质的提高结合起来。

5S活动推行的步骤主要有10个：成立推行组织；拟定推行方针及目标；拟订工作计划及实施方法；全员培训；宣传造势；实施活动；查核与答疑；评比与奖惩；检讨与修正；定期强化。

13.5.2 推行5S管理的具体步骤

推行5S管理的具体步骤如下：

1.成立推行组织

（1）成立推行委员会及推行办公室；

（2）确定组织由谁执掌；

（3）明确委员的主要工作；

（4）编组及责任区划分。

一般由企业主要领导出任5S活动推行委员会主任职务，以体现对此活动的支持，具体安排上可由副主任负责活动的全面推行。

2.拟定推行方针及目标

（1）方针制定：方针的制定要结合企业具体情况，要有号召力。方针一旦制定，要广为宣传。

例一：推行5S管理，塑造一流形象。

例二：告别昨日，挑战自我，塑造企业新形象。

例三：于细微之处着手，塑造公司新形象。

例四：规范现场/现物、提升人的品质。

（2）目标制定：先设定期望的目标，作为管理努力的方向以及便于活动中的成果检查。目标的制定也要同企业的具体情况相结合。

例一：第4个月各部门考核90分以上。

例二：有来宾到厂参观，不必临时做准备。

3.拟订工作计划及实施方法

大的工作一定要有计划，以便大家对整个过程有一个整体的了解。项目责任者要清楚自己及其他担当者的工作是什么及何时完成，相互配合造就一种团队作战精神。

（1）拟订日程计划，作为推行及控制的依据；

（2）收集资料及他厂的节俭做法；

（3）制定5S活动实施方法；

（4）制定要与不要物品的区分方法；

（5）制定5S活动评比的方法；

（6）制定5S活动奖惩办法；

（7）其他相关规定（5S时间等）。

4.全员培训

5S活动要全员重视、参与才能取得良好的效果。培训是非常重要的，让员工了解5S活动能给工作及自己带来好处，从而主动地去做，这与被别人强迫着去做的效果是完全不同的。培训形式要多样化，讲课、放录像、学习他厂案例或观摩样板区域、学习推行手册等方式均可视情况加以使用。

（1）对每个部门员工进行全员培训：

●5S的内容及目的；

●5S的实施方法；

●5S的评比方法。

（2）对所有新进员工进行5S培训。

5.宣传造势

教育宣传，使5S理念深入人心。

（1）最高主管发表宣言（晨会、内部报刊等）；

（2）海报、内部报刊宣传；

（3）宣传栏。

6.实施活动

（1）前期作业准备：

●方法说明会；

●道具准备。

（2）工厂"洗澡"运动（全体上下彻底大扫除）。

（3）建立地面画线及物品标识标准。

（4）"三定""三要素"展开。

（5）定点摄影。

（6）"5S日常确认表"及实施。

（7）红牌作战。所谓红牌作战，是指考察中如果发现不合乎5S要求的现象，就地张贴"红牌"进行警告，限时纠正，并给予处罚。

（8）检查表。检查组记录检查结果、措施的文件。

（9）目视管理，是指放置位置用标准化的标示牌、标示线等"一看便知"的方法进行标示，人员的着装也进行明显标示，以方便管理。

7.查核与答疑

（1）现场查核；

（2）5S问题点质疑、解答；

（3）举办各种活动及比赛（如征文活动等）。

8.评比与奖惩

（1）活动评比办法确定。

• 加权系数：困难系数、人数系数、面积系数、教养系数。

• 考核评分法。

（2）依5S活动竞赛办法进行评比。

（3）公布成绩，实施奖惩。

9.检讨与修正

各责任部门对缺点项目进行改进，不断提高。

（1）QC手法。

（2）IE手法。

在5S活动中，适当地导入QC手法、IE手法是很有必要的，能使5S活动推行得更加顺利，更有成效。

10.定期强化

企业要根据实施过程中遇到的具体问题，采取可行的对策，形成定期化管理过程，这样才能取得满意的效果。

（1）进行标准化、制度化完善。

（2）实施各种5S强化活动。

复习思考题

1.什么是现场管理？

2.5S对现代企业管理有哪些重要意义？

3.5S的具体内容是什么？如何操作？

4.详细阐述推行5S的原则和具体步骤。

📚 相关案例

大阪真空的企业内教育与5S管理培训

一、企业内教育重视OJT

为了竞争日益激烈的真空业，大阪真空贯彻高新技术的精神。具体来说，以"再构筑技术的大阪真空"为经营战略的支柱，推进包括生存政策和人才培养的中长期事业基准。

具有高科技产业精神的大企业都非常重视现场主义。大阪真空以OJT（On the Job Training）为中心，在企业内推进企业内教育。虽然从业人员规模小，但也有效地推进以全社员工为对象的、系统的集体教育。在倾向OJT的背景下，创业者（社长）从丰富的经营经验中学到"现场主义=彻底的OJT"，所以普遍形成了重视OJT的教育体系。

二、大阪真空的OJT课题

现实中存在很多对"现场主义的误解"，真正的现场主义，是倾听现场的意见，并在现场活动中明确经营的理念。大阪真空虽然能够推进OJT，但存在对现场主义的误解，对明确经营理念和教育目的有所疏忽，所以也一直在反省怎样才能够实现OJT。

学徒制度，即通过观察师傅的工作而学习技术，这是大阪真空对OJT理解的一面，结果变成这样的OJT，即全力注意老员工的工作方法，而培育出缺少挑战精神的员工。同时，像这种教育目标和体系不明确的学徒制度一样，OJT会出现以下问题：第一，不能形成继承先进设计技术的体系；第二，延迟适应当今时代的设计管理系统；第三，忽视了生产现场的教育是为了培养技能，忽视了现场管理和5S管理等综合的生产系统的教育；第四，营业员教育中，偏向营销教育而缺少对开展管理活动和业务处理体制的讲解；第五，能够培养全社范围的人才，但还要注重整个组织的企业运营和适时的战略方案。

为了获得真正的OJT，下一步的焦点应该放在运营上，这是很重要的。

首先，表明上级的期待和考虑、工作的进展和问题解决的方法，理解下属的意思，这样，OJT的目标就能明确了。

其次，考虑能力的提升，指派适合的工作量；不要想到限制，要在适合的时候给予适合的指导。

最后，为了把握OJT目标的进展状况，要频繁地沟通联系。

三、5S活动推进的背景和具体化

1.5S活动的推进

大阪真空为了贯彻OJT，在全社范围内推进5S运动。它是以八王子工厂为中心开展的。事实上，大阪真空的5S活动，是因为八王子工厂的库存问题而引入的。八王子工厂承担运载半导体制造装置的真空泵的开发制造，它受到变动很大的半导体需求的影响。20世纪80年代一度发生库存过剩问题。1993—1994年期间，也存在大量库存问题。1995年1月，2名大阪勤务的管理部门人员常驻八王子工厂，真

正的5S活动开始了。

首先，重视5S活动的第一阶段，即2S，"整理"（识别必要的和不必要的）和"整顿"（容易找到需要的东西），这花费了近半年的时间。其次，将5S活动的要点整理出来：第一，明确说明5S活动的目的；第二，明确5S活动的责任范围；第三，设计具体的方法，以继续推进5S活动；第四，要注意违反5S活动的情况。

2.5S活动推进的具体方法

5S活动是一项长期的活动。整理、整顿要用半年的时间，清洁、清扫、素养的完成同样需要很大的精力。而且，一项5S活动完成后，又会有新的5S活动产生，所以说5S活动是持续的活动。下面介绍一下为了推进5S活动，企业做的"循环盘点""5S活动的强化周期""1日5分钟运动"这3个组合。

（1）"循环盘点"是在1995年5月为了进行彻底的库存管理而实施的。现在已经成为固定的5S活动。每天5点开始，每隔5分钟将库存品的五分之一进行盘点，能够准确把握产品名、金额、库存量、库存品的状态等。

（2）"5S活动的强化周期"在一年中进行2次，在此期间，以为不同业务对象设定不同责任者为中心，确认5S活动并将结果向上报告。

（3）"1日5分钟运动"是一旦发现现场的问题，马上改善的运动。对在现场的包括干部职工在内的监督人员进行一一访问，5分钟之内对5S活动中的不彻底事项进行检查，负责5S活动的人员马上进行现场指示。

四、改善活动的具体化和OJT的顺利进行

1.早期发现作业现场的异常

如果对于工厂的异常不能够早期发现，那么5S活动就不能顺利地进行。大阪真空在这方面尚处于初期阶段。比如，产品仓库的整理、整顿，账目不明晰，产品不足或过剩的情况时有发生。只有当不管是谁都能马上发现现场异常的时候，管理水平才能提高，并且只有认识到问题，努力解决问题，推进现场改善，才能明确OJT的目标，才能培养人才。

2.从经营的角度来看OJT目标的明确化

说到OJT运营的课题，克服错误的现场主义是不可少的。比如，"生产的扩大""生产的提高""经费节减""库存削减"等。经营方面的目标被现场的目标代替，缺少具体化，现场员工没有统一的企业行动，即错误的现场主义和无责任体制横行。现场员工的OJT目标应根据不同部门，将担当者细分化，有必要根据方法论将下一步目标具体化。

（1）1个月以内存货的仓库，要保证充足的空间；

（2）2个月以上仍在公司内滞留的产品，要彻底识别其中的主要产品；

（3）产品的进库检查要在3天内完成；

（4）要一直按生产计划生产，不要将下个月的计划提前完成；

（5）将半成品、成品分别堆放，整理好规划图；

（6）要制定好异常出库的管理手册；

（7）产品的发行要与产品的需求时间相适应；

（8）管理者必须在任期内督促主要产品的生产；

（9）当天不必要的制造品、产品不要堆放在现场；

（10）不要在通道上堆放任何东西。

3.现场方面的OJT目标明确化

虽然来自现场的意见能促进社员的成长，但是那些不贯彻5S活动的现场意见，倾向于只考虑各自部门的利益。只收集现场的意见，而忽略经营的利益，会造成违反全公司利益的现场活动。执行5S活动的场合，要使前工程、后工程的流程通顺，对八王子工厂来说，就是因为前工程考虑到后工程，后工程考虑到前工程，才形成了改善活动的氛围。只有明确各部门的利益，才能营造制定利益一致、有效的OJT目标的气氛。

资料来源　林新奇.国际人力资源管理实务［M］.大连：东北财经大学出版社，2012：177-179.

案例讨论：

1.请查阅大阪真空公司的详细资料，了解其基本情况。

2.大阪真空公司的5S管理有什么特点？为什么？

3.大阪真空公司是如何实施5S管理的？

4.如何理解和借鉴日本公司的5S管理？

第13章相关案例分析提示

阅读参考

1.林新奇.从日本企业的5S管理看如何提升企业核心竞争力［M］//冯俊.亚洲学术（2009），北京：人民出版社，2009.

2.林新奇.跨国公司人力资源管理［M］.北京：首都经济贸易大学出版社，2008.

3.林新奇.绩效管理：技术与应用［M］.北京：中国人民大学出版社，2012.

4.BRANDT D. The town where 5S applies（the effectiveness of the 5S workplace organization and quality management technique in the public services sector）［J］. Human Resource Management International Digest，2011，19（4）.

时间管理技术

学习目标

- ✓ 了解对时间的不同认识
- ✓ 理解时间与管理之间的关系
- ✓ 了解加速度发展规律
- ✓ 熟练掌握以快制胜的管理战略
- ✓ 理解时间管理的 10 个问题

时间对于每一个人来说都是有限的、一次性的，且在不断地减少，一旦流失就无法找回。对于企业来说，时间表现出同样的特征。能否在有限的时间内完成企业的众多任务目标，能否从时间管理方面提高工作效率，能否从时间管理着手打造企业的核心竞争力、赢得竞争优势，决定着企业的成败。本章主要从对时间的不同认识、时间与管理的关系、加速度发展规律研究、以快制胜的管理战略角度以及时间管理的 10 个问题阐述时间管理的重要性和作用，以便指导企业进行科学的时间管理。

14.1 对时间的不同认识

14.1.1 物理学家对时间的解释

在物理学研究中，时间总是与空间共同出现和解释的。时间是与空间并列的，描述事物之间的一种次序的概念。时间用以描述事件之间的先后顺序；空间用以描述物体的位形。空间和时间的物理性质主要通过它们与物体运动的各种联系而表现出来。

在物理学中，对空间和时间的认识可以分为 3 个阶段：经典力学阶段、狭义相对论阶段及广义相对论阶段。

在经典力学中，空间和时间的本性被认为是与任何物体及运动无关的，存在着绝对空间和绝对时间。牛顿在《自然哲学的数学原理》中说，"绝对的、纯粹的、数学的时间，就其本性来说均匀地流逝，而与任何外在的情况无关""绝对空间，就其本性来说，与任何外在的情况无关，始终保持着相似和不变"。

在狭义相对论中，时间和空间同时性不再是绝对的，相对于某一参照系为同时发生的两个事件，相对于另一参照系可能并不同时发生。在狭义相对论中，时间和长度间隔也变成相对量，运动的钟相对于静止的钟变慢，运动的尺相对于静止的尺变短，光速在狭义相对论中是绝对量，相对于任何惯性参照系光速都是一个常数 C。

广义相对论指出，各个不同的局部范围的惯性参照系之间的关系，可以通过时空曲率来规定。引力的作用就在于使时空变成弯曲的，而不再是经典力学中的无限延伸的欧几里得几何的绝对空间。时空的性质不是与物体运动无关的，一方面，物体运动的性质要决定于用怎样的空间时间参照系来描写它；另一方面，时空的性质也决定于物体及其运动本身。

量子论的发展，对时间概念提出了更根本的问题。量子论的结论之一就是：对于一个体系在过去可能存在于什么状态的判断结果，要决定于在现今的测量中做怎样的选择。所以，除非一个体系的过去状态已经被记录到了这种情况以外，否则不能认为体系的历史独立于现今的选择，而存在于过去的时间中。

14.1.2 中国人对时间的认识

在中华民族的传统中对时间的形象认知可以概括为：第一，中华民族数千年的农业文明决定我们的时间观是深植于农耕文化基础之上的。第二，汉民族讲究"天时、地利、人和"从侧面体现出"天人合一"的时间观念倾向。第三，把时间和生命过程的关系看得异常密切，认为万物的孕育、成长和消亡以及万事的开端、进展和结局都与时间有着密切的关系。这种观念走向极端，便有了事物的开端决定了事物全过程的观念，即为偶因论（Maleblonche，1983）。第四，时间观上的循环论，这种循环论受到四季更迭周而复始现象的启发，体现在社会历史观上便是"历史循环论"。

中华民族对时间的抽象的、形而上的思考也非常丰富，这里我们仅指出两点：第一，对时间本质的认识。古代哲人把时间和空间看成物质存在的不可或缺的形式，《庄子·庚桑楚》便有"有实而无乎处者宇也，有长而无本剽者宙也"，这道出了空间和时间的无限性，且把对时空的思考提到了存在论的高度。第二，相对论的时间观，这也是道家的时间观。在庄子看来，时间的久暂，在于以什么眼光去看，"朝菌不知晦朔，蟪蛄不知春秋"，"道"的时间观却是静止的、绝对的。

14.1.3 经济学界对时间的认识

因为时间具有"供给毫无弹性""无法蓄积""无法取代""无法失而复得"等

特性，所以在各种经济资源中，时间最不为一般管理者所理解。也许正因为如此，时间的浪费比其他资源的浪费更为普遍，也更为严重。所谓时间的浪费，指对实现目标毫无贡献或较少贡献的时间消耗。"时间管理"所探究的是如何克服时间浪费，以便有效地完成既定目标。特别提醒管理者注意的是，"时间管理"并不是指以时间为对象而进行的管理。由于时间总是按照一定的速率光临，并且按照同一速率消失，所以时间本身是无管理可言的。"时间管理"的正确含义应该是面对时间而进行"自管理者管理"。管理者究竟应该如何面对时间而进行自管理者管理，以便克服时间的浪费呢？可以从以下两个途径入手：建立正确的时间观念和培养克服时间误区的技能。

的确，时间是资源中最为稀缺和容易流失的资源，但时间究竟具有多大的价值呢？你的时间值多少钱呢？

为了解释"一寸光阴一寸金"的道理，一位大公司的老板带着一个"金钱时钟"召开主管会议。与会者在进入会议厅时，需在"金钱时钟"上打卡，这个钟记录了每一位与会者的时薪，并且可以计算这个会议所花费的时间及所需的费用。这位老板证明了：永无止境的会议看似不花一毛钱，其实可能所费不赀。

我们很容易想象有形物品的价值，像汽车和房子，但"时间"因为看不见又摸不着，常得不到人们应有的尊重。表14-1让我们了解时间究竟有多值钱（每天按8小时、每年按244个工作日计算）。

表14-1　　　　　　　　　　　　　时间的价值　　　　　　　　　　　单位：元

年收入	每省一小时的价值	每省一分钟的价值	一年中每天省一小时的价值
30 000	15.36	0.256	3 750
35 000	17.93	0.299	4 375
40 000	20.49	0.342	5 000
45 000	23.05	0.384	5 625
50 000	25.61	0.427	6 250
55 000	28.17	0.469	6 875
60 000	30.73	0.512	7 500
65 000	33.29	0.555	8 125
70 000	35.86	0.598	8 750
75 000	38.42	0.640	9 375
80 000	40.98	0.683	10 000
85 000	43.54	0.726	10 625
90 000	46.10	0.768	11 250
95 000	48.66	0.811	11 875
100 000	51.23	0.854	12 250

表14-1仅仅计算了工作时间的直接经济价值，而间接经济价值以及心理效用价值都没有计算在内。了解时间的价值目的在于更好地节约与利用时间，这正如蓝曼马库斯公司（Neiman-Marcus）的最高主管——传奇的斯坦利·马库斯（Stanley Marcus）所说的："在某些时候，我会对我的时间非常吝啬，这么做是为了我可以在其他时候挥霍。"

|14.2| 时间与管理

14.2.1 时间与管理的关系

时间是管理中的稀有资源。它作为现代管理要素之一，具有4个显著的特征：其一是不变性。时间是一个常数，是固定不变的，同时也是公正的，对任何人来说每日均为24小时，我们可以想方设法去筹措资金，物色人才，但绝不能用租、借、买的方式去获得时间。其二是不可存储性。时间不像资金、土地、技术、设备、信息等其他资源那样可以储存，它一旦浪费就无法追回。其三是不可替代性。对其他资源而言，当某种资源缺少时，可以用另一种资源去替代，而时间资源则不能，没有就是没有。其四是伸缩性。时间可以转瞬即逝，也可以发挥最大的效力，也就是说，我们在占用时间的数量上是相等的，但在利用时间的效率上是不相等的。因此，时间是管理中的稀有资源，是企业的潜在资本。

当我们认识到时间是管理的重要资源时，自然就会提出时间管理的命题。这是一个重要的课题，对现代企业来说，无论是生产或是商业活动，如果不能在单位时间内创造比别人更高的价值，就无法在竞争中取胜。可以这样说，不懂得高效管理时间的领导就是无能的领导者，浪费时间就等于浪费企业的财富。美国著名管理学教授彼得·F.德鲁克认为："管理者工作的有效性不是从他们的任务开始，而是从掌握时间开始。"所以，有效管理最显著的特点之一，就在于把握时间。管理者要很好地完成工作就必须善于利用自己的工作时间。工作是很多的，时间却是有限的。时间是最宝贵的财富，没有时间，计划再好，目标再高，能力再强，也是空的。时间是如此宝贵，但它又是最有伸缩性的——它可以转瞬即逝，也可以发挥最大的效力。对于生产和商业活动来说，时间就是潜在的资本。在工业史上，经常有这样的事情：仅仅是一天之差，就可以导致一个企业的巨大成功和另一个企业的倒闭破产。

由于管理者的时间现状既无定量又无控制，因此管理者为了有效地掌握时间，采取随时记录时间消耗的办法，从中找出"非生产性"和"浪费"的时间，找出哪些事情该做，哪些事可以不去做或不急于去做，这是一个好办法。而且，一个肩负重任的管理者，要做自己分内的工作，只要下级能够做的事，就让下级去做，要经常大刀阔斧地减少不必要的工作，这本身就是减少时间的浪费。

有调查数据显示，人们用于寻找东西的时间，占工作时间的10%，所以高效率的基础是工作环境的有序化，文件、公函、报刊等资料尽可能井井有条，各归其类。在工作中还要避免拖延，管理学家尤金指出："不要等到最后一分钟才准备考试，不要等到最后一分钟才写报告。"处理同一件事情，"拖延"比"即时处理"要浪费更多的时间，同时制定限时办结制度是必要的。如召开会议，应预先确定主题、议程和时间，并避免被属于急迫性的电话干扰，因为接听一个 5 分钟的电话，即使是 10 个人的小型会议，也将有 50 分钟被白白损耗，很多 1 小时可以结束的会议，常常因此而拉长到 2 小时。邓小平在接受中国香港作家金庸采访时说过："领导人越忙越坏事。"领导者高效率的秘诀是授权，充分信任型的授权，注重的是结果，不是过程，获授权者可自行决定如何完成任务。列宁指出："不懂得休息的人，就不懂得工作。"他在 1895 年第二次被捕时，感到以往过度工作已经损害了健康，于是在狱中开始坚持严格的作息制度，并且洗冷水浴强健体魄。

会不会利用时间不是单纯地看工作时间内是否充满了各种工作。有很多管理人员，从早忙到晚，不单在工作时间内挤满了各种工作，而且在工作时间以外寻找时间继续工作。单纯从这个现象看，并不能表明管理人员会利用时间。他的工作精神固然是好的，但他还不能称得上是最好的经理，也不能称他是善于利用时间的能手。会不会利用时间，关键在于会不会制订完善的、合理的工作计划。所谓工作计划，就是填写自己和企业的工作时间表：某年某月某日要做什么事；哪些事先做，哪些事后做；哪个时间内以哪些事为重点；安排哪些时间内做什么事等。

对于管理来说，计划是其首要职能，时间管理的起始环节也是做好工作计划。做计划要考虑工作目标、步骤、由什么人去做、何时完成等要素，因此做计划实际上就是填写企业和自己的工作时间表：企业的目标何时实现；整个工作期内的主要工作要分几个阶段，每阶段要花多少时间；根据各阶段工作的重要性，应先做什么；根据属下人员的个人能力，应安排谁去做哪一步工作最合适等。这些问题只要处理得当，就会像机器的主轴带动整个机器运转那样，可以促使其他事情按时完成。由此看来，真正会利用时间的领导者，不是把大量的时间花在忙乱的工作中，而是用在拟订好的工作计划上。

14.2.2　时间管理的相关研究

有关时间管理的研究已有相当长的历史。犹如人类社会从农业革命演进到工业革命，再到信息革命，时间管理理论也已经发展到第四代。

第一代理论着重利用便条与备忘录，在忙碌中调配时间与精力。其主要目的在于提醒人们切勿遗忘，管理工具为简要的备忘录及查核表，表格的设计虽然因人而异，但大抵不外月、日、时间、人物、内容的范围。

第二代理论强调行事历与日程表，反映出时间管理已注意到规划未来的重要性。这一代时间管理重在规划及筹备，管理工具为行事历及工作清单。本阶段时间管理的规模，显而易见较以往庞大复杂，因牵涉到规划阶段，在防患于未然的情况下，的确可节省不少过去花在琐碎事务上的时间。利用日常工作清单的做法包括：

把当天想要做的事全部列出来；将各项工作依重要程度分别归为A、B、C等3类评定等级之后再加上分数，以便从同级中再分优先次序，如A1、A2、A3等，然后依序进行处理。

第三代是讲求优先顺序的观念，争取最高的效率，带来的问题是人成了简单冷漠的工作机器。这个阶段的主要管理工具为可以表达出统合价值观、目标、进度表的规划书，时间管理至此已完全脱离便条或是随手小卡片的时期。为了有效运用规划工具，正确的做法是：①应该随身携带规划书，将任何相关信息都登录其中；②每天都要做规划；③运用良好的咨询系统，例如，与他人通电话或见面，记录谈话要点；④做大事记，以提醒当月计划的事情；⑤做每月索引，有些怕遗漏或忘记，就记下来。

近些年来，人们的人生观与传统的想法已经有很大的差异，不再认同只是讲求效率，让自己忙得如同停不下的陀螺，而忽略了生活乐趣的传统构想。因为讲求效率应有其目的，多余的时间又得想办法度过，不是很矛盾的事情吗？就像如今很多人一方面讲求延年益寿之道，另一方面却不知如何善加利用，整天无所事事，度日如年，实在相当荒谬可笑。

人们逐渐领悟到"事由人生"，要解决问题根源，让生活井然有序，唯有从自己的内心审视做起。因此第四代时间管理很明显已经跨入心灵领域了。它注重如何让人的内心得到平静，而不仅是教授"有效控制生活的技巧和工具"的时间管理，因为如果没有弄清楚哪些是自己心目中最重要的事，那么无论多么有效地管理自己的时间，都只如同隔靴搔痒般没有意义。

第四代时间管理集大成的论著是《与时间有约》，其作者为美国柯维领导力训练中心创始人史蒂芬·柯维。第四代理论的原则是以人为本，目标高于手段，效果高于效率。日常事务都可以用重要性和急迫性2个维度来划分：重要性与目标有关，凡有价值、有利于实现工作目标的就是要事；急迫性是指必须立即处理，比如电话铃响了，尽管你正忙得焦头烂额，也不得不放下手边工作去接听。法国哲学家帕斯卡指出："把什么放在第一位，这是人们最难懂得的。"悲哀在于，人们习惯于受急迫性驱使来支配自己的时间。第四代理论认为，一个人只要高瞻远瞩，从容不迫，学会控制自己的行动，注重学习、工作和生活的计划性，这样就能把矛盾和危机消解于无形之中。

14.2.3 时间管理与史密斯法则

美国富兰克林时间规划公司的创办人史密斯在其大作《打开成功之门》一书中提出10大自然法则，声称可以让人心想事成。所谓的自然法则，就是"人类经验并尝试证明正确无误的自然、生命的基本模式，这些模式并非按照人类所想、所愿而生，而依其本来的面目运作"。这10条法则事实上只是诸多自然法则中的一部分，但是它们是顺应个人特性，合乎个人价值、信仰与需求，按目标计划行事，水到渠成，以达到内心平静的信念与方法。这10条自然法则的前5条着重于管理时间，后5条则着重于管理生活。

总而言之，成功没有偶然，更不是宿命的安排，其秘诀在于能否建立自己的生命目标（核心价值），并以有所为的意志投入全部的生命力量，把握今天的机会，不断超越昨天的原有格局。史密斯的10条自然法则包括：

法则1：掌握生活大小事——通过掌握时间而掌握生活。

法则2：确立核心价值——核心价值是自我实现和个人成就的基础。

法则3：排定优先顺序——当日常生活反映了你的核心价值，你就能体验发自内心的平静。

法则4：设定明确可行的目标——为达成重要目标，必须远离安逸区。

法则5：规划每日工作——每日规划做得好，时间宽裕效率高。

法则6：检查行为与信仰的一致性——行为是真实信念的反射。

法则7：改变行为以符合需求——当信念与真实相符时，需求自然就能得到满足。

法则8：开启信仰之窗——改变错误想法，克服负面行为。

法则9：以个人价值为依据——自尊必须发自内心。

法则10：在奉献中成就自我——付出愈多，收获愈大。

14.3 加速度发展规律研究

14.3.1 经济社会的加速度发展

在农业经济时代，知识性劳动所占的比重很小，体力劳动所占的比重很大。随着人类智力开发的进步和社会生产力的发展，知识性劳动在社会生产中的作用日益上升。这个过程，在古代发展较慢，在现代出现了加速度发展的态势。据有的学者测算，在低机械化的生产条件下，在物质生产过程中，体力劳动支出与脑力劳动支出的比例是9：1；在中等机械化的生产条件下，这个比例变为6：4；在全盘自动化条件下，这个比例已变为1：9。这就是说，随着科学技术的进步和自动化生产的日渐普及，知识型劳动正逐步上升为物质生产的主导力量，大量的体力劳动已被机器、设备所代替。人们更多地思考利用什么样的方法、进行什么样的创新去创造价值，结果更多的方法和工具被创造出来，创造的价值不断增加，最终的结果是社会经济加速发展。可见，加速发展的驱动力在于知识在社会经济中处于主导的地位。

20世纪是人类7 000年文明史中最光彩的段落。它创造的物质与知识财富超越几千年的积累，有人曾估算过，近50年间，人类创造的物质财富总量，就已大大超出7 000年文明史所累积的总和，而人类在最近30年所获的知识总量大约等于过去2 000年文明史所累积的总和。

恩格斯曾说，人类历史的前行，是诸多因素构成的历史合力使然。近100年给人印象最为强烈的，或者说留在人类记忆中最为深刻的，无疑是飞速发展的科学技术。特别是第二次世界大战后的50年，尤其是20世纪最后10年，利用了一种递进的修辞，意在强调科学技术呈现出革命性的加速度发展趋势。

以信息科学（IT）领军，以生物科学、材料科学、能源科学、海洋科学、空间科学为主要内容的科技革命，正以亘古未有的规模和力度席卷世界。科学家们预测，未来10~20年将是科学技术在许多领域出现爆炸性突破和扩展的重要时期。科学技术向产业与社会领域转移的周期在急剧缩短，并导致新兴经济部门层出不穷。有人估计，人类现在所掌握和运用的科技知识将仅为2050年知识总量的1%。今天，科学技术像空气和水一样，弥漫渗透到社会肌肤的每一个毛孔和细胞。它对当代人类文明所产生的物质影响和非物质影响是无可估量的。

对于中国人来说，以超常规的速度和力度发展科学技术和教育，恐怕是我们抓住机遇、迎接挑战的唯一出路。

14.3.2　英特尔的摩尔定律

对于加速度规律的阐述，我们利用英特尔的缔造者之一——荣誉董事长戈顿·摩尔在1965年提出的摩尔定律进行解释。他曾预测，技术的改进将导致每个集成电路的晶体管数量每过18~24个月增加一倍。这个定律在提出时并不为人们注意，但在经过了30多年的考证之后，摩尔定律至今仍然有效，这是令人惊讶的。英特尔（Intel）公司仍然在寻求硅片技术中的新的进展，以使这一定律延伸进入第4个10年。截至2005年，Intel公司每1.5年将每个芯片晶体管数目增加一倍，并且将每个晶体管的成本降低一半，如图14-1所示。

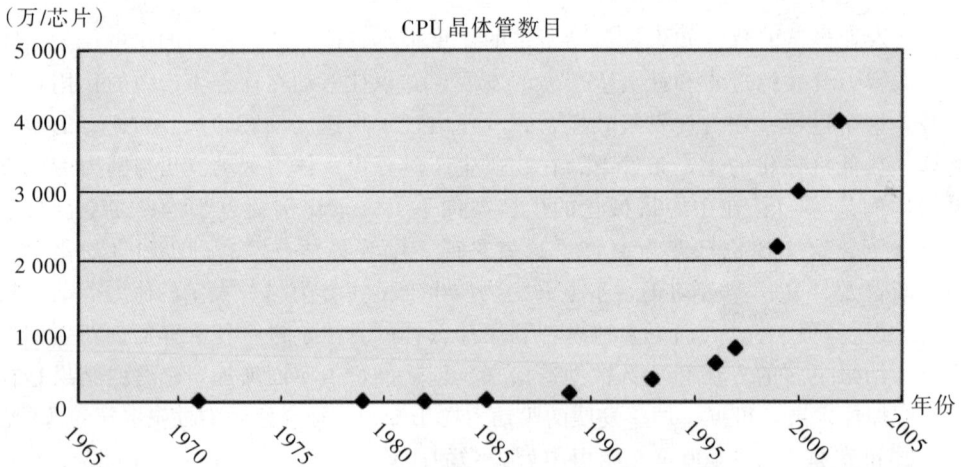

图14-1　CPU晶体管数目发展

从图14-1可以看出芯片技术在1965年到2005年这30多年里的加速发展趋势。CPU晶体管的数目从1971年的2 300个增加到2002年的4 000万个，其中，32年内70%以上的增长都是在1997年以后发生的。同时，摩尔定律还可以推导到社会经济生活的各个方面，伴随着知识经济大潮，整个社会经济真正迈上了高速发展的轨道。

在过去50多年的时间里，面对如何在更小的硅芯片上实现更多的数字速度、功能和价值，英特尔做出了积极的回应。今天，我们在社会经济的各个环节继续寻找新的途径，力求突破摩尔定律的极限。我们的世界对更快、更强大、更经济的资源的渴求将持续增长。

这个加速度发展的时代每天都在变化着，就好比股市一样，变化的股市让人难以捉摸，但也给人以非常大的机会。而在这个时代中的人，尤其是年轻人，就像登上了一辆自行车，越慢越容易翻车，只能跟着时代不断鞭策自己勇往直前。

|14.4| 以快制胜的管理战略

14.4.1 三国演义中的"以快制胜"

"智者贵于乘时，时不可失"——兵贵神速，以快制胜（《三国演义》）。

曹操攻下并州之后，袁绍的儿子袁熙、袁尚远投乌桓。曹操排除异议，听从郭嘉的主意，率领大小三军和数千车辆乘胜远征。途中"黄沙漠漠，狂风四起；道路崎岖，人马难行"。曹操有些后悔，意欲回军。这时郭嘉虽然水土不服，卧病车上，仍极力鼓励曹操。他说："兵贵神速。今千里袭人，辎重多而难以趋利，不如轻兵兼道以出，掩其不备。"曹操又一次采纳郭嘉的建议，留下笨重装备，快速通过卢龙塞，直捣单于庭。袁熙、袁尚和蹋顿措手不及，仓皇应战，"兵无队伍，参差不整"，被曹操一战击溃，蹋顿被斩，袁熙、袁尚兄弟逃奔辽东。

有人认为，军队的迅速机动和闪电般冲击是战争的真正的灵魂。这话毋庸置疑。大凡用兵作战，先发制人贵速，主动攻击贵速，捕捉战机贵速。即使在战略持久的内线作战中，进行战役战斗进攻的外线作战，也贵在速战速决。这是因为：第一，以迅雷不及掩耳之势发起攻击，可以打对手一个措手不及，在短时间里，从军事到心理造成爆炸性的效果；第二，战场上情况变幻莫测，战机稍纵即逝，只有神速行动，才能捕捉战机，稍一迟缓，到手的胜利就会溜掉；第三，用兵是人力、物力消耗的过程，迅速行动和进攻，就能在较快时间里解决战斗，从而减少战争消耗；第四，迅速行动，可以在敌人来不及集结之前突袭，从而相对弥补自己兵力的不足，常常能以少胜多，战绩显著。因此可以说，在千变万化的战场中，"时间就是军队"。

时间在战争中的重要地位和作用，同样适用于现代的经济竞争。"时间就是金钱"，概括了现今具时代特征的竞争经验。它可以从狭义和广义两个方面来理解。从狭义来看，时间之所以等于金钱，是因为时间可以直接影响资金的价值。在现代经济生活中，同样数量的货币，随着时间的推移，其价值要发生变化。

从广义理解，时间影响资金的占用和周转速度。企业的生产资金处在不断的运动之中，正是这种运动才能带来增值的价值。这种周而复始的运动，就是资金的周转。资金周转一次的时间越短，在一定时间内周转的次数就越多，占用的资金总额就越少，等量资金带来的增值就越多，经济效益就越好。因此，企业要使等量资金发挥更大的作用，就必须千方百计地加快资金周转。

时间影响机会的捕捉。对于一个企业来说，机会常常是腾飞的转折点，是成功的开启处。只有抓住机会，企业的经营战略才能奏效。机会存在的内涵是一定的市场需求；机会存在的外延便是特定的时间阶段。因此，企业必须在需要出现的那段时间内迅速采取行动。

时间对于捕捉许多偶然的机会，显得尤为重要。市场需求是一种必然，但这种必然常常以偶然表现出来。企业在竞争之中经常遇到随机现象，经常和偶然打交道。就是说，会时不时碰到各种偶然的机会。由于市场多变，竞争激烈，这些机会常常是珠玑一现，稍纵即逝，永不再来。如果不能迅速看准和抓住市场闪现的这些机会，反应迟钝，拖拖沓沓，就会被竞争对手捷足先登，遗恨不及。所以，现代的竞争者要十分重视"机会损失"。对时间，争分夺秒；遇到机会，果断出击。

14.4.2　现代企业中的以快制胜

信息技术时代变革的到来呼唤管理理论的创新与企业管理革命，席卷全球的企业管理革命的浪潮对每个企业既是一次挑战，也是一次机遇。"以大吃小"的竞争规则正让位于"以快制胜"的竞争原则。率先实现"以快制胜战略"的企业必将取得市场竞争力的先机。

闻名于世的美国麦当劳快餐店，1955年创业时只是一个小店，如今已发展至7 500多家分店，年营业额达80多亿美元，人称"麦当劳帝国"。其获得成功的重要经验之一，就是特别注意时效观念，采取以快制胜的战术。这家快餐店实行"自我服务"的经营方式，营业员身兼数职，顾客倍感方便，只需排一次队就能取到食物。为了减少顾客的滞留时间，店中不设公话和投币自动唱机之类的装置，到这里闲逛和占据座位消磨时间的人很少，餐桌的周转率由此而大大提高。在这里，一切为了快，一切突出快，"快"字成了麦当劳的经营绝招。

滴滴出行于2012年在中关村诞生，依托互联网平台，运用互联网的管理模式和推广方法，迅速占领了网络打车市场份额，已经成为中国最大的网络打车平台，冲击了传统的打车模式，实现了新技术、新模式、新产业、新业态在"互联网+出租车业务"领域的有机结合。

在2014年年初进行"互联网+"接入微信支付后，滴滴想做一次促销推广，最初找腾讯要几百万的预算，腾讯回复说：你们的预算太少。最终给了滴滴几千万。结果补贴让滴滴的成交量暴涨，一个礼拜里补贴已经过亿。数据的暴涨给了对方不小的压力，在滴滴即将停止补贴的前一天，快的和支付宝也加入战局，开始对乘客和司机进行补贴。同时因为滴滴的补贴取消，形势迅速逆转，滴滴的交易数据开始大幅下滑。滴滴股东会紧急磋商决定跟进补贴，因为此时若不补贴，市场份额可能变成3∶7的情景，一旦这种局面出现，网络效应会产生，乘客觉得呼叫没有司机应答，司机觉得平台里没有乘客使用，将会产生强者愈强、弱者愈弱的结果。之后出现了大家熟悉的场景：快的补贴10块，滴滴补贴11；滴滴补贴11，快的补贴12。当补贴提高到12块时滴滴又出奇招：每单补贴随机，10块到20块不等。这样快的就完全无法跟进了。而补贴大战于2014年2月末终于落下帷幕。

2014年7月14日，Uber宣布正式进入中国市场，滴滴等公司都感受到了较大的压力。d轮融资的资方甚至称Uber要灭了它们。面对共同的对手，曾经刀枪相见的滴滴与快的放下了成见，选择了握手言和，重新启动两年前未果的合并案。当时通过艰苦的谈判与反复的交涉，几乎所有人都做出了让步。而在滴滴高效的管理层决策领导下，立项于2015年1月21日，在滴滴内部被称为"情人节项目"的合并计划仅3周多即获成功。二者在2015年2月14日完成了联姻，身为总裁的柳青功不可没。之后更是一路高歌猛进，市场占有率绝对压制其他对手，不仅打破资方要被收购的预言，甚至于2016年8月1日收购了Uber中国，摇身一变成为了估值350亿美元的商业巨人。

从上可见，滴滴打车看准了交通出行这个大市场，把握住了很多的创新点和机会，利用了传统出租车市场费用高、打车难、服务态度差的短板，开辟了"互联网+移动出行"新天地，在"互联网＋"时代把握和实现了"以快制胜"战略。[1]

新经济时代是"快者为王"的时代，速度已经成为企业的基本生存法则。现代企业家们应该学学麦当劳和滴滴打车的"快速反应"，追求以快制胜，努力迅速应对市场变化，做到抓市场信息快、经营决策快、推出新品快、处理危机快。诚如此，则企业争胜有望。

14.4.3　以快制胜战略分析

从个人的发展生涯中看，人的机遇稍纵即逝，其实创办、经营企业更是如此，只要认准是对的选择，就必须快速行动，否则就会错失良机。只有在决策、机遇、创新、客户、品牌和危机处理上追求"快"的企业才能在残酷激烈的市场竞争中立于不败之地。在企业经营的各个环节，都需要贯穿以快制胜的策略。

1.决策调整——快者生存

重大决策，特别是战略决策的正确与否，直接关系到企业的兴衰强弱，一旦察觉原定的决策偏离了市场实际，就要果断地调整和修正，调整越快损失越小，才能变被动为主动。

2.抢抓机遇——快者生存

对机遇的嗅觉，是决定企业命运的关键。嗅觉灵敏，出手快，抢先一步，则企业兴旺；嗅觉迟钝，慢人一步，就会受制于人，甚至几年难以翻身。

3.产品创新——快者生存

尽快地推出市场定位准、产品质量优的新产品，就能把握住商机，抢占市场，获得发展；反之，企业必将陷入困境，甚至销声匿迹。在残酷竞争中，只有快速不断地推出新产品、新专利，才能保护自己。

---

① 根据冯晨昊的案例作业（林新奇教授指导）改编。

4.服务用户——快者生存

当今市场，快捷、顺畅、热情、周到的服务（包括售前、售中、售后服务）已越来越成为厂家提升市场竞争力的重要方面。

5.品牌防护——快者生存

你历尽千辛打造出品牌，"模仿者"尾随而来。缺乏品牌防护的"超前意识"，就会让"李鬼"毁了自己。

6.处理危机——快者生存

现代传媒十分发达，企业发生的危机可以在很短时间内迅速而广泛地传播，引起社会和公众的极大关注，负面作用大。处理危机慢，会对企业形象和品牌信誉造成毁灭性的打击，使其无形资产在顷刻之间贬值。

可见"以快制胜"不仅是兵家常事，更是商战之重要法宝。纵观中外企业，凡成功发达者，可以说无一不是突出一个"快"字。其实，在企业发展过程中的很多时候，企业的行动，倘若稍慢一步，往往山穷水尽，无路可退，甚至坐以待毙；稍快一步，则海阔天空，柳暗花明又一村。

|14.5| 时间管理的10个问题

管理者在进行时间管理时要经常问自己以下10个问题：

1.是否有时间观念

时间观念的核心内容是严守时间，充分地、有效地利用时间为企业服务。上班打卡只是一种外在的约束形式，而内在的约束，即提高员工的忠诚度和责任心，才是更加重要的。

时间观念还包括不忽视一些小的时间片段。这些小的时间片段累计起来很可观，要学会利用它做一些有用的事情。有些公司忙的时候一塌糊涂，闲的时候又无所事事，这虽然与公司的业务特点有关，但这部分时间浪费掉非常可惜。公司要想办法把这部分时间利用起来，比如搞一些调查活动、员工培训等。

2.是否经常考虑工作的效率和合理化

在日本几乎是人手一本效率手册，随身携带，时刻查阅。考虑工作的效率和合理化，就是要求尽可能地做到各项工作按照轻重缓急有序排列、没有遗漏、无缝对接。对工作要进行统筹安排，例如，生产过程中，工序安排和各种零件的生产时间，包括路径安排，都是有讲究的。

积极的安排休息也是提高工作效率的有效方法。现代研究发现，左右脑轮流休息是一种积极的休息，不但有助于提高学习效率，而且节省时间。脑力工作和体力工作交替安排，也能起到积极休息的效果。

3.是否下放了应当下放的权力

对于管理者而言，工作中要善于授权，下放应当下放的权力。把有些事情交给其他人去处理，可有可无的事情干脆取消，最好是企业运作既能科学化、规范化，又能保持灵活性。

将自己的某些工作合理地委派给他人无疑是一个节省时间的重要方法，这样可以使自己集中精力做更重要的工作。其宗旨是不做能够授权别人做的事情，使自己摆脱细节。

4.是否制订了行动计划和时间安排

成功的时间管理者首先强调工作的效率，必须在工作的筹备阶段就有一个明确的工作大纲，应该按照优先次序对各项任务进行目标定位和时间预算或者分配，避免走弯路、回头路，这也可以大量节约时间。

每天都制订工作计划，按照事情的轻重缓急来安排。一般情况下越重要、越紧急的事情越先处理。同时，讲究当日事当日毕，克服惰性。有惰性的人，一碰到比较困难的事情或一时难以完成的事情，往往半途而废。这样就会导致有些事情可能下次要从头开始，有些事情会不断累积，而有些事情甚至不了了之；如果经常这样，计划就会被打乱。所以，只有一个好的计划是不够的，还要有好的计划执行能力和时间安排能力。

5.是否考虑和做了工作以外的事情

工作要有组织性，工作环境要整理好。档案怎么摆放，电脑中的信息怎样存放，都是有讲究的。各种信息和材料要通过分类的办法有序存放。这样做不但有利于减少查找信息和材料的时间，提高效率，还有利于减少材料和信息丢失的概率。

做好工作的关键在于根据计划集中时间和精力做好该做的事，而不是随意打乱计划，或多头兼顾、一心二用。特别是不能够在工作时间做私事，或做与本职工作无关的杂事。

6.与规定的时间相差多少

计划实施要以工作为标准，而非以时间为标准。时间管理的目的是更好地工作。有时一项重要事务的处理往往打乱了一天的工作安排，这是允许的，也是必须做的，符合分清事物轻重缓急的原则。没有必要因为工作安排被打乱，就心里浮躁，手忙脚乱，须知这只是正常的计划调整。

7.是否明确地给下级做了指示

良好的沟通可以让他人正确理解你的要求，并且使你的要求得以正确执行。为了减少工作负荷，在下达指示时应该保证各种指示清楚、完整，要求下属重述以保证理解。

研究表明，有75%的工作时间是花在与人沟通上，不良的人际关系最浪费时间。职业生涯成功与否，84%取决于如何与别人沟通，沟通的破裂大都在于意见表达不明确。不良授权是浪费时间的主要因素。为此，上司既要明确地给下级做指示，将可能交办的工作授权出去，教导部属如何做你所交办的工作，又要向外界争取资源来协助部属完成工作。

8.是否存在有碍下级工作的现象

通常自己就是时间杀手，要设法控制自己。上司要有远大的眼光，要以榜样去引导部属；不要事先有满足感，以每分钟来衡量时间；要消除时间杀手，要理清工作的重点，然后做出抉择。要避免发生以下浪费时间的事情，如：电话干扰——一般人在接电话后习惯聊一会儿天，要尽量避免；开会——不重要的会尽量不开，开会一定要准时开始及结束，要好好地计划；不速之客——临时有人拜访，闲聊就花掉数十分钟，应尽量用数分钟结束寒暄进入正题；救火——总是在做应急的事情。

此外，还有拖延的习惯，犹豫不决、过度承诺、个人组织能力不佳、缺乏目标、缺乏优先等级、缺乏完成期限、授权能力不佳、权力或责任界定不清、缺乏所需资源等。

9.是否有因私事使用下级的情况

要管理好时间，最重要的就是要做好以结果为导向的目标管理。

成功的时间管理既强调速度，又坚持成效。管理者要把握两个关键：一是工作表现，要有能力去完成工作，而非只强调其努力与否；二是重视结果，凡事一定要做出成果来。

目标设定必须与组织战略相一致，以组织目标衡量个人目标。不能为私事而利用组织的资源，例如在日本因私事使用下级是非常严重的问题。

10.是否严格对下级进行了时间管理

上级要对下级进行深入而具体的时间管理培训。当下级的工作绩效越来越好时，才可能被指派更多的工作。这时要对下级进行与时间管理相配合的项目训练，因为有效的项目管理（组织和执行能力）将是成功的关键。根据实证研究，任何工作的困难度都与其执行步骤的数目成正比。工作流程越简化，越不容易出问题。

复习思考题

1.谈谈你对时间的看法。

2.时间对管理工作有哪些重要意义？

3.如何在快速变革的时代，在时间方面赢得竞争优势？

4.如何进行有效的时间管理？

相关案例

托生于传统行业的新生意模式
——为顾客节约时间的快速理发店

价值设计是商业模式创新的强有力的工具。对百年不变的传统行业的企业价值进行重新设计，很可能会发现意想不到的"新"生意。在旅店行业，"五星级大床，一星级大堂"的价值曲线变化曾经开创了快捷酒店的一片蓝海，本文向你介绍更"不起眼"的行业——理发业的价值设计创新。

这个理发业创新企业的名字是QB House（Quick Barber，快速理发），在中国香港已经非常流行，它的创始人小西国义进入理发业之前是日本的一个医疗器材经销商，他创办QB House的宗旨是"十分钟令人焕然一新"，为了实现这个"十分钟"

的承诺，小西国义剔除了传统理发店中顾客自己在家里也可以做到的那些服务，如洗发、吹发和刮胡子，只给忙碌的都市人提供顾客自己做不到的剪发服务。就是这样一个看似简单的"单剪"生意，在创立仅仅5年多的时间里，就为小西国义带来了近40亿日元（约2.9亿元人民币）的收益，被《华尔街日报》称为进行了一场"日本理发行业的革命"。

化繁为简

十几年前的一天，忙碌的小西国义在一家理发店等待了很久以后，终于坐到理发师的椅子上。但是理发并没有立即开始，一条又一条热毛巾、没完没了地按摩肩膀和手臂，种种与理发无关的服务，不仅用去了他太多的时间，还要收取他几千日元的费用，而他想要的，只不过是快点把头发剪短一些。

小西国义蓦然发现自己对理发店烦琐冗长的服务程序很不耐烦。他认为，一定有人像他一样讨厌这样过于"殷勤"的服务，他的想法是：如果有位置方便、收费合理的单剪发店铺，自己就能够更有效地安排时间及节省金钱。

如果有一间发廊，10分钟，1 000日元，感兴趣吗？小西国义带着这样的问题进行了一次市场调查，在他看来：只要有10%的人愿意就可以着手干。而市场调查结果显示，有和他一样想法的人的比例竟然高达43%。

于是，QB House开业了。这是一间规模很小的理发店，设立于日本东京的人流密集地区。店铺只有几平方米，两三个座位，店铺的设计灵感来自帆船的船舱，这样可以使空间更有效地得以运用。这间理发店从顾客对快捷、便宜的单剪发要求出发，节省剪发以外的所有步骤，让美发师以最佳的效率为顾客提供服务。如果说QB House是一个托生于传统行业的新生意模式，那么这种生意模式则构建了与传统美发业截然不同的商业价值观——一种真正为客户服务的精神。

怎样保证10分钟理发的实现呢？一般人在单纯的理发环节，所需时间大概为10分钟到15分钟。而动辄几十分钟甚至几个小时的时间，大多消耗在清洗、设计发型、烫染等其他服务上。QB House提出，不清洗、不设计、不烫染，只剪发，将时间有效地固着在目标顾客最需要的服务上。一般人的头发一个月后会长大概10~12毫米。在QB House，理发师会为客人修剪掉过长的部分，在不大幅度改变现状的同时，为客人维持个人风格提供最佳发型，这个过程不需要设计，却依赖发型师对业务的熟练技巧和专注。

"把省出来的时间还给客人"就是这种服务精神的精髓所在，也是小西国义的商业策略：即使收费上没有优惠，但把一天24小时中的几十分钟还给了客人，就是一种时间上的优惠——他把时间纳入了自己生意的价值体系中。

就是这样一个简单到极致的单剪生意，使小西国义在50多岁的年纪，成为一个创业型的企业家。从1996年创立第一家店面之后，QB House在十几年间已经开设近550家分店，除在日本本土外，已经扩张至中国香港、中国台湾、新加坡、马来西亚等国家和地区，平均每月有超过125万人次的来客数。没有高利润的烫染和美发产品销售，只靠着一个客人1 000日元左右的单剪价格，QB House在成立几年中就实现了年收入40亿日元（约2.9亿元人民币）。

整体创新

虽然由于服务上删繁就简，QB House在定价上低于传统美发厅（在日本，理发通常需要3 000~5 000日元。在香港，理发价格一般为70~100港币），但QB House并不是人们想象中的简陋、低价、服务随意的低端美发厅。相反，精简、高效的核心服务精髓，被植于理发店的所有细节中，甚至体现在大大小小的理发工具上。

为了满足10分钟快捷剪发的效率需求，小西国义充分发挥了日本人善于利用空间的特点，专门开发了一套不同于传统美发店的美发"系统"——剪发组合柜。柜子正面是操作台和安放消毒柜、毛巾、梳子、镜子、发剪等所有剪发必需用品的隔断，各种物件都有自己的卡槽，各安其位，整洁干净。柜子背面，则被用来放置客人的衣物。每个柜子就是一个美发师的工位，配以尺码明显小于传统理发店的椅子，用以整洁收纳和节省空间。

另一项发明是被称作"air washer"的小型筒状电器，顶端附有软毛，用以吸附和清理顾客理发后留在头上和颈部的碎发。这也是"免洗"的核心所在，不洗头，却保障客人不会为碎发困扰。

在QB House，为了保障服务的品质，几乎所有的用具都是特别定制的。除了组合柜之外，还有为了放进组合柜而定制的微型消毒柜、给客人使用的一次性围巾、用后可以送给客人留作纪念的梳子等。所有非一次性用具，甚至理发师的手，都必须一客一消毒，小西国义是想用这样的企业标准告诉大家：廉价和简捷，并不意味着低质；相反，客人可以在这里享受到精心的服务，而这些服务，恰恰又是客人全部都需要的，没有一样多余。

在这小小理发店的整体创新体系中，还有一个重要的环节是等位指示。QB House在店面的等位处，设置了一个由红、黄、绿3个颜色组成的信号灯，用来向客人指示店铺的繁忙程度。绿色表示立刻可以提供服务，黄色表示需要等候5~10分钟，红色表示需要等候15分钟以上。客人可以依据自己的时间，选择要不要继续等待。更智能的是，理发座椅下都有传感器，可以自动将顾客数据传输到后台的系统中，总部可以对各家店铺的客流情况了然于胸。

为了让理发师更专注于理发服务，QB House的所有店面都可以不收现金，而是设置了不设找赎的刷卡机，例如，在香港的店铺，就可以直接刷港人几乎人人持有的八达通卡（一种交通卡，也可以在合作商户消费）。这种设计便捷顾客，也可以避免工作人员收银找零的麻烦，使店面的服务全部聚焦于剪发服务上。

经过十几年的发展，QB House成为东南亚地区理发行业的一支新秀，很多人慕名去体验10分钟剪发的精巧设计和便捷高效带来的幸福感，并成为非常有价值的回头客。提及运作的成功，现任社长北野泰男这样说："在全球经济不景气的影响下，各地物价不断上涨，我们的概念是为消费者节省剪发以外的成本，提供平价而又优质的服务，让消费者不需要在价格与品质之间做取舍，这也成为QB House品牌不断成长的主因。"

重新定义：开创时间产业

在 QB House 门店的墙上，可以看到这样的语句："我们的使命是提供'时间'的价值""时间产业 = 旨在追求效力，以'至短'时间提供服务"等。时间价值是小西国义区分目标客户与崇尚休闲享受式理发的客户的分界线，在这一侧，QB House 已经凭借对顾客"时间价值"的运用而取得很大成功，但 QB House 的创新并未止步。现在，QB House 已经尝试将快捷服务的模式向更精准的用户群延伸。

在 QB House 旗下，目前不仅仅有"十分钟令人焕然一新"的普通快捷理发，还针对不同的细分客户群体，培育了另外 3 个子品牌。其中，Quatre Beaute 是以繁忙的都市女性为对象，为她们在短时间内提供剪发和造型服务的发型屋。Quatre Beaute 除了提供局部修剪服务，还提供卷发及拉直服务。跟传统美发店的不同之处在于，这里不需要提前预约，并且可以体验到在 20 分钟内由专业发型师进行剪发和造型设计的方便服务，价格只有 2 000 日元（约合 123 元人民币），甚至不足普通理发店卷发和造型设计价格的三分之一。

另一个子品牌是 IKKA，即全家人可以一起到访的剪发店。店面以亲子为出发点，因此在店面设计中处处体现亲子的元素，灯光明亮，店铺用具色泽鲜艳，营造出一个可以轻松进来并愉快度过时间的舒适空间。全部的剪发位置都可以变成独立空间，父母可以悠闲地看着子女剪发。

Fast Salon for Slow Life（慢生活的快捷美发，作者译）则是一个全新概念的发型屋，既融合了 QB House 和女性美发店的"方便"特质，又力图配合 20~40 岁男女的个性化美发需求。

"想象一下，你自己就是终端用户，然后看看你所遇到的种种不便，这就是你的商机所在。"小西国义就这样通过"设身处地"的感受开创了奇特的连锁理发店，创造出被同行们所忽视的庞大商机。

资料来源 李雪. 托生于传统行业的新生意模式——为顾客节约时间的快速理发店 [J]. 企业管理，2013（11）.

案例讨论：

1.请查阅 QB House 的详细资料，了解其基本情况。

2.QB House 获得成功的关键在于什么？

3.QB House 采取哪些措施管理职工和客户的时间？

4.QB House 的时间管理对我国哪类企业有借鉴意义？

第14章相关案例分析提示

阅读参考

1.林新奇. 时间管理：从效率到效益 [J]. 企业管理，2006（9）.

2.赛韦特. 时间管理 [M]. 王波，译. 北京：中信出版社，2004.

3.皮尔斯. 时间管理的艺术 [M]. 夏忠华，译. 北京：世界图书出版公司，1989.

4.HLAVAC C D. Managing your time：Strategies for chairs [J]. The Department Chair，2016，27（1）：1-2.

信息管理技术

学习目标

- ✓ 理解信息管理的内涵
- ✓ 理解信息管理的基本特征
- ✓ 了解信息管理的分类
- ✓ 熟练掌握信息管理的过程
- ✓ 熟悉办公自动化系统
- ✓ 熟悉ERP软件

信息管理技术是信息管理的方式方法。在现代信息大爆炸的社会，信息管理的技术愈显重要。随着当今信息技术快速发展，"互联网+""大数据""共享经济"等模式不断深化发展，市场竞争日益激烈，企业能否从数据、信息当中快速把握市场动态和商业机会，决定了企业的成败。所以，企业应重视信息的管理，通过先进的信息管理技术，深度挖掘数据信息的内在价值和潜在的市场规律，以期为企业的经营和管理提供有价值的决策支撑。本章详细介绍信息管理的内涵、特征、分类和管理过程，并通过办公自动化和ERP两种信息管理技术的介绍，阐述信息管理技术在管理领域的重要性。

15.1 信息管理的内涵

信息是人类沟通和生存发展的重要媒介和载体，没有信息我们就无法沟通，无法进行情感交流，无法进行思想的传递，就不会有现在的经济市场，更不会积累越来越多的财富，人类文明也无法进步，因此对信息进行有效的管理非常重要。目前，信息管理的定义还没有统一的标准，常见的信息管理的定义有以下3种：

（1）信息管理本质上是指对有价值的信息资源通过有效的管理与控制，实现特定目的的活动（Forest W. Horton，1985）。

（2）信息管理可以从两个层次上理解：一是信息管理是图书情报领域久已熟知的具有挑战性的更为复杂的变体；二是这种复杂化又是社会内部变化的结果，而这种变化来自于信息的机构化和人们对信息认知的不断深化（W. J. Martin，1988）。

（3）由"信息"到"资源"的这一转化过程的必要条件就是信息管理。一方面，信息管理就是对信息的管理，对信息进行组织、控制、加工、规划等，并引向预定的目标；另一方面，信息管理不单单是对信息的管理，而是对涉及信息活动的人、信息、机构等各种要素进行合理配置，从而有效地满足社会的信息需求（卢泰宏，1993）。

从以上的定义中我们可知，信息管理包括以下几方面的内涵：

（1）信息管理具有目的性。信息管理与其他管理职能一样，均是在一定的目的下进行的管理活动，其本质目的就是满足社会对信息的需要。比如，通过信息管理为决策提供依据，为常规性的问题提供解决办法，对未来的管理活动进行预测等。

（2）信息管理是针对信息而进行的一系列活动，一般涉及信息的收集、整理、存储、共享、应用和开发活动。信息管理的价值性在于对有使用价值的信息进行管理，对零散的无价值的信息通过整理和分析形成有价值的信息，从而为社会提供信息服务。

（3）信息管理是有方法和技巧可循的。在信息管理的各个活动或过程中，都有一定的方法或技巧可以采用，从而大大提高信息管理的效率以及信息的有效性。比如，在信息收集活动中，可以对特定的信息进行分析，找出与之相关的信息，拓宽信息检索和找寻的范围，这样就能尽可能多地收集与之相关的信息，保证信息收集的广泛性和关联性。

（4）信息管理既包括对已存在的信息进行的管理，也包括对通过对现有信息的分析和预测而获得未来信息的管理。比如，在当今的大数据时代，数据管理是一项重要的有价值的管理活动，在数据库中存在的均是已发生的数据，通过对现有数据的分析、预测而得出的数据结果，可以为社会管理活动提供重要的决策依据，因此也需要对预测数据进行管理。

（5）信息管理的内容不单单是指信息本身，还包括作为信息管理主体的人、信息管理的方法、信息管理所使用的机器或工具（比如计算机、存储器）等。

|15.2| 信息管理的基本特征

信息管理作为现代管理中重要的管理内容，越来越受到各类企事业单位的重视，因其具有以下基本特征：

1.综合性

信息管理的内容不仅包括组织内外的各个信息要素，还包括与信息管理相关的人、物和方法等，涵盖了组织管理中各个层次、各个方面的内容。组织中的信息、人、物等组成要素之间相互影响、相互依赖、相互关联，彼此之间有着紧密的内在联系，通过信息的管理，可以综合协调发挥组织各要素的协同作用，为组织管理活动提供服务。

2.战略性

战略管理是组织管理的重要内容，战略规划指导着组织的各项管理活动，战略目标的实现也是组织管理的目标。通过对组织信息的管理，不仅可以掌握组织内外过去和现在的发展现状，还可通过信息预测，把握组织未来的发展方向或趋势，从而为战略决策提供科学的依据。

3.动态性

信息管理的主要内容就是信息。随着管理实践活动的丰富和发展，信息数量、质量、形式和种类等，都在不停地积累、更新。信息管理不是一次性地对某一时间段的信息进行的管理，而是持续不断地对每一时刻出现的信息要素进行的管理，是一个动态的过程。

4.基础性

信息管理的基础性是指信息管理是组织管理各项活动的基础。不完善的信息管理系统或不科学的信息管理过程、方法等均会影响到信息管理的质量，进而影响其他管理活动的开展和实施。比如，人力资源信息系统的员工管理模块中，当没有各个月度、季度和年度的新职工入职统计功能时，如果想要计算各月度、季度和年度的新职工入职人数、岗位和学历等基本信息，则只能使用Excel进行统计，工作效率将大大降低；即使有该统计功能，如果信息的管理不精确，也会对招聘管理工作产生影响。

|15.3| 信息管理的分类

信息管理根据不同的标准可以有不同的分类，以下介绍几种常见的分类[①]：

1.根据信息的内容分类

根据信息的内容，信息管理可分为经济信息管理、管理信息管理、科技信息管理、军事信息管理、政务信息管理和文体信息管理等。不同领域信息管理的产生，往往是这些领域的人们进行信息活动的结果，也是不同领域实践的产物。各种人类实践领域所产生的信息不仅是该领域活动的伴生物，对该领域产生重要影响，还对该领域的现实决策、实施操作、经验积累、预测动向等起着重要作用。因而，不管人们是否愿意，是否自觉，各领域的人们都在不同程度地生产、贮存、处理、分配、传播、交流、吸收和利用该领域及其相关信息，对这些信息实施不同程度的管理。

2.根据信息的载体分类

根据信息的载体，信息管理可分为文献管理、数据管理、网络管理和多媒体管理。

---

① 陈耀盛，李惠珍. 试论信息管理的本质与范围 [J]. 图书情报工作，1997（1）.

文献是人类社会主要的信息载体。人类最早的信息管理是从对甲骨文献、泥版文献的管理开始的，而档案馆、图书馆从古到今则是典型的文献管理机构。直到近代文献工作才分化出各种科技信息工作机构、经济信息工作机构等。

数据库是电子计算机发明以后出现的新的信息管理技术，现在国内外已逐渐形成数据库产业。数据库管理包括建库管理、产品开发管理、质量管理、服务管理和数据库业管理等。

网络管理是指对计算机网络的管理，包括对通信网络和资源网络的管理。计算机网络包括单位内的集成网络、地区行业联机网络、全国网络和跨国的国际网络等，这些网络扩大了计算机数据库信息管理的各种功能，也使信息管理工作及其技术更为复杂。

多媒体是指信息的感觉媒体、表示媒体、显示媒体、存储介质和传播媒体的综合，它包括信息的文字、图像、图形、动画和活动图像等载体（媒体）。多媒体系统同时具有处理、存储、传输、展示多种载体信息的功能，其应用和管理正逐步提上议事日程。

3.根据信息管理的层次分类

根据信息管理的层次，信息管理可分为宏观信息管理、中观信息管理和微观信息管理。宏观信息管理是国家政府部门通过政策法规，运用行政、经济、法律等手段，从战略高度对全国信息活动实施的管理。中观信息管理是地区政府和行业部门管理机构通过政策法规、管理条例等对地区或行业信息活动实施的管理。微观信息管理是基层机构以各种手段方式对信息活动全过程、各信息要素进行的管理。

4.根据信息管理的手段方式分类

根据信息管理的手段方式，信息管理可分为手工信息管理、技术信息管理、行政信息管理、经济信息管理、法律政策信息管理等。

5.根据信息管理的内容性质分类

根据信息管理的内容性质，信息管理可分为信息工作管理、信息事业管理、信息产业管理、信息市场管理等。

|15.4| 信息管理的过程

为了对信息进行有效的管理，一般应遵循以下9个基本步骤：确定信息管理的目的、信息收集、信息整理、信息分析、信息存储、信息使用、信息反馈、信息共享、信息开发。

1.确定信息管理的目的

一切管理活动都是为特定的目的服务的，信息管理也不例外。信息管理的目的是整个信息管理过程的首要的且非常重要的环节，只有确定了信息管理的目的，我们在后续的信息管理过程中，才能做到有的放矢，确保最终信息使用的有效性，保障信息管理目的的实现。一般来讲，信息管理的目的就是解决现实活动问题。

2.信息收集

信息收集是进行信息管理的基础，是根据信息管理的目的，在坚持准确性、相关性、全面性和时效性的原则下，通过文献检索法、调查法、实验法、访谈法等手段，从实物信息源、电子信息源、文献信息源和网络信息源中，对所需要的信息进行收集的过程。没有信息收集过程，就没有解决问题所需要的信息，无法形成决策方案，就不能达到信息管理的目的。

3.信息整理

信息整理是对零散信息进行编码、分类和整合的过程，通过信息的整理才能将零散、无规律、低价值的信息整合成系统性强、价值高的信息。在信息整理时，要以信息管理的目的为指导，在坚持抓住重点、突出主要因素的原则下，对收集的信息进行鉴别，区分出信息的真伪和可靠性，去除不可靠和无价值的信息，然后将可靠、有价值的信息按照性质、内容等因素进行归类，以便分析、使用。

4.信息分析

信息分析是指通过定量或定性的方法对整理后的信息进行研究，从而提出有价值的信息分析结论的过程。信息分析是对原始信息资料的加工，是提供直接可以使用的信息的过程。信息分析要紧紧围绕信息管理的目的进行，根据信息管理目的的不同，采用合适的信息分析方法，以便形成可靠的、有价值的信息分析结论。

5.信息存储

信息存储是指对原始信息和通过信息分析而形成的新的信息进行储存和保护的过程。信息的存储一般会借助存储介质，比如纸张、胶卷、U盘、硬盘、云存储等，这些存储介质在使用过程中一定要确保其可用性、信息保存的真实性和时效性以及存储能力，避免因存储介质的问题致使信息丢失。信息存储便于充分利用原始信息和通过信息分析而形成新的信息，保证随用随取，为达到信息管理目的创造了条件。

6.信息使用

信息使用是对有价值的信息进行的应用。只有对信息进行使用才能体现出信息的使用价值，才能体现出信息管理的意义，才能为信息决策服务，才能达到信息管理的目的。信息使用根据使用人的不同一般可分为4类：经营管理人员对信息的使用、专业技术人员对信息的使用、专门技能人员对信息的使用和市场营销人员对信息的使用。在信息使用过程中，要特别注意信息使用的道德性和合法性。

7.信息反馈

信息反馈是指对信息管理各阶段的效率和效果进行评估、判断和总结，发现信息管理各个过程的优缺点，以便后续在信息管理过程中扬长避短，提高信息管理的效率和效果。信息反馈不是被动地进行，而是主动地进行，要具有针对性；而且信息反馈要及时、准确。从程序上来讲，信息反馈并不只是信息使用后才进行的一个环节，而是发生在信息管理的各个阶段，这样才能提高信息收集、整理、分析和使用的质量，促进信息管理目标的实现。

8.信息共享

信息共享就是对已掌握的信息进行分享的过程。在信息管理过程中形成的有价值的信息，均应在更大范围上进行共享。一方面为他人的管理决策提供服务，提高管理效率；另一方面促进信息的发展，有助于更多新的信息的形成和创新，促进整个社会的信息管理水平。

9.信息开发

互联网技术迅速发展的大数据、知识经济时代，对信息的管理提出了更高的要求，不仅要求利用现有的信息解决管理问题，更注重通过信息的二次开发，为管理活动提供支撑和服务。信息开发注重根据实际管理需要，在原有的信息基础上生成新的信息。

|15.5| 办公自动化系统简介

在现代企业管理中，管理活动日益多样化和复杂化，单纯的纸质传递、批复性办公，已不能满足现代企业管理的需要。计算机科技的发展为提高管理效率和效果提供了重大机会，被各企事业单位广泛使用的办公自动化系统就是最好的例证。办公自动化系统即OA（office automation）系统是基于计算机技术建立的信息管理系统平台，涉及组织的日常运作和管理模块，是组织领导者和员工使用频率最高的应用系统。

OA系统在企业管理应用中一般具有以下功能：

（1）登录管理。企业中每一位员工都有自己的账号，以区分不同员工在系统使用过程中的权限和使用功能。登录管理模块，员工可设置自己的登录密码，用以避免他人登录自己的账号处理工作事务，了私人工作保密的作用。

（2）企业内部信息公布。企业在内部管理过程中的很多资料信息，不便向外界公布，但这些信息对企业内部员工有较大影响，OA系统为信息的公布提供了平台，同时体现了OA系统对外信息的保密作用。比如，军工企业的内部会议信息需要向职工传达，则可将信息公布在OA通知系统内或公告栏中。

（3）工作流程管理。OA系统将管理活动中的工作流程以信息化的形式体现，比如项目管理系统、人力资源管理系统、财务管理系统、物资管理系统等。员工只需登录自己的账户，启动相关流程，即可将业务办理完毕。

（4）公文管理。有关文件的起草、修订和公布以及文件的接收均可通过系统来实现，同时系统会自动记录文件收发的时间和操作人。一般情况下，发公文需要签批和审核等流程，当流程走完时，公文会自动发到相关员工账户，待其查看。

（5）档案管理。OA系统实现电子文档的登记、统计、打印、注销、借阅等功能。通过OA系统执行的任何流程和操作，均会有记录，并且会记录详细的流程信息。比如发一份任免文件，流程结束后再回看流程时，则会显示公文拟稿人、各个审批人、校正人、审核人等的姓名和操作时间，以及查阅人姓名和时间。除此之外，OA系统还可提供档案查阅的功能，可通过操作时间、操作人、操作人所在部门、业务流程名称等单个或多个条件进行检索，调取电子档案。

（6）沟通交流。OA系统为员工提供了沟通交流平台。员工可进行单一对象的沟通也可建立群组进行多个对象的同时沟通；既可自行发布状态，也可对他人的状态进行评价。OA系统集成了"电子邮件"和"QQ或微信"的功能，实现了员工之间的实时沟通。

（7）办公室管理。办公室管理主要是一般的行政工作管理，比如车辆管理、印章管理、接待管理、会议室管理等。

（8）信息统计和分析。OA系统具有较强的信息统计分析功能，主要包括人员信息统计分析、财务信息统计分析、档案信息统计分析、物资信息统计分析等，其可通过表格、图形等形式展现统计分析结果。比如人员信息统计分析，可实现以下功能：生成花名册，各年度新员工入离职数据趋势图或柱状图，员工人口统计学特征分布饼状图等。

OA系统的以上功能，大大提高了企业管理的效率和效果，同时也记录了各个管理活动的"足迹"，具体通过以下几个方面进行体现：

（1）节约了成本。电子化的办公形式，实现了无纸化办公；通过电脑、U盘或硬盘等多种形式存储和管理资料、档案，避免了办公设备的浪费，节约了大量的办公成本，比如办公用纸、用笔的减少，打印成本的降低，档案橱柜采购的减少等。

（2）节省了流程办理时间。通过OA系统进行业务办理，能够及时地启动业务流程，不需要员工拿着业务流程审批表去找各个审批人签字，而是通过OA系统内部传送进行审批，只要流程传送到审批人系统中，审批人随时都可以进行审批，大大节省了流程审批的时间和灵活性。在统计相关业务数据时，通过统计模块选项，可直接得到想要统计的数据项目。

（3）为领导者提供了信息管理的平台。一般情况下，领导者通过员工汇报的形式了解工作的进展和结果，OA系统通过权限的设置，可使领导者在OA系统内通过想要了解的工作名称或工作负责人等条件进行检索来实现工作流程的控制和管理。领导者也可在授权的情况下，查看企业人员、财务、项目等相关信息，为管理决策提供信息或数据支撑。

（4）实现了业务流程之间的联动性，避免了重复性的工作。OA系统具有系统性，成功地将各个业务流程进行连接，实现了业务流程之间的联动性。比如，将新员工的信息采集表录入系统后，系统会自动将员工分类到相应部门、相应岗位以及相应业务流程节点上；在检索某员工业务办理流程时，以姓名为关键词可检索出该员工的人力资源流程、财务流程、物资流程、公文流程等所有业务流程。

（5）提供了精确的信息统计数据。在统计信息数据时，只要是人工实现的，难免会出现数据统计偏差，但通过OA流程实现的统计数据，在信息输入正确的前提下，几乎不会出现信息统计的偏差。比如，制作花名册时，人员的增减调动是随时发生的，OA系统提供了随时可生成最新花名册的功能，大大提高了制作花名册的效率和准确性。

（6）保密程度高。以前使用纸质办公文件资料，往往会因保管不当，造成信息的泄露和丢失，OA系统实施后，由于其与外部互联网相隔离，而且有权限的明确分配，一方面外部人员很难获得企业内部的相关信息，另一方面未获得操作权限的员工是接触不到有关信息的，从而大大提高了企业信息的内外保密程度。

|15.6| ERP简介[①]

ERP（enterprise resource planning，企业资源计划）是集企业管理理念、业务流程、基础数据、人力物力、计算机硬件和软件于一体的企业资源管理系统，其目的在于用最新的信息技术优化业务流程，最大限度地达到理性控制的目的。ERP是先进的企业管理模式，是提高企业经济效益的解决方案。其主要宗旨是对企业所拥有的人、财、物、信息、时间和空间等资源进行综合平衡和优化管理，协调企业各管理部门，围绕市场导向开展业务活动，提高企业的核心竞争力，从而取得最好的经济效益。所以，ERP首先是一个软件，同时是一个管理工具。它是IT技术与管理思想的融合体；也就是先进的管理思想借助电脑来实现企业的管理目标。

ERP主要包括4个基本功能模块：

（1）财务管理。

企业中，清晰分明的财务管理是极其重要的，所以在ERP整个方案中它是不可或缺的一部分。ERP中的财务模块与一般的财务软件不同，作为ERP系统中的一部分，它和系统的其他模块有相应的接口，能够相互集成，比如：它可将由生产活动、采购活动输入的信息自动计入财务模块生成总账、会计报表，取消了输入凭证的烦琐过程，几乎完全替代以往传统的手工操作。一般的ERP软件的财务部分分为会计核算与财务管理两大块。

（2）生产控制管理。

这一部分是ERP系统的核心所在，它将企业的整个生产过程有机地结合在一起，使得企业能够有效地降低库存，提高效率。同时，各个原本分散的生产流程的自动连接，也使得生产流程能够前后连贯地进行，而不会出现生产脱节，耽误生产交货时间。

生产控制管理是一个以计划为导向的先进的生产、管理方法。首先，企业确定它的总生产计划，再经过系统层层细分后，下达到各部门去执行，即生产部门以此生产，采购部门按此采购等。

（3）物流管理。

物流管理模块包括分销管理、库存控制、采购管理、批次跟踪管理4个方面的

---

① 根据智库·百科（http://wiki.mbalib.com/wiki/ERP）相关资料整理。

内容。首先，从产品的销售计划开始，对其销售产品、销售地区、销售客户各种信息进行管理和统计，并可对销售数量、金额、利润、绩效、客户服务做出全面的分析。其次，控制存储物料的数量，以保证稳定的物流支持正常的生产，但又最小限度地占用资本。它是一种相关的、动态的、真实的库存控制系统。再次，确定合理的定货量、优秀的供应商和保持最佳的安全储备。最后，进行产品批次的跟踪管理，一旦产品出现质量问题，可以通过产品批次追溯。这样可以清楚地知道哪些原材料、零部件或是哪道工序的工艺出现问题，并将有问题的产品进行隔离。

（4）人力资源管理。

人力资源管理模块主要是辅助企业的人力资源管理，将人力资源管理流程和制度通过信息化的形式进行运作，大大提高了人力资源管理的效率。人力资源管理模块一般包括：人力资源部规划的辅助决策、招聘管理、工资核算、工时管理、培训管理、差旅核算、绩效考核、考勤管理、职称管理、调配管理等内容。

ERP在企业应用中表现出以下3个方面的优点：

（1）即时性。在当今信息社会，不仅要知己知彼，还要贵在"即时"，能否如此，其效果迥异。以外汇市场为例，国际化经营面临汇率变动的风险，如不能对各种汇率变换、各国客户订单、各种交易，包括应收账、应付账、总账等进行即时运作，那么，即使到手的企业利润，也会因汇率的波动或缓慢的作业而缩水。在ERP状态下，资料是联动而且是随时更新的，每个有关人员都可以随时掌握即时的资讯。

（2）集成性。在ERP状态下，各种信息的集成，将为决策科学化提供必要条件。ERP把局部的、片面的信息集成起来，轻松地进行衔接，就使预算、规划更为精确，控制更为容易，也使得实际发生的数字与预算之间的差异分析、管理控制更为容易与快速。

（3）远见性。ERP系统的会计子系统，集财务会计、管理会计、成本会计于一体，又与其他子系统融合在一起，这种系统整合及系统的信息供给，有利于财务人员做前瞻性分析与预测。

复习思考题

1. 为什么要重视信息管理技术？

2. 请选择自己所做过的比较成功的一件事，以总结经验为目的，详细阐述信息管理的过程。

3. 办公自动化系统对现代企业管理有哪些影响？

4. 请查阅相关资料，详细了解ERP的内部模块构成及操作流程。

5. 除本章涉及的信息管理技术外，还有哪些信息管理技术，请详细阐述。

相关案例

薪酬管理信息系统在唐山钢铁公司的应用

一、唐山钢铁公司对薪酬管理系统的要求

（1）功能层面：薪酬管理系统可以减少人为干预因素，降低参与者的基础工作量，同时还能对日常薪酬管理中的大量信息进行存储、分析，形成信息库，为高层决策提供辅助。而信息库的形成，可以为企业提供战略方向的决策支持，为企业最大限度地发挥人力资源效能提供最大限度的辅助。

（2）技术层面：高度的功能完成性和集成化，友好的用户界面提供良好的可操作性和易用性。

（3）良好的网络性能和软件反应速度。

（4）丰富的数据接口保证软件良好的开放性。

（5）良好的灵活性，能够给企业提供"按需配置"。

（6）强大的报表输出和导入功能。

唐山钢铁公司薪酬管理信息化项目从2008年4月开始进行，共有3个阶段：第一个阶段是薪酬项目整理、薪酬计算规则整理、薪酬实施范围确定。第二个阶段是实施导入相关薪酬数据、各单位工资员核对修改数据、薪酬管理信息系统使用培训、薪酬系统试算、分析试算数据。第三个阶段是薪酬管理信息系统上线试运行、薪酬系统维护。目前已经进行到了第三阶段后期。

二、唐山钢铁公司薪酬管理信息系统应用中的问题

1. 人员因素

（1）管理人员对整个薪酬系统的实施起重要作用。比如，管理人员对薪酬系统设计公司的选择，管理人员对薪酬系统在整个人力资源信息化中的定位等都将影响整个薪酬系统的实施。

（2）软件使用人员的素质减缓了薪酬管理信息化的进程。有些二级单位缺乏熟练掌握薪酬管理软件的使用人员。此外，在公司刚开始推进人力资源管理信息化时，软件使用人员没有及时改变原有的工作习惯和方式。有些软件使用人员不严格按照操作手册操作或不按时间节点要求操作，影响了薪酬管理信息系统的正常运行。

（3）薪酬系统设计人员如果对所开发的项目缺乏充分调研和对相关政策没有深刻理解，那么，其所开发的系统就会存在这样那样的问题。另外，设计人员在设计过程中如果没有领会系统使用者的需求就盲目开始，往往导致事倍功半或者完全达不到客户需求。在此过程中，设计人员与需求人员之间可能会产生需求的二义性。二义性可能会导致如下结果：用户认为是A，需求获取人员认为是B，设计完成后变成了C。因此，在需求获取阶段时相互了解、充分沟通是非常必要的。

2. 技术因素

（1）"信息孤岛"的形成。

"信息孤岛"情形的出现，是由于人力资源使用部门单纯考虑本部门应用而提

出来的系统建设需求造成的。比如，技术津贴一项，人事系统数据未经薪酬管理人员审批即进入薪酬系统，造成了薪资管理人员对所管理项的失控，人事系统与薪酬系统间各自形成了"信息孤岛"，使薪资管理系统中部分项目陷入无序状态。

（2）缺乏整体规划意识，系统扩展性不佳，数据接口不丰富。

在系统应用中如果组织结构发生变化，相应的薪酬系统中也应体现出来，而事实上，由于系统结构和技术上的原因，系统需要经过烦琐的流程才能实现甚至实现不了，系统扩展性受到了限制。另外，薪酬系统与考勤系统和财务系统的衔接也存在问题，说明系统的接口有问题。薪酬管理业务存在多样性和多变性，这主要体现在新业务的开发和旧业务流程的改造上，这就要求系统能够灵活适应。

（3）报表、分析的个性化设置功能的开发和完善。

虽然系统中给出了薪酬发放台账表及台账汇总表、薪酬发放明细表和薪酬发放汇总表等，但是在实际工作中人力资源部门往往希望通过报表分析的个性化设置功能来达到想要的效果，如薪酬人员结构分析表：通过薪酬人员结构分析表，可以了解企业中人员结构的薪酬成本分布情况，用于指导人员结构调整等相关工作。又如薪酬自定义综合分类统计表：企业对薪酬报表的需要富有个性化，系统应能够提供灵活的个性报表设置功能，以满足不同的个性需求。

（4）在薪酬系统开始实施的初期由于信息化培训不够等原因造成了大量错误数据。

三、唐山钢铁公司薪酬管理信息系统问题的应对策略

1. 不断完善信息化人才队伍的知识结构

在薪酬管理信息化过程中，需要薪酬管理知识与信息技术知识的有机结合，但目前薪酬管理信息化人才队伍存在知识结构不合理的现象。懂薪酬的管理者，掌握的信息技术知识不充分，运用信息技术来提高行政效率的观念不强；懂信息科技的研发人员，却不精通薪酬管理，管理经验匮乏，不了解薪酬管理业务需求，因而很难将信息技术较好地运用于薪酬管理。要实现二者的有效结合，解决知识结构不适应的矛盾，必须从人才队伍的知识结构上下功夫，弥补在管理、技术方面知识的不足，改善知识结构。

2. 利用各种途径提高信息化人才素质

信息化人才素质是信息化的前提和保障，主要包括信息素质、业务素质、知识素质。薪酬管理信息系统建设急需大量的信息技术人才。要加强继续教育，通过委托代培、在职业务学习、专题讲座等形式培养人才。

3. 对系统开发人员的要求

（1）信息获取是信息得以利用的第一步，也是关键一步。信息获取好坏，直接关系到整个信息管理工作的质量。在信息获取中应坚持准确性、全面性和时效性。

（2）信息整理是将收集到的信息按照一定的程序和方法进行科学加工，使之系统化、条理化、科学化，从而得出能够反映薪酬管理总体特征的信息。系统开发人员可以通过对原始数据进行统计分析，编制数据模式和文字说明，形成更有价值的新信息。

（3）信息存储是对整理后的信息进行科学有序的存放、保管，以方便使用。系统开发人员可将整理加工后的信息，按照一定规则，记录在相应的信息载体上。将各种信息载体，按照一定特征和内容性质组成系统有序的、方便检索的集合体。

（4）信息的收集和积累，不仅保证电子文件的真实性，还为维护电子文件的系统性、完整性创造条件，防止存有电子文件的存储载体丢失、损毁，从而保护电子文件的安全。

4.站在人力资源整体管理角度看问题

应用薪酬管理系统，不能从一个局部的角度去看问题，因为业务流程中，每个环节对整个系统的选择和影响都是不一样的，把一个整体割裂来看，每一个人力资源使用部门都会针对自己的业务需求选择软件，所以应对这些需求进行整合，应从整体的目标出发。这种整体选择的策略和以局部作为基础进行选择的方法和逻辑是截然不同的。要充分考虑薪酬管理信息系统与人力资源管理系统中其他业务流程的思维模式和侧重点很不一样，存在链接及整合问题，只有整体考虑建立接口通道，才能实现系统的整合，以利于实现整体信息化。

5.电子化数据方面的对策

（1）针对数据特点采取有针对性的措施。要求在项目规划阶段任用专人负责数据问题，对数据进行整理和规划，包括动态数据与静态数据整理、现行数据和历史数据规划、公司与各单位统一数据规范等；在上线前必须事先完成当前业务组织最新数据的更新，保证上线过程中不会出现数据混乱。

（2）充分评估数据整理的工作量与难度，做好相关人员培训。在项目启动前期，必然要充分考虑数据整理、数据规范的工作量与难度。从需求调研阶段开始，做好相关人员的培训，通过问卷、文档等手段，充分考虑各个层面对 HR 数据的要求与已有数据的情况，扎实做好数据规范整理工作。

（3）高层参与，同项目团队成员步调一致。项目的成功离不开领导的支持，项目组应该时刻保持和公司高层的有效沟通，了解高层对项目的期望与看法，告知高层项目阶段目标与可能碰到的问题，以利于资源的协调与问题的解决。同时，项目组内部各个层面的关键成员，包括 HR 部门和 IT 部门，必须在各个阶段保持思想和步调的一致性，清楚了解项目的进展与面临的问题，形成合力，达成阶段目标。

6.正确处理好标准化与定制化的关系

现在绝大多数 eHR 在招投标或实施前，都会做系统分析，看系统的逻辑与企业的人力资源管理流程和方法是否符合或相互支持。如果遇到不符合的情况，要么用客制化来做到与企业需求相符，要么就放弃或让企业改流程。无论是供应商还是企业，在实施 eHR 前除了流程分析外，还要进行流程评估和优化，从而来决定对产品标准化和定制化的取舍。

首先，eHR 绝对不能成为现有管理方式的奴隶。现有的管理方式本身可能存在很多不合理的流程和环节。如果用 eHR 把这种不合理性规范固化下来，以后调整的难度就会加大，至少在事实上会影响管理的效果。

其次，企业管理也不能照搬eHR的逻辑。企业的个性或文化决定了有一些流程在企业无法实施，或至少在当前无法实施，需要做一个妥协和调整。因此，无论是eHR供应商，还是企业，都应该明确如何正确处理好标准化与定制化的关系，让eHR在企业管理过程中发挥良好的作用。

资料来源　吕晓彬. 薪酬管理信息系统在唐钢的应用［J］. 企业管理，2011（7）.

案例讨论：

1.请查阅唐山钢铁公司详细资料，了解其基本情况。

2.唐山钢铁公司薪酬管理信息系统在应用过程中，存在哪些问题？怎么解决？

3.唐山钢铁公司薪酬管理信息系统对薪酬管理有哪些促进作用？

4.薪酬管理信息系统在唐山钢铁公司的应用，在信息管理层面，给予我们哪些启示？

第15章相关案例分析提示

阅读参考

1.林新奇，蒋瑞. 高层管理团队特征与企业财务绩效关系的实证研究——以我国房地产上市公司为例［J］. 浙江大学学报：人文社会科学版，2011（3）.

2.赵捧未，窦永香，邱均平. 信息资源管理技术［M］. 北京：科学出版社，2010.

3.HWANG Y. Study on the multidimensional information management capability of knowledge workers ［J］. Aslib Journal of Information Management，2016，68（2）：138-154.

全面质量管理

📖 学习目标

✓ 理解全面质量管理的内涵和特点
✓ 理解全面质量管理的原则
✓ 熟练掌握全面质量管理的内容
✓ 熟练掌握 ISO 9000 质量管理体系

|16.1| 全面质量管理的内涵和特点

在现代日益发展的市场经济社会中，人们的生活水平得到了不断提高，也越来越重视对生活质量的追求。人们的生存是以消费为基础的，消费的商品和服务来源于市场，因此，高质量的商品和服务是现代企业赢得竞争优势的关键。

质量管理被越来越多的企业作为战略目标，尤其是日本企业在质量管理方面有其独特性。日本大多数企业均实行全面质量管理。

全面质量管理是指企业所有机构、部门和职工以及其他利益相关者积极参与制定的一套科学的、系统的、高效的质量管理体系，对原材料采购、产品研制和生产等各个环节进行控制，以确保、提高企业产品和服务质量的管理活动。全面质量管理最初产生于生产制造企业的质量管理活动中，但在服务业中同样适用。

日本企业的全面质量管理经历了 1946—1954 年的引进和推广美国的统计质量管理阶段（SQC），1955—1970 年的推行全面质量控制阶段（TQC），1970 年以后的质量管理技术方法大发展阶段。

日本的全面质量管理有以下鲜明的特点：

第一，把质量管理提到经营思想革命的高度。日本企业界认为，抓住质量管理这个中心环节，即可带动企业经营管理的全面链条。因此，通过建立和运行以质量为中心的综合管理体系，组织企业所有部门、全体人员积极参与从而科学地、经济地开展研制、生产、售后服务等经营活动，为用户提供满意的产品和服务。

第二，实行"全过程的质量管理"。日本企业突破了以往狭义的质量概念，由产品质量扩展到产量、成本、交货期等多方面。不是仅仅局限于生产过程，而是强调"以市场、顾客、消费者为中心"，动员企业的所有部门和人员，在设计、试制、生产、销售、服务的全过程中实行系统的质量管理。

第三，倡导企业中全部门的积极参与。它不仅仅限于质量管理和生产管理部门，也涉及新产品开发、成本管理、市场营销管理以及劳务管理等部门。日本企业认为，质量管理不单单是质量部门的事，而是强调企业的所有部门都有责任来保证产品质量。

在日本企业，从企业领导到每一个从业人员都通过各种不同的方式参与质量管理活动，如自愿或半自愿组成的质量活动小组就取得了明显的效果。据美国质量管理专家 J. M. 朱兰博士估计，1962—1972 年日本企业通过质量管理小组所提的合理化建议达 500 万项，可增加 250 亿美元的收益，比日本 1955 年的国民生产总值还要多。

第四，全面质量管理的触角延伸到了对供应方的引导和控制。在企业之间，通过订货企业对外协企业的质量管理指导，把外协企业紧紧地抓住，从而推动企业经营管理的全盘工作。[①]

|16.2| 全面质量管理的原则

在组织中，实施有效的全面质量管理不是仅有一种方法，也没有固定不变的、快速的规则可循，只要遵循一定的全面质量管理原则，就可能在质量管理方面取得成功。不同的组织有着不同的文化、员工和技术，对于某个组织适用的全面质量管理方法不一定对其他组织适用。

1. 以客户为中心的原则

全面质量管理必须以客户为中心。组织中的每一位员工都应该理解如果没有客户，他们的工作就没有意义而且还得不到应有的薪酬。全面质量管理的主要目的是提升产品质量，产品质量的提升需求源于客户对产品质量的要求，因此，全面质量管理的整个过程均应从客户对产品质量的要求出发，紧紧抓住以提升客户满意度为中心的工作指导思想，严格控制产品生产的各个环节、流程，确保最终产品的质量达到客户的要求。

2. 数据化原则

全面质量管理要以数据为基础，对质量管理的整个过程进行定量化记录，通过数据分析深入地探索质量管理的规律；针对出现的质量问题，以数据为基础，进行定量化研究，分析出质量问题出现的原因，对此提出有效的改进措施并加以实施。

---

① 林新奇. 国际人力资源管理实务 [M]. 大连：东北财经大学出版社，2012：167-168.

3.领导承诺原则

组织的领导承诺必须致力于持续的质量改进，并且这个承诺是显性的，贯穿在组织的整个管理过程中。只有当领导承诺重视质量管理问题时，员工才能清楚地知道自己应该做什么以及怎样做。另外，领导者要建立有助于实现全面质量管理的组织环境。

4.培训原则

在实施全面质量管理之前，组织应该全面评估员工对全面质量管理的认识、了解程度，以及员工所具备的实施全面质量管理所要求的技能水平。该评估不仅针对普通员工，更重要的是各层级的管理者。当员工对质量管理的理解不深入并且还不完全具备所需的技能时，组织应该实施全方位的培训，为成功实施全面质量管理奠定扎实的思想和人员基础。

5.沟通原则

组织在实施全面质量管理过程中，要持续保持与员工、客户和供应商的沟通。员工是产品生产的直接操作者，其最了解产品质量把控的各个环节，在已有工作经验的基础上，员工往往能够较为直接地发现质量问题并提出相应的解决措施。客户是产品的直接使用者，其对产品质量的满意度决定着组织的经营绩效。供应商作为产品原材料提供方，其原材料的质量直接决定了最终产品的质量。

6.预见性原则

全面质量管理更注重在产品研制、生产或使用之前的质量控制管理，要求将管理的重点从"事后处理"转移到"事前把关"上来；要求组织能够主动地提前预测到可能出现的质量风险，制订详细的风险规避方案并予以实施。

|16.3| 全面质量管理的内容

全面质量管理的内容主要包括4个方面：研发过程的质量管理、生产过程的质量管理、使用过程的质量管理、辅助职能过程的质量管理。每个方面均包括全面质量管理标准的制定和执行。

1.研发过程的质量管理

研发过程是确保产品质量的首要环节，也是最为关键的环节。产品的研发过程直接决定了产品的先天质量水平。通过全面质量管理标准的制定，指导并要求研发人员在研发初期就已经形成质量意识，将产品质量问题提前考虑到研发过程中，起到"防患于未然"的作用。

2.生产过程的质量管理

生产过程是产品质量形成的直接环节。在生产过程中应建立焊接、装配、调试等各个流程的质量控制标准，减少次品率。通过对最终生产出的产品进行质量测试来检验各个质量标准的执行情况，针对不合格的产品进行处理，避免其流入市场。

3.使用过程的质量管理

产品的使用过程能够直接检验出产品质量的好坏。通过产品的使用才能发现具体的产品质量问题，找出产品质量出现问题的原因，进而指导如何解决产品问题。除此之外，产品使用说明书是产品的使用标准，也可能因客户对产品的使用不当而引发产品质量问题。

4.辅助职能过程的质量管理

辅助职能包括原材料的采购、生产工具的采购、售后服务等，其虽然不直接参与产品的生产制造，但对产品质量有着重要的影响。比如，在生产过程中使用的生产工具精确度有偏差时，会直接影响产品的质量。

|16.4| ISO 9000 质量管理体系[①]

16.4.1 ISO 9000质量管理体系概况

国际标准化组织（ISO）为促进国际经济一体化，推动国际贸易的发展，于1979年成立了质量管理和质量保证技术委员会（简称ISO/TC 176），主要负责制定质量管理和认证标准。该委员会在总结世界各国特别是发达国家的质量管理经验的基础上，制定了ISO 9000系列质量管理标准，主要包括6个国际标准：ISO 8402《质量管理和质量认证——术语》、ISO 9000《质量管理和质量认证标准——选择和使用指南》、ISO 9001《质量体系——设计、开发、生产、安装和服务的质量保证模式》、ISO 9002《质量体系——生产和安装的质量保证模式》、ISO 9003《质量体系——最终检验和试验的质量保证模式》和ISO 9004《质量管理和质量体系要素——指南》。

ISO于2000年12月15日正式发布了2000版ISO 9000标准，主要包括4个部分的内容：

第一部分：核心标准

ISO 9000：2000《质量管理体系——基础和术语》

ISO 9001：2000《质量管理体系——要求》

ISO 9004：2000《质量管理体系——业绩改进指南》

ISO 19011：2002《质量和环境管理体系审核指南》

第二部分：其他标准

ISO 10012：2003《测量管理体系——测量过程和测量设备的要求》

ISO 10006：2003《质量管理体系——项目质量管理指南》

ISO 10007：2003《质量管理体系——技术状态管理指南》

ISO 10015：1999《质量管理——教育和培训指南》

---

① GOETSCH D L, DAVIS S. Quality management for organizational excellence: Introduction to total quality [M]. 7th ed. Pearson, 2013.

第三部分：技术报告和技术规范

ISO/TR 10013：2001《质量管理体系文件指南》

ISO/TR 10017：2003《ISO 9001：2000 中的统计技术指南》

ISO/TS 16949：2002《汽车生产件及相关维修零件组织应用 GB/T 19001–2000 的特别要求》

第四部分：小册子

ISO/TC 176 将根据实施 ISO 9000 标准的实际需要，编写一些宣传小册子形式的出版物作为指导性文件，如《小型组织实施 ISO 9001：2000 指南》[1]。

ISO 9000 和全面质量管理在起源上相互独立，它们在不同的时间，因为不同的原因，在世界上不同的地方产生。全面质量运动在第二次世界大战后起源于日本。ISO 9000 的一系列标准最初是为了迎合当时世界范围内存在的许多国内和国际质量标准的需求而产生的。为了这个目的，ISO，一个由来自 158 个国家的国内标准组织组成的全球联盟，组建了 176 个专门委员会来制定 ISO 9000。

ISO 9000 由这个包括美国国家标准机构（ANSI，ISO 中的美国成员）的国际性组织制定。ANSI 由其负责质量管理和相关标准的附属机构美国质量社团代表。ISO 9000 的第一个版本发布于 1987 年，那时全面质量管理运动已有 35 年历史。ISO 9000 标准的最终结果是，产品和服务的提供者可以制定并采用可以被所有客户承认的质量管理体系，而不论客户来自哪里。

政府不强制任何组织采用 ISO 9000。部分政府和公司客户可能要求供应商须进行 ISO 9000 登记（至少遵守），但是通常情况下，是否采用 ISO 9000 质量管理体系完全是由组织管理层自行决定的。一旦管理层决定采用 ISO 9000，他们将面临建立符合 ISO 9001 要求的质量管理体系的任务。ISO 9001 设定一个组织的质量管理体系应该做什么，但是并不规定某个特定组织的质量管理体系应怎么做。组织自行决定如何做，并且如果寻求登记，组织还需雇用可信任的登记公司证明其遵守 ISO 9001，除了发生超出该标准范围的细节，组织一旦被登记，就必须：

- 在运作中采用依标准制定的并完全作为质量管理体系状态的质量管理体系。
- 持续评估质量管理体系的效用并采取调整措施予以改进。
- 定期实施内部质量管理体系审计。
- 服从其登记公司至少一年一次的外部（第三方）监督审计。
- 服从某个登记公司每三年一次的新的登记审计。

如前所述，客户要求供应商进行 ISO 9001：2000 登记在许多工业部门已成为普遍现象。美国政府在国防工业合同中通常要求对方遵守 ISO 9000，由此取代与之具有相同或相似目的的军事要求（例如，MIL-Q-9858A，质量计划要求）。部分全球商业部门已经采用 ISO 9001 作为贯穿供应链的强制性质量管理体系的基础。每个部门都会根据其特点要求适用标准并据此对标准重新命名。所涉工业部门中的组织就

---

[1] 王敏华. 管理体系与认证 [M]. 北京：中国计量出版社，2006：17–18.

需要在这种量身定做的标准下运作。例如，一个向汽车动力工业提供产品的组织需要进行 QS 9000 登记，即汽车工业的 ISO 9001 版本。类似地，航空航天工业组织应进行 AS 9100 登记，工具装备工业应进行 TE 9000 登记，电信行业应进行 TL 9000 登记。ISO 9000 根植于其中的每一个标准，同时又伴有满足部门特殊需求的额外要求。

16.4.2 ISO 9000 为什么存在

1.存在的目的

ISO 9000 是有关质量管理体系（QMS）的一系列标准和指导方针。它为质量保证和管理参与设定要求。基于对 ISO 9000 的信任，组织机构将实施合乎标准化要求的质量管理体系。并且，通过持续、严格执行该质量管理体系达到以下目的：

- 通过满足客户需求提高客户满意度；
- 实现组织绩效和竞争力的持续增长；
- 持续改善工作流程、产品和服务；
- 遵从监管要求。

需要特别指出的是，ISO 9000 并不明确指出某个组织所提供的产品或服务应达到的质量或表现水平。这需要组织与其客户协商确定。ISO 9000 是有关各地组织用以管理和提高工作流程的途径的标准化规定，这种工作流程最终产生产品和服务。ISO 9000 适用于任何组织，不论私有制或公有制，不论企业规模大小，并且适用于对产品和服务质量有影响的组织的组成部门，通常包括设计、采购、制造、质量保证和运输等部门。

如果某组织向独立登记公司（第三方）声明遵守 ISO 9001，登记公司可以为该组织证明（或登记）。登记公司为全球客户提供担保，该组织的产品和服务将持续符合客户需求。为了维持登记，组织必须不懈努力以保证质量管理体系持续有效运作并不断得到改善。这就需要持续、严格运用质量管理体系以及与组织高层管理形成互动的正式、文件化的内部审计机制，穿插其中的还有登记公司的定期独立审计。如果登记公司经过审计认定组织未能遵守所登记的质量管理体系，组织可能丧失登记。

2.组织收益

ISO 声称在超乎客户满意的同时，成本和风险管理的累计收益将由组织获得。这些收益将转换为更为优质的竞争——就如全面质量管理的目标一样。ISO 还认为这些收益是强调作为标准根基的 8 项质量管理原则的结果。

3.客户收益

客户需要可以满足他们要求的产品或服务，同时他们希望价格具有竞争性。与全面质量管理体系类似，ISO 9001 可以在上述方面为组织提供帮助。如果组织听取客户意见并据此设计和制造产品，那么客户要求就能得到满足。改良后更为高效的流程可以使浪费最小化，价格就更具有竞争性，这对组织和客户双方都有利。客户对进行 ISO 9000 登记的组织所提供的产品和服务更有信心，因为他们知道组织采用了适当的质量管理流程，并且独立的登记公司可以确保流程持续运作。

16.4.3 ISO 9000 之根基

1.八项原则

ISO 9000 质量管理体系基于全面质量管理（TQM）的八项原则：

（1）客户至上。了解客户需求，满足客户要求并力求超乎客户所望。

（2）领导力。建立目标和组织动向的一致性，提供促进员工参与和工作达标的环境。

（3）员工参与。利用充分参与的员工，发挥其所有能力以实现组织利益。

（4）流程性。要认识到，所成就的事情是流程的结果，与相关活动或资源相伴的流程必须予以管理。

（5）体系性管理。多种相互联系的实现组织效益的途径自成体系，并应作为一个体系进行管理。

（6）持续提升。持续提升应作为可用于组织及其员工、流程、体系和产品的永久性目标。

（7）决策的真实性。决策必须基于对准确、相关、可靠数据和信息的分析。

（8）互利的供应关系。从对方资源和知识中获利的组织和供应商最终实现双赢。

这八项原则在全面质量管理研究和戴明博士的十四点里都有所体现。它们代表着组织为了营造有效、一致的质量管理体系所必需的文化氛围而必须坚持的全面质量哲学。

2.PDCA原则

计划（plan）—实施（do）—检验（check）—行动（action）是 ISO 9000 的运作原则，其作用是在一个无限循环的圈子中运作，就如下列步骤所述，这样最终的结果是产品/服务、流程和流程体系的持续提升：

（1）计划。设定目标并制订计划以实现目标。

（2）实施。将计划付诸实践。

（3）检验。检验实施行为的结果，即所计划的行为是否有效，或者目标是否达成。

（4）行动（或调整）。从第三步的检验结果中吸取教训，对计划进行必要的调整，然后重复此循环。

16.4.4 ISO 9000 和全面质量管理的关系

目前世界上有 2 个有效的重要质量管理先驱：ISO 9000 和全面质量管理。因此阐述二者之间的关系是很有用的。以下论述概括了这种关系：

• ISO 9000 和全面质量管理彼此联系但是不可互换。

• ISO 9000 相当于或者可以看作全面质量管理的子集。

• ISO 9000 经常在非全面质量管理的环境中实施。

- ISO 9000可以提升在传统环境中的运作。
- 在成熟的全面质量管理环境中，ISO 9000可能是多余的。
- ISO 9000和全面质量管理并非竞争关系。

1.ISO 9000和全面质量管理彼此联系但是不可互换

尽管2000年版的ISO 9000朝着全面质量管理进行了重大飞跃，但是它们仍不相同，可能永远不会相同。

一方面，根据定义，ISO 9000仅关注有关产品或服务设计、开发、采购、生产、安装、售后服务的质量管理体系。另一方面，根据定义，全面质量管理包括商业或组织的所有方面，不仅仅是设计、生产和配置产品和服务的体系，还包括所有支持体系，比如人力资源、财务和市场。全面质量管理涵盖组织的每一个职能和层级，从最顶层到最底层。

全面质量管理还意味着管理要负责发展组织愿景（即组织希望在未来某时点成为什么）、建立指导原则（即组织和所有员工的行为准则）和制定在指导原则限制下实现组织愿景的策略。在一个全面质量管理体系组织中，愿景是通过与管理层协作的被授权员工的投入而实现的。

全面质量管理基于戴明、朱兰、石川和其他人的讲授，包括戴明十四点、朱兰质量提升十步法和波多里奇国家质量奖所确定的标准，现已越来越流行并且要求越来越高，这就确实需要组织进行转变。

ISO 9000和全面质量管理之间最主要的区别在于对整个组织的涉及程度。全面质量管理要求涉及组织的所有职能部门和层级，然而ISO 9000并不要求质量管理体系涉及对管理和实施产品或服务实现流程没有直接作用的职能部门和层级。质量管理体系不涉及的职能部门通常包括人力资源、财务、销售和市场部门等。

全面质量管理可以定义为在经商中通过持续提升流程、产品、服务、人员和环境的质量来最大限度提高组织竞争力的途径。

2.ISO 9000相当于或者可以看作全面质量管理的子集

很明显，全面质量管理和ISO 9000不是一样的东西。然而，ISO 9000中并没有一些固有的可能阻止其成为更为广泛的全面质量管理环境中的一部分的东西。现在公司中有很多把ISO 9000作为更广泛的全面质量管理环境中的一部分的成功案例。在全面质量管理上已经具有一定成熟度的组织通常更容易落实ISO 9000。这是因为全面质量管理环境具有高层管理承诺、形成文件的流程、持续的改善、对质量的执念等构造，这可以轻易支撑起ISO 9000的要求。

3.ISO 9000经常在非全面质量管理环境中实施

尽管全面质量管理和ISO 9000兼容并且能够很好地促进ISO 9000实施，但是其绝非ISO 9000的先决条件。事实上，可以肯定地说，大多数进行ISO 9001登记的组织还没有充分采用全面质量管理。

4.ISO 9000可以提升在传统环境中的运作

传统环境是指在全面质量管理运动开始变革之前在公司中持续数十年的组织环

境。传统环境根据古老的做事方式而非全面质量管理原则进行运作。

如果传统环境执行 ISO 9000，公司应该变得更好。我们还不至于说一定会变好，因为这在很大程度上取决于组织采用 ISO 9000 的原因和执行层面的执行程度。换句话说，如果 ISO 9000 因为错误的原因被不恰当应用，那它不过是营销策略，组织的职能部门可能会比采用 ISO 9000 之前面临更多问题。

5.在成熟的全面质量管理环境中，ISO 9000 可能是多余的

ISO 9000 不仅可以帮助传统环境，它还可以使全面质量管理组织受益。然而，一个全面质量管理高度成熟的组织，假如在波多里奇奖 1 000 分中处于 400～600 分范围，那么所有的 ISO 9000 标准已经在列。在这种情况下，进行 ISO 9001 登记的唯一强有力的原因是营销目的。诸如丰田这样的公司可以从 ISO 9001 登记中获得什么呢？或许什么都得不到。它已经做到了 ISO 9000 的一切要求。它的产品和流程被认为世界一流。因此，它甚至连营销优势都得不到。然而，还有很多优良的全面质量管理组织并不如丰田那么广为人知。这种组织，即使它们已经满足甚至超越了 ISO 9000 的要求，也很有必要进行登记从而使潜在客户知道它们的产品或服务满足国际标准。

6.ISO 9000 和全面质量管理并非竞争关系

这并不是一个非此即彼的问题。组织可以采用全面质量管理或 ISO 9000，或兼具二者。虽然有人提倡其中一个而排斥另外一个，但是从更广泛的规划中看，这两个概念彼此相处融洽。二者都具备有价值和相似的目标。我们的观点是全面质量管理和 ISO 9000 不仅兼容，而且实际上还互相支持、互相补充。在同一个管理体系中兼用二者具有充足的理由。

复习思考题

1.简要阐述全面质量管理的内涵、特点、原则和内容。

2.ISO 9000 质量管理体系对现代企业的质量管理有哪些影响？

3.如何理解 ISO 9000 和全面质量管理之间的关系？

相关案例

腾讯公司发展案例

一、腾讯公司发展历程

1.初创期

1998 年 11 月 11 日，马化腾和他大学时的同班同学张志东正式注册成立深圳市腾讯计算机系统有限公司。当时公司的主要业务是拓展无线网络。在公司成立之初，主要是为寻呼台建立网上寻呼系统，这种针对企业或事业单位的软件开发工程可以说是几乎所有中小型网络服务公司的最佳选择。

1999 年 2 月，腾讯在互联网上推出 OICQ（即 QQ）的第一个测试版本，包含的功能十分简单，但在市场上反响很大。1999—2003 年的 4 年间，QQ 的在线人数在不断飞跃，由100万上升到500万。

2000年6月QQ进入移动新生活，经过腾讯公司和深圳联通公司双方的努力，在深圳联通公司"移动新生活"服务首批推出10 000张STK卡中，嵌入了"移动QQ"菜单，使该服务使用起来更为方便快捷。在该卡中，"移动QQ"服务包括发送信息、查询信息、查询好友状态、通过不同的条件查询腾讯QQ用户等功能。

2.发展期

2004年6月，腾讯公司在中国香港主板公开上市（股票代号00700），董事会主席兼首席执行官是马化腾。12月腾讯QQ游戏在线人数突破100万，2004年年底腾讯公司已独立开发30项拥有著作权的软件产品。

2005—2009年腾讯在不断超越、突破，创造奇迹。QQ一系列产品在市场上都占有一席之地，如QQ空间。腾讯公司获得许多殊荣，连续保持着其在互联网领域的翘楚之位。

3.昌盛期（代表性事件）

2010年3月腾讯QQ最高同时在线用户数突破一亿。9月国家主席胡锦涛一行来到腾讯公司参观考察。

2011年1月21日，腾讯推出为智能手机提供即时通讯服务的免费应用程序：微信。5月，腾讯投资4.5亿元入股华谊兄弟传媒股份有限公司。

2012年5月腾讯宣布进行公司组织架构调整，从原有的业务系统制升级为事业群制，划分为企业发展事业群（CDG）、互动娱乐事业群（IEG）、移动互联网事业群（MIG）、网络媒体事业群（OMG）、社交网络事业群（SNG）和技术工程事业群（TEG），并成立腾讯电商控股公司（ECC）专注运营电子商务业务。12月国家主席习近平来到腾讯公司参观考察。

2013年9月，腾讯与搜狐及搜狗共同宣布达成战略合作。

2014年4月11日晚间21时11分，腾讯QQ最高同时在线用户数突破2亿。5月，腾讯宣布成立微信事业群（WXG），撤销2012年组建的腾讯电商控股公司，实物电商业务并入京东。2014年12月15日，腾讯首次入选由世界品牌实验室编制的2014年度《世界品牌500强》排行榜。

2015年6月，华南地区最大的云计算数据中心基地——中国腾讯云计算数据中心——在深汕特别合作区正式启用。9月，腾讯宣布成立全资子公司腾讯影业，腾讯集团副总裁程武任CEO。

2016年3月17日，腾讯公司公布了截至2015年12月31日第4季度财报及2015年全年财报。财报显示，2015年总收入为1 028.63亿元，此外，截至2015年，微信及海外版Wechat的合并月活跃用户数达到6.97亿。

二、**腾讯公司的企业介绍（分群）**

1.社交网络事业群（SNG）

QQ：腾讯公司推出的一款基于互联网的即时通信平台，其主要用户平台为电脑端及手机端，支持在线聊天、语音通话、视频、在线（离线）传送文件等全方位通信社交功能。

腾讯云：包括云服务器、云存储、云数据库和弹性 web 引擎等基础云计算服务以及腾讯云分析（MTA）、腾讯云推送（信鸽）等大数据运营服务。

QQ音乐：腾讯公司推出的网络音乐平台，是中国互联网领域领先的正版数字音乐服务平台，

2.互动娱乐事业群（IEG）

腾讯游戏：全球领先的游戏开发和运营机构，也是国内最大的网络游戏社区。腾讯游戏以"用心创造快乐"为理念，通过在多个游戏产品细分领域的耕耘，致力于为玩家提供"值得信赖的""快乐的""专业的"互动游戏体验。

腾讯文学：移动端应用（APP）"QQ阅读"和触屏网站"QQ书城"两大移动阅读产品，以及以手机QQ阅读中心为代表的综合内容拓展渠道。

3.移动互联网事业群（MIG）

腾讯电脑管家：拥有云查杀木马、系统加速、漏洞修复、实时防护、网速保护、电脑诊所、健康小助手等功能。

腾讯手机管家：包括病毒查杀、骚扰拦截、软件权限管理、手机防盗及安全防护、用户流量监控、空间清理、体检加速、软件管理等高端智能化功能。

QQ浏览器：由腾讯公司自主研发的免费浏览器，拥有PC端和手机端的多个版本。

腾讯地图：能够为用户提供准确的地点查询、周边搜索服务，提供零流量模式。

应用宝：腾讯旗下安卓应用商店，开创了手机应用下载的场景化、社交化和个性化模式。

4.网络媒体事业群（OMG）

腾讯网：是中国最大的中文门户网站，集新闻信息、社会化媒体资讯和产品以及区域垂直生活服务为一体的大型综合门户网站。

腾讯视频：是中国最大的在线视频平台，拥有丰富的优质流行内容和专业的媒体运营能力，是聚合热播影视剧、优质独家出品内容、体育赛事、大事件、新闻资讯等为一体的综合视频内容平台。

腾讯微博：基于社交网络建立的社会化媒体平台，兼具"媒体"与"社交网络"属性。截止到2013年12月末腾讯微博注册用户数超过6.2亿，日活跃用户数近8 000万，旨在建立以人为核心的传播。

5.微信事业群（WXG）

微信：是腾讯公司于2011年初推出的一款可以发送图文信息、语音视频信息，支持多人语音对讲等功能的移动社交软件。用户还可以在朋友圈中和好友实时分享生活点滴。2016年春节假期，通过微信支付收发的红包数量仅在6天内就超过320亿个。

QQ邮箱：拥有来信即时提醒、阅读空间、1G超大附件、音视频邮件等多个特色功能。

6.企业发展事业群（CDG）

财付通、腾讯产业共赢基金。

三、腾讯创始人马化腾

马化腾1971年10月29日出生于广东省汕头市，1984年正在读初二时，随家人从海南迁至深圳，后就读于深圳大学计算机系计算机专业。

1993年从计算机专业毕业后，马化腾进入深圳润迅通讯发展有限公司，开始做编程工程师，专注于寻呼机软件的开发，润迅提升了马化腾的视野，以及给马化腾在管理上必要的启蒙。

1998年马化腾与他的同学张志东"合资"注册了深圳腾讯计算机系统有限公司。之后又吸纳了3位股东：曾李青、许晨晔、陈一丹。跟其他刚开始创业的互联网公司一样，资金和技术是腾讯最大的问题。

2000年，第一次网络泡沫席卷了整个中国互联网市场，腾讯进入了最为困难的时期。在面临资金困难时，马化腾曾险些把开发出的ICQ软件以60万元的价格卖给深圳电信数据局，但终因价格原因告吹。

2004年6月16日，马化腾带领腾讯在香港交易所主板挂牌上市。

2016年3月3日，全国人大代表、腾讯公司董事会主席兼CEO马化腾表示，2016年全国两会带来五个准备提交的建议案，涉及"互联网+"落地措施、分享经济、互联网医疗、数字内容产业和互联网生态安全。

四、腾讯公司的管理模式与方法

腾讯公司的经营理念实际而又根本，或许这就是其在市场上长青的原因之一：一切以用户价值为依归，注重长远发展，不因商业利益伤害用户价值；关注并深刻理解用户需求，不断以卓越的产品和服务满足用户需求；重视与用户的情感沟通，尊重用户感受，与用户共成长。

腾讯公司的管理机构层次分明，由股东大会、董事会、管理层、众多的员工组成。合理地聘用人才使腾讯搜集了中国乃至世界的IT精英，腾讯50%以上员工为研发人员。腾讯向来注重人才的培养，人才为第一财富，人才培养本着为公司战略、企业文化的建设服务理念，通过帮助员工提升工作绩效和个人能力，推动员工与公司共同成长。于是，腾讯公司的员工福利在互联网企业中非常优厚。

谈及管理，腾讯人才管理机制理性而又人性化。其实行三大机制：（1）末位淘汰机制。根据GE前CEO杰克·韦尔奇推崇的活力曲线，腾讯公司制定了基于绩效的5%末位淘汰机制，保证优秀人才得到认可，保障了企业内部活力。（2）年薪机制。提高了员工工作的积极性，业绩提升很快。（3）引进优秀的管理方法，封建的就是落后的，引进来才可开拓企业的发展，实行放权管理。

腾讯的经营决策可以概括为4点：第一，免费下载，圈占市场份额。第二，大胆尝试，寻找盈利之路。第三，模仿起步，抓住市场先机。第四，不断创新，实现战略扩张。这4点中模仿是腾讯成功的关键，验证了那句笑话"走别人的路让别人无路可走"。

1.3 000人达到30人的沟通水平

"公司到3 000人的时候，能不能达到300人甚至30人的沟通效率和水平？这对我们提出了很高的挑战和要求。"腾讯集团副总裁、主管人才发展部门的奚丹，亲历了腾讯员工快速扩张的整个过程。

腾讯内部有很便捷的电子化沟通平台，其中之一就是RTX（腾讯通）——腾讯的企业版即时通讯产品。另外，公司内部的BBS利用率也极高。员工习惯于把各种问题在各个分论坛上抛出，总办成员或者公司某一领域的专家会进行答疑，从如何快速有效地解决用户申诉到咖啡厅饮料味道不好等问题都有。

当然，还有每两周一次的"总办午餐交流日"，选择12名员工和总办成员代表一起吃饭。同时，在腾讯办公室的每层楼里，都设有一个"总办信箱"，接受对越过公司规定的"高压线"的行为的检举和投诉。

可喜的是，以马化腾为首的腾讯老总们，对这项工作都非常支持。腾讯曾经召开过一次特殊的管理层扩大会议，模拟中央电视台《对话》节目，把总办的领导、员工代表以及一些老员工请上台，对腾讯的文化进行了深层次的探讨和阐释。事实证明，领导们站到台前现身说法，效果比直接的宣传说教要好很多倍。也正是这一个个促进上下级交流的措施，才使得腾讯真正缩短了上下级的距离。

2.抛弃办公室框条文化

腾讯本身是具备了年轻人气质的一家公司，80后和70后之间没有太多代沟。所以腾讯的人力资源管理者们必须在润物细无声中，把规章制度嵌进80后们的内心深处，而不是像大多数传统企业所做的那样，将制度张贴在墙上。于是前台、过道两侧甚至大厦的电梯等公共空间都被腾讯充分利用起来。例如，在电梯里就贴着一组小企鹅的漫画，提醒员工注意不要逆向乘坐等细节。

2015年，腾讯正式成立了一个跨功能的团队——"文化委员会"，由马化腾亲自督阵，委员会里也有很多80后，其主要任务就是让文化实现规章制度之外的教育。除此之外，这里经常还可见其他各种五花八门的"行动"和口号，不仅仅停留在文化的层面，而是渗透到业务运作当中。

3.善用中、基层管理者

中层、基层管理者基本上都是跑步上岗，有时难免出现不胜任的情况。公司的决策层可以左右发展方向，但是当公司变大了，日常的管理最离不开的是基层干部。

为了帮助基层、中层管理者实现角色转换，腾讯开始加速完善内部培养机制。目前，腾讯已经制订了人力资源储备计划——"飞龙计划"和"潜龙计划"。前者指的是每一年定期培养储备人才，目标锁定部门经理、中层经理，后者则面向更宽的范围。除此以外，腾讯向中层经理提供就读MBA的机会，以及定期的相关辅导，对基层经理也有相应的培训课程。

腾讯还有一项发动公司内部员工揽才的"伯乐计划"。凡推荐的人才被录用，"伯乐"可获500元到2万元不等的奖励。目前通过这种办法，腾讯吸引到了不少来自微软、Google等跨国企业的优秀人才。

4.严格、复杂、多方位的人才评估机制

腾讯不会为达到短期目的而招聘,这些要求同样适用于那些高层次的稀缺人才。腾讯不欢迎短期逐利者,无论他的专业水平多高。因此,在员工正式进入公司工作后,腾讯会执行严格的人才评估机制。

对普通员工进行评估时,人力资源部会邀请被考核人的上级、平级以及直属下级参与一个问卷调查,然后对问卷中的一些问题进行跟踪和走访,以确保在文化和价值观上对所考核员工都有一个相对比较客观的评价。

对高级人才进行评估时,腾讯一般采用360度能力评估法,最后的评估结果以雷达图呈现。在考核中,人力资源部会邀请被考核人的上级、平级、下级以及跨部门的合作者,从7个纵向维度和4个横向维度对被考评者进行360度的全方位评估。7个纵向维度为正直诚信、工作激情等,4个横向维度分别是管理自己、管理工作、管理团队、管理战略变革,最终将4个横向维度、7个纵向维度的评估结果连接起来,形成考评结果雷达图。

雷达图多维度的综合评价方法,让腾讯能够评估人才的综合能力的动态趋势,而被考核人借助雷达图也能够清晰地了解综合能力的变动情况和趋势,找到自身需要努力的方向。

5.关心员工成长,管理聚焦于人

提高公司团队的能力,招聘优秀的人才只是第一步,重要的是为他们营造一种学习的氛围。在腾讯内部,每一位新入职的员工都会由一位资深员工担任他们的导师,并为他们设计相应的培训课程,规划发展方向。

除了腾讯CEO这个身份,马化腾同时还是腾讯人力资源管理执行委员会的负责人。从这个身份不难看出马化腾对内部人才管理的重视。

目前,腾讯80%的中层干部都是自己培养出来的;在15人左右的高管层中,有1/3是创始人,1/3多是自己培养出来的,少于1/3是"空降兵",即便是空降的高层领导,经过多年的腾讯文化熏陶也已充分融入进来。

腾讯人力资源部总经理助理陈双华在接受媒体采访时表示,马化腾作为腾讯人才管理工作的最高领导,一直在思考要如何帮助人才持续成长。

面对人才,一个酝酿已久的计划——"辅导年"被提了出来。所谓"辅导年"是指各层级的领导针对下属的业绩和发展提供教练式服务。计划先从马化腾等最高层领导开始执行,并在核心团队中推行。由于效果良好,"辅导年"计划从高层、中层逐层往下普及。人力资源部为此设计了高层论坛,并定制了辅导课,在内部网上开设了辅导专区。这些工具和方法让公司创始人和高管层能够为下级现身说法或者做辅导,从而提高了人才培养的效率。

2011年之前,腾讯的管理理念有4条。现在的腾讯则把管理聚焦于人,新的管理理念只有一条,那就是关心员工成长。

杰克·韦尔奇曾经说过:"越多的人参与到企业的成功中来,这样的成功就越激动人心。"在腾讯,这句话有另外一个版本:"让每一位腾讯人与腾讯一起成就闪亮的未来。"这种对每一个员工的成长真真切切的关心，也许正是一家大企业的立业之本。

6.对员工进行物质与精神双重激励

在业界，腾讯一直以高薪著称。每年，人力资源部都会对各岗位的薪酬水平做.调研，并做出相应的调薪方案，让腾讯始终保持具有竞争力的薪酬。对员工来说，他们只需努力工作，自然会获得满意的收入，无须为此患得患失。

同时，在腾讯，除了物质激励，还会为员工提供精神激励，满足员工自我实现的需求。在腾讯，员工实现自我需求是通过TTCP（技术职业发展通道管理委员会）完成的，这个组织就像是腾讯的"黄埔军校"，它将技术人才划分为6个级别，从T1（工程师）到T6（首席科学家），并为每个级别的人才提供详细而且有效的培训计划。

在现代社会，人才是企业最重要的资产。人才使企业的人力资本不断增值，使人力资本成为企业发展的主导力量，并能最大限度地提高企业的绩效。所以，对人才的激励就显得格外重要。而腾讯不仅做到了物质的激励，还给予了员工充分的精神激励，这种管理模式有利于激发员工的积极性，增强企业凝聚力。

7.培养员工学习的心态

对员工进行培训，是一个企业发展的必备需求。早在20世纪80年代，摩托罗拉公司就曾做过一项关于培训收益的调查。结果显示，企业每投入1元的培训费用，在3年内可实现40元的生产效益，这充分说明企业培训员工的重要性。

对于日新月异的互联网行业，及时增加知识储备尤为重要，腾讯对此的重视程度也相当高。2007年8月，腾讯学院成立。围绕着为公司培养更多更好的人才的核心目标，学院致力于搭建一个有腾讯特色的学习型组织。学院的使命是通过提供多样的学习与发展方式，成为员工3A（anytime，anywhere，anyway）学习的知识银行、经理人培养团队的黄埔军校、公司知识管理的最佳平台。与此同时，腾讯还于2007年5月引进了Q-learning系统。腾讯希望通过这个平台实现"放大、穿透、继承、节省"效应，创建学习型组织。

对于加强知识分享，腾讯Q-Learning平台还进行了许多卓有成效的探索，其中，"腾讯大讲堂"网络课程受到了员工的普遍欢迎。"大讲堂"主要是由腾讯内部专业人员任讲师，介绍和讲解某些产品和技术，这些内容将以课件的形式上传到Q-Learning平台，加速知识的分享和传播。

另外，腾讯还会在Q-Learning上搭建知识管理平台等，鼓励员工自主开发课件、分享成功经验，为整个公司营造出学习型组织氛围。正是这种对员工学习心态的关注，才使得腾讯的每一个人都不断完善自我，增加知识储备，这也是腾讯屹立于互联网行业十几年的重要原因之一。

五、企业文化引领腾讯成长

1.一切以用户价值为依归

数据显示，腾讯的员工流动率一直保持在10%左右，远低于互联网行业20%～30%的水平。除了有竞争力的薪酬待遇外，温暖的企业文化帮助腾讯网罗了中国互联网领域大量的优秀人才。

作为腾讯文化的缔造者，腾讯五大创始人之一陈一丹的解读是："首先要从用户的需求出发，真正让用户的需求落地；其次希望能够营造大家庭的氛围，管理者和员工之间不是简单的雇佣关系，而是互相关爱、共同进步的关系，能够用一致的理念和价值观共同做好一件事情。"

"一切以用户价值为依归"的经营理念已深入每位腾讯人心中，是腾讯人的传家宝，也是"腾讯之道"。腾讯还将其企业文化的一个关键词定义为"瑞雪"，以示纯净之意。对于违背价值观的行为，就称之为"不瑞雪"。

确实，成立十多年以来，腾讯一直秉承一切以用户价值为依归的经营理念，始终处于稳健、高速发展的状态。腾讯公司的愿景是成为最受尊敬的互联网企业，使命是通过互联网服务提升人类生活品质，为人们带来便捷和愉悦。

大道无形，企业文化是看不见和摸不着的，但企业文化的好坏直接关系到员工的忠诚度。腾讯对于企业文化的关注值得我们学习。

2.专注做自己擅长的事，脚踏实地

有成就的人大多是专注的，他们每次只做一件事，所以他们用时少、出错少，成功的机会大。马化腾就是这样一个专注于擅长之事的人，一直保持务实、低调的做事风格，他的这种精神也渗透进了腾讯的企业文化。

目前，腾讯是国内唯一一家专注于网络即时通信服务的公司。在互联网各种产品遍地开花的21世纪初，马化腾却不顾所谓的"大势所趋"，用了几年的时间专注于即时通信，用他的话说："即时通信是腾讯的专业领域，公司一直专注于这个领域，没有分过心。现在，我们做到了注册用户过亿，我想这就是专注的结果。"在马化腾看来，腾讯之所以能够成功，是因为产品的质量受到了用户的广泛认可，而保证产品质量的方法就是专注做自己擅长的事情。

在腾讯内部，一个项目的构思往往很早就开始进行，比如电子商务，但一般都会"隐身"一两年后才正式推出。因为资源有限，一段时间只能专注在一种业务上，所以业务要排优先级。

专注使马化腾不受别人左右，也看得更深更远。这种专注的精神现在已经成为腾讯企业文化的一部分。而马化腾的专注，也成了腾讯人最为信赖的支柱。

资料来源 根据徐永妹、朱蕾、宋若凡（林新奇教授指导）的案例作业改编。

思考与讨论：

1.腾讯公司的发展有什么特点？

2.从腾讯公司的案例可以得到哪些管理学启示？

第16章相关案例分析提示

阅读参考

1.林新奇. 国际人力资源管理实务［M］. 大连：东北财经大学出版社，2012.

2.林新奇. 国际人力资源管理［M］. 上海：复旦大学出版社，2011.

3.唐津一. 日本的全面质量管理［M］. 江临，译.北京：中国标准出版社，1985.

4.科恩，布兰德. 政府全面质量管理：实践指南［M］. 孔宪遂，等，译.北京：中国人民大学出版社，2002.

主要参考文献

英文文献

［1］ MARDANI A. Fuzzy multiple criteria decision-making techniques and applications—Two decades review from 1994 to 2014 ［J］. Expert Systems with Applications，2015，42（8）：4126-4148.

［2］ MASLOW A H. Motivation and personality ［M］. 3rd ed.，New York：Longman，1987.

［3］ ANDERSON A. Management：Take charge of your team：Communication，leadership，coaching and conflict resolution ［M］. Create Space Independent Publishing Platform，2015.

［4］ BASS B M. Leadership and performance beyond expectation ［M］. New York：Free Press，1985.

［5］ TULGAN B. The 27 challenges managers face：Step-by-step solutions to（nearly）all of your management problems ［M］. Jossey-Bass，2014.

［6］ BURNS J M. Leadership ［M］. New York：Harper & Row，1978.

［7］ FROST D. The concept of "agency" in leadership for learning ［J］. Leading and Managing，2006，12（2）：19-28.

［8］ GOETSCH D L，DAVIS S. Quality management for organizational excellence：Introduction to total quality ［M］. 7th ed. Pearson，2012.

［9］ VERCIC D，ZERFASS A. A comparative excellence framework for communication management ［J］. Journal of Communication Management，2016，20（4）：270-288.

［10］ GRAEN G B，UHLBIEN M. Relationship-based approach to leadership：Development of leader-member exchange（Lmx）theory of leadership over 25 years：Applying a multi-level multi-domain perspective ［J］. The Leadership Quarterly，1995，6（2）：219-247.

［11］ FAYOL H，GRAY I. General and industrial management ［M］. London：Pitman & Sons，1949.

［12］ HORNSTEIN H A. The integration of project management and organizational change management is now a necessity ［J］. International Journal of Project Management，2015，33（2）：291-298.

［13］ MINTZBERG H. The nature of managerial work ［M］. New York：Harer &

Row，1973.

[14] MINTZBERG H，GOSLING J. Educating managers beyond borders [J]. Academy of Management Learning and Education，2002，1（1）：64-76.

[15] PARAMBOOR J. Scientific management theory：A critical review from islamic theories of administration [J]. An International Journal of Economics，Business and Applications，2016，1（1）：8-16.

[16] KOUZES J M，POSNER B Z. The leadership challenge：How to make extraordinary things happen in organizations [M]. Jossey-Bass，2012.

[17] CONGER J A，KANUNGO R N. Toward a behavior theory of charismatic leadership in organizational settings [J]. Academy of Management Review，1987，12（4）：637-647.

[18] MAXWELL J C. The 5 levels of leadership：Proven steps to maximize your potential [M]. Center Street，2011.

[19] KALRA J，KOPARGAONKAR A. Quality improvement in clinical laboratories：A six sigma concept [J]. Pathol Lab Med Open J.，2016，1（1）：11-20.

[20] BELKER L B，MCCORMICK J. The first-time manager [M]. 6th ed. Amacom，2012.

[21] LIN X. Human resource management and development in China from 1979-2009：A path and trend analysis. IFSAM 2012 World Congress "Management Reimagined"，2012-07.

[22] LIN X. Theory of 25-year-cycle evolution：A hypothesis about the relationship between the transition of economic development mode and the human resource management innovation [J]. International Journal of Innovation and Economic Development，2015，1（2）：20-24.

[23] PRYOR M G，TANEJA S. Henri Fayol，practitioner and theoretician—Revered and reviled [J]. Journal of Management History，2010，16（4）：489-503.

[24] NOHRIA N，KHURANA R. Handbook of leadership theory and practice [M]. Boston，MA：Harvard Business Press，2010.

[25] LENCIONI P. The five dysfunctions of a team：A leadership fable [M]. Hoboken，NJ：Wiley，John and Sons，2002.

[26] HERSEY P，BLANCHARD K H. Management of organizational behavior [M]. 10th ed. NJ：Prentice Hall，2012.

[27] DRUCKER P F. Management：Tasks，responsibilities，practices [M]. HarperCollins，1993.

[28] DRUCKER P F. The practice of management [M]. New York：HarperBusiness，2006.

[29] NORTHOUSE P G. Leadership：Theory and practice [M]. 7th ed. Thousand

Oaks，CA：Sage Publications，2015.

［30］SMUTNÝ P，PROCHÁZKA J，VACULÍK M. The relationship between managerial skills and managerial effectiveness in a managerial simulation game［J］. Innovar Revista De Ciencias Administrativas Y Sociales，2016，26（62）：11-22.

［31］HATTORI R A，WYCOFF J. Innovation DNA［J］. Training and Development，2002，56（1）：24.

［32］DAFT R L. Management［M］. Boston，MA：Cengage Learning，2015.

［33］LOWE R. Insider secrets for managers and supervisors：Lessons learned managing from the trenches［M］. The Writing King，2016.

［34］ALBRECHT S L，BAKKER A B，GRUMAN J A，et al. Employee engagement，human resource management practices and competitive advantage［J］. Journal of Organizational Effectiveness：People and Performance，2015，2（1）：7-35.

［35］SO S，SMITH M. The impact of presentation format and individual differences on the communication of information for management decision making［J］. Managerial Auditing Journal，2003，18（1）：59-67.

［36］ROBBINS S P，DE CENZO D A. Fundamentals of management：Essential concepts and applications［M］. 9th ed. Upper Saddle River，NJ：Prentice Hall，2014.

［37］ROBBINS S P，COULTER M A. Management［M］. 12th ed. Upper Saddle River，NJ：Pearson Education ，2013.

［38］BATEMAN T，SNELL. Management：Leading & collaborating in a competitive world［M］. Burr Ridge，IL：McGraw-Hill Education，2016.

［39］CHOUINARD Y. Let my people go surfing［M］. New York：Penguin Press，2005.

［40］DWIVEDI Y K. Research on information systems failures and successes：Status update and future directions［J］. Information Systems Frontiers，2015，17（1）：143-157.

［41］ZACCARO S J，MUMFORD M D. Assessment of leader problem - solving capabilities［J］. Leadership Quarterly，2000，11（1）：37-64.

［42］LIN X. About the HHP model of HRM：A comparison of Japanese，American and Chinese human resource management models［C］. 日本劳务学会2016年会论文集，2016.

日文文献

［43］岡本康雄. 現代経営学辞典［M］. 東京：同文舘，1996.

［44］岡本康雄. 多国籍企業と日本企業の多国籍化（1）［J］. 東京大学経済学論集，1989，53（1）.

［45］岡本康雄. 多国籍企業と日本企業の多国籍化（2）［J］. 東京大学経済

学論集，1989，54（3）.

　　[46]岡本康雄. 多国籍企業と日本企業の多国籍化（3）[J]. 東京大学経済学論集，1990，55（2）.

　　[47]岡本康雄. 多国籍企業と日本企業の多国籍化（4）[J]. 東京大学経済学論集，1989，56（1）.

　　[48]岡本康雄. 日系企業in東アジア [M]. 東京：有斐閣，1998.

　　[49]岡本康雄. 技術革新と企業行動 [M]. 東京：東京大学出版会，1985.

　　[50]岡本康雄. 日立と松下（上下）[M]. 東京：中央公論社，1979.

　　[51]港徹雄. 日本のものづくり競争力基盤の変遷 [M]. 東京：日本経済新聞出版社，2011.

　　[52]林新奇. IT産業とくにソフトウェア開発産業における日中合弁企業の展開と課題——北京におけるNEC、富士通、日立の事例 [J]. 青山国際政経大学院紀要，2002（13）.

　　[53]林新奇. 高度経済成長期における中国企業のトップマネジメントの二十四時間——「時間の投入」から見る中国企業のトップマネジメントの役割[J]. 国際ビジネス研究学会年報，2008.

　　[54]林新奇. 中国における官・学・民企業の人的資源管理の特徴 [C]. 国際ビジネス研究学会第15回大会論文，2008.

中文文献

　　[55]明克斯. 独辟蹊径——具有开创精神的企业家 [M]. 李兆熙，等，译. 北京：中国财政经济出版社，1990.

　　[56]纳哈雯蒂. 领导学 [M]. 王子新，等，译. 4版. 北京：机械工业出版社，2007.

　　[57]坎贝尔，萨默斯. 核心能力战略：以核心竞争力为基础的战略 [M]. 严勇，祝方，译. 大连：东北财经大学出版社，1999.

　　[58]肯尼迪，迪尔. 西方企业文化 [M]. 孙耀君，等，译. 北京：中国对外翻译出版公司，1989.

　　[59]艾诗根. 学习领导理论的基本理念、理论模型和经验启示 [J]. 比较教育研究，2016（5）.

　　[60]巴泽尔，盖尔. 战略与绩效——PIMS原则 [M]. 吴冠之，等，译. 北京：华夏出版社，2000.

　　[61]北伟，智瑞. 世界管理100年：管理理论卷 [M]. 北京：光明日报出版社，2000.

　　[62]波特. 竞争优势 [M]. 陈小悦，译. 北京：华夏出版社，2005.

　　[63]波特. 竞争战略 [M]. 陈小悦，译. 北京：华夏出版社，2005.

　　[64]波特. 国家竞争优势 [M]. 李明轩，邱如美，译. 北京：华夏出版社，

2002.

［65］波特，竹内广高，神原鞠子．日本还有竞争力吗？［M］．陈小悦，孙力强，陈文斌，等，译．北京：中信出版社，2002．

［66］德鲁克．知识管理［M］．杨开峰，译．北京：中国人民大学出版社，1999．

［67］德鲁克．创新和企业家精神［M］．蔡文燕，译．北京：机械工业出版社，2007．

［68］陈文晶，时勘．变革型领导和交易型领导的回顾与展望［J］．管理评论，2007（9）．

［69］陈先达．"问题导向"思想方法的精髓是什么［N］．北京日报，2012-02-15．

［70］陈向明．质性研究方法与社会科学研究［M］．北京：教育科学出版社，2000．

［71］陈耀盛．信息管理学概论［M］．北京：中国档案出版社，1997．

［72］雷恩．管理思想的演变［M］．孙耀君，等，译．北京：中国社会科学出版社，1986．

［73］蒂蒙斯．战略与商业机会［M］．周伟民，等，译．北京：华夏出版社，2002．

［74］德斯勒．人力资源管理［M］．吴雯芳，刘昕，译．北京：中国人民大学出版社，2007．

［75］亨格，惠伦．战略管理精要［M］．刘浩华，译．北京：电子工业出版社，2008．

［76］帕卡德．惠普之道［M］．贾宗谊，译．北京：新华出版社，2004．

［77］符福峘，等．信息管理学［M］．北京：国防工业出版社，1995．

［78］泰勒．科学管理原理［M］．朱碧云，译．北京：北京大学出版社，2014．

［79］冯镜铭，刘善仕，吴坤津，等．谦卑型领导研究探析［J］．外国经济与管理，2013（3）．

［80］孔茨，奥唐奈．管理学［M］．中国人民大学工业经济系外国工业管理教研室，译校．贵阳：贵州人民出版社，1982．

［81］高良谋，高静美．管理学的价值性困境：回顾、争鸣与评论［J］．管理世界，2011（1）．

［82］管益忻．以为社会创造财富为人生价值目标推进企业家素质开发战略管理［N］．中国企业报，2002-06-25．

［83］明茨伯格，阿尔斯特兰德，兰佩尔．战略历程：纵览战略管理学派［M］．刘瑞红，译．北京：机械工业出版社，2002．

［84］明茨伯格．战略计划的兴衰［M］．张猛，钟含春，译．北京：中国市场出版社，2010．

［85］孔茨，韦克里. 管理学［M］. 郝国华，等，译. 9版. 北京：经济科学出版社，1993.

［86］韩庆祥. 企业家本质特征与个人魅力［J］. 企业管理，2001（10）.

［87］贾怀勤，等. 管理研究方法［M］. 北京：机械工业出版社，2006.

［88］靳海涛，等. 现代企业管理研究［M］. 广州：华南理工大学出版社，1997.

［89］堀悦夫. 在崛起与衰退之间：一个日本学者对中国改革开放的思考［M］. 林新奇，译. 上海：复旦大学出版社，2007.

［90］哈默尔，普哈拉. 竞争大未来［M］. 王振西，主译. 北京：昆仑出版社，1998.

［91］拜厄斯，鲁. 人力资源管理［M］. 李业昆，等，译. 北京：华夏出版社，2002.

［92］索贝尔，西西利亚. 企业家——美国人的创业精神［M］. 齐力，译. 北京：生活·读书·新知三联书店，1989.

［93］罗宾斯，贾奇. 组织行为学［M］. 李原，孙健敏，译. 北京：中国人民大学出版社，2008.

［94］刘得格. 领导成员交换的研究述评及其展望［J］. 广州大学学报：社会科学版，2013（4）.

［95］刘林元. 关于理论与实践相结合的辩证内涵［J］. 毛泽东邓小平理论研究，2003（2）.

［96］罗珉，甘元霞. 管理学批判理论述评［J］. 外国经济与管理，2013（1）.

［97］罗珉. 魅力型领导理论述评［J］. 当代经济管理，2008（11）.

［98］诺伊. 雇员培训与开发［M］. 徐芳，译. 3版. 北京：中国人民大学出版社，2007.

［99］卢泰宏. 国家信息政策［M］. 北京：科学技术文献出版社，1993.

［100］李玉静. 质性研究方法：内涵与应用［J］. 职业技术教育，2015（28）.

［101］黎永泰. 日本企业的经营理念及其借鉴意义［J］. 四川大学学报：哲学社会科学版，1998（2）.

［102］林新奇. 新加坡工资制度概况［J］. 学习，1992（创刊号）。

［103］林新奇. 中国人事管理史［M］. 北京：红旗出版社，1993.

［104］林新奇. 中国人事管理史［M］. 修订版. 北京：中国社会科学出版社，2004.

［105］林新奇. 国际人力资源管理［M］. 上海：复旦大学出版社，2004.

［106］林新奇. 国际人力资源管理［M］. 2版. 上海：复旦大学出版社，2012.

［107］林新奇，张倩. 日美人力资源开发政策及对中国的启示［M］// 冯俊. 亚洲学术（2006）. 北京：人民出版社，2006.

[108] 林新奇. 跨国经营的必修课：跨文化沟通［M］//冯俊. 亚洲学术（2007）. 北京：人民出版社，2007.

[109] 林新奇. 日本企业的高技能人才开发［M］//冯俊. 亚洲学术（2007）. 北京：人民出版社，2007.

[110] 林新奇. 跨国公司人力资源管理［M］. 北京：首都经贸大学出版社，2008.

[111] 林新奇. 新中国人力资源管理变革的路径和走向——制度变迁与政策选择［M］. 大连：东北财经大学出版社，2012.

[112] 林新奇. 绩效管理：技术与应用［M］. 北京：中国人民大学出版社，2012.

[113] 林新奇. 国际人力资源管理实务［M］. 大连：东北财经大学出版社，2012.

[114] 林新奇. 跨国公司人力资源管理［M］. 北京：清华大学大学出版社，2015.

[115] 林新奇. 绩效考核与绩效管理［M］. 北京：清华大学出版社，2015.

[116] 林新奇. 绩效管理［M］. 大连：东北财经大学出版社，2010.

[117] 林新奇. 绩效管理［M］. 3版. 大连：东北财经大学出版社，2016.

[118] 林新奇. 管理国际化及在亚洲移植五阶段说［J］. 当代财经，2003（11）.

[119] 林新奇. 日本就业对策的特点与中小企业的作用［J］. 体制改革，2004（7）.

[120] 林新奇. 人力资源管理者专业化的五大挑战［J］. 新资本，2005（4）.

[121] 林新奇. 关于建立人力资源循环经济区的构想［J］. 新资本，2005（5）.

[122] 林新奇. 时间管理：从效率到效益［J］. 企业管理，2006（9）.

[123] 林新奇. 日本企业员工培训的组织保障［J］. 经济与管理研究，2006（10）.

[124] 林新奇. 中国人事管理的传统与变革［J］. 中国人才，2007（17）.

[125] 林新奇. 中国企业家成长的文化生态研究［J］. 中国人民大学学报，2007（5）.

[126] 林新奇. 企业跨国经营的薪酬管理策略［J］. 劳动工资动态，2007（10）.

[127] 林新奇. 人才的凝聚与流失［J］. 中国人才，2008（1）.

[128] 林新奇. 法制化加速规范化［J］. 管理@人，2008（3）.

[129] 林新奇. 市场化呼唤现代人力资源管理［N］. 光明日报，2008-05-20.

[130] 林新奇. 重审"终身雇佣制"［J］. 企业管理，2008（7）.

[131] 林新奇. 创新型人才的两个条件［J］. 中国人才，2008（7）.

［132］林新奇. 绩效革命三十年［J］. 企业管理，2008（8）.

［133］林新奇. 国际化组织如何管理驻外人员［J］. 中国人才，2008（9）.

［134］林新奇. 人力资源管理三十年：路径与走向［J］. 中国人才，2008（11）.

［135］林新奇. 人力资源管理发展八大趋势［N］. 光明日报，2009-02-13.

［136］林新奇. 从日本企业的5S管理看如何提升企业核心竞争力// 冯俊. 亚洲学术（2009）. 北京：人民出版社，2009.

［137］林新奇，秦春玲. 中日人力资源绩效管理比较研究［J］. 人力资源管理，2010（4）.

［138］林新奇. 经济发展方式转变与人力资源管理创新紧密关联——学者提出"25年周期进化说"［N］. 光明日报，2011-05-18.

［139］林新奇，蒋瑞. 高层管理团队特征与企业财务绩效关系的实证研究——以我国房地产上市公司为例［J］. 浙江大学学报：人文社会科学版，2011（3）.

［140］林新奇. 技术与战略的更美风景线［J］. 人民论坛，2011（7）.

［141］林新奇，蒋瑞. 企业家社会资本如何促进企业发展——基于中国情境下的研究［J］. 中国人力资源开发，2012（12）.

［142］林新奇. 理念与制度：人才辈出的两个轮子——从唐太宗选才用才说开去［J］. 中国人才，2012（7）.

［143］林新奇，方易. 探索中国人力资源开发管理的新趋势——第二届中国劳动科学博士生论坛观点摘编［J］. 中国人力资源开发，2013（11）.

［144］林新奇，宋强. 中美上市公司CEO个人简介中的印象管理比较［J］. 中国人力资源开发，2013（5）.

［145］林新奇，潘寒梅. 游戏化管理在现代企业中的开发与应用［J］. 管理学家：学术版，2013（9）.

［146］林新奇. 中国式绩效管理及其前途［J］. 企业管理，2014（10）.

［147］林新奇. 企业人力资源管理国际化：中国大陆的探索与实践［J］.（台湾）就业与劳动关系季刊，2014（1）.

［148］林新奇，和美. 高管与员工薪酬倍差的国际比较［J］. 企业管理，2015（2）.

［149］林新奇，朴载贤，和美. 韩国三星集团内部薪酬倍差的案例分析［J］. 企业管理，2015（5）.

［150］林新奇，张可人. 聚焦硬件制造及科技服务差异的目标管理［J］. 中国人力资源开发，2015（24）.

［151］林新奇，张可人. 再论"25年周期进化说"：经济新常态下的人力资源管理创新［J］. 现代管理科学，2016（8）.

［152］林新奇，苏伟琳. 人生跑圈论［N］. 中国科学报，2016-11-28.

［153］林新奇，苏伟琳. 个体生命发展的"25周期进化说"［EB/OL］.

[2016-11-28]. http://leaders.people.com.cn/n1/2016/1128/c388649-28903217-2.html.

［154］茨威尔．创造基于能力的企业文化［M］．王申英，唐伟，何卫，译．北京：华夏出版社，2002.

［155］古尔德，坎贝尔，亚历山大．公司层面战略［M］．黄一义，谭晓青，译．北京：人民邮电出版社，2004.

［156］马凌．管理者应学会有效授权［J］．重庆邮电学院学报：社会科学版，2005（2）.

［157］明仁．价值取向——企业家核心素质［J］．中国中小企业，2001（7）.

［158］诺斯．卓越的领导力——十种经典领导模式［M］．王力行，等，译．北京：中国轻工业出版社，2003.

［159］彭贺，等．"直面中国管理实践"的内涵与路径［J］．管理学报，2010（11）.

［160］达伊．市场驱动战略［M］．牛海朋，等，译．北京：华夏出版社，2000.

［161］苏保忠．领导科学与艺术［M］．2版．北京：清华大学出版社，2009.

［162］罗宾斯．管理学［M］．孙健敏，等，译．7版．北京：中国人民大学出版社，2004.

［163］孙海法，朱莹楚．案例研究法的理论与应用［J］．科学管理研究，2004（1）.

［164］苏敬勤，林海芬．管理创新研究视角评述及展望［J］．管理学报，2010（9）.

［165］树林由子．创造奇迹——企业家的精神历程［M］．沈边，译．北京：中国轻工业出版社，1999.

［166］斯托尔克，等．企业成长战略［M］．赵锡军，译．北京：中国人民大学出版社，2000.

［167］孙太生．企业文化管理：企业增效的助推器［J］．中共太原市委党校学报，2000（6）.

［168］尚玉钒，席酉民，赵童．愿景、战略与和谐主题的关系研究［J］．管理科学学报，2010（11）.

［169］小乔治．管理思想史［M］．孙耀君，译．北京：商务印书馆，1985.

［170］孙耀君．决策理论学派［J］．经济管理，1980（12）.

［171］本书编委会．世界著名管理学家管理法则全书［M］．北京：中国致公出版社，1998.

［172］托马森，斯特里克兰．战略管理学概念与案例［M］．12版（英文影印版）．北京：机械工业出版社，2008.

［173］贝特曼，斯奈尔．管理学：构建竞争优势［M］．王雪莉，等，译．4版．北京：北京大学出版社，2002.

［174］汤姆森，斯迪克兰德. 战略管理：概念与案例［M］. 段盛华，等，译. 10版. 北京：北京大学出版社，2000.

［175］大内. Z理论——美国企业界怎样迎接日本的挑战［M］. 孙耀君，等，译. 北京：中国社会科学出版社，1984.

［176］王克敏. 管理理论与思想的世纪回眸［J］. 吉林大学社会科学学报，2000（7）.

［177］王迎军，陆岚，崔连广. 实践视角下的管理学学科属性［J］. 管理学报，2015（12）.

［178］吴金希，于永达. 浅议管理学中的案例研究方法——特点、方法设计与有效性讨论［J］. 科学学研究，2004（S1）.

［179］王效俐，安宁. 企业生命周期与企业文化管理［J］. 经济管理，2002（12）.

［180］王敏华. 管理体系与认证［M］. 北京：中国计量出版社，2006.

［181］吴维库. 领导学［M］. 北京：高等教育出版社，2006.

［182］杨龙. 中国区域战略发展的新趋势［J］. 天津社会科学，2016（4）.

［183］杨秀君. 目标设置理论研究综述［J］. 心理科学，2004（1）.

［184］杨广春. 企业家的心理模式与能力结构［J］. 昭乌达蒙族师专学报：汉文哲学社会科学版，2001（2）.

［185］杨建君，陈波. 影响企业家能力的若干因素分析［J］. 中国工业经济，2001（4）.

［186］安索夫. 新公司战略［M］. 曹德骏，等，译. 成都：西南财经大学出版社，2009.

［187］张玉利. 管理学［M］. 2版. 天津：南开大学出版社，2004.

［188］周三多. 管理学：原理与方法［M］. 6版. 上海：复旦大学出版社，2014.

［189］赵明. 美中不足——中美企业家20年历史的差异比较［J］. 中国企业家，2001（12）.

［190］赵曙明，吴慈生，徐军. 复杂环境下战略人力资源管理的选择原理和方法［J］. 预测，2002（5）.

［191］赵英涛. 对企业管理目标的再认识［J］. 产业与科技论坛，2010（3）.

［192］郑晓明. 领导权变理论述评［J］. 应用心理学，1990（1）.

［193］郑伯埙. 家长权威与领导行为之关系：一个台湾民营企业主持人的个案研究［J］. 民族学研究所集刊，1995（79）.

［194］周浩，龙立荣. 恩威并施，以德服人——家长式领导研究述评［J］. 心理科学进展，2005（2）.

［195］周晓燕，孙青. 国内外信息管理研究的流派与研究框架［J］. 大学图书馆学报，2004（6）.

后记

本书适合工商管理、企业管理、人力资源管理、市场营销、国际经贸、财政、金融、电子商务、公共管理等经济管理类相关专业作为教材使用，也适合各方面管理实务工作者作为培训教材或自学参考书使用。当然，大家在使用过程中一定会各有所爱、各有所长，在这里我想提出以下若干粗浅的教学建议供使用者参考：

第一，本书既适用于本科生也适用于研究生，既适用于管理类专业必修课，也适用于非管理类专业选修课。如果是用于管理类专业本科生或研究生的基础课，那么可能需要安排3～4学分的课时，全书各章节内容都应该列入学习计划。如果是用于非管理类专业的选修课，则可以安排2～3学分的课时，第一篇至第三篇的内容应列入授课计划，第四篇的内容可以根据情况进行选择。

第二，教学的基本过程一定是互动的过程，激发兴趣、启迪思维是主要导向。为此，本书中所列举的案例资料、阅读参考、复习思考题等都是重要的教学辅助，可以配合模拟演练、拓展与多媒体互动等形式与手段展开教学，寓教于乐。

第三，管理强调以人为本，管理学教学也要以人为本。考试考查建议采取开放式态度，鼓励独立思考与创新智慧。所以，应该重视期中作业、小组讨论与全班发表，特别鼓励小组的实际调查和实践报告。

编写原创性著作是一个艰苦的过程。感谢我的博士生丁贺先生，他在这个艰苦的过程中协助我做了大量的工作。他在我的讲义原稿的基础上，做了相应的整理、加工和补充修正工作，认真完成我所交办的每一项事务。可以说，如果没有他的贡献，本书不可能这么顺利地按时完成和出版。

同时，还要感谢张可人博士、苏伟琳博士、蔡天明硕士、林登峰先生、龙海燕女士和龙红女士，他们也为本书的完成和出版做了一些积极的工作。

此外还要感谢东北财经大学出版社的工作人员，如果没有他们的支持与帮助，本书也不可能这么快地顺利出版发行。

我知道，编写本书虽然尽了最大的努力，但错漏之处在所难免，在此诚挚地期待并欢迎各位读者朋友不吝批评指正！联系邮箱 linxq@ruc.edu.cn。

林新奇

2017年元月于北京